鋼構造塑性設計指針

AIJ Recommendations for Plastic Design
of Steel Structures

1975制定
2017改定

日本建築学会

本書のご利用にあたって

　本書は，作成時点での最新の学術的知見をもとに，技術者の判断に資する技術の考え方や可能性を示したものであり，法令等の補完や根拠を示すものではありません．また，本書の数値は推奨値であり，それを満足しないことが直ちに建築物の安全性を脅かすものでもありません．ご利用に際しては，本書が最新版であることをご確認ください．本会は，本書に起因する損害に対しては一切の責任を有しません．

ご案内

　本書の著作権・出版権は(一社)日本建築学会にあります．本書より著書・論文等への引用・転載にあたっては必ず本会の許諾を得てください．
Ⓡ＜学術著作権協会委託出版物＞
　本書の無断複写は，著作権法上での例外を除き禁じられています．本書を複写される場合は，学術著作権協会（03-3475-5618）の許諾を受けてください．

一般社団法人　日本建築学会

改定の序（第3版）

　本会は，2010年に鋼構造塑性設計指針を35年ぶりに改定し，2版を刊行した．この2版の改定では単位系をSI系に統一するとともに，崩壊荷重に基づいて耐震性能を検証する方法も塑性設計法と再定義し，塑性解析により求めた崩壊荷重を用いて設計する形式とした．また，例題を増やして塑性解析の教科書としての内容も充実させた．その後1年の期間をおいて，塑性設計に関する過去の知見に新しい研究成果を加えて再整理し，新たな塑性設計の枠組を検討するために，鋼構造塑性設計小委員会を再設置した．

　小委員会設置時の2011年には東日本大震災が発生し，あらためて塑性解析の耐震設計に対する有用性，塑性変形能力を担保した設計法の重要性が認識された．2014年には日本建築学会大会の鋼構造パネルディスカッション（PD）を開催し，鋼構造の設計体系の中における塑性設計指針の位置づけ，塑性設計法の変遷と小委員会内で議論された塑性設計に関する課題についての概要を示した．さらに塑性設計法のこれまでの役割を踏まえた上で，3版の刊行に向けた主な改定内容，将来の塑性設計の形について提案し，それらに対する意見を集約した．

　以上をふまえて3版では，1）塑性変形能力の基準を明確に定義すること，2）「鋼構造限界状態設計指針・同解説」（1998年，2010年）の耐力評価式との統合化を検討すること，3）「建築耐震設計における保有耐力と変形性能」（1981年，1990年）の後継としての設計資料を提供すること，4）塑性ヒンジの回転能力（塑性変形能力）が地震時に生じる変形に対して保証されているか確認できるようにすることを重要な改定項目であるとした．特に，2版改定以降も蓄積されてきている鋼構造分野の研究成果を取り入れ，部材および骨組の塑性変形能力の整理，柱の章における改定すべき点を明らかにするとともに，耐震ブレースの取扱い，部材の必要塑性変形能力の算定法や接合部の必要塑性変形能力の考え方を新たに加えた．

　各章の主な変更内容の概要を以下に示す．
- 1章　塑性設計の基本解説を充実させた．
- 2章　2版の内容をほぼ踏襲し，教科書的な利用を意識して簡素化し，仮想仕事法を中心とした例題を多く取り上げた．
- 3章　断面寸法の表記を統一し，全塑性モーメントの算定式を「鋼構造限界状態設計指針・同解説」と整合させた．
- 4章　H形断面部材については構成板要素の連成効果，部材内応力の影響，繰返し荷重の影響を取り入れた幅厚比制限値を新たに導入した．
- 5章　梁の耐力を「鋼構造限界状態設計指針・同解説」と表現を統一するとともに，スラブ付梁の耐力を示した．横座屈補剛間長さは，降伏応力度とヤング係数で陽に表した．また，梁の塑性変形能力の記述を充実させた．
- 6章　曲げ座屈耐力，軸力比と細長比の組合せ制限について「鋼構造限界状態設計指針・同解説」と表現を統一し，降伏応力度で陽に表した曲げ座屈細長比による耐力制限式とした．

7章　ブレースの章を新設し，その耐力算定法と塑性変形能力について示した．
8章　接合部（接合部パネル・柱脚）の塑性変形能力に関する記述を充実させた．
9章　塑性解析を実架構へ適用する際の鉛直荷重，ブレースを考慮する方法を追加した．2版の付録にあった接合部パネルを考慮する方法を本文の解説として記述した．
10章　骨組の変形に及ぼす入力側と構造物側の因子の影響について解説し，エネルギーの釣合いに基づく部材の必要塑性変形能力の算定法や接合部の必要塑性変形能力の考え方を示した．
11章　9章で紹介したフロアモーメント分配法を用いて，6層骨組（事務所ビル）の設計例を示した．建物を崩壊荷重に基づいて耐震性能検証（2次設計）するとともに部材の必要塑性変形能力を求め，保有値との比較検討例を示した．
付1　初版の荷重係数について補遺を設けた．
付2　教科書としての利用を考慮して，簡単な梁，ラーメンについて真の崩壊荷重の計算例を示した．
付3　接合部パネルの必要厚さの算定式を示した．

本指針は，若手構造技術者，大学生や大学院生が，塑性設計の教科書・参考書として利用しやすいよう，例題および設計例を豊富に取り入れ，平易な記述を心がけた．本書を利用して，多くの構造技術者が塑性解析に基づく崩壊荷重計算法を修得されることを祈念している．

2017年2月

日 本 建 築 学 会

改定の序（第2版）

　本会は，1975年に「鋼構造塑性設計指針」（初版）を発表した．その当時，多くの国々が塑性設計を採用しはじめていた．わが国においても構造標準委員会鋼構造分科会の鋼構造塑性設計小委員会で検討し，塑性設計の内容を構造設計技術者に周知することを主目的として，難解な理論の説明を極力避け，例題を多く盛り込んだ設計指針の形にまとめられた．

　しかしながら，初版は新耐震設計法が施行される6年前に出版されたものであるため，きわめてまれに起こる大地震時における構造物の倒壊を防止しようとする耐震設計の大方針，コンセンサスが作られる前に書かれたものであり，構造物の塑性変形を許容するものの，耐震設計の方針等は含まれていなかった．その後三十数年間，若手構造技術者の塑性設計に関する技術書とともに大学等の塑性設計用教科書・参考書として大いに活用されてきたが，全く改定されることなく現在に至っている．この間には，1978年の宮城県沖地震，1994年のノースリッジ地震，1995年の兵庫県南部地震などが起き，鋼構造骨組にも各種の被害が生じている．また，強風による被害，大雪による被害なども生じている．このほか，接合部やパネルの取扱いに対する塑性設計の考え方にも変化があり，耐震法規の関係にも新耐震設計法，限界耐力計算法などの変化があった．さらに，国際単位系（SI）への移行など，三十数年親しまれてきた本指針にも見直しの必要性が高まり，このたびの改定となった．

　1981年6月に施行された新耐震設計法および2000年に施行された現在の建築基準法・同施行令における設計体系は，2段階設計法になっており，弾性応力解析と材料の許容応力度を用いて行われる許容応力度設計法と，構造材料の降伏点・強度に基づき，構造物の塑性変形を許容し，きわめてまれに起こる荷重に対して構造物全体の終局耐力が上回ることを確認する終局強度設計法，に分かれている．

　初版の塑性設計法は，安全率を荷重係数に持たせておき，荷重係数倍された荷重と，構造物の終局強度の大小を比べることによって構造物の安全性を確保しようとするものである．したがって，新耐震設計法の保有水平耐力の確認による大地震時の倒壊防止とは，必ずしも考え方が同じとは言えない．

　また，初版での塑性設計とは，塑性解析から求められた全塑性モーメントにより部材断面を決定する設計として取り扱われており，新耐震設計法の二次設計における，部材断面が決定している構造の崩壊荷重を求める方法とは異なるものであると認識された面がある．

　これらの背景を考慮して，今回の改定では，塑性解析により求められた崩壊荷重を用いて設計する形式に書き換えることにした．なお，初版を踏襲して，本指針（改定版）においても，第1章から第3章および第8章では崩壊荷重設計法について，第4章から第7章では，塑性ヒンジを保証する設計法について述べている．

　今回，三十数年ぶりに「鋼構造塑性設計指針」の改定を行うにあたって，まず，鋼構造塑性設計指針改定検討ワーキンググループを設置して改定すべき内容を1年間にわたり討議した．その結果に基づき鋼構造塑性指針改定小委員会を設置して2年間の改定作業に取り組んだ．

以下に改定方針を列挙する．
（1） 改定作業を2年間とし，その期間内で見直し可能な内容のみを改定する．
（2） 初版の章立ておよび内容を踏襲する．
（3） SI単位系に統一する．
（4） 平易な内容にするとともに例題を多く盛り込む．
（5） 本指針においては，塑性解析に基づく崩壊荷重を求める方法に統一する．
（6） 柱梁接合部パネルの塑性化を考慮した，接合部設計の新しい知見を取り入れる．

各章の主な変更内容の概要を以下に示す．
1章 崩壊荷重を用いた設計法を塑性設計法と位置付けた．
2章 塑性解析理論および解析例題の記述形式を，指定された構造に対して，崩壊荷重等の崩壊時の情報を求める形とした．
3章 特に大幅な変更はなく，初版の内容をほぼ踏襲した．
4章 幅厚比制限等の諸式において，降伏応力度 σ_Y とヤング係数 E を陽に表して無次元化した．
5章 梁の横座屈強度式の弾性限界を他の本会規準・指針と統一し，「鋼構造設計規準」，「鋼構造限界状態設計指針・同解説」に用いられている横座屈細長比による評価式との対応を加えた．
6章 単位系を統一する等の軽微な修正を行った．
7章 初版の「接合部」と「柱脚」の章をまとめて記述した．本指針では，柱端，梁に加えて柱梁接合部パネル，柱脚が塑性化する崩壊機構を取り扱った．柱梁接合部パネルと露出柱脚の全塑性モーメントを示した．
8章 長方形ラーメン架構の保有耐力計算法としてフロアモーメント分配法を紹介した．柱端，梁に加えて柱梁接合部パネルの塑性化も考慮した．
9章 塑性解析を用いた山形ラーメンの設計例を示した．これは，設計荷重に荷重係数を掛けた終局荷重と比べ，崩壊荷重が等しいか大きくなるよう部材設計する例である．
10章 8章で紹介したフロアモーメント分配法を用いて，6階建て純ラーメン架構の事務所ビルの設計例を示した．これは，許容応力度設計（一次設計）で決定された建物を崩壊荷重に基づいて耐震性能を検証（二次設計）する例である．

　本指針は，若手構造技術者，大学生や大学院生が，塑性設計の教科書・参考書として利用しやすいよう，例題および設計例を豊富に取り入れるとともに平易な記述とした．本書を利用することにより，多くの構造技術者が塑性解析に基づく崩壊荷重計算法を修得されることを祈願している．

　2010年2月

日 本 建 築 学 会

序

　現在，わが国における鋼構造の設計法は，許容応力度による設計体系であるが，最近多くの国で採用しはじめている塑性設計法は，構造物の崩壊荷重を基準とした設計体系である．構造標準委員会鋼構造分科会では，塑性設計が許容応力度設計よりも合理的であるという認識のもとに，昭和45年5月に「鋼構造塑性設計規準案・同解説」を発表した．

　この規準案は，法規との関連もあって案のまま放置されているが，昭和47年3月，鋼構造分科会において，さらに検討を加えて学会規準とする必要性が提案され，鋼構造塑性設計小委員会にその検討が委ねられた．同小委員会においては，種々の情勢を考慮した結果，現在必要とされるものは，規準の条文よりも，塑性設計の内容を一般の構造設計技術者に理解していただくことに努めることであるとの結論に達し，難解な理論を避け，例題を多く盛り込んだ設計指針をまとめる方向で，作業を進めることにし，以来3か年の努力の結果，ここに「鋼構造塑性設計指針」を発表するに至った．

　本書の中でわくに囲まれた文章は，規準の条文に相当するものであるが，その内容は，「塑性設計規準案」発表以後の進歩を盛り込んで，改正してあり，そのまま「鋼構造塑性設計規準」となるように準備してある．

　本指針の内容については，小委員会としてはできるだけの努力は傾けたつもりであるが，なお不十分なところも多々あるものと考えられる．さらに一層の内容充実のために，読者諸賢の忌憚なき御意見を小委員会に寄せられることをお願いするとともに，本指針が鋼構造の塑性設計の普及とその実用化に，いささかでも役立つことを期待する次第である．

　昭和50年11月

　　　　　　　　　　　　　　　　　　　　　　　　　　　　　　日本建築学会

本書作成関係委員 (2017年2月)
― (五十音順・敬称略) ―

構造委員会

委員長　緑川　光正
幹　事　加藤　研一　　塩原　　等　　竹脇　　出
委　員　（省略）

鋼構造運営委員会

主　査　多田　元英
幹　事　井戸田　秀樹　　宇佐美　徹
委　員　五十嵐　規矩夫　一戸　康生　　岡崎　太一郎　岡本　哲美
　　　　越智　健之　　　笠井　和彦　　兼光　知巳　　木村　祥裕
　　　　向野　聡彦　　　澤本　佳和　　下川　弘海　　田川　泰久
　　　　竹内　　徹　　　田中　　剛　　津田　惠吾　　寺田　岳彦
　　　　中込　忠男　　　成原　弘之　　西山　　功　　原田　幸博
　　　　平島　岳夫　　　増田　浩志　　緑川　光正　　見波　　進

鋼構造塑性設計小委員会

主　査　五十嵐　規矩夫[*2]
幹　事　聲高　裕治
委　員　石原　清孝　　岩間　和博　　岡崎　太一郎　金尾　伊織
　　　　佐藤　篤司　　高松　隆夫　　玉井　宏章[*1]　向出　静司

*1　前委員会・主査　　*2　前委員会・幹事

第 2 版作成当時関係委員 (2009 年 3 月)
―(五十音順・敬称略)―

構造委員会

委員長	和田　章	
幹　事	倉本　洋　　福和伸夫　　緑川光正	
委　員	(略)	

鋼構造運営委員会

主　査	中島正愛
幹　事	金子洋文　　田川泰久　　緑川光正
委　員	井戸田秀樹　内田保博　　小河利行　　笠井和彦
	河野昭彦　　桑村　仁　　吹田啓一郎　多賀謙蔵
	高松隆夫　　田上　淳　　多田元英　　田中　剛
	辻田　修　　寺田岳彦　　中込忠男　　永田匡宏
	平島岳夫　　深澤　隆　　松尾　彰

鋼構造塑性設計指針改定小委員会

主　査	高松隆夫
幹　事	玉井宏章
委　員	五十嵐規矩夫　金尾伊織　　川口　淳　　桑原　進
	聲高裕治　　近藤一夫　　清水　斉　　鈴木直幹
	廣重隆明　　牧野章文　　松尾　彰　　夜船康司

見直し担当

1章	高松隆夫
2章	近藤一夫
3章	近藤一夫
4章	五十嵐規矩夫
5章	金尾伊織
6章	川口　淳　　五十嵐規矩夫　金尾伊織
7章	桑原　進　　聲高裕治
8章	清水　斉　　桑原　進
9章	廣重隆明
10章	鈴木直幹

第1版作成当時関係委員 (1975年11月)
― (五十音順・敬称略) ―

構造標準委員会

委員長　大崎　順彦
全体幹事　末永　保美　　谷　　資信
委　員　（略）

鋼構造分科会

主　査　藤本　盛久
幹　事　加藤　　勉　　松下　冨士雄
委　員　秋山　　宏　　石黒　徳衛　　石崎　溌雄　　五十嵐　定義
　　　　上野　　誠　　内山　和夫　　海野　三蔵　　岡松　真之昭
　　　　金谷　　弘　　菅野　　誠　　黒羽　啓明　　佐藤　邦昭
　　　　坂本　　順　　鈴木　敏郎　　高梨　晃一　　田口　武一
　　　　田中　淳夫　　田中　　尚　　多田　英之　　高田　周三
　　　　谷　　資信　　仲　　威雄　　中村　　武　　中村　雄治
　　　　羽倉　弘人　　平野　道勝　　舟橋　　功　　北後　寿貫
　　　　牧野　　稔　　望月　力男　　山田　　稔　　横尾　義丹
　　　　若林　　実　　脇山　広三　　鷲尾　健三　　渡部

鋼構造塑性設計小委員会

主　査　田中　　尚
幹　事　高梨　晃一　　平野　道勝
委　員　秋山　　宏　　坂本　　順　　佐藤　邦昭　　鈴木　敏郎
　　　　田川　健吾　　田中　淳夫　　中村　　武　　若林　　実

(原案作成協力)

　　　　宇田川　邦明　　小野　徹郎　　遠山　幸三　　永田　修一
　　　　穂積　秀雄　　山田　隆夫

鋼構造塑性設計指針

目　　次

	ページ
1章　基本事項	
1.1　序　　論	1
1.2　曲げモーメントと曲率の関係	2
1.3　崩壊と崩壊機構	3
1.4　塑性解析上の仮定と塑性設計の適用範囲	6
1.5　塑性設計の耐震設計法への適用	8
1.6　材　　質	11
1.7　降伏応力度	11
1.8　用　　語	12
2章　塑性解析	
2.1　塑性崩壊に関する3つの条件	15
2.2　塑性解析における基本定理	15
2.3　梁の崩壊荷重	16
2.4　簡単なラーメンの崩壊荷重	21
3章　全塑性モーメント	
3.1　塑性断面係数と形状係数	29
3.2　各種断面の塑性断面係数	31
3.3　軸力と曲げモーメントを受ける断面の全塑性モーメント	33
3.4　2軸曲げを受ける断面の全塑性相関式	40
3.5　せん断力の影響	47
4章　板要素の幅厚比	
4.1　板要素の座屈と座屈後挙動	55
4.2　幅厚比の制限値	58
4.3　ウェブプレートの補剛	64
4.4　例　　題	65

5章　梁

- 5.1　梁の横座屈耐力 …………………………………………………………………… 67
- 5.2　横座屈補剛 ………………………………………………………………………… 69
- 5.3　指針規定を満足する梁の塑性変形能力 ………………………………………… 78
- 5.4　スラブ付梁 ………………………………………………………………………… 79
- 5.5　例　　題 …………………………………………………………………………… 82

6章　柱

- 6.1　圧縮柱の曲げ座屈耐力 …………………………………………………………… 87
- 6.2　柱の細長比と圧縮軸力の制限 …………………………………………………… 91
- 6.3　圧縮軸力と曲げモーメントを受ける柱の耐力 ………………………………… 98
- 6.4　繰返し曲げの影響 ………………………………………………………………… 104
- 6.5　圧縮軸力と2軸曲げモーメントを受ける柱の耐力 …………………………… 106
- 6.6　例　　題 …………………………………………………………………………… 108

7章　ブレース

- 7.1　ブレースの特徴 …………………………………………………………………… 113
- 7.2　座屈するブレース ………………………………………………………………… 113
- 7.3　座屈拘束ブレース ………………………………………………………………… 117

8章　接合部

- 8.1　接合部の設計 ……………………………………………………………………… 119
- 8.2　接合部パネル ……………………………………………………………………… 121
- 8.3　柱　　脚 …………………………………………………………………………… 127
- 8.4　その他の接合部 …………………………………………………………………… 134

9章　崩壊荷重の算定法

- 9.1　はじめに …………………………………………………………………………… 138
- 9.2　算定法の種類 ……………………………………………………………………… 138
- 9.3　実架構への適用法 ………………………………………………………………… 146
- 9.4　算　定　例 ………………………………………………………………………… 160

10章　骨組と部材の変形

- 10.1　基　本　事　項 …………………………………………………………………… 169
- 10.2　1自由度系の変形 ………………………………………………………………… 170
- 10.3　多層骨組の変形 …………………………………………………………………… 176

10.4　部材の変形 ……………………………………………………………………182
　10.5　接合部の変形 …………………………………………………………………191

11章　設　計　例

　11.1　概　　　要 ……………………………………………………………………198
　11.2　設計例1―事務所 ……………………………………………………………198
　11.3　設計例2―工場 ………………………………………………………………234

付　　録

　付1　作用荷重と荷重係数 …………………………………………………………255
　付2　真の崩壊荷重 …………………………………………………………………258
　付3　接合部パネルの必要厚さの算定式 …………………………………………270

　索　　引 ………………………………………………………………………………273

鋼構造塑性設計指針

1章　基本事項

1.1　序　　論

　構造物を設計するとき要求される理念は，荷重・外力を安全に支えることであろう．この要求は，常時起こる荷重状態に対して構造物が弾性状態であるとともに過度の変形や振動障害などが起こらないこと，極めて稀に起こる地震時の荷重状態に対して人命や財産に大きな損傷を与えるほどの構造物の被害が発生しないこと，この2つに大別される．

　この中の構造物が弾性状態であることの保証に対して，現在とられている方法は，許容応力度設計と呼ばれるもので，設計荷重に対して弾性応力度分布を求め，その応力度のうち最大のものが許容応力度を超えないように部材の寸法を定める方法である．一方，極めて稀に起こる地震などに対して構造物が倒壊しないことを保証する設計法として終局強度設計[1.1]があり，耐震設計の主流となっている．終局強度設計の考え方は，新耐震設計法（1981年施行）に適用され，現在の建築基準法・同施行令（2000年施行）における設計体系に引き継がれている．この設計体系は2段階設計法となっており，許容応力度設計法と終局強度設計法に大別され，広く国内で利用されている．

　この終局強度設計法の技術的基礎は，塑性解析の概念に立脚している．極めて稀に起こる地震に対して構造物の安全性を確認するということは，構造物の崩壊に至るまでの弾塑性挙動を究めることにほかならない．構造物の崩壊には，材料の破壊・破断によるものや座屈または不安定現象によるもの，または構造物の多くの部分に塑性域が発生して崩壊機構〔機構については1.3節参照〕が形成されるものなど，さまざまな形式がある．その中で崩壊機構の形成による崩壊に関しては，崩壊を起こす荷重（崩壊荷重）を高い精度で容易に解析できる．本指針では，この解析を塑性解析，崩壊機構に基づく設計すべてを塑性設計と呼んでいる．

　本指針の初版では，現行の許容応力度設計に用いられている設計荷重（以降，作用荷重と呼ぶ）に荷重係数（安全率）を乗じた終局荷重を設定し，その荷重の大きさが主要骨組の機構で崩壊する荷重（崩壊荷重）に等しくなるか，または崩壊荷重が終局荷重より大きくなるように，部材設計，細部設計を行い，崩壊を基準にして安全性を確認する方法を提案した．

　2版では，現在広範に用いられている許容応力度設計（一次設計）で決定された部材および接合部で構成される構造物を，崩壊荷重に基づいて耐震安全性を確認する方法（二次設計または終局強度設計とも呼ばれる）を塑性設計に加え，これを主に示している．3版でもこの方針を踏襲している．

　3版の改定では，塑性設計に関する過去の知見に新しい研究成果を加え再整理し，1）変形能力の基準を明確に定義すること，2）「鋼構造限界状態設計指針・同解説」（1998年，2010年）の耐力評価式と統合すること，3）「建築耐震設計における保有耐力と変形性能」（1981年，1990年）の後継として設計資料を提供すること，4）塑性ヒンジが設定外力の変形に対して保証されているか確

認することなどを目的としている．具体的には，塑性設計について，以下の事項を解説する．

　塑性設計の基本事項については1章，塑性解析の基礎は2章で解説する．解析の際に必要となる部材の全塑性モーメントの計算法については，3章で解説する．

　塑性解析においては，部材が塑性化した後も応力の再配分が行われるため，崩壊機構が形成されるまで部材の耐力が低下しないだけの十分な塑性変形量を持つ必要がある．塑性設計としての塑性変形量を確保するために要する設計条件は，設計資料とともに4章～8章で提示する．

　また，この設計条件は最小限の変形能力を確保しているに過ぎないため，それに基づいた必要崩壊荷重（必要保有水平耐力）の算定法は取り扱えていない．

　しかしながら，地震により部材に生じる塑性変形の上限値を必要塑性変形能力として求め，変形能力がそれ以上になっていることを確認することで，耐震安全性を検証する新しい試みを10章で提案している．

　9章では多層多スパンラーメンについて弾塑性増分解析を行わずに容易に解析する手法を示しており，この試みを利用した塑性設計例（終局強度設計）を11章に示している．

　終局強度設計における必要保有水平耐力があらかじめ与えられた上で，保有水平耐力がそれ以上になっていることを確認する際など，弾塑性増分解析によらずに崩壊荷重を算定する設計法や各部材・接合部の保有塑性変形能力を示す基礎資料として本指針が活用されることを想定している．

1.2　曲げモーメントと曲率との関係

　塑性設計は鋼材の持つじん性を十分利用しようとするものである．そのじん性は，鋼材の引張試験に明瞭に現れる．

　図C1.2.1(a)は，引張試験により得られた応力度－ひずみ度関係で，応力度σが降伏応力度σ_Yに達した後は塑性流れが起こり，応力度σが一定のままでひずみ度εが増大するが，やがてひずみ硬化現象が現れて応力度は再びゆるやかに上昇しはじめる．その後一様な伸びの限界を迎えて引張強さに達し，応力度は下降して破断が起こる．

　塑性設計では，解析を簡単にするためにひずみ硬化の部分は無視して，応力度－ひずみ度関係は図C1.2.1(b)に示すように，弾性部分OAと水平な塑性流れの部分ABとからなると仮定する．

　このように仮定したとき，部材に作用する曲げモーメントと曲率の関係を調べると次のようにな

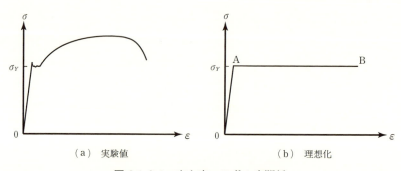

図C1.2.1　応力度－ひずみ度関係

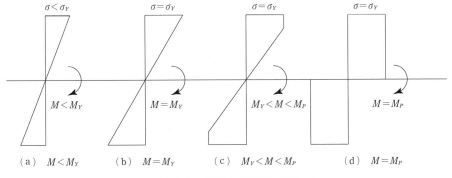

図 C 1.2.2　断面の垂直応力度分布

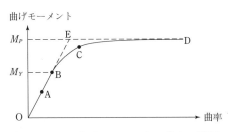

図 C 1.2.3　曲げモーメントー曲率の関係

る．

　曲げモーメントが小さいうちは，図 C 1.2.2 (a) のように応力度は三角形分布をし，曲げモーメントと曲率との関係は図 C 1.2.3 の OA のように直線関係にあり，この関係は縁応力度が降伏応力度 σ_Y に達するまで続く．すなわち，図 C 1.2.2 (b) の応力度状態が曲げモーメントと曲率が直線関係にある限界 (B 点) で，このときの曲げモーメントの大きさ M_Y を降伏モーメントと呼ぶ．曲げモーメントが M_Y を超えると，応力度分布は図 C 1.2.2 (c) のように台形分布となり，縁のほうから塑性域が広がっていき，曲げモーメントと曲率の関係は図 C 1.2.3 の BCD のように曲線になり，次第に ED に近づいていく．この状態の極限を考えると，曲げモーメントー曲率曲線は ED に一致し，応力度分布は図 C 1.2.2 (d) に示すように長方形分布になり，曲げモーメントの大きさは一定値 M_P になる．この M_P を全塑性モーメントという．図 C 1.2.3 の BCD の形は断面の形によって異なるが，曲げモーメントは，急激に全塑性モーメントを示す ED に近づく．曲げモーメントが急激に全塑性モーメント M_P に近づく性質は，ある程度以上塑性域が発生した断面では，曲げモーメントが M_P に等しいと考えても差しつかえないことを示し，また，曲率の増加に伴う曲げモーメントの増加はきわめて微小であるから，曲げモーメントが一定のままで，曲率が自由に増加できる状態であると考えてよいことを示している．この性質が，骨組の塑性解析を単純にできる重要な点である．

1.3　崩壊と崩壊機構

　塑性設計で取り扱う崩壊と崩壊機構を示すために，簡単な例題として，図 C 1.3.1 (a) の両端固定梁を取り上げる．

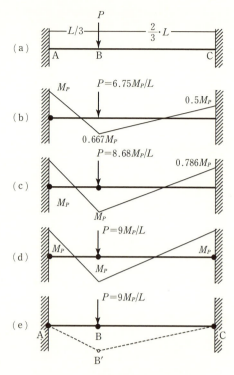
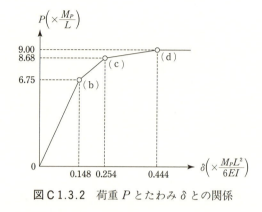

図C1.3.1 両端固定梁の崩壊過程

図C1.3.2 荷重Pとたわみδとの関係

集中荷重Pは0から次第に増加する漸増荷重であるとし，梁の全塑性モーメントは全長にわたってどこでもM_Pとし，簡単のために曲げモーメントMと曲率κとの関係は，図C1.2.3のOEDのような2つの直線と仮定する．集中荷重Pが0から増加して$6.75M_P/L$に達すると，図C1.3.1(b)のように固定端Aの曲げモーメントがちょうどM_Pになる．Pがさらに増大すると，点Aでは曲げモーメントはM_Pのままで曲率だけが増すことになるから，点Aは図C1.3.1(c)に示すように，この点をヒンジに置き換えて，ここにモーメントM_Pを加えたときと同じ状態になる．このようなヒンジを塑性ヒンジという．さらに荷重が増し，$8.68M_P/L$に達すると，点Bの曲げモーメントがM_Pに達し，ここにも塑性ヒンジが生ずる．Pがさらに増して$9M_P/L$になると，点Cも塑性ヒンジになって，この梁は不安定状態になる．このときは図1.3.1(e)に示すように，荷重Pは$9M_P/L$のままで変形だけが進む．この状態を梁の崩壊という．点BのたわみδとPとの関係は，図C1.3.2のようになる．

図C1.3.1(b)，(c)の状態では，梁の一部に塑性ヒンジが生じていても，なおこの梁は安定で，荷重を支える能力を持っているが，図C1.3.1(d)の状態になると，梁はそれ以上荷重を支える能力を失ってしまう．塑性設計でいう崩壊とは，一定の荷重の下で変形が進展するに十分な数だけ塑性ヒンジが生じて不安定になった状態をいい，図C1.3.1(e)に示すような運動の形を崩壊機構という．したがって，塑性設計においては，崩壊機構による崩壊を対象とし，崩壊機構による崩壊を起こす荷重を崩壊荷重と呼ぶ．

この例では，崩壊荷重は降伏開始の荷重の1.33倍になっており，一般に不静定構造物は，部材の

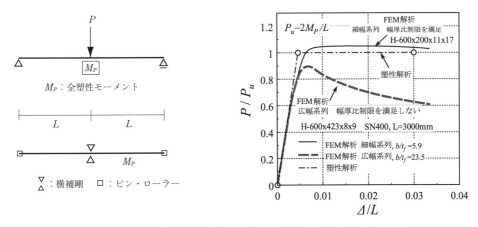

図C1.3.3　3点曲げ梁の中央集中荷重 P と中央たわみ Δ の関係

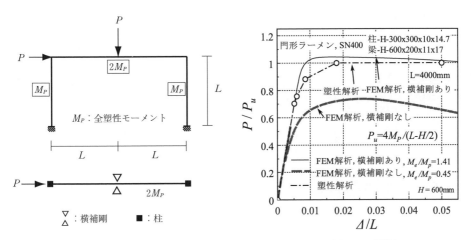

図C1.3.4　門形ラーメンの荷重 P と柱頂部水平変位 Δ の関係

一部に降伏が起こりはじめてからも，さらに上昇した荷重に耐えうる能力をもっている．

次に，塑性ヒンジと崩壊機構の仮定による解析（塑性解析）と有限要素法解析を比較して塑性解析の有用性を示す．有限要素法解析では4節点シェル要素を用いた複合非線形解析を行っており，構造物の塑性挙動や局部座屈，横座屈現象を的確に表すことができる．解析には，図C1.2.1(b)に示す完全弾塑性型の応力度−ひずみ度関係を用いた．

図C1.3.3は，H形鋼の単純梁に中央載荷したときの荷重と中央たわみの関係を示したものである．一点鎖線は塑性解析値，実線は，4章で規定する幅厚比の制限値を満たす細幅系列部材，破線は幅厚比の制限値を持たない広幅系列部材の有限要素法解析結果である．有限要素法解析結果と塑性解析結果の最大荷重値はほぼ同じであり，荷重が崩壊荷重 $P_u(=2M_P/L)$ に近づくと，曲げモーメントがほぼ一定のままたわみが増大している様子がわかる．また，図C1.3.4は門形ラーメンの解析結果で，一点鎖線は前に説明した例と同じ仮定に基づいて計算した塑性解析値，実線は横補剛がある場合の有限要素法解析結果，破線は横補剛がない場合の有限要素法解析結果である．

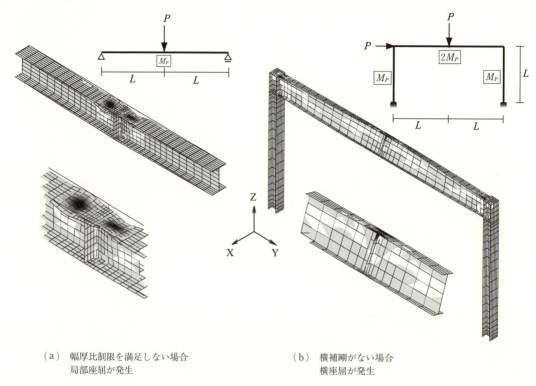

(a) 幅厚比制限を満足しない場合
　　局部座屈が発生

(b) 横補剛がない場合
　　横座屈が発生

図C1.3.5　局部座屈や横座屈の変形性状

　塑性解析結果は有限要素法解析結果に比べてやや低めではあるが，局部座屈や横座屈が生じない場合は，その構造の耐荷力を的確に表しており，塑性ヒンジと崩壊機構の仮定が十分成立することがわかる．

　図C1.3.5(a),(b)には，図C1.3.3の単純梁が幅厚比の制限値を満たしていない場合や，図C1.3.4の門形ラーメンについて横補剛がされていない場合に，局部座屈や横座屈が生じた有限要素法解析における変形状況を示している．これらの座屈が生じた場合，図C1.3.3の荷重—中央たわみ関係，図C1.3.4の荷重—柱頂部水平変位関係において破線で示すように塑性解析結果と比べ最大耐力は小さくなっており，塑性解析結果と同等な崩壊荷重を有する構造物にするためには，局部座屈や横座屈を防止するよう幅厚比制限を満足させ，かつ適切な横補剛をすることが条件となることがわかる．

1.4　塑性解析上の仮定と塑性設計の適用範囲

　本指針の構造形式と部材の適用範囲は，以下とする．
　（1）　骨組形式は，ラーメン構造およびブレース付ラーメン構造を対象とする．
　（2）　部材は，H形あるいは矩形中空断面などの充腹断面材および円形中空断面を対象とする．
　（3）　軽鋼構造は対象外とする．

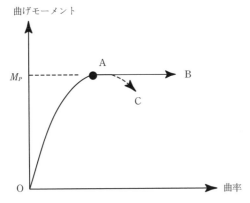

図 C 1.4.1 局部座屈や横座屈の曲げモーメント
―曲率関係に及ぼす影響

図 C 1.4.2 梁柱接合部パネルのせん
断変形の実験例[1.3]

1.3 節で説明したように,梁またはラーメン構造の崩壊荷重の計算は,全塑性モーメント,塑性ヒンジと崩壊機構の概念に基づく解析方法を用いるが,解析を簡単にするために次の仮定を設ける.

1) 曲げモーメントと曲率は,図 C 1.4.1 に示す OAB のような関係を持つ.すなわち,AB 部分では曲げモーメントは全塑性モーメント M_P に等しく,曲率 κ は曲げモーメントが一定値のまま自由に増大することができ,このように全塑性モーメントに達した断面において塑性ヒンジを形成する.
2) 塑性ヒンジは材軸上の 1 点に集中して起こる.すなわち,塑性域の広がりは無視する.
3) 軸力の影響は,全塑性モーメント M_P の低下についてのみ考慮し,塑性ヒンジの回転中心の材軸からのずれについては無視する.ただし,ブレースについては,軸力のみを考慮する.
4) 部材耐力(全塑性モーメント)に及ぼすせん断力の影響は考えない.ただし,柱梁接合部パネルについては,せん断降伏を考慮する.
5) 力の釣合いは変形前の位置において考える.
6) 荷重の繰返しによる耐力の低下は考慮しない.

以上の仮定の下に解析を行うので,塑性設計では,設計された構造物において,これらの仮定が成立するかどうかを常に確かめておく必要がある.

仮定 1)に対しては,材質が十分なじん性を持つ必要があり,局部座屈や横座屈によって,曲げモーメント―曲率関係が図 C 1.4.1 の AC のようにならないように,部材の形状を定める必要がある.具体的には,局部座屈や横座屈を防止するよう幅厚比制限を満足させ,適切な横補剛をする必要がある.

仮定 3)に対しては,部材に作用する軸力を制限する必要がある.仮定 4)に対しては,せん断力の影響が大きい場合には,ウェブ厚さを増してその影響を小さくしたり,構造計画の変更によってせん断力を小さくする等の工夫が必要となる.なお,柱梁接合部パネルについては,図 C 1.4.2 に示す実験例のように塑性せん断変形を起こしてもよく,これを考慮して塑性解析を行う.

繰返し荷重による疲労が懸念されるような構造では,仮定 6)が成立しないので,塑性設計の適用

はできない．

　また，軽鋼構造[1,4]は薄板で構成される構造であり，ねじりを生じやすく，また，薄板特有の局部座屈が予想される等の仮定 1) が満足されないという問題点がある．これらに関する塑性設計の観点から見た資料が十分でないのが現状である．

　以上のような解析上の仮定が満足される条件のほかに，理論的および実験的研究が十分なされていることなどを考慮して，本指針では，適用範囲を限定した．

　上述のように，充腹断面材からなるラーメン構造を主な対象としているが，ブレースを持つラーメン構造に適用することは差しつかえない．例えば，座屈拘束ブレースなど，座屈を起こさないブレース付ラーメン構造の崩壊荷重については，ラーメン構造の崩壊荷重に座屈拘束ブレースの崩壊荷重を足し合わせることにより求めることができる．一般的なブレースでは，引張材の降伏軸力と座屈後安定耐力のそれぞれの水平成分を足し合わせることにより，ブレースの崩壊荷重を求められる．ブレースの取扱いの詳細については，7章および9章を参照されたい．

　また，本指針は崩壊機構に基づく崩壊荷重による静的設計法を対象としており，動的設計に必要な復元力特性については言及していない．いうまでもなく，わが国のような地震国では，構造設計は履歴挙動の考慮なしには不可能であり，繰返し載荷下における露出柱脚やブレースのスリップ現象等の履歴挙動の影響に対する配慮が十分に取り入れられた塑性設計法が望まれるが，現段階ではまだそれを体系づけ，確立されるまでには至っていない．しかしながら，耐震構造は十分なじん性を持つ必要があるという意味からは，本指針の随所に見られるじん性確保のための記述は，動的設計においても参考になろう．

1.5　塑性設計の耐震設計法への適用

　本指針では，塑性解析によって構造物が崩壊機構を形成する時の崩壊荷重を求め，これに基づいた設計を塑性設計と定義している．建築基準法の定める保有水平耐力計算(建築基準法施行令81条第3項)では，地震により崩壊する時の層せん断力を保有水平耐力と呼び，構成部材の保有塑性変形能力（部材群の種別），地震入力レベル（標準層せん断力係数，地域係数，振動特性係数），応答性状（地震層せん断力分布係数，形状特性係数）などから必要保有水平耐力を求めて両者を比較する設計手法が採用されている．このように，必要保有水平耐力があらかじめ与えられた上で保有水平耐力がそれ以上になっていることを確認する際など，弾塑性増分解析によらずに崩壊荷重を算定する方法として本指針が活用されることを基本と考えている．

　前述したように塑性解析においては，部材が塑性化した後も応力の再配分が行われ，崩壊機構が形成されるまで部材の耐力が低下しないだけの十分な塑性変形能力を持っていることが前提である．そのための最低限の塑性変形能力を確保するための設計条件を示す必要がある．梁および柱の塑性変形能力を決定する要因としては，板要素の局部変形と部材の横座屈等の全体座屈が挙げられ，これらは互いに連成して発生することもある．本指針の4章において，局部座屈が早期に生じないように，板要素の幅厚比制限を規定している．また，全体座屈が早期に生じないように，5章において梁の横座屈補剛間長さ制限，6章において柱の軸力比制限・細長比制限をそれぞれ規定してい

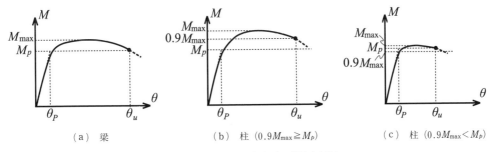

(a) 梁　　　　　(b) 柱 ($0.9M_{max} \geq M_p$)　　　　　(c) 柱 ($0.9M_{max} < M_p$)

図C1.5.1　単調変形時の限界変形

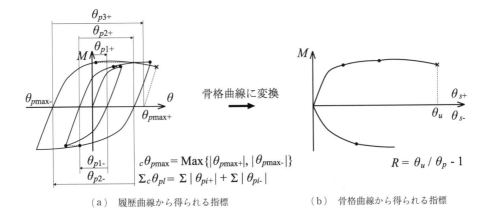

(a) 履歴曲線から得られる指標　　　　　(b) 骨格曲線から得られる指標

図C1.5.2　繰返し変形時の限界塑性変形

る．接合部においては，部材が塑性変形能力を発揮する前に接合部破壊が生じないように，あるいは接合部パネルや柱脚の接合部自身が十分な塑性変形能力を持つように，接合部を設計する必要があり，その方法が8章に示されている．ブレースについては，7章で塑性解析に用いるための耐力評価方法を述べている．なお，ブレースの塑性変形能力については未解明な部分が多く，本指針では言及していない．

それぞれの部材の塑性変形能力を評価する際の限界としては，最大耐力後，梁においては全塑性曲げ耐力まで低下した時点，柱においては最大耐力の90％，あるいは全塑性曲げ耐力まで低下した時点の早い方としてそれぞれ設定している〔図C1.5.1(a)～(c)参照〕．本指針の2版においては，各制限値を満足することで単調載荷時の塑性変形倍率Rがおおむね3以上となることが確認できており，3版においても基本的にその制限値を示している．塑性変形倍率Rとは，限界時の部材の変形角θ_uを全塑性耐力時の弾性変形角θ_pで除した塑性率（θ_u/θ_p）から弾性成分（≒1）を減じた値に相当する．

耐震設計に塑性設計を適用する場合，地震による不規則な繰返し塑性変形に対して，塑性変形能力を確保する必要がある．この際，塑性変形能力を表す指標について，さまざまな提案がある．その1つとして，履歴曲線から変換された骨格曲線〔図C1.5.2(a)，(b)参照〕が単調載荷時と同等であると見なして評価する考え方が提案されている[1.5),1.6)]．これとは別に，材端接合部の低サイクル疲労破壊や局部座屈・横座屈により塑性変形能力が決定される際に，塑性変形振幅と累積塑性変形

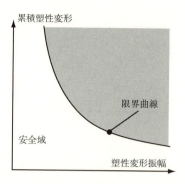

図 C 1.5.3　限界曲線

がべき乗則で表されるという考え方[1.7]–[1.9]なども提案されており，図 C 1.5.3 に示すような限界曲線を用いて評価される．不規則な塑性変形振幅の扱い方についても種々の提案があるが，最も大きい値（最大塑性変形）を用いることで単純かつ安全側に評価できることから，塑性変形能力の指標として，最大塑性変形と累積塑性変形の両方が利用されることもある．以上の状況をふまえ，本指針の各制限値を満足する梁および柱の繰返し塑性変形時の保有塑性変形能力として，骨格曲線の塑性変形倍率 R および累積塑性変形角 $\sum {}_c\theta_{pl}$ と最大塑性変形角 ${}_c\theta_{p\max}$ を実験結果などから抽出している．

地震応答に対する部材の保有塑性変形能力が定量化されれば，それを必要保有水平耐力の算出根拠にすることができる．しかしながら，本指針の各制限値は最小限の保有塑性変形能力を確保しているに過ぎないため，それに基づいた必要保有水平耐力の算定方法については取り扱っていない．その代わりに，地震により部材に生じる塑性変形の上限値を必要塑性変形能力として求め，保有塑性変形能力がそれ以上になっていることを確認することで，付加的に耐震安全性を検証する方法案を 10 章で紹介している．

10 章においては，まず，地震時の骨組全体の変形について基本的な考え方や定性的な傾向について説明した上で，エネルギーの釣合いに基づいて必要塑性変形能力を定量化する方法案を紹介している．特に気をつけねばならないことは，骨組の崩壊機構に応じて部材に生じる塑性変形の分布が大きく変化することである．崩壊層が全層にわたる崩壊機構（全層崩壊機構）に比べ崩壊層が一部にとどまる崩壊機構（部分層崩壊機構）は，一部の層に塑性変形が集中するために，その層の部材に大きな塑性変形が生じる．必要塑性変形能力を定量化するにあたって，このような変形分布性状を考慮することで，全層崩壊機構だけではなく部分層崩壊機構も許容している．部材の必要塑性変形能力としては，累積塑性変形角 $\sum {}_d\theta_{pl}$ と最大塑性変形角 ${}_d\theta_{p\max}$ に着目することとし，本指針の各制限値を満足する部材の保有塑性変形能力と比較して耐震安全性を検討した例を 11 章に示している．

なお，耐震設計ではなく積雪時における検討や，一次設計（許容応力度設計）に塑性解析を利用する場合に必要となる荷重係数については，付 1 に解説しているので参照されたい．

1.6 材質

> 建築構造用圧延鋼材（SN材）を用いる．ただし，他の鋼種においても，塑性設計の適用が確かめられていれば使用できる．

本会の「鋼構造設計規準―許容応力度設計法―」[1.10]，「鋼構造限界状態設計指針・同解説」[1.11]および「鋼構造接合部設計指針」[1.12]が適用範囲とする鋼材の中で，塑性設計の適用が可能であることが確かめられている鋼材を用いることにした．

ボルト・高力ボルト・溶接材料などの利用可能な材は，「鋼構造設計規準―許容応力度設計法―」[1.10]と同じに考えてよい．アンカーボルトには，建築構造用圧延棒鋼材（SNR材）が利用できる．

鋼材の形状・寸法や弾性係数（ヤング係数 $E=2.05\times10^5\,\mathrm{N/mm^2}$，せん断弾性係数 $G=7.90\times10^4\,\mathrm{N/mm^2}$，ポアソン比 $\nu=0.3$）も許容応力度設計の場合と変わらない．

1.7 降伏応力度

塑性設計に用いる主要な構造用鋼材の降伏応力度 σ_Y および引張強さ σ_u は，表C1.7.1～C1.7.5に示す値を用いる．なお，同表に掲げる降伏応力度 σ_Y は，同表の数値の1.1倍以下とすることができる[1.13]．

表C1.7.1 建築構造用圧延鋼材の材料の強さ （単位：N/mm²）

強さ	鋼材種別 板厚区分	SN400B SN400C	SN490B SN490C
σ_Y	厚さ 40 mm 以下	235	325
	厚さ 40 mm を超え，100 mm 以下	215	295
σ_u	厚さ 100 mm 以下	400	490

表C1.7.2 溶接構造用圧延鋼材の材料の強さ （単位：N/mm²）

強さ	鋼材種別 板厚区分	SM400 SMA400	SM490 SM490Y SMA490	SM520
σ_Y	厚さ 40 mm 以下	235	325	355
	厚さ 40 mm を超え，100 mm 以下	215	295	335
σ_u	厚さ 100 mm 以下	400	490	520

表 C 1.7.3　冷間加工材の材料の強さ（単位：N/mm²）

鋼材種別	STKN400 STK400 STKR400	STKN490 STK490 STKR490	BCR295*²	BCP235*²	BCP325*²
板厚範囲 (mm)	2.3～22*¹	2.3～22*¹	6～22	6～40	6～40
σ_Y	235	325	295	235	325
σ_u	400	490	400	400	490

［注］ *1　STKR400 および STKR490 の板厚は，12 mm 以下
　　　 *2　（一社）日本鉄鋼連盟規定

表 C 1.7.4　溶接を使用しない部分に用いる鋼材の材料の強さ（単位：N/mm²）

強さ	板厚区分	鋼材種別 SN400A SS400	SS490
σ_Y	厚さ 40 mm 以下	235	325
	厚さ 40 mm を超え，60 mm 以下	215	295
σ_u	厚さ 60 mm 以下	400	490

表 C 1.7.5　アンカーボルトの材料の強さ（単位：N/mm²）

強さ	鋼材種別	SNR400B	SNR490B
σ_Y		235	325
σ_u		400	490

1.8　用　語

本指針では，塑性設計に関する用語の定義を整理した．本指針の記述に用いた主要な用語の定義を以下に列挙する．

崩　壊　　　　　　　：一定の荷重の下で変形が進展する十分な数だけ塑性ヒンジが生じて不安定となった状態．

崩壊機構　　　　　　：崩壊を起こす運動の形式．

崩壊荷重，崩壊荷重係数：崩壊機構による崩壊を起こす荷重とその荷重分布に対する比．

崩壊ベースシア係数　：1層の水平地震力が建物重量となる地震荷重分布に対する崩壊荷重係数．

塑性ヒンジ　　　　　：全塑性モーメントを保ったまま曲率だけが増す理想的な点（ヒンジ）．

全塑性モーメント　　：局部座屈が生じない部材断面においてその断面の曲率が無限大となったときの曲げモーメントの大きさ．

節点モーメント　　　　：各部材の曲げモーメント勾配を一定とし，梁柱を一次元材に理想化したときの交点（節点）位置で評価した曲げモーメント．

節点全塑性モーメント　：ある節点に接する各部材が全塑性モーメントに達したときの節点モーメント．

節点モーメント容量　　：ある節点に接する梁の節点全塑性モーメント和，柱の節点全塑性モーメント和，接合部パネルの節点全塑性モーメントのうち最小値．

フロアモーメント容量　：ある床に属する節点モーメント容量の和．

全体崩壊機構　　　　　：仮想仕事法で崩壊荷重決定後，部材の合応力が釣合条件から一義的に定まる崩壊機構．

部分崩壊機構　　　　　：全体崩壊機構とは異なり，仮想仕事法で崩壊荷重決定後，部材の合応力が釣合条件から一義的に定まらない崩壊機構．

全層崩壊機構　　　　　：ある層に面する柱・梁に塑性ヒンジを生じる層が全層にわたる崩壊機構〔図C1.8.1参照〕．

部分層崩壊機構　　　　：ある層に面する柱・梁に全く塑性ヒンジを生じない層のある崩壊機構．（最上下層以外のある層において全ての柱頭または柱脚に塑性ヒンジを生じている崩壊機構）〔図C1.8.1参照〕．

塑性率　　　　　　　　：外力により塑性化した部材の変形（回転角）を全塑性耐力時の弾性変形（回転角）で除した値．

塑性変形倍率　　　　　：部材の塑性率から弾性成分を減じた値であり，本指針では，完全弾塑性部材を考慮して弾性成分は1.0とする．

累積塑性変形（角）　　：外力により塑性化している部材の塑性変形（角）絶対値の累積値．

累積塑性変形倍率　　　：累積塑性変形（角）を全塑性耐力時の弾性変形（角）で除した値．

最大塑性変形（角）　　：外力により塑性化している時の部材の最大変形（角）の塑性変形成分．

塑性変形能力　　　　　：部材または構造物が外力の作用下で塑性化した後にも抵抗力が急減することなく，塑性領域においても変形し続ける能力．

幅厚比の制限値　　　　：梁および柱に対して，塑性設計上十分な塑性変形能力を確保するための各板要素の幅と板厚の比および材料特性を考慮した上限値．

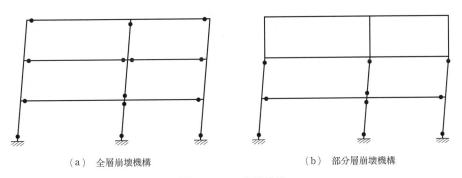

(a) 全層崩壊機構　　　　　(b) 部分層崩壊機構

図C1.8.1　崩壊機構

径厚比の制限値	：円形鋼管を用いた部材に対して，塑性設計上，十分な塑性変形能力を確保するための外径と板厚の比および材料特性を考慮した上限値．
連　成	：特に座屈現象を対象として，部材を構成する板要素同士が相互に影響を及ぼすこと，または部材挙動と板要素の挙動が相互の影響を及ぼすこと．
シアスパン比	：曲げモーメントの極点から曲げモーメントが0となるまでの部材長さを部材せいで除した値．
横座屈耐力	：横（曲げねじれ）座屈によって決定される部材耐力．
横座屈細長比	：横座屈の指標．弾性横座屈モーメントに対する全塑性モーメントの比の平方根．
横座屈補剛間長さ	：横座屈補剛材間の距離，または材端から横座屈補剛材までの距離．
曲げ座屈細長比	：曲げ座屈の指標．弾性曲げ座屈耐力に対する降伏軸力の比の平方根．

参 考 文 献

1.1) 狩野芳一：建築構造における終局強度設計法の導入，コンクリート工学，Vol.19, No.7, pp.45-49, 1981.7
1.2) 日本建築学会；鋼構造塑性設計指針，1975
1.3) 日本建築学会：溶接接合設計施工ガイドブック，p.72, 2008
1.4) 日本建築学会：軽鋼構造設計施工指針・同解説　SI単位版，2002
1.5) Beedle, L.S., Topractsologlou, A.A., and Johnston B.G.: Connection for welded continuous portal frames (part III Discussion of test results and conclusions) Progress report No.4, The Welding Journal, pp.543-560, 1952.11
1.6) 加藤　勉，秋山　宏：鋼構造部材の耐力（その4），日本建築学会論文報告集，No.151, pp.15-20, 1968.9
1.7) 成原弘之，泉　満：鋼構造柱梁仕口における梁端溶接部の疲労強度，日本建築学会構造系論文集，No.508, pp.111-117, 1998.6
1.8) 小川秀雄，大熊武司，中込忠男：大型試験体を用いた両振り一定振幅載荷の疲労強度―鋼構造柱梁溶接部の累積疲労損傷評価　その1―，日本建築学会構造系論文集，No.535, pp.149-156, 2000.9
1.9) 鈴木敏郎，玉松健一郎：低層鉄骨造骨組柱材のエネルギー吸収能力に関する実験的研究　その1．単調載荷および定変位振幅載荷を受けるH形鋼柱材のエネルギー吸収能力，日本建築学会論文報告集，No.279, pp.65-75, 1979.5
1.10) 日本建築学会：鋼構造設計規準―許容応力度設計法―，2005
1.11) 日本建築学会：鋼構造限界状態設計指針・同解説，2010
1.12) 日本建築学会：鋼構造接合部設計指針，2006
1.13) 建築物の構造関係技術基準解説書編集委員会：2015年版　建築物の構造関係技術基準解説書，2015

2章　塑性解析

2.1 塑性崩壊に関する3つの条件

> 通常の構造物の崩壊荷重の算定は，構造物を平面構造物に分解したのち，塑性解析によって行うことができる．

　構造物は一般に立体的に構成されているから，厳密には立体的な取扱いをすべきものであるが，多くの構造物は，平面構造物を直角に組み合わせて構成されている．このような構造物のうち剛床仮定が成立する構造物では，荷重の伝達など各部の挙動を考えて適当な平面構造物に分解し，応力解析が行われる．塑性設計においても，そのような理想化の方法にしたがってよい．

　平面構造物の塑性解析は，1.3節で述べたように，曲げモーメントが全塑性モーメントに達したところでは，塑性ヒンジが発生し，いくつかの塑性ヒンジによって機構が形成されたときに崩壊が起こり，そのときの荷重を崩壊荷重という．

　一般に崩壊状態に達したときには，次の3つの条件（塑性崩壊に関する3つの条件）が成立している．

（1）釣合条件

　　曲げモーメントは，崩壊時の荷重と釣合状態にある．

（2）機構条件

　　塑性ヒンジは，構造物が運動を起こすのに十分な数だけ形成されている．

（3）塑性条件

　　塑性ヒンジにおける曲げモーメントの絶対値は，全塑性モーメント M_P に等しく，また，モーメントの向きは塑性ヒンジの回転方向と一致している．一方，塑性ヒンジ以外では，曲げモーメントの絶対値は全塑性モーメント M_P を超えない．

　図C1.3.1に示した例によって，以上の3つの条件が成立していることを確かめてみる．図C1.3.1(d)の曲げモーメント分布は，崩壊荷重 $P_u = 9 \cdot (M_P/L)$ と釣合状態にあり，塑性ヒンジは，図C1.3.1(e)に点線で示すような機構が形成されるのに十分な数だけ生じている．また，塑性ヒンジにおける曲げモーメントの絶対値は，全塑性モーメント M_P に等しく，全塑性モーメントの作用方向と塑性ヒンジの回転方向は一致しており，一方，塑性ヒンジ以外のところの曲げモーメントの絶対値は M_P を超えていない．

2.2 塑性解析における基本定理

　本節では，塑性解析を行うにあたって，重要ないくつかの基本定理について説明する．

○唯一性の定理

唯一性の定理は，2.1節に示した塑性崩壊に関する3つの条件を満足する荷重を求めれば，それが真の崩壊荷重であることを保証するものであり，一般に，「塑性崩壊に関する3つの条件を満足する荷重は唯一に限る」と表現される．

なお，以下に示すように，3つの条件のうち，いくつかの条件を満たす場合には，その崩壊荷重は，必ず，真の崩壊荷重よりも大きいか，逆に小さくなる．

○上界定理

塑性崩壊に関する3つの条件の中で(1)の釣合条件と，(2)の機構条件を満たすとき，「運動学的許容である」または「運動学的許容状態にある」という．いま，運動学的許容状態にある崩壊機構を仮想変位とし，「外力のなす仕事＝内力のなす仕事」という仮想仕事式から得られる崩壊荷重を P^+ と書くことにすると，次式が成立する．

$$P^+ \geqq P_u \tag{C2.2.1}$$

ここに，P_u は，3つの条件を満足する真の崩壊荷重である．

（C2.2.1)式の関係は，上界定理と呼ばれ，この定理に基づく塑性解析法としては，仮想仕事法やフロアモーメント分配法[2.1]等がある．

○下界定理

一方，(1)の釣合条件と(3)の塑性条件を満足する場合には，「静的許容である」または「静的許容状態にある」という．静的許容状態にある曲げモーメントと釣り合う荷重を P^- と書くと，P^- と真の崩壊荷重である P_u との間には，次式の関係が成立する．

$$P^- \leqq P_u \tag{C2.2.2}$$

（C2.2.2)式の関係は，下界定理と呼ばれる．

下界定理に基づく塑性解析法としては，節点振り分け法，塑性モーメント分配法，節点モーメント分配法または層モーメント分配法等の方法[2.1]がある．

2.3 梁の崩壊荷重

本節では，仮想仕事法[2.2),2.3]を用いた塑性解析法によって梁の崩壊荷重を求める例を示す．

仮想仕事法は，前節に示した上界定理に基づく最も代表的な解析手法であり，塑性解析のほとんどは，この方法により行われている．

仮想仕事法は，以下のような解析手順で行われる．

① 機構条件を満足する機構を仮定する．

② 仮定した機構を用いて，「外力のなす仕事＝内力のなす仕事」という仮想仕事式から，崩壊荷重の上界 P^+ を求める．

③ ②で求めた P^+ の値が，これまで得られている値よりも小さいものであれば，崩壊荷重の上界 P^+ と釣り合う曲げモーメント分布を求める．この中で，仮定した崩壊機構で塑性ヒンジとなっている点の曲げモーメントは，塑性ヒンジの回転と同じ向きの全塑性モーメントとなる．一方，その他の曲げモーメントについては，釣合条件を用いて定める．

④ ③で求めた曲げモーメント分布に対して，塑性ヒンジ以外の点で塑性条件を確認し，塑性条件を満足していない場合には，その分，崩壊荷重，曲げモーメントを低減する．こうして求めた解は，(1)の釣合条件と(3)の塑性条件を満足しているから，崩壊荷重の下界 P^- となる．

⑤ $P^+=P^-$ であれば，求めた解が真の崩壊荷重である．
一方，$P^+ \neq P^-$ であれば，①から④の手順を繰り返す．

なお，実用的には，P^- は崩壊荷重の下界であり，すなわち安全側の値となっているから，P^+ と P^- の差が十分小さければ，P^- を崩壊荷重として差しつかえない．

以上が，仮想仕事法による最もよく用いられる解析方法であるが，複雑な骨組の崩壊荷重を求める場合には，③，④の下界を求めるのが非常に困難となる場合が生じる．そうした場合には，予想されるすべての崩壊機構について②の P^+ を算定し，最も小さな P^+ を崩壊荷重として採用する手法を適用してもよい．こうした手法は，特に機構法[2.1]または仮想変形法[2.3]とも呼ばれ，その実用性は高い．

2.3.1 中央集中荷重を受ける両端固定梁

この仮想仕事法を用いて，1.3節で取り扱った図C2.3.1(a)に示すような左端から1/3のところに集中荷重 P を受ける両端固定の梁の崩壊荷重を求めてみる．

この例題の場合，A—B，B—Cの各領域で曲げモーメントは直線分布となるから，塑性ヒンジとなる可能性のある点は，A，BおよびCの3つの点である．

一方，この梁は水平方向反力の影響を考慮しなければ，二次の不静定であるから，機構条件を満たすためには，少なくとも3個の塑性ヒンジが必要となり，図C2.3.1(b)のようになる．

この崩壊機構を仮定すると，仮想仕事式（外力のなす仕事＝内力のなす仕事）は，次式となる．

$$P^+ \cdot \left(\frac{1}{3} \cdot L \cdot \theta \right) = M_P \cdot \left(\theta + \frac{3}{2} \cdot \theta + \frac{1}{2} \cdot \theta \right)$$

したがって，

$$P^+ = 9 \cdot \frac{M_P}{L} \tag{C2.3.1}$$

次に，この崩壊荷重，崩壊機構に見合う曲げモーメント分布を求めてみると，図C2.3.1(c)のように，塑性条件を部材の全領域にわたって満足している．したがって，図C2.3.1(c)に示す崩壊荷重，曲げモーメントは下界定理の条件を満たすから，

$$P^- = 9 \cdot \frac{M_P}{L} \tag{C2.3.2}$$

また，$P^+=P^-$ であるから，真の崩壊荷重 P_u は，

$$P_u = 9 \cdot \frac{M_P}{L} \tag{C2.3.3}$$

したがって，崩壊機構および崩壊時の曲げモーメント分布は，それぞれ，図C2.3.1(b)および図C2.3.1(c)となる．

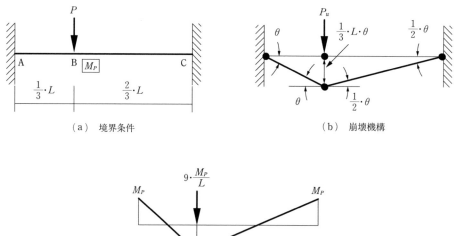

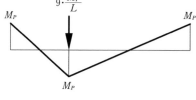

(c) 曲げモーメント分布

図C2.3.1 集中荷重を受ける両端固定梁

2.3.2 複数の集中荷重を受ける梁

複数の集中荷重を受ける梁の崩壊荷重を仮想仕事法を用いて求める．図C2.3.2(a)に示す，一端固定他端ローラー支持の梁で材長を3等分した2点に等しい集中荷重が作用する場合を考える．

この梁が機構条件を満たすためには，2個の塑性ヒンジが必要となる．弾性の場合の曲げモーメントは固定端で最も大きくなること，集中荷重作用点も大きくなること，以上を考慮すると図C2.3.2(b)と図C2.3.2(c)の2つの崩壊機構が仮定できる．

図C2.3.2(b)の崩壊機構について，崩壊荷重を P_1^+ として仮想仕事式を求めると次式になる．

$$P_1^+ \cdot \left(\frac{1}{3} \cdot L \cdot \theta\right) + P_1^+ \cdot \left(\frac{1}{3} \cdot L \cdot \frac{\theta}{2}\right) = M_P \cdot \left(\theta + \frac{3}{2} \cdot \theta\right)$$

したがって，

$$P_1^+ = 5 \cdot \frac{M_P}{L} \tag{C2.3.4}$$

この崩壊荷重，崩壊機構に見合う曲げモーメント分布を求めてみると図C2.3.2(d)のようになり，曲げモーメントの絶対値が全塑性モーメント M_P を超えるので，塑性条件を満足していない．

塑性条件を満足するように，荷重および曲げモーメントを3/4に低減すると，図C2.3.2(e)となり，この時の崩壊荷重 P_1^- は，釣合条件と塑性条件を満足するから下界であり，次式となる．

$$P_1^- = \frac{3}{4} \cdot 5 \cdot \frac{M_P}{L} = \frac{15}{4} \cdot \frac{M_P}{L} \tag{C2.3.5}$$

真の崩壊荷重 P_u は，上界定理と下界定理より $P_1^- \leq P_u \leq P_1^+$ の範囲にある．真の崩壊荷重を求めるためには，図C2.3.2(e)の曲げモーメント分布を参考にして崩壊機構を変更する必要がある．

図C2.3.2(c)の崩壊機構について崩壊荷重を P_2^+ として仮想仕事式を求めると，次式になる．

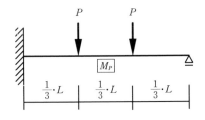

(a) 境界条件

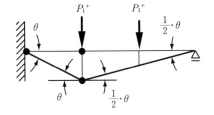

(b) 崩壊機構1

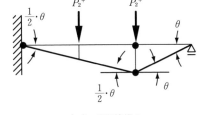

(c) 崩壊機構2

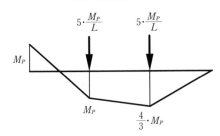

(d) 崩壊機構1に対応する曲げモーメント分布

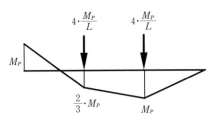

(f) 崩壊機構2に対応する曲げモーメント分布

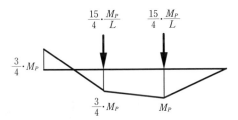

(e) 塑性条件を満足させた曲げモーメント分布

図C2.3.2　2つの集中荷重を受ける一端固定他端ローラー支持梁

$$P_2^+ \cdot \left(\frac{1}{3} \cdot L \cdot \frac{\theta}{2}\right) + P_2^+ \cdot \left(\frac{1}{3} \cdot L \cdot \theta\right) = M_P \cdot \left(\frac{1}{2} \cdot \theta + \frac{3}{2} \cdot \theta\right)$$

したがって,

$$P_2^+ = 4 \cdot \frac{M_P}{L}$$

また，この崩壊荷重，崩壊機構に見合う曲げモーメント分布を求めると，図C2.3.2(f)のようになる．この曲げモーメント分布を見ると，塑性条件を満足している．したがって，下界定理より次式が得られる．

$$P_2^- = P_2^+ = 4 \cdot \frac{M_P}{L}$$

上式より,この梁の真の崩壊荷重 P_u は,次式となる.

$$P_u = 4 \cdot \frac{M_P}{L} \tag{C 2.3.6}$$

次に,境界条件の拘束度を上げた図C2.3.3(a)に示す両端固定梁の崩壊荷重を求め,前の例題の崩壊荷重との大小関係を検討してみる.

一方,この梁は水平方向反力の影響を考慮しなければ二次不静定であるから,機構条件を満足するためには3個の塑性ヒンジが必要となる.

図C2.3.3(b)の崩壊機構について崩壊荷重を P_1^+ として仮想仕事式を求めると,次式になる.

$$P_1^+ \cdot \left(\frac{1}{3} \cdot L \cdot \theta \right) + P_1^+ \cdot \left(\frac{1}{3} \cdot L \cdot \frac{\theta}{2} \right) = M_P \cdot \left(\theta + \frac{3}{2} \cdot \theta + \frac{1}{2} \cdot \theta \right)$$

したがって,

$$P_1^+ = 6 \cdot \frac{M_P}{L}$$

また,この崩壊荷重,崩壊機構に見合う曲げモーメント分布を求めると,図C2.3.3(c)のようになる.この曲げモーメント分布を見ると,塑性条件を満足している.したがって,下界定理より次式が得られる.

$$P_1^- = P_1^+ = 6 \cdot \frac{M_P}{L}$$

上式より,この両端固定梁の真の崩壊荷重 P_u は,次式となる.

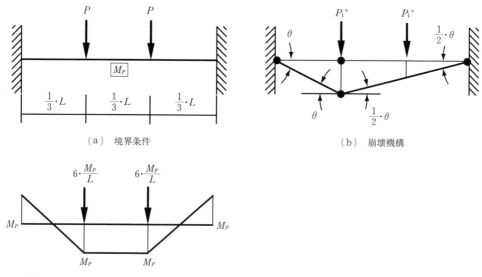

図C2.3.3 2つの集中荷重を受ける両端固定梁

$$P_u = 6 \cdot \frac{M_P}{L} \tag{C 2.3.7}$$

(C 2.3.6)式の崩壊荷重と(C 2.3.7)式の崩壊荷重の値を比べると，境界の拘束度を上げると塑性ヒンジの数が多くなり塑性ヒンジの仮想仕事量が大きくなるため，崩壊荷重は大きくなることがわかる．

2.4 簡単なラーメンの崩壊荷重

本節では，仮想仕事法を用いた塑性解析法によって1層1スパンラーメンおよび2層1スパンラーメンの崩壊荷重を求める．

2.4.1 1層ラーメン

図C 2.4.1(a)に示すような外力が作用する1層1スパンラーメンの崩壊荷重について，仮想仕事法を用いて求める．この1層1スパンラーメンは，柱・梁ともに，同じ全塑性モーメント M_P を有するものとし，梁柱仕口部では，柱に塑性ヒンジを設けることにすると，図C 2.4.1(a)の図中に示すように，A点からE点の5点が塑性ヒンジ可能点となる（塑性ヒンジが発生する可能性がある点は×で示している）．

このラーメンには工学的に可能なものとして，図C 2.4.1(b)，(c)，(d)に示す梁機構，層機構，複合機構の3種類の崩壊機構がある．

まず，図C 2.4.1(b)に示すような崩壊機構（梁機構）の崩壊荷重を P_1^+ とすると，仮想仕事式は，次式となる．

$$2P_1^+ \cdot \left(\frac{1}{2} \cdot L \cdot \theta\right) = 2 \cdot M_P \cdot \theta + M_P \cdot 2\theta$$

したがって，この梁機構における崩壊荷重 P_1^+ は，次のようになる．

$$P_1^+ = 4 \cdot \frac{M_P}{L} \tag{C 2.4.1.a}$$

次に図C 2.4.1(c)に示すような崩壊機構（層機構）を仮定すると，同様に仮想仕事式は次式となる．

$$P_2^+ \cdot (L \cdot \theta) = 4 \cdot M_P \cdot \theta$$

したがって，この層機構における崩壊荷重 P_2^+ は，次のようになる．

$$P_2^+ = 4 \cdot \frac{M_P}{L} \tag{C 2.4.1.b}$$

さて，この崩壊荷重，崩壊機構（層機構）に見合う曲げモーメント分布を求めてみる．塑性ヒンジとなっているA，B，D，E点の曲げモーメントは，塑性ヒンジの回転と同じ向きの全塑性モーメントとなるから，門形ラーメンの内側が引張りとなる曲げモーメントを正とすると，それぞれ次式となる．

$$M_A = -M_P, \; M_B = M_P, \; M_D = M_P, \; M_E = -M_P \tag{C 2.4.2.a〜d}$$

残るC点の曲げモーメントについては，塑性条件からは定まらないので，釣合条件を用いる．い

ま梁のせん断力に関する釣合いを考えると，次式となる．

$$\frac{2}{L}\cdot(M_C-M_B)-\frac{2}{L}\cdot(M_E-M_C)=\frac{2}{L}\cdot(M_C-M_P)-\frac{2}{L}\cdot(-M_P-M_C)=8\cdot\frac{M_P}{L}$$

上式より，次式が得られる．

$$M_C=2\cdot M_P \qquad\qquad (\text{C}2.4.2.\text{e})$$

以上の結果を整理すると，曲げモーメント分布は，図C2.4.1(e)に示すようになる．

この曲げモーメント分布を見ると，C点の曲げモーメントが全塑性モーメントの2倍となっているので，塑性条件を満足するように，荷重および曲げモーメントを1/2に低減すると，図C2.4.1(f)となる．また，この時の崩壊荷重 P_2^- は下界であり，次式となる．

$$P_2^-=\frac{1}{2}\cdot P_2^+=2\cdot\frac{M_P}{L} \qquad\qquad (\text{C}2.4.3)$$

崩壊荷重 P_u は，(C2.4.1.b)式で与えられる P_2^+ と(C2.4.3)式で与えられる P_2^- との間にあることは間違いないが，範囲が広い．そうした場合には，別の崩壊機構を検討する必要がある．

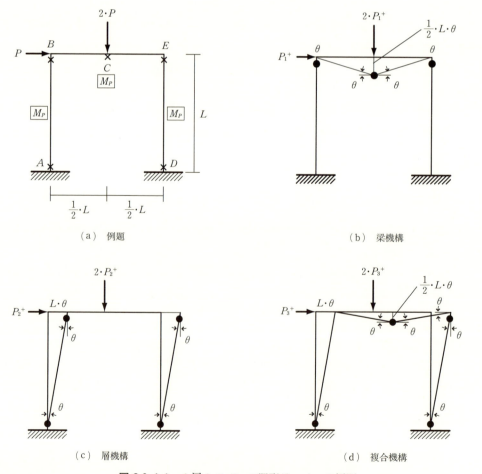

図C2.4.1　1層1スパンの門形ラーメンの例題

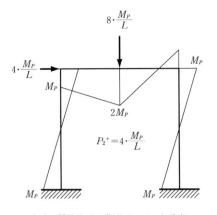
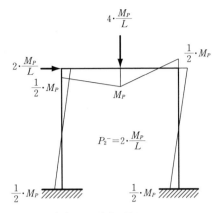

（e） 層機構での曲げモーメント分布　　　　（f） 塑性条件を満足させた曲げモーメント分布

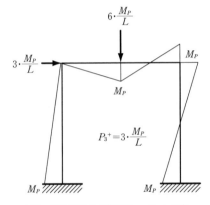

（g） 複合機構での曲げモーメント分布

図C 2.4.1　1層1スパンの門形ラーメンの例題（つづき）

　図C 2.4.1(c)に示した崩壊機構では，C点における塑性条件を満足しないために，適切な崩壊機構でない．そこで次に，図C 2.4.1(d)に示すような機構（複合機構）を考えてみる．この機構の崩壊荷重を P_3^+ とすると，仮想仕事式は，次式となる．

$$P_3^+ \cdot (L \cdot \theta) + 2 \cdot P_3^+ \cdot \left(\frac{1}{2} \cdot L \cdot \theta\right) = 6 \cdot M_P \cdot \theta \tag{C 2.4.4}$$

したがって，

$$P_3^+ = 3 \cdot \frac{M_P}{L}$$

また，この崩壊荷重，崩壊機構に見合う曲げモーメント分布を求めると，崩壊機構より

$$M_A = -M_P,\ M_C = M_P,\ M_D = M_P,\ M_E = -M_P \tag{C 2.4.5.a〜d}$$

また，層せん断力または梁のせん断力についての釣合いから，次式が得られる．

$$M_B = 0 \tag{C 2.4.5.e}$$

このことより，曲げモーメント分布は，図C 2.4.1(g)のようになる．この曲げモーメント分布を

見ると，塑性条件を満足している．したがって，

$$P_3^- = P_3^+ = 3 \cdot \frac{M_P}{L}$$

上式の値は式（C2.4.1）式の値よりも小さく，この門形ラーメンの真の崩壊荷重 P_u は，次式となる．

$$P_u = 3 \cdot \frac{M_P}{L} \tag{C2.4.6}$$

崩壊機構および崩壊時の曲げモーメント分布は，それぞれ，図C2.4.1(d)および図C2.4.1(g)のようになる．

曲げモーメント分布が一義的に決まらない場合や塑性条件の確認が難しい場合は，図C2.4.1(b)，(c)，(d)の機構を取り上げて仮想仕事式で P_1^+, P_2^+, P_3^+ を求め，次式により P_u を求めることが行なわれる（この方法は機構法または仮想変形法[2.1]と呼ばれ，その実用性は高い）．

$$P_u = \min(P_1^+, P_2^+, P_3^+) = \min\left(4 \cdot \frac{M_P}{L}, 4 \cdot \frac{M_P}{L}, 3 \cdot \frac{M_P}{L}\right) = 3 \cdot \frac{M_P}{L} \tag{C2.4.7}$$

ところで，本項に示した1層1スパンラーメンは，4個の塑性ヒンジを有する層機構，複合機構の場合，仮想仕事式から得られる崩壊荷重 P^+ に見合う曲げモーメント分布が崩壊機構と釣合条件から定まった．しかしながら，梁機構のように崩壊機構を構成する塑性ヒンジの数によっては，崩壊時の曲げモーメント分布を定めることができない場合が生じる．次項では，そうした例について考えてみる．

2.4.2　2層ラーメン

図C2.4.2(a)に示すような，外力が作用するラーメンについて考える．このラーメンは，部材ごとに異なった断面性能を有するものとし，1階の柱と2階の床梁，2階の柱および屋上階の梁の全塑性モーメントを，それぞれ，$3 \cdot M_P$，$(3/2) \cdot M_P$ および $2 \cdot M_P$ とする．なお，このラーメンの不静定次数は，6である．

まず，2階の梁両端と左右の柱の柱頭および柱脚が塑性ヒンジとなる図C2.4.2(b)のような崩壊機構1を考えてみる．仮想仕事式は，次式となる．

$$3 \cdot P_1^+ \cdot (2 \cdot L \cdot \theta) + 2 \cdot P_1^+ \cdot (4 \cdot L \cdot \theta) = 2 \cdot \left(3 \cdot M_P + 3 \cdot M_P + \frac{3}{2} \cdot M_P\right) \cdot \theta$$

したがって，

$$P_1^+ = \frac{15}{14} \cdot \frac{M_P}{L} \tag{C2.4.8}$$

次に，この崩壊荷重，崩壊機構に見合う曲げモーメント分布を求めてみる．塑性ヒンジとなっている各塑性ヒンジ可能点の曲げモーメントは，塑性ヒンジの回転と同じ向きの全塑性モーメントとなるから，図C2.4.2(a)の太破線の側が引張りとなる場合を正とすると，次式となる．

$$M_A = 3 \cdot M_P, \quad M_{BD} = -3 \cdot M_P, \quad M_C = \frac{3}{2} \cdot M_P, \quad M_F = 3 \cdot M_P, \quad M_{GD} = -3 \cdot M_P, \quad M_H = \frac{3}{2} \cdot M_P$$
$$(\text{C} 2.4.9.\text{a} \sim \text{f})$$

ここに，M_{BD} は，B-D 材の B 点における曲げモーメントである（M_{GD} についても同様）．

一方，それ以外の点における曲げモーメントは，釣合条件から定める．ここで，崩壊時の曲げモーメント分布が崩壊機構と釣合条件から定まるかどうかを検討してみる．塑性ヒンジでは，(C 2.4.9) 式のような内力に関する条件が与えられるから，塑性ヒンジが 1 個増えるごとに，曲げモーメント分布を定める条件数は 1 つ増加する．一方，仮想仕事法では，崩壊荷重 P^+ の算定の際に仮想仕事式を用いており，仮想仕事式は釣合条件と等価であるから，条件数は 1 つ減少する．図 C 2.4.2(b) に

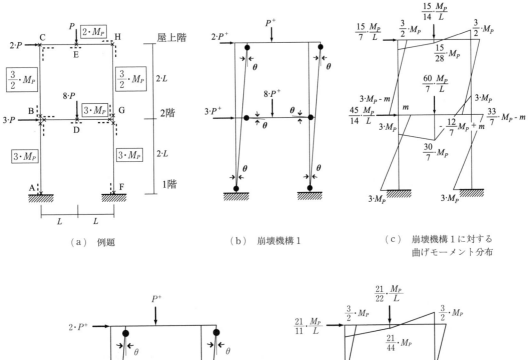

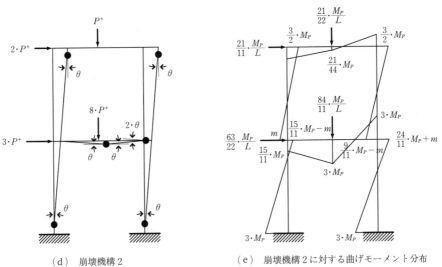

図 C 2.4.2　2 層 1 スパンラーメンの例題

示す崩壊機構の場合，崩壊時の曲げモーメント分布を定める条件数は，弾性状態に比べ，6−1＝5 だけ増加する．しかしながら，このラーメンの弾性時の不静定次数は，6 であり，条件数が1つ不足する．したがって，塑性ヒンジとなった点以外の曲げモーメント分布は定まらないことになる．こうした崩壊機構を「部分崩壊機構」と呼ぶ．一方，前節で取り扱った1層1スパンラーメンのように，崩壊時の曲げモーメント分布が崩壊機構と釣合条件から定まる崩壊機構を「全体崩壊機構」と呼ぶ．該当の崩壊機構が部分崩壊か全体崩壊のいずれであるかは，ラーメンの弾性時の不静定次数と崩壊機構を構成する塑性ヒンジの数とを比較すれば，容易にわかる．いま，弾性時の不静定次数を R，崩壊機構を構成する塑性ヒンジの数を n_{ph} とすると，$n_{ph} \geq R+1$ であれば全体崩壊であり，一方，$n_{ph} < R+1$ の場合は部分崩壊である．

さて，図 C 2.4.2(b) に示した崩壊機構は部分崩壊であり，塑性ヒンジとなった点以外の曲げモーメント分布は，釣合条件からは定まらないことが明らかとなった．こうした場合には，不足した条件の数だけ，塑性ヒンジ点以外の塑性ヒンジ可能点における曲げモーメントを独立な変数として崩壊時の曲げモーメント分布を表す．図 C 2.4.2(b) に示した崩壊機構の場合，条件数の不足は1であるから，1階左柱の柱頭の曲げモーメントを m と書くことにすると，(C 2.4.9.a～f)式と釣合条件式から，塑性ヒンジ点以外の塑性ヒンジ可能点における曲げモーメントは，それぞれ，次式のように表される．

$$\left.\begin{array}{l} M_{BA}=m,\ M_{BC}=3 \cdot M_P - m,\ M_D=\dfrac{30}{7} \cdot M_P,\ M_E=\dfrac{15}{28} \cdot M_P \\[2mm] M_{GF}=\dfrac{33}{7} \cdot M_P - m,\ M_{GH}=-\dfrac{12}{7} \cdot M_P + m \end{array}\right\} \quad (C\ 2.4.9.g\sim l)$$

以上の結果を整理すると，図 C 2.4.2(c) のようになる．この曲げモーメント分布を見ると，塑性条件を満足していないのは明らかであり，M_P に対する超過が最も大きい D 点において，塑性条件を満足するよう荷重を低減して崩壊荷重の下界 P_1^- を求めると，次式となる．

$$P_1^- = \dfrac{3}{(30/7)} \cdot P_1^+ = \dfrac{7}{10} \cdot P_1^+ = \dfrac{21}{28} \cdot \dfrac{M_P}{L} \quad (C\ 2.4.10)$$

図 C 2.4.2(b) に示した崩壊機構では，(C 2.4.8)式に示す P_1^+ と(C 2.4.10)式に示す P_1^- の差異が若干大きいので，次に，2階の梁左端の塑性ヒンジを梁中央に移動させた，図 C 2.4.2(d) のような崩壊機構を考えてみる．仮想仕事式は，次式となる．

$$3 \cdot P_2^+ \cdot (2 \cdot L \cdot \theta) + 2 \cdot P_2^+ \cdot (4 \cdot L \cdot \theta) + 8 \cdot P_2^+ \cdot (L \cdot \theta) = 2 \cdot \left(3 \cdot M_P + \dfrac{3}{2} \cdot M_P\right) \cdot \theta + 2 \cdot (3 \cdot M_P) \cdot 2\theta$$

したがって，

$$P_2^+ = \dfrac{21}{22} \cdot \dfrac{M_P}{L} \quad (C\ 2.4.11)$$

図 C 2.4.2(b) に示した崩壊機構の P_1^+ よりも P_2^+ の値は小さくなり，この崩壊機構が真の解により近いので，次に，この崩壊荷重，崩壊機構に見合う曲げモーメント分布を求めてみる．M_{BC} を m と書くことにすると，崩壊機構および釣合条件より，各塑性ヒンジ可能点における曲げモーメン

トは，次式となる．

$$M_A = 3 \cdot M_P, \quad M_C = \frac{3}{2} \cdot M_P, \quad M_B = 3 \cdot M_P, \quad M_F = -3 \cdot M_P, \quad M_{GD} = 3 \cdot M_P, \quad M_H = \frac{3}{2} \cdot M_P$$

(C 2.4.12.a〜f)

また，

$$M_{BA} = \frac{15}{11} \cdot M_P - m, \quad M_{BC} = m, \quad M_{BD} = \frac{15}{11} \cdot M_P, \quad M_E = \frac{21}{44} \cdot M_P$$

$$M_{GF} = \frac{24}{11} \cdot M_P + m, \quad M_{GH} = \frac{9}{11} \cdot M_P - m$$

E点を除く塑性ヒンジ点以外の塑性条件は，次式となる．

$$-3 \cdot M_P \leq M_{BA} = \frac{15}{11} \cdot M_P - m \leq 3 \cdot M_P, \quad -\frac{3}{2} \cdot M_P \leq M_{BC} = m \leq \frac{3}{2} \cdot M_P$$

$$-3 \cdot M_P \leq M_{GF} = \frac{24}{11} \cdot M_P + m \leq 3 \cdot M_P, \quad -\frac{3}{2} \cdot M_P \leq M_{GH} = \frac{9}{11} \cdot M_P - m \leq \frac{3}{2} \cdot M_P$$

上式を m に関する不等式の形に整理すると，

$$\left. \begin{array}{l} -\dfrac{18}{11} \cdot M_P \leq m \leq \dfrac{48}{11} \cdot M_P, \quad -\dfrac{3}{2} \cdot M_P \leq m \leq \dfrac{3}{2} \cdot M_P \\[2mm] -\dfrac{57}{11} \cdot M_P \leq m \leq \dfrac{9}{11} \cdot M_P, \quad -\dfrac{15}{22} \cdot M_P \leq m \leq \dfrac{51}{22} \cdot M_P \end{array} \right\}$$

(C 2.4.13.a〜d)

したがって，次式が成立すれば，塑性条件は満足される．

$$-\frac{15}{22} \cdot M_P \leq m \leq \frac{9}{11} \cdot M_P \tag{C 2.4.14}$$

(C 2.4.14)式を満足する m は存在するから，

$$P_2^- = P_2^+ = \frac{21}{22} \cdot \frac{M_P}{L} \tag{C 2.4.15}$$

上式より，このラーメンの真の崩壊荷重は，次式となる．

$$P_u = \frac{21}{22} \cdot \frac{M_P}{L} \tag{C 2.4.16}$$

また，崩壊機構は図C 2.4.2(d)となる．なお，崩壊時の m の値は，(C 2.4.14)式の範囲内にあることは間違いないが，一義的には定まらない．

この項までに1層および2層ラーメンの真の崩壊荷重の算定例を示してきた．さらにさまざまなケースについて真の崩壊荷重を求めた例を付2に示している．本指針の読者は付2の例について塑性解析を行って解法を習得し，荷重の比率，境界条件によって真の崩壊荷重の推移を吟味することをすすめる．

塑性設計されるラーメンはさらに層数，スパン数が多くなることが多い．本節の解析例からわかるように，多層多スパンラーメンにおける崩壊機構のパターン数は急激に増大する．ラーメンの真

の崩壊荷重を求めるためには，いかに塑性ヒンジ位置すなわち崩壊機構を仮定・修正するかが要点となる．この点を解決し，工夫した実用解法を9章に紹介している．

参考文献

2.1)　日本建築学会：建築耐震設計における保有耐力と変形性能 (1990)，pp.104-109，pp.310-322，1990
2.2)　Greenberg, H.J. and Prager, W. : On the Limit Design of Beams and Frames, Proc. ASCE, Vol. 77, 1951.9
2.3)　木原　博　監修，藤田　譲，楠田忠雄，川井忠彦　著：塑性設計法，森北出版，1960

3章　全塑性モーメント

3.1　塑性断面係数と形状係数

> 全塑性モーメントは，次式で表される．
> $$M_P = Z_P \cdot \sigma_Y \tag{3.1.1}$$
> 記号
> M_P：全塑性モーメント
> Z_P：塑性断面係数
> σ_Y：降伏応力度

　1章で述べたように，全塑性モーメント M_P は塑性設計における最も重要な因子の一つであり，その値が正確なものでないと崩壊荷重や，場合によっては崩壊機構も異なったものになる．本章では，種々の形状の断面や組合せ応力状態についての全塑性モーメントを考えてみる．

　まず，曲げモーメントのみが作用している状態で断面全体が塑性化している場合について考える．簡単化のため，断面の形状は，図 C 3.1.1 (a) に示すように，主軸 $y\text{-}y$ に対して左右対称であるものとする．この場合，断面の引張部分の垂直応力度の合力 T と圧縮部分の合力 C の大きさは，断面に軸力が作用しないので，相等しい．

$$T = C \tag{C 3.1.1}$$

したがって，中立軸 $n\text{-}n$ は部材断面を2等分する位置となり，T，C は，それぞれ，次式のように表される．

$$T = \frac{A}{2} \cdot \sigma_Y \tag{C 3.1.2.a}$$

$$C = \frac{A}{2} \cdot \sigma_Y \tag{C 3.1.2.b}$$

ここに，A は，部材断面の断面積である．なお，ここで考えている断面全体が塑性化している場合の中立軸位置は，弾性状態の中立軸とは必ずしも一致しないことに注意されたい．

　いま，合力 T と C の作用線間の距離を $\bar{y}$ とすると，全塑性モーメント M_P は，次式で与えられる．

$$M_P = T \cdot \bar{y} = C \cdot \bar{y} = \frac{A}{2} \cdot \sigma_Y \cdot \bar{y} \tag{C 3.1.3}$$

上式において

$$Z_P = \frac{A}{2} \cdot \bar{y} \tag{C 3.1.4}$$

とおくと，全塑性モーメント M_P は，次式のように表される．

$$M_P = Z_P \cdot \sigma_Y \qquad (3.1.1)\text{再掲}$$

(C 3.1.4)式で定義される Z_P は，降伏応力度と全塑性モーメントとを結びつける係数であり，弾性時に縁応力度と曲げモーメントとを結びつける係数を断面係数というのにならって，塑性断面係数と呼ばれている．

塑性断面係数は，部材断面の幾何学的形状から定まる．合力 T と C は，それぞれ引張部分と圧縮部分の重心に作用しているから，中立軸からそれぞれの部分の重心 G_t，G_c までの距離を $\bar{y}_t$，$\bar{y}_c$ とすると，

$$\bar{y} = \bar{y}_t + \bar{y}_c \qquad (\text{C }3.1.5)$$

したがって，

$$Z_P = \frac{A}{2} \cdot \bar{y}_t + \frac{A}{2} \cdot \bar{y}_c \qquad (\text{C }3.1.6)$$

となる．

(C 3.1.6)式の右辺の各項は，中立軸に関するそれぞれの領域の断面一次モーメントであるから，塑性断面係数は，次式のようにも表せる〔図 C 3.1.2〕．

$$Z_P = \int_0^{C_1} B(y) \cdot y \cdot dy + \int_0^{C_2} B(y) \cdot y \cdot dy \qquad (\text{C }3.1.7)$$

ここに，$B(y)$：中立軸から距離 y だけ離れたところの断面幅
　　　　C_1, C_2：中立軸から上下縁までの距離

ところで，断面の縁応力度が降伏応力度に達するときの曲げモーメント M_Y は，前述した断面係数 Z を用いて

$$M_Y = Z \cdot \sigma_Y \qquad (\text{C }3.1.8)$$

と表されるから，降伏モーメント M_Y に対する全塑性モーメント M_P の比を考え，これを f と表すことにすると，(3.1.1)式および(C 3.1.8)式の関係から，f は，塑性断面係数 Z_P と断面係数 Z との比となることは容易にわかる．

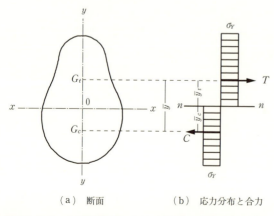

図 C 3.1.1　全塑性状態における断面の応力分布と合力

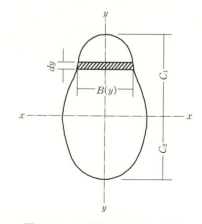

図 C 3.1.2　塑性断面係数の算定

$$f = \frac{M_P}{M_Y} = \frac{Z_P}{Z} \tag{C 3.1.9}$$

(C 3.1.9)式で定義される f を形状係数という．

3.2 各種断面の塑性断面係数

本節では，いくつかの代表的部材断面について，その塑性断面係数を示す．

(1) 長方形断面〔図 C 3.2.1(a)参照〕

(C 3.1.6)式または(C 3.1.7)式より，強軸 $x\text{-}x$ および弱軸 $y\text{-}y$ まわりの塑性断面係数 Z_{Px}, Z_{Py} は，それぞれ次式となる．

$$Z_{Px} = \frac{1}{4} \cdot B \cdot D^2 \tag{C 3.2.1.a}$$

$$Z_{Py} = \frac{1}{4} \cdot B^2 \cdot D \tag{C 3.2.1.b}$$

(2) 矩形中空断面〔図 C 3.2.1(b)参照〕

(1)に示した長方形断面の組合せとして，次式となる．

$$Z_{Px} = B \cdot t_2 \cdot (D - t_2) + \frac{1}{2} \cdot (D - 2 \cdot t_2)^2 \cdot t_1 \tag{C 3.2.2.a}$$

$$Z_{Py} = D \cdot t_1 \cdot (B - t_1) + \frac{1}{2} \cdot (B - 2 \cdot t_1)^2 \cdot t_2 \tag{C 3.2.2.b}$$

辺長に比べて板厚が十分薄い場合には，

$$D - 2 \cdot t_2 \cong D - t_2 = d_f$$

であるから，各板要素の面積を板厚中心に集中させて考え，図 C 3.2.1(b)のように板要素1，2を定義すると，Z_{Px} は，近似的に次式のように表せる．

$$Z_{Px} = A_2 \cdot d_f + \frac{1}{4} \cdot A_1 \cdot d_f \tag{C 3.2.3}$$

ここに，t_1：板要素1の厚さ，t_2：板要素2の厚さ

$$d_f = D - t_2 \tag{C 3.2.4.a}$$
$$A_1 = 2(D - 2t_2) \cdot t_1 \quad \text{（板要素1の全断面積）} \tag{C 3.2.4.b}$$
$$A_2 = B \cdot t_2 \quad \text{（片側板要素2の断面積）} \tag{C 3.2.4.c}$$

Z_{Py} についても，同様である．

(3) 円形断面〔図 C 3.2.2(a)参照〕

(C 3.1.7)式より，

$$Z_{Px} = \frac{4}{3} \cdot R^3 \tag{C 3.2.5}$$

(4) 円形中空断面〔図 C 3.2.2(b)参照〕

円形断面の組合せから

$$Z_{Px} = \frac{4}{3} \cdot R^3 - \frac{4}{3} \cdot (R-t)^3 = \frac{4}{3} \cdot R^3 \cdot \left\{ 1 - \left(1 - \frac{t}{R}\right)^3 \right\} \tag{C 3.2.6}$$

(C 3.2.6)式を板厚中心線の半径 R_m を使って表すと

$$Z_{Px} = \frac{4}{3} \cdot \left\{ \left(R_m + \frac{t}{2}\right)^3 - \left(R_m - \frac{t}{2}\right)^3 \right\} = \frac{4}{3} \cdot R_m{}^3 \cdot \left\{ \left(1 + \frac{t}{2 \cdot R_m}\right)^3 - \left(1 - \frac{t}{2 \cdot R_m}\right)^3 \right\} \tag{C 3.2.7}$$

薄肉の場合は $t/(2R_m) \ll 1$ であるから

$$\left(1 \pm \frac{t}{2 \cdot R_m}\right)^3 \fallingdotseq \left(1 \pm \frac{3 \cdot t}{2 \cdot R_m}\right)$$

したがって,

$$Z_{Px} = 4 \cdot R_m{}^2 \cdot t \tag{C 3.2.8}$$

(5) H 形断面〔図 C 3.2.3 参照〕

H 形断面には,フランジとウェブの接続部分にフィレットと呼ばれる部分がある.この部分も考慮して塑性断面係数 Z_P を求めると,次式となる.

$$Z_{Px} = B \cdot t_f \cdot (D - t_f) + \frac{1}{4} \cdot (D - 2 \cdot t_f)^2 \cdot t_w + 0.4292 \cdot r^2 \cdot (D - 2 \cdot t_f - 0.4467 \cdot r) \tag{C 3.2.9.a}$$

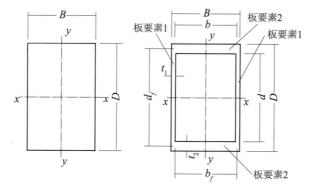

(a) 長方形断面　　　(b) 矩形中空断面

図 C 3.2.1　長方形および矩形中空断面の寸法記号

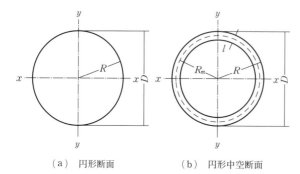

(a) 円形断面　　　(b) 円形中空断面

図 C 3.2.2　円形および円形中空断面の寸法記号

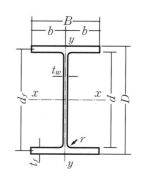

図 C 3.2.3　H 形断面の寸法記号

$$Z_{Py} = \frac{1}{2} \cdot B^2 \cdot t_f + \frac{1}{4} \cdot (D - 2 \cdot t_f) \cdot t_w^2 + 0.4292 \cdot r^2 \cdot (D + 0.4467 \cdot r) \quad (C\,3.2.9.b)$$

なお，フィレット部分を無視できるときは，(C 3.2.9)式の第3項は省略できる．さらに，板厚が断面の幅やせいに比べて十分に薄い場合には，矩形中空断面の場合と同様な操作を施せば，次式となる．

$$Z_{Px} = A_f \cdot d_f + \frac{1}{4} \cdot A_w \cdot d_f \quad (C\,3.2.10.a)$$

$$Z_{Py} = \frac{1}{2} \cdot A_f \cdot B + \frac{1}{4} \cdot A_w \cdot t_w \quad (C\,3.2.10.b)$$

ここに，

$A_f = B \cdot t_f$

$A_w = (D - 2 \cdot t_f) \cdot t_w$

$d_f = D - t_f$

3.3 軸力と曲げモーメントを受ける断面の全塑性モーメント

軸力と曲げを受ける断面の全塑性相関式に基づく全塑性モーメントは，以下の式で算定する．

(1) 強軸まわりの曲げモーメントを受けるH形断面

$\dfrac{N}{N_Y} \leqq \dfrac{A_w}{A}$ のとき

$$\frac{M_{Pc}}{M_P} = 1 - \frac{A^2}{(4 \cdot A_f + A_w) \cdot A_w} \cdot \left(\frac{N}{N_Y}\right)^2 \quad (3.3.1.a)$$

$\dfrac{N}{N_Y} > \dfrac{A_w}{A}$ のとき

$$\frac{M_{Pc}}{M_P} = \frac{2 \cdot A}{4 \cdot A_f + A_w} \cdot \left(1 - \frac{N}{N_Y}\right) \quad (3.3.1.b)$$

(2) 主軸まわりの曲げモーメントを受ける矩形中空断面

$\dfrac{N}{N_Y} \leqq \dfrac{A_1}{A}$ のとき

$$\frac{M_{Pc}}{M_P} = 1 - \frac{A^2}{(4 \cdot A_2 + A_1) \cdot A_1} \cdot \left(\frac{N}{N_Y}\right)^2 \quad (3.3.2.a)$$

$\dfrac{N}{N_Y} > \dfrac{A_1}{A}$ のとき

$$\frac{M_{Pc}}{M_P} = \frac{2 \cdot A}{4 \cdot A_2 + A_1} \cdot \left(1 - \frac{N}{N_Y}\right) \quad (3.3.2.b)$$

(3) 弱軸まわりの曲げモーメントを受けるH形断面

$\dfrac{N}{N_Y} \leqq \dfrac{A_w}{A}$ のとき

$$\frac{M_{Pc}}{M_P} = 1.0 \quad (3.3.3.a)$$

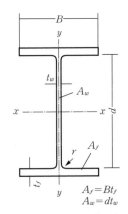

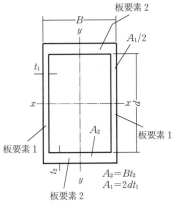

図 3.3.1 断面の寸法

$\dfrac{N}{N_Y} > \dfrac{A_w}{A}$ のとき

$$\dfrac{M_{Pc}}{M_P} = 1 - \left(\dfrac{N - N_{wY}}{N_Y - N_{wY}}\right)^2 \tag{3.3.3.b}$$

(4) 円形中空断面

$\dfrac{N}{N_Y} \leqq 0.2$ のとき

$$\dfrac{M_{Pc}}{M_P} = 1.0 \tag{3.3.4.a}$$

$\dfrac{N}{N_Y} > 0.2$ のとき

$$\dfrac{M_{Pc}}{M_P} = 1.25 \cdot \left(1 - \dfrac{N}{N_Y}\right) \tag{3.3.4.b}$$

記号

N : 作用軸力
M_P : 全塑性モーメント
N_Y : 降伏軸力 $= A \cdot \sigma_Y$
M_{Pc} : 軸力を受けるときの全塑性モーメント
A : 全断面積（H形断面の場合 $A = A_w + 2A_f$, 矩形中空断面の場合 $A = A_1 + 2A_2$）
A_1 : 板要素1の全断面積 $= 2 \cdot d \cdot t_1$
A_2 : 片側板要素2の断面積 $= B \cdot t_2$
A_w : ウェブの断面積 $= d \cdot t_w$
A_f : 片側フランジの断面積 $= B \cdot t_f$
N_{wY} : ウェブの降伏軸力 $= A_w \cdot \sigma_Y$
σ_Y : 降伏応力度
d : 板要素1またはウェブの幅
B : 板要素2またはフランジの外法幅
t_1 : 板要素1の板厚
t_2 : 板要素2の板厚
t_w : ウェブ板厚
t_f : フランジ板厚

曲げモーメントと同時に軸力を受ける場合には，軸力の大きさによって全塑性モーメントの値は減少する．また，中立軸の位置も，3.1，3.2節で取り扱った曲げモーメントのみを受ける場合とは異なったものとなる．本節では，こうした軸力の影響を考えてみる．

(1) 長方形断面

まず，最も基本的な長方形断面の場合について考える．図C3.3.1(a)に示すように，中立軸が図心から y_0 のところにあって断面全体が塑性化している場合，その応力度分布(b)は，曲げモーメントに抵抗する部分(c)と，軸力に抵抗する部分(d)の2つに分けて考えることができる．したがって，この時の軸力 N とその影響で低下した全塑性モーメント M_{Pc} は，応力度の釣合いから，次式となる．

$$N = 2\sigma_Y \cdot B \cdot y_0 \tag{C3.3.1.a}$$

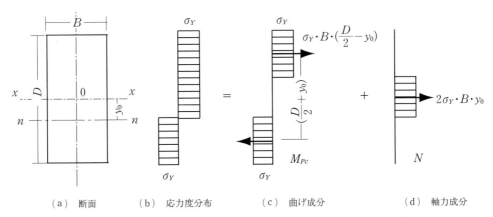

(a) 断面　　(b) 応力度分布　　(c) 曲げ成分　　(d) 軸力成分

図 C 3.3.1　長方形断面の全塑性モーメントに及ぼす軸力の影響

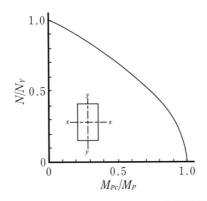

図 C 3.3.2　長方形断面の M-N 相関関係

$$M_{Pc} = B \cdot \left(\frac{D}{2} - y_0\right) \cdot \left(\frac{D}{2} + y_0\right) \cdot \sigma_Y \tag{C 3.3.1.b}$$

一方，降伏軸力 N_Y と軸力がない場合の全塑性モーメント M_P は

$$N_Y = B \cdot D \cdot \sigma_Y \tag{C 3.3.2.a}$$

$$M_P = \frac{1}{4} \cdot B \cdot D^2 \cdot \sigma_Y \tag{C 3.3.2.b}$$

で与えられるから，(C 3.3.1)式，(C 3.3.2)式を用いて B, D, y_0, σ_Y を消去すると，次式を得る．

$$\frac{M_{Pc}}{M_P} + \left(\frac{N}{N_Y}\right)^2 = 1 \tag{C 3.3.3}$$

(C 3.3.3)式は，長方形断面の全塑性モーメントに対する M-N 相関式と呼ばれることがあり，図示すると，図 C 3.3.2 となる．

(2) H 形断面および矩形中空断面

次に，図 C 3.3.3 に示す H 形断面の強軸まわりの曲げについて，軸力の影響による全塑性モーメントの低下を考える．この場合，中立軸がフランジ内にある場合とウェブ内にある場合の 2 つに分

けて考える必要がある．

中立軸がウェブ内にあるとき，すなわち

$$\frac{N}{N_Y} \leq \frac{A_w}{A}$$

のときには，図C3.3.3(b)に示すように，その応力度分布を2つに分けて考えると，次式となる．

$$N = 2 \cdot y_0 \cdot t_w \cdot \sigma_Y \tag{C3.3.4.a}$$

$$M_{Pc} = M_P - \frac{1}{4}(2y_0)^2 \cdot t_w \cdot \sigma_Y \tag{C3.3.4.b}$$

ここに，

$$M_P = \left\{ A_f \cdot (D - t_f) + \frac{1}{4} \cdot A_w \cdot (D - 2 \cdot t_f) \right\} \cdot \sigma_Y \tag{C3.3.4.c}$$

一方，中立軸がフランジ内にあるとき，すなわち

$$\frac{N}{N_Y} > \frac{A_w}{A}$$

のときには，図C3.3.3(c)に示す関係から，

$$N = \{A - B \cdot (D - 2 \cdot y_0)\} \cdot \sigma_Y = N_Y - B \cdot (D - 2 \cdot y_0) \cdot \sigma_Y \tag{C3.3.5.a}$$

$$M_{Pc} = B \cdot \left(\frac{D}{2} - y_0\right) \cdot \left(\frac{D}{2} + y_0\right) \cdot \sigma_Y \tag{C3.3.5.b}$$

これらの式から y_0 などを消去すると，M–N 相関式が導かれるが，その誘導は，長方形断面の場合と比べ，かなり煩雑なものとなる．ところで，断面のせいに比べて板厚が十分に薄い場合には，フランジがフランジ板厚中心に集中していると考えると，その取扱いは，はるかに容易なものとなる．中立軸がウェブ内にあるときの M–N 相関式は，塑性断面係数が前出の(C3.2.10.a)式のように簡略化されるので，次のような放物線になる．すなわち，

$$\frac{N}{N_Y} \leq \frac{A_w}{A}$$

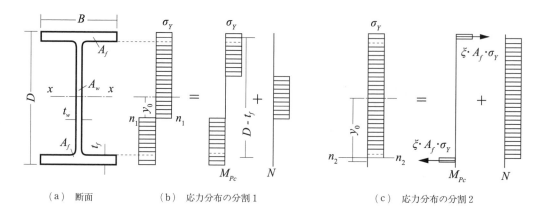

図C3.3.3　H形断面の強軸まわりの全塑性モーメントに及ぼす軸力の影響

のとき

$$\frac{M_{Pc}}{M_P} = 1 - \frac{A^2}{(4 \cdot A_f + A_w) \cdot A_w} \cdot \left(\frac{N}{N_Y}\right)^2 \qquad (3.3.1.\text{a})再掲$$

　同様に，中立軸がフランジ内にあるときは，$\xi \cdot A_f$ のフランジ面積が曲げ抵抗を分担すると考えると，(C 3.3.5)式の N, M_{Pc} は，それぞれ，次式のように書き直すことができる．すなわち

$\dfrac{N}{N_Y} > \dfrac{A_w}{A}$ のとき

$$N = (A - 2 \cdot \xi \cdot A_f) \cdot \sigma_Y = N_Y - 2 \cdot \xi \cdot A_f \cdot \sigma_Y \qquad (\text{C } 3.3.6.\text{a})$$

$$M_{Pc} = d_f \cdot \xi \cdot A_f \cdot \sigma_Y \qquad (\text{C } 3.3.6.\text{b})$$

ここに，ξ は曲げ抵抗に寄与するフランジ断面積比である．

　(C 3.3.6)式と(C 3.2.10.a)式より，M-N 相関式は，次式となる．

$$\frac{M_{Pc}}{M_P} = \frac{2 \cdot A}{4 \cdot A_f + A_w} \cdot \left(1 - \frac{N}{N_Y}\right) \qquad (3.3.1.\text{b})再掲$$

　ところで，(3.3.1.a)式，(3.3.1.b)式の関係を，A_f/A_w の値をパラメータとして，図示すると，図 C 3.3.4 の実線のようになる．一方，柱に使われる広幅の圧延 H 形鋼では $A_f/A_w \fallingdotseq 1.5$ 程度のものが多いので，図 C 3.3.4 より，直線式となる(3.3.1.b)式の適用範囲が広いこと，また，軸力の小さい範囲では全塑性モーメントの低下は十分小さいことがわかる．また，実用設計式としては，曲線式よりも直線式のほうがはるかに便利である．

　そこで，(3.3.1.b)式の適用範囲を $M_{Pc}/M_P = 1$ まで延長して

$$\frac{N}{N_Y} > \frac{A_w}{2 \cdot A}$$

の範囲で用い，N/N_Y が $A_w/(2 \cdot A)$ 以下ならば，全塑性モーメントの低下を考慮しない形に簡略化する．

　以上の設計手法をあらためて示すと，次式となる．

$\dfrac{N}{N_Y} \leqq \dfrac{A_w}{2 \cdot A}$ のとき

$$M_{Pc} = M_P \qquad (\text{C } 3.3.7.\text{a})$$

$\dfrac{N}{N_Y} > \dfrac{A_w}{2 \cdot A}$ のとき

$$M_{Pc} = \frac{2 \cdot A}{A + 2 \cdot A_f} \cdot \left(1 - \frac{N}{N_Y}\right) \cdot M_P \qquad (\text{C } 3.3.7.\text{b})$$

ここに，$A = A_w + 2 \cdot A_f$ としている．

　さらに，広幅の圧延 H 形鋼では，前述のように，A_f/A_w が 1.5 程度のものが多いので，この値を(C 3.3.7.b)式に代入し，圧延 H 形鋼の M-N 相関式として使うことができよう．

　以上の展開を整理すると，設計式には，以下に示す(C 3.3.8)式および(C 3.3.9)式を用いることができる．すなわち，曲げが H 形断面の強軸まわりおよび矩形中空断面の主軸まわりに作用する場合，

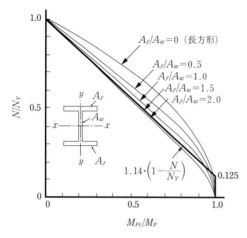

図C3.3.4 H形断面の強軸まわりの M-N 相関関係

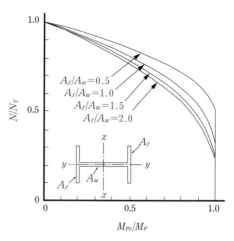

図C3.3.5 H形断面の弱軸まわりの M-N 相関関係

軸力と曲げモーメントが同時に作用する断面の全塑性モーメント M_{Pc} は,精算を行わない場合には,以下のように算定することができる.

(a) $\dfrac{N}{N_Y} \leqq \dfrac{A_w}{2 \cdot A}$ または $\dfrac{N}{N_Y} \leqq \dfrac{A_1}{2 \cdot A}$ のとき

$$M_{Pc} = M_P \tag{C3.3.8}$$

(b) $\dfrac{N}{N_Y} > \dfrac{A_w}{2 \cdot A}$ または $\dfrac{N}{N_Y} > \dfrac{A_1}{2 \cdot A}$ のとき

$$M_{Pc} = 1.14 \cdot \left(1 - \dfrac{N}{N_Y}\right) \cdot M_P \tag{C3.3.9}$$

この式を適用したときの誤差は,図C3.3.4からわかるとおりであり,中幅および細幅の圧延H形鋼については安全側となっている.

なお,矩形中空断面の場合には,H形鋼のウェブ部が縦に2つに分かれたと考えればよく,設計式はH形断面の場合と同じとなる.

次に,曲げがH形断面の弱軸まわりに作用する場合について考える.通常のH形断面では,曲げ耐力に及ぼすウェブの寄与分は小さく,2〜6％程度である.したがって,このような断面については,軸力がウェブ部だけで支持できる範囲では,軸力による全塑性モーメントの低下は無視することができる.一方,軸力が大きくウェブ部だけでは支持できない範囲では,フランジ断面の一部も軸力を分担すると考え,前述した長方形断面の場合と同様な操作を施すと,次式が得られる.

$$\dfrac{M_{Pc}}{M_P} = 1 - \left(\dfrac{N - N_{wY}}{N_Y - N_{wY}}\right)^2 \tag{C3.3.3.b 再掲}$$

ここに,$N_{wY} = A_w \cdot \sigma_Y$ である.

以上を設計式の形にまとめると,曲げがH形断面の弱軸まわりに作用する場合は本文(3.3.3.a)式,(3.3.3.b)式となる.

A_f/A_w の値をパラメータに，(3.3.3.a)式，(3.3.3.b)式を図示すると，図C3.3.5となる．圧延H形断面では，A_f/A_w の値は0.5～2程度であり，上記設計式の適用範囲も $A_f/A_w>0.5$ が適当と考えられる．

【例 題】

H-300×300×10×15 が，軸力 1200 kN を受けるときの強軸まわりおよび弱軸まわりの全塑性モーメント M_{Pc} を求めよ．ただし，鋼種はSN400とする．

[解]

与えられた H 形鋼の断面性能は，

$A = 11\,980 \text{ mm}^2$ ∴ $N_Y = 11\,980 \times 235 \times 10^{-3} = 2\,820 \text{ kN}$

$A_f = 300 \times 15 = 4\,500 \text{ mm}^2$

∴ $A_w = t_w(D - 2t_f) = 10 \times (300 - 2 \times 15) = 2\,700 \text{ mm}^2$

強軸まわりについては(C 3.3.9)式の略算を用いると，

$$\frac{N}{N_Y} = \frac{1\,200}{2\,820} = 0.426 \qquad \frac{A_w}{2A} = \frac{2\,700}{2 \times 11\,980} = 0.113$$

$$\therefore \frac{N}{N_y} > \frac{A_w}{2A}$$

∴ $M_{Pc} = 1.14 \cdot \left(1 - \dfrac{N}{N_Y}\right) \cdot M_P$ (C 3.3.9)再掲

$\qquad = 1.14 \times (1 - 0.426) \times 1\,500 \times 10^3 \times 235 \times 10^{-6} = 231 \text{ kN}$

$\qquad (Z_{Px} = 1\,500 \times 10^3 \text{ mm}^3)$

なお，強軸まわりについては，このH形断面では

$$\frac{2 \cdot A}{A + 2 \cdot A_f} = \frac{2 \times 119.8}{119.8 + 90} = 1.14$$

となっているから，略算式の誤差は非常に小さい．

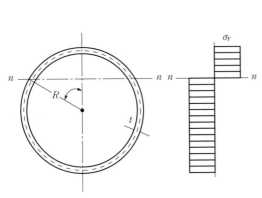

図C3.3.6 円形中空断面の全塑性モーメントに及ぼす軸力の影響

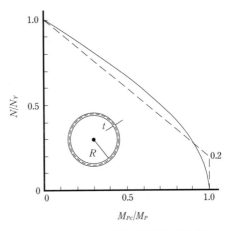

図C3.3.7 円形中空断面の M-N 相関関係

次に，弱軸まわりについては，上記の計算および(3.3.3)式から

$$\frac{N}{N_Y} > \frac{A_w}{A}$$

$$\therefore M_{Pc} = \left\{1 - \left(\frac{N - N_{wY}}{N_Y - N_{wY}}\right)^2\right\} \cdot M_P$$

$$= \left\{1 - \left(\frac{1\,200 - 635}{2\,820 - 635}\right)^2\right\} \times 684 \times 10^3 \times 235 \times 10^{-6} = 150 \text{ kN·m}$$

$$N_{wY} = \sigma_Y \cdot A_w = 235 \times 2\,700 \times 10^{-3} = 635 \text{ kN}$$

$$(Z_{Py} = 684 \times 10^3 \text{ mm}^3)$$

（3）円形中空断面

薄肉を想定し，面積要素を板厚中心に集中させて考えると，円弧の重心は円の中心から$(R/\alpha)\sin\alpha$の位置となるから〔図C3.3.6参照〕，

$$M_{Pc} = (4 \cdot R^2 \cdot t \cdot \sin\alpha) \cdot \sigma_Y \tag{C3.3.10}$$

$$N = (2 \cdot \pi \cdot R - 4 \cdot \alpha \cdot R) \cdot t \cdot \sigma_Y \tag{C3.3.11}$$

一方，(C3.2.8)式より

$$M_P = 4 \cdot R^2 \cdot t \cdot \sigma_Y \tag{C3.3.12}$$

$$N_Y = 2 \cdot \pi \cdot R \cdot t \cdot \sigma_Y \tag{C3.3.13}$$

であるから，中立軸を表すパラメータであるαを消去すると，M-N相関式は，次式となる．

$$\frac{M_{Pc}}{M_P} = \cos\left(\frac{\pi}{2} \cdot \frac{N}{N_Y}\right) \tag{C3.3.14}$$

(C3.3.14)式を図示すると，図C3.3.7の実線のようになるが，設計式としては同図中の破線のような直線式をとることができる．すなわち，(3.3.4.a)式，(3.3.4.b)式のようにまとめられる．

3.4　2軸曲げを受ける断面の全塑性相関式

2軸曲げを受ける材の全塑性相関式は，以下の式で算定する．

（1）長方形断面

$$\frac{M_x}{M_{Px}} \geq \frac{M_y}{M_{Py}} \text{ のとき}$$

$$\frac{M_x}{M_{Px}} + \frac{3}{4} \cdot \left(\frac{M_y}{M_{Py}}\right)^2 = 1.0 \tag{3.4.1.a}$$

$$\frac{M_x}{M_{Px}} < \frac{M_y}{M_{Py}} \text{ のとき}$$

$$\frac{3}{4} \cdot \left(\frac{M_x}{M_{Px}}\right)^2 + \frac{M_y}{M_{Py}} = 1.0 \tag{3.4.1.b}$$

（2）矩形中空断面

$$1 \geq \frac{M_x}{M_{Px}} \geq \frac{4 \cdot \rho}{4 \cdot \rho + 1} \text{ かつ } \frac{M_y}{M_{Py}} \leq \frac{1}{1 + \rho} \text{ のとき}$$

$$\frac{M_x}{M_{Px}} + \frac{(1+\rho)^2}{4\cdot\left(\frac{1}{4}+\rho\right)}\cdot\left(\frac{M_y}{M_{Py}}\right)^2 = 1.0 \quad (3.4.2.a)$$

$0 \leq \dfrac{M_x}{M_{Px}} < \dfrac{4\cdot\rho}{4\cdot\rho+1}$ かつ $1 \geq \dfrac{M_y}{M_{Py}} > \dfrac{1}{1+\rho}$ のとき

$$\frac{\left(1+\frac{1}{4\cdot\rho}\right)^2}{1+\frac{1}{\rho}}\cdot\left(\frac{M_x}{M_{Px}}\right)^2 + \frac{M_y}{M_{Py}} = 1.0 \quad (3.4.2.b)$$

(3) H形断面

$$\frac{M_y}{M_{Py}} + \left(\frac{1+4\cdot\rho}{4\cdot\rho}\cdot\frac{M_x}{M_{Px}} - \frac{1}{4\cdot\rho}\right)^2 = 1.0 \quad (3.4.3.a)$$

ただし，$\rho > 0$, $\dfrac{M_x}{M_{Px}} \geq \dfrac{1}{1+4\rho}$

$4\rho \gg 1$ のときには，式(3.4.3.a)の代わりに式(3.4.3.b)を用いてよい．

$$\frac{M_y}{M_{Py}} + \left(\frac{M_x}{M_{Px}}\right)^2 = 1.0 \quad (3.4.3.b)$$

記号

- M_x, M_y：全塑性応力状態にあるときの x 軸まわりおよび y 軸まわりの曲げモーメント
- M_{Px}：x 軸のまわりのみに曲げモーメントを受けるときの全塑性モーメント
- M_{Py}：y 軸のまわりのみに曲げモーメントを受けるときの全塑性モーメント
- ρ：板要素1と板要素2またはフランジとウェブの断面積比 $= A_2^*/A_1^*,\ A_f/A_w^*$
- A_1^*：板要素1の全断面積 $= 2d_f\cdot t_1$
- A_2^*：片側板要素2の断面積 $= b_f\cdot t_2$
- A_w^*：ウェブの断面積 $= d_f\cdot t_w$
- A_f：片側フランジの断面積 $= B\cdot t_f$
- B：フランジの幅
- d：板要素2またはウェブの内法幅
- t_1：板要素1の板厚
- t_2：板要素2の板厚
- t_w：ウェブ板厚
- t_f：フランジ板厚
- d_f：板要素2またはフランジの板厚中心間距離
- b_f：板要素1の板厚中心間距離

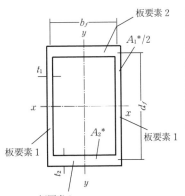

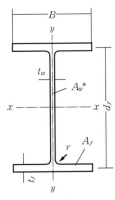

図 3.4.1 断面の寸法

軸力と2軸曲げを受ける断面の全塑性相関式は，以下の式で算定する．

(1) 矩形中空断面

$\dfrac{M_x}{M_{Pcx}} \geq \dfrac{M_y}{M_{Pcy}}$ のとき

$$\frac{M_x}{M_{Pcx}} + \frac{3}{4}\cdot\left(\frac{M_y}{M_{Pcy}}\right)^2 = 1.0 \quad (3.4.4.a)$$

$$\frac{M_x}{M_{Pcx}} < \frac{M_y}{M_{Pcy}} \text{ のとき}$$

$$\frac{3}{4} \cdot \left(\frac{M_x}{M_{Pcx}}\right)^2 + \frac{M_y}{M_{Pcy}} = 1.0 \tag{3.4.4.b}$$

（2） H形断面

$$\left(\frac{M_x}{M_{Pcx}}\right)^2 + \frac{M_y}{M_{Pcy}} = 1.0 \tag{3.4.5}$$

記号

M_{Pcx}：軸力と x 軸まわりのみに曲げモーメントを受けるときの全塑性モーメント

M_{Pcy}：軸力と y 軸まわりのみに曲げモーメントを受けるときの全塑性モーメント

前節までの議論では，断面の主軸まわりに曲げが作用する場合について考えてきたが，本節では，主軸まわりでない曲げが作用する場合，すなわち，2軸曲げを受ける場合について考えてみる．

図C3.4.1に示すように，長方形断面が中立軸 n-n まわりの曲げを受け，断面全体が塑性応力状態にあるときの，主軸 x-x，y-y まわりの曲げモーメント M_x，M_y を求める．

応力状態を図C3.4.2のように分解して考えると，M_x，M_y は，それぞれ次式となる．

$$M_x = M_{Px} - 2 \cdot \left(\frac{\beta \cdot D}{3} \cdot \frac{\beta \cdot B \cdot D}{8}\right) \cdot \sigma_Y = M_{Px} \cdot \left(1 - \frac{\beta^2}{3}\right) \tag{C3.4.1}$$

$$M_y = 2 \cdot \left(\frac{2 \cdot B}{3} \cdot \frac{\beta \cdot B \cdot D}{8}\right) \cdot \sigma_Y = M_{Py} \cdot \frac{2}{3} \cdot \beta \tag{C3.4.2}$$

ここに，M_{Px}，M_{Py} は，それぞれ x-x 軸，y-y 軸まわりの曲げのみが作用した場合の全塑性モーメントである．

（C3.4.1）式，（C3.4.2）式から，パラメータである β を消去すると，次式となる．

$$\frac{M_x}{M_{Px}} + \frac{3}{4} \cdot \left(\frac{M_y}{M_{Py}}\right)^2 = 1.0 \tag{C3.4.3}$$

（C3.4.3）式は，中立軸が長方形断面の左右の辺（y 方向の辺）を横切るものとして導いたもので

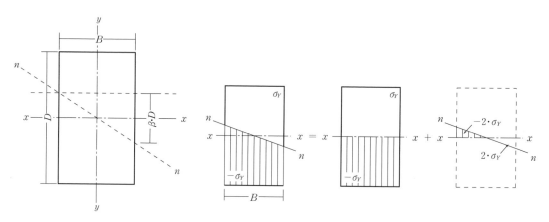

図C3.4.1　2軸曲げを受ける長方形断面

図C3.4.2　応力状態の分解

あるから，$0 \leq \beta \leq 1$ の範囲，すなわち曲げモーメントで表すと，$0 \leq M_y/M_{Py} \leq 2/3$，$2/3 \leq M_x/M_{Px} \leq 1$ の範囲で成立する．

一方，中立軸が長方形断面の上下の辺（x 方向の辺）を横切る場合については，以上の誘導過程で x と y（または B と D）を入れ替えればよい．

以上の結果を整理すると，本文(3.4.1)式となる．

矩形中空断面の場合には，板厚が板幅に比較して薄く，板要素の板厚中心線上に断面積を集中して考えることができると仮定する．式展開を容易にするため，各部の断面形状などに関する諸量を以下のように表す．

$$A_2^* = b_f \cdot t_2 = \rho \cdot A_1^*$$

$$A_1^* = 2 \cdot d_f \cdot t_1$$

$$M_{Px} = \left(A_2^* \cdot d_f + \frac{A_1^* \cdot d_f}{4} \right) \cdot \sigma_Y = \left(\rho + \frac{1}{4} \right) \cdot A_1^* \cdot d_f \cdot \sigma_Y$$

$$M_{Py} = \left(\frac{1}{2} \cdot A_1^* \cdot b_f + \frac{A_2^* \cdot b_f}{2} \right) \cdot \sigma_Y = \frac{1}{2} \cdot (1 + \rho) \cdot A_1^* \cdot b_f \cdot \sigma_Y$$

ここに，b_f，d_f は，それぞれ，板要素1および板要素2の板厚中心間距離である．

中立軸位置が図 C 3.4.3 のとき，長方形断面の場合と同様に考えると，主軸まわりの曲げモーメントは，それぞれ，次式となる．

$$M_x = M_{Px} - 2 \cdot \left(\frac{\beta \cdot d_f}{2} \cdot \frac{\beta \cdot d_f \cdot t_1}{2} \right) \cdot \sigma_Y = M_{Px} - \frac{\beta^2}{4} \cdot A_1^* \cdot d_f \cdot \sigma_Y = M_{Px} \cdot \left\{ 1 - \frac{\beta^2}{4 \cdot \left(\rho + \frac{1}{4} \right)} \right\} \tag{C 3.4.4}$$

$$M_y = 2 \cdot \left(b_f \cdot \frac{\beta \cdot d_f \cdot t_1}{2} \right) \cdot \sigma_Y = M_{Py} \cdot \frac{\beta}{(1 + \rho)} \tag{C 3.4.5}$$

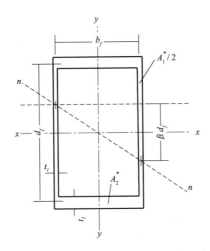

図 C 3.4.3　2軸曲げを受ける矩形中空断面

したがって，M_x-M_y 相関式は，$0 \leq \beta \leq 1$ の範囲では，次式となる．

$$\frac{M_x}{M_{Px}} + \frac{(1+\rho)^2}{4 \cdot \left(\frac{1}{4}+\rho\right)} \cdot \left(\frac{M_y}{M_{Py}}\right)^2 = 1.0 \tag{C 3.4.6}$$

中立軸が上下フランジを横切るときは，(C 3.4.6)式の x と y を入れ替え，さらに ρ を $1/(4\rho)$ に入れ替えればよい．整理すると，(3.4.2)式が得られる．

H 形断面の場合についても，板厚中心線上に断面積を集中して考え，同様な操作を施せばよいが，中立軸がフランジを横切るときに，前述した矩形中空断面との相違が現れる．

図 C 3.4.4 を参照して

$$A_f = B \cdot t_f = \rho \cdot A_w^*$$
$$A_w^* = d_f \cdot t_w$$
$$M_x = \left\{A_f \cdot d_f + \frac{A_w^* \cdot d_f}{4} - (1-\beta) \cdot A_f \cdot d_f\right\} \cdot \sigma_Y = A_w^* \cdot d_f \left\{\rho + \frac{1}{4} - (1-\beta) \cdot \rho\right\} \cdot \sigma_Y$$
$$= A_w^* \cdot d_f \cdot \left(\frac{1}{4} + \rho \cdot \beta\right) \cdot \sigma_Y \tag{C 3.4.7}$$

$$M_y = 2 \cdot \frac{1-\beta}{2} \cdot A_f \cdot \frac{1+\beta}{2} \cdot B \cdot \sigma_Y = \frac{1-\beta^2}{2} \cdot A_f \cdot B \cdot \sigma_Y \tag{C 3.4.8}$$

一方，

$$M_{Px} = A_w^* \cdot d_f \cdot \left(\rho + \frac{1}{4}\right) \cdot \sigma_Y \tag{C 3.4.9.a}$$

$$M_{Py} = \frac{A_f \cdot B}{2} \cdot \sigma_Y \tag{C 3.4.9.b}$$

であるから，

$$\frac{M_x}{M_{Px}} = \frac{1 + 4 \cdot \rho \cdot \beta}{1 + 4 \cdot \rho} \tag{C 3.4.10.a}$$

$$\frac{M_y}{M_{Py}} = 1 - \beta^2 \tag{C 3.4.10.b}$$

上式から，パラメータである β を消去すると，H 形断面の M_x-M_y 相関式は，次式となる．

$$\frac{M_y}{M_{Py}} + \left(\frac{1+4\cdot\rho}{4\cdot\rho} \cdot \frac{M_x}{M_{Px}} - \frac{1}{4\cdot\rho}\right)^2 = 1.0 \tag{3.4.3.a 再掲}$$

図 C 3.4.5 には，H 形断面の M_x-M_y 相関関係を示す．なお，$4 \cdot \rho \gg 1$ ならば，(3.4.3.a)式は次のように簡略化される〔図 C 3.4.5 参照〕．

$$\frac{M_y}{M_{Py}} + \left(\frac{M_x}{M_{Px}}\right)^2 = 1.0 \tag{3.4.3.b 再掲}$$

図 C 3.4.5 からわかるように，上記の簡略式は安全側の評価となる．

次に，軸力と 2 軸曲げが同時に作用する場合を考える．この場合についても，上述した 2 軸曲げ

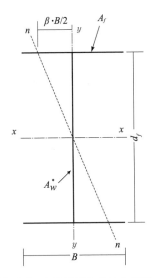

図 C 3.4.4 2軸曲げを受ける H 形断面

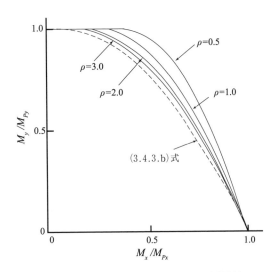

図 C 3.4.5 H 形断面の M_x-M_y 相関関係

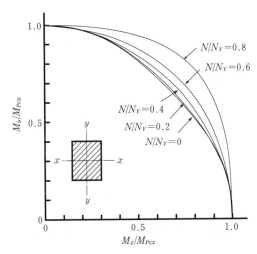

図 C 3.4.6 長方形断面の M_x-M_y 相関関係に及ぼす軸力の影響

のみが作用する場合と同様に考えて計算式を誘導できるが，相当に複雑な過程となる[3.1]．図 C 3.4.6～C 3.4.8 は，長方形断面，矩形中空断面および H 形断面について結果のみを示したものである．図中の M_{Pcx} および M_{Pcy} は，それぞれ，軸力の影響を考慮した x 軸または y 軸まわりの全塑性モーメントである．

なお，設計式の略算式としては，(3.4.4.a)，(3.4.4.b)，(3.4.5)の各式[3.1]が提案されており，図 C 3.4.7，C 3.4.8 に破線で記入している〔図 C 3.4.7(a)では，$N/N_Y=0$ に一致〕．

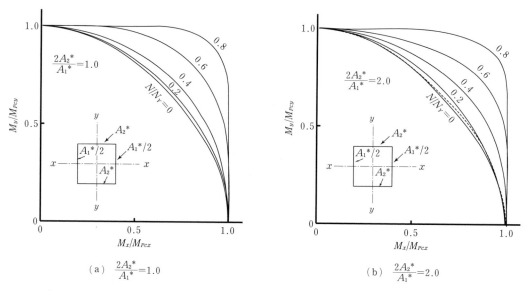

(a) $\dfrac{2A_2^*}{A_1^*}=1.0$ (b) $\dfrac{2A_2^*}{A_1^*}=2.0$

図C 3.4.7　矩形中空断面の M_x-M_y 相関関係に及ぼす軸力の影響

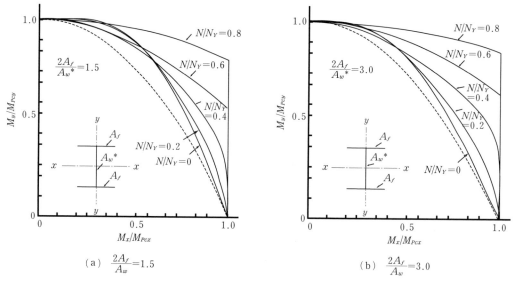

(a) $\dfrac{2A_f}{A_w}=1.5$ (b) $\dfrac{2A_f}{A_w}=3.0$

図C 3.4.8　H形断面の M_x-M_y 相関関係に及ぼす軸力の影響

【例　題】

H-300×300×10×15 が軸力 950 kN と x 軸（強軸）まわりの曲げモーメント 200 kN·m を受け，全塑性応力状態にあるときの，弱軸まわりの曲げモーメントを求めよ．ただし，鋼種は SN400 とする．

［解］

(3.4.5)式を用いて略算する．

与えられた H 形断面の断面性能から

$A = 11\,980 \text{ mm}^2$ 　　∴ $N_Y = 11\,980 \times 235 \times 10^{-3} = 2\,820 \text{ kN}$

$A_f = 300 \times 15 = 4\,500 \text{ mm}^2$ 　　$A_w = 10 \times (300 - 2 \times 15) = 2\,700 \text{ mm}^2$

$Z_{Px} = 1\,500 \times 10^3 \text{ mm}^2$ 　　∴ $M_{Px} = 1\,500 \times 10^3 \times 235 \times 10^{-6} = 353 \text{ kN·m}$

$Z_{Py} = 684 \times 10^3 \text{ mm}^2$ 　　∴ $M_{Py} = 684 \times 10^3 \times 235 \times 10^{-6} = 161 \text{ kN·m}$

$N_{wY} = 235 \times 2\,700 = 635 \text{ kN}$

まず，M_{Pcx} を求める．

$$\frac{N}{N_Y} = \frac{950}{2\,820} = 0.337 \qquad \frac{A_w}{2 \cdot A} = \frac{2\,700}{2 \times 119\,800} = 0.113$$

$$\therefore \frac{N}{N_Y} > \frac{A_w}{2 \cdot A}$$

$$\therefore M_{Pcx} = 1.14 \cdot \left(1 - \frac{N}{N_Y}\right) \cdot M_{Px}$$

$$= 1.14 \times (1 - 0.337) \times 353 = 267 \text{ kN·m}$$

次に，M_{Pcy} を求める．上記の計算から

$$\frac{N}{N_Y} > \frac{A_w}{A}$$

$$\therefore M_{Pcy} = \left\{1 - \left(\frac{N - N_{wY}}{N_Y - N_{wY}}\right)^2\right\} \cdot M_{Py}$$

$$= \left\{1 - \left(\frac{950 - 635}{2\,870 - 635}\right)^2\right\} \times 161 = 158 \text{ kN·m}$$

(3.4.5)式を変形して

$$M_y = \left\{1 - \left(\frac{M_x}{M_{Pcx}}\right)^2\right\} \cdot M_{Pcy}$$

$$= \left\{1 - \left(\frac{200}{267}\right)^2\right\} \times 158 = 69.3 \text{ kN·m}$$

したがって，このときの弱軸まわりの全塑性モーメントは，69.3 kN·m である．

3.5　せん断力の影響

次の条件が満足される場合は，せん断力の全塑性モーメントに対する影響を無視できる．
（1）H 形断面材の強軸まわりおよび矩形中空断面材の主軸まわりに曲げモーメントが作用する場合

$$Q \leq \tau_Y \cdot A_w \tag{3.5.1}$$

（2）円形中空断面の場合

$$\frac{M_P}{Q \cdot D} \geq 1.5 \tag{3.5.2}$$

―48― 鋼構造塑性設計指針

> 記号
> Q ：作用せん断力
> τ_Y ：せん断降伏応力度
> A_w：ウェブまたは柱軸直交方向要素の全断面積
> M_P：全塑性モーメント
> D ：外径

梁柱部材が，曲げモーメントとせん断力を同時に受けて断面全体が塑性化したときの全塑性モーメントの値は，完全弾塑性体の仮定から考えると，曲げモーメントのみが作用したときの全塑性モーメントの値よりも低下する[3.2]．また，そのような場合には塑性ヒンジの変形として，回転の他にせん断変形も生ずる．

しかし，これらのことを考慮して骨組を解析・設計することは煩雑であるし，通常のラーメン構造の部材ではせん断力の影響は小さく，一方，せん断力の大きい(曲げモーメントこう配の大きい)部分では，実際には局部座屈〔4章4.2節〕やひずみ硬化の影響が表れやすく，せん断力の影響を実情に即して適正に評価する方法は，現状では十分確立されていない．

そのため，実用設計では，せん断力による全塑性モーメントの低下を無視できる範囲を規定し，できるだけその範囲に収まるよう，すなわち，せん断力の影響を無視できるように設計するということが行われている．H形断面の場合，負担しうるせん断力の最大値をウェブ全断面のせん断降伏耐力に等しいとする設計法はその一例であり，しばしば用いられている．

せん断力の影響を考慮した全塑性モーメント M_{Ps} の理論解析は多数行われており，その算定式なども示されている．例えば，長方形断面の略算式として，ドラッカーは(C 3.5.1)式を示している．

$$\frac{M_{Ps}}{M_P}+\left(\frac{Q}{Q_Y}\right)^4=1 \tag{C 3.5.1}$$

しかし，軸力と曲げモーメントが共存する場合とは異なり，せん断力と曲げモーメントの相互作用式を正確に一義的に定めることはできないことも，また，よく知られている．

せん断力の影響を考慮した塑性耐力に関する解析的研究は，基礎的な取組み方として片持梁を取り上げ，その解の上下界を求めようとしているものが多い[3.2],[3.3]．

図C 3.5.1 に示す長方形断面片持梁について考える．図に示したように座標軸をとり，材軸(x軸)

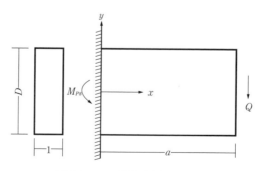

図C 3.5.1　長方形断面片持梁

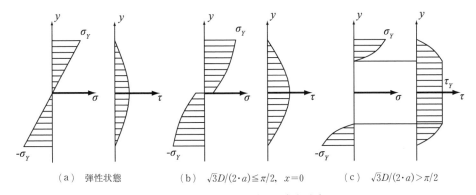

(a) 弾性状態　　　(b) $\sqrt{3}D/(2\cdot a) \leq \pi/2,\ x=0$　　　(c) $\sqrt{3}D/(2\cdot a) > \pi/2$

図C3.5.2　長方形断面の応力分布

方向の垂直応力度をσ，材軸に直交する断面のy軸方向のせん断応力度をτとし，その他の応力成分は，すべて0とする．垂直応力度とせん断応力度の組合せが降伏条件を満足するとき，その応力度分布と釣り合う荷重は，真の崩壊荷重の下界となる．ここでは，そうした下界荷重を求め，全塑性モーメントに及ぼすせん断力の影響を検討する．

降伏条件としては，次式のミーゼスの条件を採用する．

$$\sigma^2 + 3\cdot\tau^2 \leq \sigma_Y^2 \tag{C3.5.2}$$

断面応力度分布としては，図C1.2.2に示したように，作用曲げモーメントが大きくなるに従って垂直応力度が断面の上下縁から降伏していくように考え，図C3.5.2(a)のように垂直応力度の弾性部分に放物線状のせん断応力度分布を考えてよい．片持梁の根元で断面の中立軸上のせん断応力度が降伏せん断応力度に達する状態から，せん断力の影響を考慮した全塑性モーメントM_{PS}と作用せん断力が求まる．しかし，次のように考えたほうがさらに大きい下界荷重が求められる[3.3]．

σとτ以外の応力成分は0としているから，材軸および横方向の釣合条件式は，それぞれ，次式となる．

$$\frac{\partial \sigma}{\partial x} + \frac{\partial \tau}{\partial y} = 0 \tag{C3.5.3.a}$$

$$\frac{\partial \tau}{\partial x} = 0 \tag{C3.5.3.b}$$

この釣合条件式と(C3.5.2)式のミーゼスの降伏条件および荷重条件を満足する応力分布として，次式が誘導できる．

$$\sigma = \sigma_Y \cdot \cos\left\{\frac{\sqrt{3}\cdot D}{2\cdot a}\cdot\left(1 - \frac{2\cdot y}{D}\right)\right\}\cdot\left(1 - \frac{x}{a}\right) \tag{C3.5.4.a}$$

$$\tau = -\frac{\sigma_Y}{\sqrt{3}}\cdot \sin\left\{\frac{\sqrt{3}\cdot D}{2\cdot a}\cdot\left(1 - \frac{2\cdot y}{D}\right)\right\} \tag{C3.5.4.b}$$

ここに，a：片持梁の長さ
　　　　D：長方形断面のせい

(C3.5.4)式は，$\sqrt{3}\cdot D/(2\cdot a) \leq \pi/2$の場合に成立し，$x=0$では，図C3.5.2(b)に示すような応力

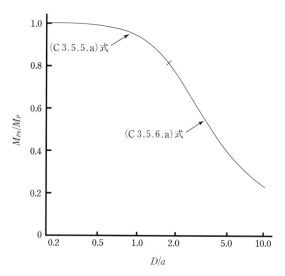

図 C 3.5.3　長方形断面の全塑性モーメントに及ぼすせん断の影響

分布となる．一方，$\sqrt{3}\cdot D/(2\cdot a) > \pi/2$ の場合には，図 C 3.5.2(c) に示すように，断面の上下縁に近い部分では (C 3.5.4) 式の応力分布を仮定し，中央部分については，$\sigma = 0$, $\tau = (\sigma_Y/\sqrt{3}) = \tau_Y$ の分布を仮定する．梁幅を 1 とし，この両者の応力分布と釣り合う固定端 ($x = 0$) モーメント M_{Ps} とせん断力 Q を求めると，それぞれ，次式となる．

・図 C 3.5.2(b) の場合　($\sqrt{3}\cdot D/(2\cdot a) \leqq \pi/2$)

$$M_{Ps} = \frac{2}{3}\cdot \sigma_Y \cdot a^2 \cdot \left\{1 - \cos\left(\frac{\sqrt{3}\cdot D}{2\cdot a}\right)\right\} \tag{C 3.5.5.a}$$

$$Q = \frac{2}{3}\cdot \sigma_Y \cdot a \cdot \left\{1 - \cos\left(\frac{\sqrt{3}\cdot D}{2\cdot a}\right)\right\} \tag{C 3.5.5.b}$$

・図 C 3.5.2(c) の場合　($\sqrt{3}\cdot D/(2\cdot a) > \pi/2$)

$$M_{Ps} = \frac{\sigma_Y}{\sqrt{3}}\cdot a\cdot D\cdot \left\{1 - \frac{2\cdot a}{\sqrt{3}\cdot D}\cdot \left(\frac{\pi}{2} - 1\right)\right\} \tag{C 3.5.6.a}$$

$$Q = \frac{\sigma_Y}{\sqrt{3}}\cdot D\cdot \left\{1 - \frac{2\cdot a}{\sqrt{3}\cdot D}\cdot \left(\frac{\pi}{2} - 1\right)\right\} \tag{C 3.5.6.b}$$

(C 3.5.5) 式，(C 3.5.6) 式の M_{Ps} を (M_{Ps}/M_P) と (D/a) の関係で図示すると，図 C 3.5.3 となる．なお，この M_{Ps} の値は，下界定理に基づいているため，安全側の誤差を含んでいるが，ここに示さなかった崩壊荷重の上界と比較すると，その誤差はあまり大きくない．

　H 形断面梁についても同様に考えることができる．フランジとウェブとの交点での釣合いも考慮して，荷重に釣合い，降伏条件を満足する応力分布を図 C 3.5.4 に示すように仮定し，これから (M_{Ps}/M_P) と (a/d) の関係を求めると，(A_f/A_w) の値ごとに図 C 3.5.5 の曲線が得られる．なお，図 C 3.5.5 の下方の曲線 W は，H 形断面梁のウェブが全面せん断降伏し，上下フランジの全断面で曲げモーメントを負担するとき，すなわち，せん断力が本文 (3.5.1) 式の限度値である $\tau_Y \cdot A_w$ のときの

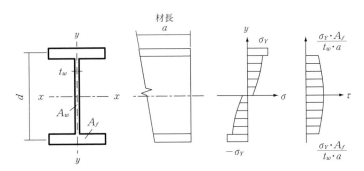

図 C 3.5.4　H 形断面の応力分布

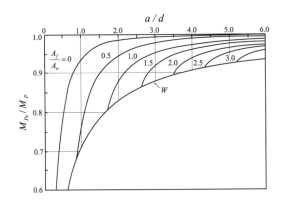

図 C 3.5.5　H 形断面の全塑性モーメントに及ぼすせん断力の影響

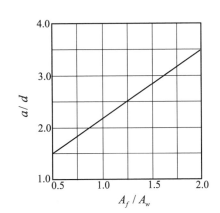

図 C 3.5.6　(A_f/A_w) と (a/d) との間の関係

(M_{PS}/M_P) と (a/d) の関係を示している．通常の圧延 H 形鋼では，$(A_f/A_w)=0.5\sim2.0$ であるから，図 C 3.5.5 の結果から，シアスパン比 (a/d) が極端に小さくなると，M_{PS} の低下も大きくなることがわかる．そこで，本文 (3.5.1) 式の制限があまり危険にならぬよう，シアスパン比 (a/d) の下限を定めて，特別な応力状態に対する設計の参考にする．

さて，図 C 3.5.5 において (M_{PS}/M_P) が 0.9 まで低下することを許容するものとし，下限 $(M_{PS}/M_P)=0.9$ における (A_f/A_w) と (a/d) の関係を求めると，図 C 3.5.6 に示すようなほぼ直線の関係が得られる．これをシアスパン比 (a/d) に関する制限式の形で表すと，次式となる．

$$1.5 \cdot \frac{a}{d} \geqq 2 \cdot \frac{A_f}{A_w} + 1.2 \tag{C 3.5.7}$$

(a/d) の値が (C 3.5.7) 式を満足する範囲にあれば，M_{PS} の低下は M_P のたかだか 1 割に過ぎないので，ウェブの座屈が特に問題とならない場合には，本文 (3.5.1) 式の制限で十分であると考えられる．なぜなら，降伏後もひずみ硬化によって，耐力はさらに上昇することが，実験によって確かめられているからである．

次に，ウェブの座屈が問題となる場合について検討する．ウェブの幅厚比については，4 章において制限値が与えられており，SN490 を使用し，軸力がない場合，$(d/t_w) \leqq 71$ となる．そこで，(d/t_w)

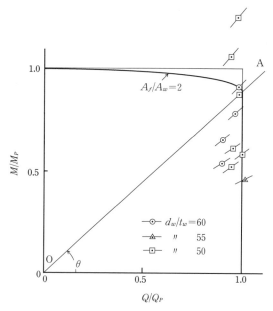

図 C 3.5.7　H形断面梁の曲げせん断実験結果

$=50\sim60$ のウェブを持った梁の曲げせん断実験の結果[3,4]を，曲げモーメント—せん断力の降伏耐力図の上にプロットすると，図 C 3.5.7 が得られる．図中の OA は

$$1.5 \cdot \frac{a}{d} = 2 \cdot \frac{A_f}{A_w} + 1.2 \tag{C 3.5.8.a}$$

$$\frac{A_f}{A_w} = 2 \tag{C 3.5.8.b}$$

としたときの載荷状態を表しており，JIS の H 形鋼や通常用いられる梁断面の (A_f/A_w) は 2 以下であると考えられるから，(a/d) が（C 3.5.7）式を満足する場合には，載荷状態は，つねにこの OA の上側となる．この範囲では，実験値も (M/M_P) が 0.9 以上であり，（C 3.5.7）式を満足していれば，座屈に備えてウェブ厚を特に厚くする必要はないものと思われる．

　次に，H形断面の弱軸まわりに，曲げとせん断が共存するときの全塑性モーメントについて考えてみる．ウェブの応力度を 0，フランジの応力度を前述の長方形断面のときと同じと考えれば，安全側の誤差を持つ M_{PS} が求められる．通常の H 形断面の場合，ウェブ応力は弱軸まわりの抵抗曲げモーメントにはほとんど寄与しないから，図 C 3.5.5 中の $(A_f/A_w)=0$ のときの曲線を，上述の応力度分布のときの (M_{PS}/M_P) と同じと考えてよい（ただし，(a/d) を (a/B) に置き換える．B はフランジ幅）．この図から，シアスパン比 (a/B) が 1.5 程度以上ならば，全塑性モーメントの低下を考慮する必要がないことがわかる．なお，弱軸まわりの曲げとせん断が共存する場合については，実験例が非常に少ないので，これらの解析結果の有用性については，さらに検討する必要がある．

　円形中空断面の梁に対して同様な解析を行うと，図 C 3.5.8 が得られる．本図中の a はシアスパン，D は外径である．図からわかるように，$(a/D) \geqq 1.5$ の範囲では，せん断力による全塑性モーメ

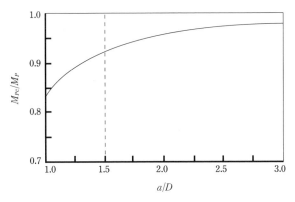

図 C 3.5.8　円形中空断面の全塑性モーメントに及ぼすせん断力の影響

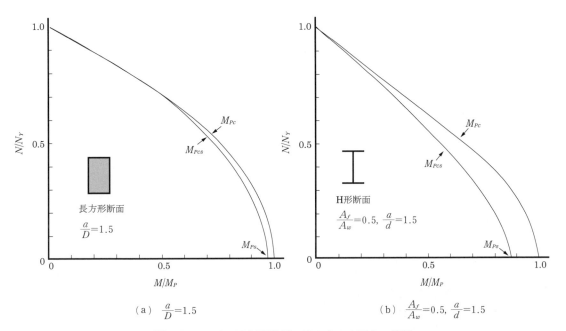

図 C 3.5.9　M-N 相関関係に及ぼすせん断力の影響

ントの低下は1割を超えないから，円形中空断面の場合は，本文(3.5.2)式の範囲では，全塑性モーメントの低下を無視しても，実際上は安全と考えられる．

　柱材のように，曲げモーメント，軸力およびせん断力が同時に作用する断面の全塑性モーメントについても，上述と同様な手法で解析できるが，たいへん複雑になる．結果のみを図 C 3.5.9(a)，(b)に例示した．同図では，曲げモーメントのみを受ける場合の全塑性モーメントを M_P，軸力の影響を考慮した場合の値を M_{Pc}，せん断力の影響を考慮した場合の値を M_{Ps}，軸力とせん断力の影響を共に考慮した場合の値を M_{Pcs} で示している．これらの図では，(M_{Ps}/M_P) と (M_{Pcs}/M_{Pc}) の大きさはほぼ一定の比率を保っていると見られるから，柱の場合は，シアスパン a が柱材のせいの1.5倍を超える範囲では，$M_{Pcs} = (M_{Ps}/M_P) \cdot M_{Pc}$ と考えてよい．

【例 題】

H-300×150×6.5×9（SN400）の梁の塑性ヒンジ（強軸まわり）に，せん断力 $Q=100$ kN が作用しているとき，せん断力の全塑性モーメントに対する影響を検討する．

［解］

(3.5.1)式によって検討する．

$$\tau_Y=135 \text{ N/mm}^2, \ A_w=t_w \cdot d=6.5\times(300-2\times9)=1\,830 \text{ mm}^2$$

$$\tau_Y \cdot A_w = 247 \text{ kN} > Q = 100 \text{ kN}$$

したがって，せん断力による全塑性モーメントの低下は考慮しなくてよい．なお，念のため，図 C 3.5.5 によって検討してみる．

$$Z_{Px}=542\times10^3 \text{ mm}^3$$

$$M_{Px}=Z_{Px}\cdot\sigma_Y=542\times10^3\times235\times10^{-6}=127 \text{ kN} \cdot \text{m} \qquad d=282 \text{ mm}$$

$$A_f=B\cdot t_f=150\times9=1\,350 \text{ mm}^2 \qquad A_f/A_w=1\,350/1\,830=0.74$$

$$\frac{M_P}{Q\cdot d}=\frac{127}{100\times0.282}=4.50$$

したがって，$a/d=4.50$，$A_f/A_w=0.74$ として，図 C 3.5.5 から

$$M_{Ps}/M_P \fallingdotseq 0.98$$

全塑性モーメントの低下は，わずかである．

参 考 文 献

3.1) 牧野　稔：軸力と 2 方向の主軸に曲げをうける H 形鋼の全塑性モーメント，日本建築学会論文報告集，No. 124，pp. 8-10，1966.6

3.2) 近藤一夫：2 次元弾塑性崩壊解析における一離散化手法—平衡モデルとしての変位型有限要素モデル—，日本建築学会論文報告集，No. 305，pp.68-78，1981.7

3.3) 田中　尚：構造物の極限解析，彰国社，1966

3.4) 加藤　勉，秋山　宏ほか：軸力，剪断力および曲げを受ける H 形断面部材の降伏耐力と変形性状に関する実験的研究，その 1，その 2，日本建築学会関東支部研究発表会，1972.3

4章　板要素の幅厚比

4.1　板要素の座屈と座屈後挙動
4.1.1　板要素の座屈

　塑性設計においては，柱・梁部材に塑性ヒンジが形成されること，すなわち，終局荷重時において，部材の一部が塑性化し，そこに作用する曲げモーメントが，部材の全塑性モーメントに到達した後もその値を低下させることなく，十分回転・変形ができ，最終的に骨組に崩壊機構が形成されることを前提としている．部材の板要素の板厚がある限界値を超えて薄くなると局部座屈などが発生し，そのような前提条件が満足されなくなるため，板厚の制限を考える必要がある．

　部材が塑性化すると，剛性は弾性時に比べて非常に低下するため，局部座屈・横座屈（曲げねじれ座屈）が生じやすくなり，このような座屈が生じれば，曲げ耐力は全塑性モーメントに到達せずに低下する．たとえ到達しても十分な塑性変形が生じず，その耐力を失う．局部座屈と横座屈は，通常，互いに連成して発生する場合が多いが，部材断面の形状によってどちらかが顕著に現れる．そこで塑性設計では，まず，局部座屈が生じないような部材断面の諸寸法を決定しておき，次に曲げ変形や曲げねじれ変形が大きくならないよう，補剛材を適当な間隔に配置し細長比を制限したり軸力比を制限したりする．本章では，局部座屈と塑性設計に応じた板要素形状の制限について説明する．

　ここで，H形断面・矩形中空断面のフランジ・ウェブの局部座屈を考えるとき，それらを板要素に分解し，1枚の平面板として取り扱ったほうが考えやすい．例えば，H形断面のフランジは3辺単純支持・1辺自由の長方形板，矩形中空断面のフランジ・ウェブおよびH形断面のウェブは，周辺単純支持の長方形板と理想化する．

　これらの板の弾性座屈応力度 σ_{cr} は図 C 4.1.1 の場合，

$$\sigma_{cr} = k \cdot \frac{\pi^2 \cdot E}{12 \cdot (1-\nu^2)} \cdot \left(\frac{t}{b}\right)^2 \tag{C 4.1.1}$$

となる．ここに E はヤング係数，ν はポアソン比，b は板幅，t は板厚，k は板座屈係数である．b/t は幅厚比と呼ばれ，板要素の弾性座屈耐力に影響を与える重要な因子である．ここで，板要素が塑性化する前に座屈してはならないから，$\sigma_{cr} = \sigma_Y$（σ_Y：降伏応力度）とおいて，そのために必要な板の幅厚比 b/t を (C 4.1.1) 式から求めると，$\nu = 0.3$ として，

　　3辺単純支持・1辺自由の場合（$k = 0.425$）

$$\frac{b}{t} = 0.620 \cdot \sqrt{\frac{E}{\sigma_Y}} \tag{C 4.1.2}$$

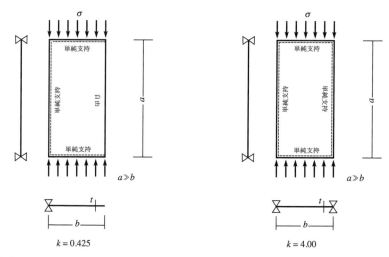

(a) 3辺単純支持・1辺自由長方形平板　　　(b) 周辺単純支持長方形平板

図 C 4.1.1　圧縮力を受ける長方形板

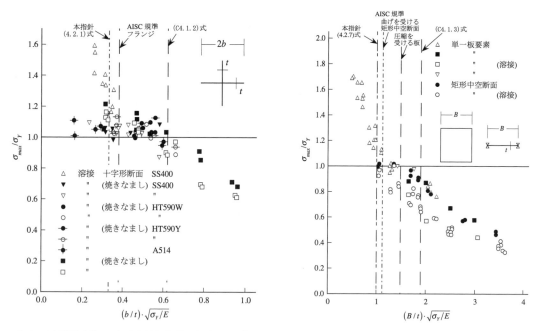

(a) 3辺単純支持・1辺自由長方形平板（十字形断面）　　　(b) 周辺単純支持長方形平板および矩形中空断面

図 C 4.1.2　長方形平板の座屈耐力

周辺単純支持の場合（$k=4.0$）

$$\frac{b}{t}=1.90\cdot\sqrt{\frac{E}{\sigma_Y}} \tag{C 4.1.3}$$

となる．ここで，$E=205\,000\ \mathrm{N/mm^2}$，$\sigma_Y=235\ \mathrm{N/mm^2}$ とした場合，(C 4.1.2)式，(C 4.1.3)式の値は，それぞれ 18.3，56.2 となる．

図 C 4.1.2 は縦軸に降伏応力度に対する最大応力度の比 $\sigma_{\max}/\sigma_Y$，横軸には種々の鋼種の実験結果

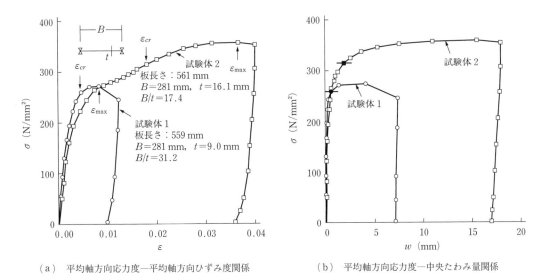

(a) 平均軸方向応力度―平均軸方向ひずみ度関係 (b) 平均軸方向応力度―中央たわみ量関係

図C4.1.3 周辺単純支持長方形平板の荷重変位関係

を同一グラフに示すため，幅厚比に代わって，$(b/t)\cdot\sqrt{\sigma_Y/E}$，$(B/t)\cdot\sqrt{\sigma_Y/E}$ をとり，文献4.1)〜4.4)の実験結果をプロットしたものである．本指針では，$(b/t)\cdot\sqrt{\sigma_Y/E}$，$(B/t)\cdot\sqrt{\sigma_Y/E}$ も単に幅厚比と呼ぶ．図C4.1.2(a)は，十字形断面材の座屈実験の結果であり，その板要素は，3辺単純支持・1辺自由の長方形板と等価と考えられる．なお，これらの図には，4.2節で示す本指針で板要素個別に与えるフランジ幅厚比の制限値およびAISC[4.5)]の規定値も示している．(C4.1.2)式，(C4.1.3)式を満足する幅厚比の板要素の最大応力度は，おおむね降伏応力度の6割を確保できており，本指針で規定する幅厚比では，板要素の最大応力度は降伏応力度に到達している．

4.1.2 板要素の塑性化後の挙動

前述のように，板要素は降伏した後もその応力を保持したまま十分塑性変形することが要求されるため，耐力が低下しはじめるまでの変形量が十分であるかを調べる必要がある．図C4.1.3(a)，(b)は，周辺単純支持の長方形板の座屈実験の一例[4.1)]で，試験体の寸法を図中に示してある．

図C4.1.3(a)は，平均軸方向応力度 σ と平均軸方向ひずみ度 ε の関係，図C4.1.3(b)は σ と中央のたわみ量 w との関係を示したものである．図C4.1.3(b)中，-●-および-■-と示したところから，それぞれの試験体で急激に w が増加しているので，この点を座屈発生点と考える．このときに対応する平均ひずみ度は図C4.1.3(a)中に↓を付した点であり，このひずみ度を ε_{cr} とする．

また，図C4.1.3(a)において，最大荷重に対応する位置に↑を付しており，このときのひずみ度を ε_{max} とする．同図からわかるように，板厚が大きければ座屈するまでの変形量も最大応力時の変形量も大きくなるので，この種の実験を行って板の形状，すなわち，板の幅厚比をいくらにすればよいかを求めることができる．

4.1.3 板要素の座屈が部材性能に与える影響

4.1.1，4.1.2項で見てきた挙動は，板が面内純圧縮を受ける場合の基本的な挙動である．しかし，現実の柱・梁部材を構成する板要素における応力状態は純圧縮応力状態ではなく，一般的にフラン

ジは材長方向に勾配を有する軸方向力を受け，ウェブは曲げせん断力および軸方向力を受ける．また，各板要素は接合されているため，単一板要素のみの挙動とは異なる．これらを考慮した部材内板要素の弾性座屈応力度を算定[4.6]することで，より合理的な幅厚比設定が可能となる．なお，「鋼構造限界状態設計指針・同解説」[4.7]においても，板要素の連成効果が一部考慮されている．

また，部材は地震等により繰返し変形を受ける．部材の幅厚比を設定する際には，この繰返し効果を考慮する必要がある．本指針の初版，2版では，基本的に一方向単調載荷の結果を用いた幅厚比制限としていたが，この3版では，十分な資料がある場合には，できる限り繰返し効果を考慮した幅厚比制限値とすることとし，H形断面部材の制限値には，一部この効果を考慮した幅厚比制限を設けた．本指針の幅厚比制限値を満たす場合には，繰返しにより全塑性耐力を下回ることはないものの，骨格曲線で見た最大耐力時の変位量は，一方向単調載荷時よりも低下することが知られている[4.8]．この傾向は，特に保有する塑性変形能力が高い部材に顕著である．

4.2 幅厚比の制限値

塑性ヒンジが形成される部材では，構成板要素の幅厚比は，下記の制限を満たすものとする．
(1) H形断面部材（梁および柱）
 (a) 板要素ごとに幅厚比を検定する場合

$$\text{フランジ}: \frac{b}{t_f} \leq 0.33 \cdot \sqrt{\frac{E}{\sigma_Y}} \quad \text{かつ} \tag{4.2.1}$$

$$\text{ウェブ}: \frac{N}{N_Y} \leq \frac{A_w}{A} \text{ のとき} \quad \frac{d}{t_w} \leq 2.4 \cdot \sqrt{\frac{E}{\sigma_Y}} - 0.9 \cdot \sqrt{\frac{E}{\sigma_Y} \cdot \frac{A}{A_w} \cdot \frac{N}{N_Y}} \tag{4.2.2}$$

$$\frac{N}{N_Y} > \frac{A_w}{A} \text{ のとき} \quad \frac{d}{t_w} \leq 1.5 \cdot \sqrt{\frac{E}{\sigma_Y}} \tag{4.2.3}$$

 (b) 部材として構成板要素の幅厚比を検定する場合（ただし，$N/N_Y \leq 0.6$）

$$\frac{1.00}{k^2 \cdot (0.7-0.6 \cdot N/N_Y)^2} \cdot \left(\frac{d/t_w}{\sqrt{E/\sigma_Y}}\right)^2 + \frac{3.43-25.0/k^2}{(0.7-0.6 \cdot N/N_Y)^2} \cdot \left(\frac{b/t_f}{\sqrt{E/\sigma_Y}}\right)^2 \leq 1 \tag{4.2.4}$$

(4.2.4)式で，$0.3 < N/N_Y \leq 0.6$ の場合は，$N/N_Y = 0.3$ とする．
ただし，

$$\alpha < 1/6 \text{ のとき} \quad k=4.4 \tag{4.2.5.a}$$
$$1/6 \leq \alpha \leq 1/2 \text{ のとき} \quad k=5.18-4.6\alpha \tag{4.2.5.b}$$

$$\alpha = \left(\frac{1}{6} + \frac{A_f}{A_w}\right) \cdot \frac{\kappa+1}{\lambda_w} \tag{4.2.6}$$

(2) 矩形中空断面柱

$$\frac{B}{t_1} \leq 1.0 \cdot \sqrt{\frac{E}{\sigma_Y}} \tag{4.2.7}$$

(3) 円形中空断面柱

$$\frac{D}{t} \leq 0.057 \cdot \frac{E}{\sigma_Y} \tag{4.2.8}$$

 記号
  d ：ウェブせい
  b ：突出フランジ幅
  t_w ：ウェブ板厚

t_f ：フランジ板厚
A_w ：ウェブ断面積（$=d \cdot t_w$）
A_f ：フランジ断面積（$=2 \cdot b \cdot t_f$）
A ：全断面積
λ_w ：ウェブ辺長比（$=a/d$）
a ：スチフナまたは端部境界間のウェブ板長さ
B ：矩形中空断面の外径
t_1 ：矩形中空断面の板厚
D ：円形中空断面の外径
t ：円形中空断面の板厚
κ ：板端部の曲げモーメント比$=M_2/M_1$, $|M_1| \geq |M_2|$ かつ M_2/M_1 は複曲率曲げのときを正とする．
N ：作用軸力
N_Y ：降伏軸力
σ_Y ：降伏応力度
E ：ヤング係数

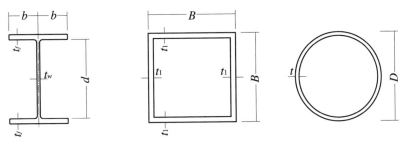

図 4.2.1 板要素の板幅および板厚の取り方

　本節では，部材ごとに幅厚比制限値を設ける．ここでの幅厚比を満足すれば，以下の各項で説明するように，部材の塑性変形倍率が3程度までは局部座屈による耐力劣化がなく，安定した塑性ヒンジを形成できる．ただし，5章〜7章で定める部材寸法を別途満足する必要がある．また，部材全体に座屈が生じるせん断型の座屈を防止するため，シアスパン比の制限を満たした上で，幅厚比制限値を満足する必要がある．なお，塑性ヒンジ部以外では「鋼構造設計規準―許容応力度設計法―」[4.9]の規定に従えばよい．

　また，構造特性係数を算出するため，文献4.10)では部材種別ごとに構成板要素の幅厚比の数値が決められており，それらと本指針の幅厚比制限値とは次のような関係にある．本指針で板要素ごとに与えているH形断面部材の突出フランジの幅厚比はFAとFBの中間的な値であり，ウェブ幅厚比に関してはFBまたはFCに相当する．したがって，構造特性係数を算出する場合には注意が必要である．なお，角形鋼管，円形鋼管に関してはFAを満たす．

　以上，(4.2.4)式で表されるH形断面部材の制限値は繰返しの効果を見込んだものであるが，それ以外の制限値は一方向の単調載荷実験によって得られたものであり，強地震時のような繰返し載荷における塑性ヒンジの挙動については不明な部分もある．ただし，これまでの研究成果によれば，

局部座屈が生じても横座屈を誘発せず過度な変形能力を期待しない場合，耐力的には安全であることが多い[4.11~4.14]．

4.2.1 H形断面部材（梁および柱）

本指針の初版，2版では，突出フランジ，ウェブについては個別に制限値が設けられている．この3版では，新たにH形断面構成板要素の相互効果および繰返しを考慮した幅厚比制限値を設けているが，併せて板要素個別の幅厚比制限を用いてよいこととしている．この場合，座屈発生時の軸方向ひずみ度 ε_{cr} が材のひずみ硬化開始点のひずみ度 ε_{st} にほぼ等しくなるように幅厚比を制限することにした．これは，ひずみ硬化によって再び材の剛性が大きくなるため，座屈しにくくなるからである．図C 4.2.1は，純圧縮力を受ける突出フランジの実験結果を示したものであり，文献4.15)において整理されたものについて，横軸を新たに取り直したものである．図C 4.2.1（a）は縦軸に $\varepsilon_{cr}/\varepsilon_{st}$，横軸に $(b/t)\cdot\sqrt{\sigma_Y/E}$ をとり，実験結果をプロットしたものである．図中には，（4.2.1）式で与えるフランジ単独の幅厚比制限値を示している．図C 4.2.1（a）より，$\varepsilon_{cr}/\varepsilon_{st}=0.5\sim1.5$ となり，おおむね ε_{cr} を ε_{st} に等しくすることができる．このとき，図C 4.2.1（b）によれば，$\varepsilon_{max}/\varepsilon_{st}=1.3\sim3.0$ となって塑性変形能力および耐力に十分な余裕があることがわかる．

また，梁を対象とした曲げを受けるウェブプレートについては「鋼構造設計規準—許容応力度設計法—」[4.9]に準じている．曲げとともに，大きなせん断力を受ける場合には，降伏応力度に到達する以前に座屈するため，塑性変形量はほとんど期待できない．これに対して，3.5節ではシアスパン比を制限したが，本章では局部座屈の観点から（C 4.2.1）式でシアスパン比を制限することとした．

$$\frac{a}{d} > 2.0 \cdot \frac{A_f}{A_w} + 0.33 \tag{C 4.2.1}$$

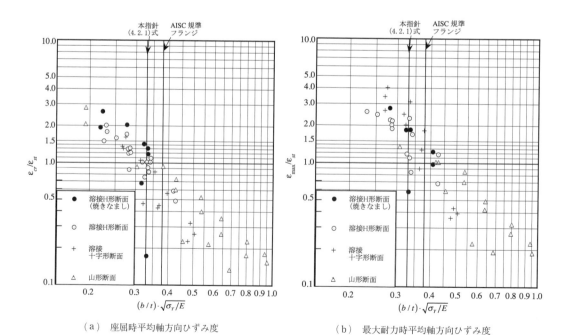

(a) 座屈時平均軸方向ひずみ度 (b) 最大耐力時平均軸方向ひずみ度

図C 4.2.1　純圧縮力を受ける突出フランジの実験結果

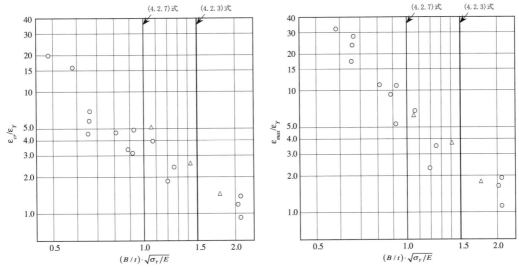

(a) 座屈時平均軸方向ひずみ度　　　　(b) 最大耐力時平均軸方向ひずみ度

図 C 4.2.2　純圧縮力を受ける周辺単純支持板の実験結果

　また，軸力のみを受けるウェブの場合（$N/N_y > A_w/A$）は，「鋼構造設計規準―許容応力度設計法―」[4.9]よりやや厳しい制限値(4.2.3)式とした．図 C 4.2.2 は，周辺単純支持板の実験結果[4.15]を示したものである．図 C 4.2.2(a) は縦軸に $\varepsilon_{cr}/\varepsilon_Y$（$\varepsilon_Y$：降伏ひずみ度）を，横軸に $(B/t)\cdot\sqrt{\sigma_Y/E}$ をとり，図 C 4.2.2(b) は縦軸に $\varepsilon_{max}/\varepsilon_Y$，横軸に $(B/t)\cdot\sqrt{\sigma_Y/E}$ をとってある．図 C 4.2.2(b) によれば，(4.2.3)式の規定に従うと，$\varepsilon_{max}/\varepsilon_Y$ がおおむね 2 以上を確保できる．

　曲げと軸力を同時に受ける場合（$N/N_y \leq A_w/A$）は，ウェブの軸力比に応じて曲げのみを受ける場合の制限値[4.9]である $2.4\cdot\sqrt{\sigma_Y/E}$ と(4.2.3)式の間を直線的に変化させて(4.2.2)式のように求めることにした．

　以上は板要素個別に制限値を与えるものであり，応力状態は板長さ方向に一様に分布している場合を基本に定められている．しかし，H 形断面を構成する実際の板要素では，応力度分布の影響や板要素相互の拘束効果を考慮することが必要となってくる．本指針では，フランジとウェブの相互効果，断面内の応力度分布および繰返しの効果を考慮した上で，幅厚比の制限値を新たに設けている．本制限値は，(C 4.2.2)式に示される幅厚比指標を基に算出されている．この指標は，H 形断面に作用するモーメント勾配の影響を(4.2.5)式，(4.2.6)式のように取り入れたものであり，曲げ応力とせん断応力の相互効果を考慮している．

$$W_F = \sqrt{\frac{1}{k^2}\cdot\left(\frac{d/t_w}{\sqrt{E/\sigma_Y}}\right)^2 + \left(3.43 - \frac{25.0}{k^2}\right)\cdot\left(\frac{b/t_f}{\sqrt{E/\sigma_Y}}\right)^2} \quad (C\ 4.2.2)$$

　図 C 4.2.3 には，(C 4.2.2)式で示される幅厚比指標と実験結果および(C 4.2.3)式において $\xi=1$ とおいて表される塑性変形能力として，最大耐力時の塑性変形倍率 R を示している[4.8]．本指針では，(C 4.2.2)式において $W_F=0.7$ として制限値を与えている．本図より，本指針の制限値によれば，局部座屈で決定する H 形断面梁の塑性変形倍率は，3 以上を確保できる．

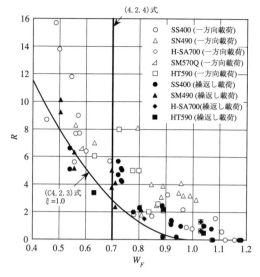
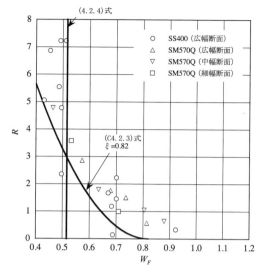

図 C 4.2.3　H 形断面梁の塑性変形能力　　　　図 C 4.2.4　H 形断面柱の塑性変形能力

$$R = 32 \cdot (\xi - W_F)^2 \tag{C 4.2.3}$$

　H 形断面柱においても，梁の場合と同様にフランジとウェブの相互効果および断面内の応力度分布を考慮した上で，幅厚比制限値が定められている．この制限値は，(C 4.2.3)式の ξ に(C 4.2.4)式で示す軸力比の影響を加味し，整理したものである．ただし，柱軸力比 N/N_Y が 0.6 を超える場合は，板要素個別に与えられる幅厚比制限値を用いることとしている．

$$\frac{N}{N_Y} < 0.3 \text{ のとき} \qquad \xi = 1 - 0.6 \cdot \frac{N}{N_Y} \tag{C 4.2.4.a}$$

$$\frac{N}{N_Y} \geq 0.3 \text{ のとき} \qquad \xi = 0.82 \tag{C 4.2.4.b}$$

　図 C 4.2.4 には，(C 4.2.2)式で示される幅厚比指標と実験結果および(C 4.2.3)式において $\xi=0.82$ とおいて表される塑性変形能力として，最大耐力時の塑性変形倍率を示している[4.16]．図より，本指針の制限値によれば，局部座屈で決定する H 形断面柱の塑性変形倍率は，3 以上を確保できる．

　部材内の応力状態が明確な場合には，(4.2.4)式の制限値を用いればよいが，応力状態が明確でない場合には，板要素個別に与えた(4.2.1)〜(4.2.3)式の幅厚比制限値を用いることとする．なお，軸力比が 0 の梁の場合の(4.2.4)式から得られる制限値は，繰返し荷重が塑性変形能力の低下に与える影響を考慮している．この繰返し荷重の影響を取り入れている幅厚比の制限値は，(4.2.4)式のみである．

4.2.2　矩形中空断面柱

　矩形中空断面は，曲げねじりに対して安定な断面形であり，板要素もすべて周辺支持されていることから，たとえ座屈しても座屈変形が進行しにくい．そのため，軸方向の平均ひずみ度が降伏ひずみ度の 4 倍程度となるまで座屈しないように幅厚比を定めた．制限値として(4.2.7)式を採用すると，図 C 4.2.2 より $\varepsilon_{cr}/\varepsilon_Y = 3.0 \sim 5.0$ となり 4.0 程度，また $\varepsilon_{max}/\varepsilon_Y = 5.0 \sim 7.0$ となる．文献 4.17

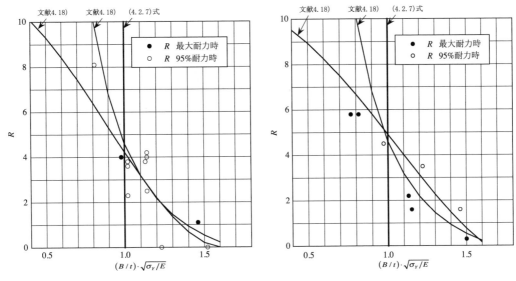

(a) 冷間成形矩形中空断面柱の塑性変形能力　　(b) 溶接組立矩形中空断面柱の塑性変形能力

図 C 4.2.5　矩形中空断面柱の塑性変形能力と幅厚比の関係

では，板要素のひずみ度がひずみ硬化域に到達するのに必要な幅厚比を読みとることができ，溶接組立箱形断面短柱の幅厚比制限値については，本指針との整合性を得ることができるものの，プレス成形箱形断面のものについては，本指針より小さな幅厚比制限値にする必要性が指摘されている．

参考までに，柱部材としての矩形中空断面の塑性変形能力と幅厚比の関係を図 C 4.2.5 に示す．本図は，文献 4.18) に示されている既往の研究で提案されている評価式を基に作成したものであり，実験値に関しては軸力比 0.3 のものを選定して掲載している．本指針の幅厚比制限によれば，塑性変形倍率で 2～4 程度を確保することができている．

4.2.3　円形中空断面柱

円形鋼管の降伏応力度は，製造過程における加工硬化によって，原板の降伏応力度より高くなるのが普通である．一方，電縫鋼管などは溶接による残留応力が相当存在し，見かけの降伏応力度が下がるため，円形鋼管の降伏応力度はこの 2 つの相反する要因によって非常にばらつく．そこで，鋼種にとらわれず，実測の降伏応力度によって実験データを整理し導いた実験式に，SN400, SS400, STK400 の降伏応力度として $\sigma_Y = 235 \text{ N/mm}^2$，SN490, SM490, STK490 の降伏応力度として $\sigma_Y = 325 \text{ N/mm}^2$ を代入して径厚比の制限値を求めた．

軸方向圧縮力を受ける円形鋼管の座屈実験によると，最大耐力時のひずみ度 ε_{max} と径厚比 D/t の関係は図 C 4.2.6 となり，この実験結果の下限を与える式として，(C 4.2.5) 式が提案されている[4.19]．

$$\varepsilon_{max} = 0.44 \cdot \frac{t}{D} \tag{C 4.2.5}$$

(C 4.2.5) 式に，$\varepsilon_{max} \geqq 8\varepsilon_Y$ を代入すれば，強度的にも変形能力的にも安全である径厚比を与える

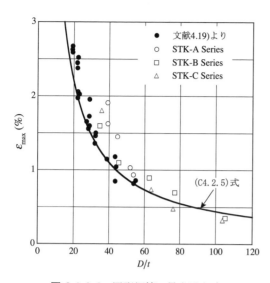
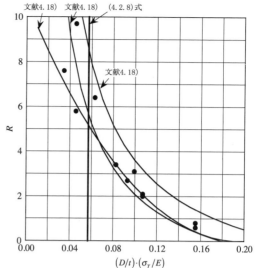

図 C 4.2.6　円形鋼管の最大耐力時
　　　　　　ひずみ度―径厚比関係

図 C 4.2.7　円形鋼管の塑性変形能力

(4.2.8)式を得る．

　参考までに，柱部材としての円形中空断面の塑性変形能力と幅厚比の関係を図 C 4.2.7 に示す．本図は，文献 4.18)に示されている既往の研究で提案されている評価式を基に作成したものであり，実験値に関しては軸力比 0.2〜0.4 のものを選定して掲載している．本指針の幅厚比制限によれば，塑性変形倍率で 5〜7 程度を確保することができている．

　また，遠心鋳造管・継目なし鋼管には残留応力が少ないので，座屈に対しては有利である．実験によれば，(C 4.2.6)式がひずみ硬化域の実験結果とよく一致する[4.19]．

$$\varepsilon_{max} = -14.4 \cdot \varepsilon_Y + \sqrt{208 \cdot \varepsilon_Y^2 + 0.448 \cdot \left(\frac{2 \cdot t}{D}\right)^2} \tag{C 4.2.6}$$

(C 4.2.6)式に前と同様に $\varepsilon_{max} \geq 8\varepsilon_Y$ を代入すれば，(C 4.2.7)式を得る．

$$\frac{D}{t} \leq 0.077 \cdot \frac{E}{\sigma_Y} \tag{C 4.2.7}$$

4.3　ウェブプレートの補剛

　集中荷重の作用する位置では，ウェブの座屈を防ぐためにスチフナを設ける必要がある．特に集中荷重の作用するところに塑性ヒンジが形成される場合には，ウェブには塑性流れが生じているため，全集中荷重をスチフナによってウェブに伝達する必要がある．その場合のスチフナの計算は，梁せいの 0.7 倍を座屈長さとする柱として計算するが，断面二次モーメントおよび断面積の計算にはスチフナのみを取り，ウェブの有効幅を無視し，強度もやや余裕を持たせる必要がある．

4.4 例題

断面 H-500×200×10×16,全長 6 000 mm の梁が地震時に図 C 4.4.1 のような逆対称曲げモーメントを受けた場合の幅厚比を検討する.ただし,使用鋼材は SN490B とする.

この場合の諸量は,端部曲げモーメント比 $\kappa=1.0$,該当区間長さ $l=6\,000$ mm,ウェブせい $d=500-2\times16=468$ mm,ウェブ幅厚比 $d/t_w=46.8$,フランジ幅厚比 $b/t_f=6.25$,区間内ウェブ辺長比 $\lambda_w=l/d=12.8$,フランジ断面積 $A_f=3\,200$ mm²,ウェブ断面積 $A_w=4\,680$ mm²,降伏応力度 $\sigma_Y=325$ N/mm²,ヤング係数 $E=205\,000$ N/mm² である.

繰返しの効果を考慮する必要がない場合や部材内応力分布が明らかでない場合には,下のようにフランジおよびウェブ板要素個別に検討する.

フランジについては(4.2.1)式より $\quad \dfrac{b}{t_f}=6.25\leq 0.33\cdot\sqrt{\dfrac{E}{\sigma_Y}}=8.28 \quad$ OK

ウェブについては(4.2.2)式より $\quad \dfrac{d}{t_w}=46.8\leq 2.4\cdot\sqrt{\dfrac{E}{\sigma_Y}}-0.9\cdot\sqrt{\dfrac{E}{\sigma_Y}}\cdot\dfrac{A}{A_w}\cdot\dfrac{N}{N_Y}=60.2 \quad$ OK

部材内応力分布が明らかであり,繰返しの効果を考慮する場合には,(4.2.6)式を用いて,

$$a=\left(\dfrac{1}{6}+\dfrac{A_f}{A_w}\right)\cdot\dfrac{\kappa+1}{\lambda_w}=\left(\dfrac{1}{6}+\dfrac{3\,200}{4\,680}\right)\cdot\dfrac{2.0}{12.8}=0.133$$

$a<1/6$ なので(4.2.5)式より $k=4.4$ であり,軸力比は $N/N_Y=0$ である.これらを用いて,(4.2.4)式より

$$\dfrac{1.00}{k^2\cdot(0.7-0.6\cdot N/N_Y)^2}\cdot\left(\dfrac{d/t_w}{\sqrt{E/\sigma_Y}}\right)^2+\dfrac{3.43-25.0/k^2}{(0.7-0.6\cdot N/N_Y)^2}\cdot\left(\dfrac{b/t_f}{\sqrt{E/\sigma_Y}}\right)^2=0.636<1.0$$

OK

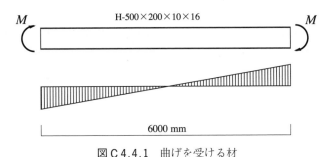

図 C 4.4.1 曲げを受ける材

参考文献

4.1) 田中 尚,高梨晃一,角田忠之:プラスチックヒンジにおけるウェブ幅・フランジ幅の制限に関する研究(6),日本建築学会論文報告集,No. 136, pp. 8-14,1967.6

4.2) 福本唟士,伊藤義則:フランジの局部座屈強度とフランジ幅厚比制限値,土木学会論文集,No. 160,

pp.27-38, 1968.12
4.3) J.B. Dwight, K.E. Moxham : Welded Steel Plates in Compression, The Structural Engineer, Vol. 47, No. 2, pp.49-66, 1969.2
4.4) Yoshiki M., Fujita Y. : Compression Strength of Structural Plate Elements in Plastic Range, 構造工学研究, pp.199-209, 東大出版会, 1968
4.5) Ameican Institute of Steel Construction, Inc. : Specification for Structural Steel Buildings, ANSI/AISC 360-10, 2010.6
4.6) 五十嵐規矩夫, 王　韜：連成座屈を考慮したH形断面梁部材構成板要素の幅厚比制限値評価法, 日本建築学会構造系論文集, Vol. 73, No. 629, pp.1117-1184, 2008.7
4.7) 日本建築学会：鋼構造限界状態設計指針・同解説, 2010
4.8) 五十嵐規矩夫, 末國良太, 篠原卓馬, 王　韜：鋼構造H形断面梁の耐力及び塑性変形能力評価のための新規幅厚比指標と幅厚比区分, 日本建築学会構造系論文集, Vol. 76, No. 668, pp.1865-1872, 2011.10
4.9) 日本建築学会：鋼構造設計規準―許容応力度設計法―, 2005
4.10) 建築物の構造関係技術基準解説書編集委員会：2015年版　建築物の構造関係技術基準解説書, 2015
4.11) Vitelmo V. Bertero and Egor P. Popov : Effect of Large Alternating Strains of Steel Beams, Jornal of the Structural Division, ASCE, Vol. 91, No. ST1, pp.1-12, 1965.2
4.12) Egor P. Popov and R. Bruce Pinkney : Cyclic Yield Reversal in Steel Building Connections, Journal of the Structural Division, ASCE, No. ST3, pp.327-353, 1969.3
4.13) 鈴木敏郎, 小野徹郎, 金箱温春, 西田芳弘, 加藤征宏：交番曲げを受けるH型鋼梁の塑性挙動, 日本建築学会大会学術講演梗概集, 構造系, pp.791-792, 1975.7
4.14) 劉　大偉, 金尾伊織, 中島正愛：繰返し載荷を受けるH形鋼梁の塑性変形能力に及ぼす局部座屈の影響, 鋼構造論文集, Vol. 10, No. 37, pp.61-70, 2003.3
4.15) Takanashi K. : Plastic Buckling and Post-Buckling Behaviors of Steel Plates, Report of the Institute of Industrial Science, The University of Tokyo, Vol. 20, No. 4, 1970.10
4.16) 五十嵐規矩夫, 長谷川龍太：鋼構造H形断面柱の最大耐力及び塑性変形能力評価法, 構造工学論文集, Vol. 61B, pp.209-216, 2015.3
4.17) 山田　哲, 秋山　宏, 桑村　仁：局部座屈を伴う箱形断面鋼部材の劣化域を含む終局挙動；日本建築学会構造系論文報告集, No. 444, pp.135-143, 1993.2
4.18) 日本建築学会：鋼管構造設計施工指針・同解説, 1990
4.19) 加藤　勉, 秋山　宏, 鈴木弘之：軸圧縮をうける鋼管の塑性局部座屈耐力；日本建築学会論文報告集, No. 204, pp. 9 -17, 1973.2

5章 梁

5.1 梁の横座屈耐力

梁の横座屈耐力は，次式で算定する．

$\lambda_b \leqq {}_p\lambda_b$ のとき $\qquad M_{cr} = M_P \qquad$ (5.1.1.a)

${}_p\lambda_b < \lambda_b \leqq {}_e\lambda_b$ のとき $\qquad M_{cr} = \left(1.0 - 0.4 \cdot \dfrac{\lambda_b - {}_p\lambda_b}{{}_e\lambda_b - {}_p\lambda_b}\right) \cdot M_P \qquad$ (5.1.1.b)

$\lambda_b > {}_e\lambda_b$ のとき $\qquad M_{cr} = \dfrac{1}{\lambda_b^2} \cdot M_P \qquad$ (5.1.1.c)

ただし，

$\lambda_b = \sqrt{M_P/M_e} \qquad$ (5.1.2)

${}_e\lambda_b = 1/\sqrt{0.6} \qquad$ (5.1.3)

${}_p\lambda_b = 0.6 + 0.3 \cdot \kappa \qquad$ (5.1.4)

$M_e = C_b \sqrt{\dfrac{\pi^2 \cdot E \cdot I_y \cdot G \cdot J_T}{l_b^2} + \dfrac{\pi^4 \cdot E \cdot I_y \cdot E \cdot I_W}{{}_k l_b^4}} \qquad$ (5.1.5)

$C_b = 1.75 + 1.05 \cdot \kappa + 0.3 \cdot \kappa^2 \leqq 2.3 \qquad$ (5.1.6)

記号

M_{cr} ：横座屈耐力

λ_b ：横座屈細長比

${}_e\lambda_b$ ：弾性限界細長比

${}_p\lambda_b$ ：塑性限界細長比

κ ：材両端または横座屈補剛端の曲げモーメント比＝M_2/M_1, $|M_1| \geqq |M_2|$ かつ複曲率曲げの時を正とする．

M_P ：全塑性モーメント

M_e ：弾性横座屈モーメント

$E \cdot I_y$ ：弱軸まわりの曲げ剛性

$E \cdot I_W$ ：曲げねじり剛性

$G \cdot J_T$ ：サンブナンねじり剛性

l_b ：材長または横座屈補剛間長さ

${}_k l_b$ ：材端および補剛点の支持状態に応じて算定される横座屈長さであり，ここでは ${}_k l_b = l_b$ とする．

C_b ：モーメント係数，横座屈補剛区間内で曲げモーメントが直線的に変化する場合の略算式

　図C5.1.1（a）のように，H形断面梁を曲げると上側のフランジは圧縮されて横方向に座屈し，梁の中央部は図C5.1.1（b）に示すように横移動とともにねじれ，梁全体が横方向にたわむと同時にねじれる挙動を示す場合がある．このような座屈現象を横座屈（曲げねじれ座屈）という．仮に作用する曲げモーメントが全塑性モーメント M_P であれば，そこには塑性ヒンジが形成されるが，塑性

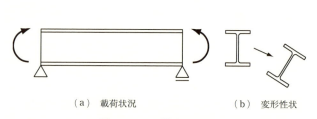
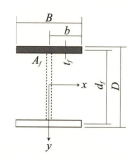

図C5.1.1　横座屈現象　　　　　　図C5.1.2　H形断面の寸法記号

ヒンジは全塑性モーメントを確保しながら回転する必要があるので，横座屈によって曲げモーメントが全塑性モーメントを下回らないように，横方向に補剛材を設ける必要がある．補剛材の間隔については5.2節で説明することとし，ここでは，梁の耐力について説明する．

本指針の2版までは，$l_b \cdot D/A_f$ を変数とした横座屈耐力式が示されていた．「鋼構造限界状態設計指針・同解説」[5.1]における横座屈細長比 $\lambda_b(=\sqrt{M_P/M_e})$ を用いた横座屈耐力式と本指針2版の横座屈耐力式における全塑性モーメントを発揮できる材長に大きな違いはないことを確認したことから[5.2]，この3版では，「鋼構造限界状態設計指針・同解説」の横座屈耐力式を用いることとする．

図C5.1.1(a)のように，一様な曲げモーメントを受けている長さ l_b のH形断面材の弾性横座屈を起こす曲げモーメント M_{eq} は，(C5.1.1)式で与えられる[5.1]．

$$M_{eq}=\sqrt{\frac{\pi^2 \cdot E \cdot I_y \cdot G \cdot J_T}{l_b^2}+\frac{\pi^4 \cdot E^2 \cdot I_y \cdot I_w}{l_b^4}} \quad \text{(C5.1.1)}$$

ここに，E, G はそれぞれヤング係数，せん断弾性係数で，I_y, J_T, I_w はそれぞれ弱軸に関する断面二次モーメント，サンブナンねじり定数，曲げねじり定数である．

実験資料に基づいて，横座屈耐力を全塑性モーメントとしうる領域の限界は塑性限界細長比 $_p\lambda_b$ によって区分され，(5.1.4)式で定義される．$_p\lambda_b$ は，曲げモーメント分布によって変化する．

$$_p\lambda_b=0.6+0.3\cdot\kappa \quad \text{(5.1.4)再掲}$$

κ は，材端または横座屈補剛区間端での曲げモーメント比 $(=M_2/M_1)$ であり，複曲率曲げの場合を正とする．弾性横座屈領域は弾性限界細長比 $_e\lambda_b$ で区分され，$M_{cr}=0.6M_P$ に対応する点の細長比である．弾塑性座屈領域は，全塑性モーメントから弾性限界横座屈耐力 $0.6M_P$ まで線形に変化するものとしている．

次に，図C5.1.3(a)に示すように，梁の両端に作用する曲げモーメントの大きさが異なる場合の座屈耐力について述べる．図C5.1.3(a)のように曲げモーメント M_1 と $M_2=\kappa\cdot M_1(-1\leq\kappa\leq1$，図の方向のとき $\kappa>0$) が作用しているときの弾性横座屈モーメント M_e は，図C5.1.3(b)に示すように，等曲げモーメントが作用しているときの横座屈耐力 M_{eq} にモーメント係数 C_b を乗じて求めることができる．等分布荷重や材端曲げモーメントを受ける梁について，モーメント係数の近似解がガラーキン法によって求められ，実用式が提案されている[5.3],[5.4]．曲げモーメントが直線的に変化する材端モーメントのみを受ける場合は，(C5.1.2)，(5.1.6)式のように簡単化できる．

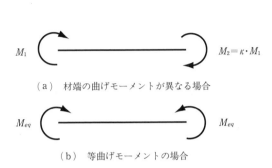

（a） 材端の曲げモーメントが異なる場合

（b） 等曲げモーメントの場合

図C5.1.3　曲げモーメントの正方向

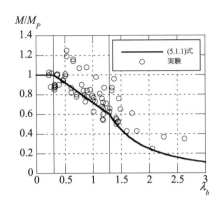

図C5.1.4　横座屈耐力の実験結果

$$M_e = C_b \cdot M_{eq} \tag{C5.1.2}$$

$$C_b = 1.75 + 1.05 \cdot \kappa + 0.3 \cdot \kappa^2 \leq 2.3 \tag{5.1.6}\text{再掲}$$

以上より，梁の横座屈耐力は，(5.1.1)式により算出できる．また，図C5.1.4に実験結果[5.5]と(5.1.1)式を示す．(5.1.1)式は，実験結果とおおむね一致していることがわかる．

5.2　横座屈補剛

5.2.1　横座屈補剛間長さ

塑性変形能力が要求されるH形断面梁において，横座屈補剛間長さは，次式を満たすものとする．

$-1.0 \leq \dfrac{\bar{M}}{M_P} \leq -0.5$ のとき　　　$\dfrac{l_b \cdot D}{A_f} \leq \dfrac{0.29}{\sigma_Y/E}$　かつ　$\dfrac{l_b}{i_y} \leq \dfrac{2.0}{\sqrt{\sigma_Y/E}}$　　　(5.2.1.a)

$-0.5 < \dfrac{\bar{M}}{M_P} \leq 1.0$ のとき　　　$\dfrac{l_b \cdot D}{A_f} \leq \dfrac{0.43}{\sigma_Y/E}$　かつ　$\dfrac{l_b}{i_y} \leq \dfrac{3.0}{\sqrt{\sigma_Y/E}}$　　　(5.2.1.b)

記号
- $\bar{M}$ ：横座屈補剛材で拘束されている点の曲げモーメントのうち，絶対値が小さい方の値
- D ：梁のせい
- A_f ：圧縮フランジの断面積
- i_y ：梁断面の弱軸まわりの断面二次半径
- l_b ：横座屈補剛間長さ
- E ：ヤング係数
- σ_Y ：降伏応力度

　梁に塑性ヒンジが発生する場合で，構造物が崩壊機構を形成するまで変形しなければならない場合は，梁に発生した塑性ヒンジは，全塑性モーメントを保った状態で回転しなければならない．そのためには，(5.1.1)式の耐力が満足されるのみでは不十分で，横座屈補剛間長さの制限が必要になる．塑性変形能力に影響を与える因子として考えられるのは，梁の検討区間の(1)横座屈補剛間長さ，(2)応力状態，(3)断面形状，(4)材料の性質，特に降伏応力度の違いなどがある．

図C5.2.1に示す等曲げが作用する場合について，H-200×100×5.5×8（SS400）を例に考える．図C5.2.2は，実験で得られた曲げモーメントと変形角の関係を示し，M_Pは全塑性モーメント，θ_Pは$M_P \cdot l_b/(2 \cdot E \cdot I)$である．図C5.2.2からわかるように，弱軸まわりの細長比l_b/i_yが小さい梁は，ほぼ一定の曲げモーメントを保って変形し続ける能力がある．

図C5.2.3[5.6),5.7)]は縦軸に最大曲げモーメントM_{max}，横軸にl_b/i_yをとって示したものである．図C5.2.3より，$l_b/i_y \leqq 60$の場合，M_{max}は，ほとんどの場合M_Pに達している．図C5.2.4は，曲げモーメントが低下しはじめるときの変形角を用いた塑性変形倍率Rとl_b/i_yの関係を実験結果から示したものである[5.6)~5.8)]．図C5.2.4より，$l_b/i_y=60$で$R=3$程度である．以上より，$l_b/i_y \leqq 60$の場合，十分な耐力と変形能力がある．なお，1章で記したとおり，梁の塑性変形能力を評価する場合，梁耐力が最大耐力以降全塑性モーメントまで低下した時点での変形角を塑性変形の限界θ_uとして評価するが，5.2節では既往の研究成果が限られていることから，最大耐力時の変形角による塑性変形倍率Rを用いて論じている．最大耐力時の変形角は，全塑性モーメントまで低下した時点での変形角よりも小さいため，Rを低く評価していることに注意されたい．

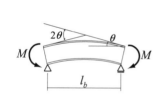

図C5.2.1 等曲げを受ける梁

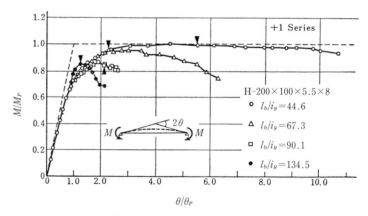

図C5.2.2 曲げモーメントと変形角の関係（実験値）[5.6)]

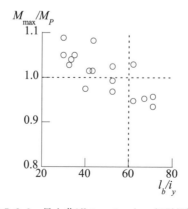

図C5.2.3 最大曲げモーメント―細長比関係

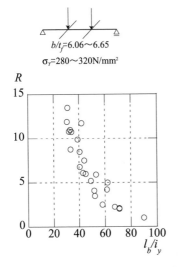

図C5.2.4　横座屈補剛間長さの影響

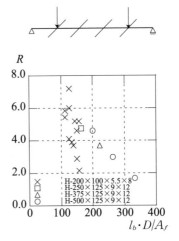

図C5.2.6　梁断面の影響
（3区間均等曲げを受ける梁）

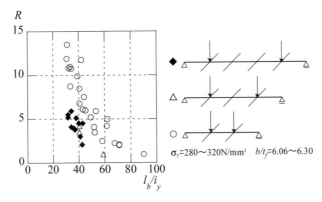

図C5.2.5　隣接区間の応力状態の影響

　これまでは，SS400材のH-200×100×5.5×8について塑性変形能力を論じてきた．しかし，同じ横座屈補剛間長さでも塑性変形能力を変化させる要素は多いので，それらについて主に実験結果を用いて考える．ここでは，本指針の初版，2版において，梁の横座屈耐力を定める指標として，$l_b \cdot D/A_f$を用いて整理されていたことから，同様に検討する．

　等曲げを受ける梁の塑性変形能力は，同一断面で同一横座屈補剛間長さの場合でも，対象としている区間の隣接区間の応力状態によって変化する．応力状態の違いが与える影響を示したのが図C5.2.5[5.6]~[5.8]である．連続する等曲げ区間が多いほど，塑性変形能力が低下する傾向にある．

　図C5.2.6[5.7]~[5.9]は，SS400材の断面寸法の異なる4種類の梁が，連続する3つの補剛区間が等曲げを受けるときのRと$l_b \cdot D/A_f$の関係を示したものである．同じ横座屈補剛間長さであっても，梁せいが大きくなると塑性変形能力が小さくなる．$l_b \cdot D/A_f=250$では，$R=3.5$程度であることがわかる．

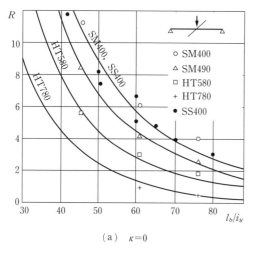
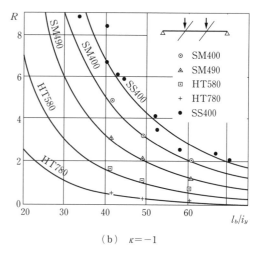

(a) $\kappa = 0$ (b) $\kappa = -1$

図C5.2.7　鋼種の影響[5.10]

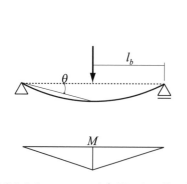
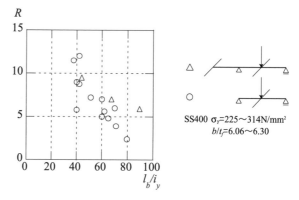

図C5.2.8　モーメント勾配のある梁の変形角と曲げモーメント分布

図C5.2.9　モーメント勾配のある梁の塑性変形能力

　梁材料の性質，特に降伏応力度の相違による塑性変形能力の違いについて考える．図C5.2.7[5.10]にSS400，SM400，SM490，HT580，HT780材を用いた梁の実験結果を示す．図中の曲線は，文献5.10)で提案されている塑性変形能力評価式を示したものである．降伏応力度が高い材料ほど，同じ横座屈補剛間長さに対する塑性変形能力は小さくなる．言い換えれば，同じ塑性変形能力を得るためには，降伏応力度の高い材ほど横座屈補剛間長さを短くしなければならない．

　次に曲げモーメントが一様でない場合について考える．5.1節に示したように，曲げモーメント勾配がある場合，等曲げの場合と比較して横座屈が起こりにくくなる．等曲げの場合より横座屈補剛間長さが長くても塑性ヒンジの形成が可能であり，塑性ヒンジ形成後の塑性変形能力も大きくなる．例えば，図C5.2.8に示すような集中荷重を受ける単純梁を考える．横座屈補剛間長さを変化させた場合の実験結果においてRとl_b/i_yの関係を示したのが図C5.2.9[5.6),5.7),5.11)]である．図C5.2.4に示す均等モーメントの場合に比べて，モーメント勾配を有する場合，同じ塑性変形能力を発揮するための横座屈補剛間長さは，かなり大きくてもよいことがわかる．図C5.2.10[5.11)]は，図C5.2.11に

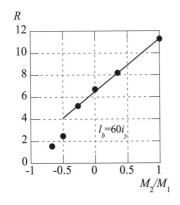
図C5.2.10 モーメント勾配の影響

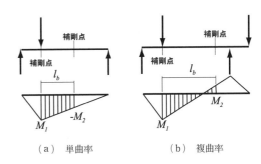
図C5.2.11 補剛区間の両端で曲げを受けた場合

示すような横座屈補剛間の両端で種々の曲げモーメント比を持つ場合で，$l_b/i_y=60$ の場合の曲げモーメント比と R の関係を示す実験結果である．塑性変形能力は曲げモーメント勾配が急なほど大きくなり，$M_2/M_1=-0.5$ あたりから急激に増すことが確認できる．

以上に述べた実験結果を基にして，H形断面梁に設ける横座屈補剛間長さは，(5.2.1)式によるものとする．本指針の初版，2版では，400N級鋼材，490N級鋼材ごとに設計式が示されていたが，この3版では，旧版とおおむね同等の値となるよう，降伏応力度およびヤング係数を用いた設計式とした．なお，2版に示すように，(5.2.1)式の横座屈補剛間長さは，M_P を満足するように規定されており，おおむね「鋼構造限界状態設計指針・同解説」[5.1]における曲げ材の細長比区分L-II以上に相当している．

近年では，繰返し載荷を受ける梁の数値解析および実験が多数行われ，繰返し載荷を受ける梁は，単調載荷を受ける梁に比べて繰返し載荷ごとの耐力低下が著しく，繰返し載荷終了時の耐力が最大耐力の50％という報告もある[5.12]~[5.16]．そのような報告を受け，逆対称曲げを受ける梁を対象として，繰返し載荷時も十分な塑性変形能力を有するための横座屈補剛間長さが，弱軸まわりの細長比を用いて提案されている[5.15],[5.16]．文献5.15)，5.16)で提案されている式は，モーメント分布や断面によっては，(5.2.1)式よりも短い横座屈補剛間長さを与えている．

5.2.2 横座屈補剛材の耐力と剛性

H形断面梁に設ける横座屈補剛材は，圧縮側フランジ位置に集中横力を作用させた場合に，十分な耐力と軸剛性を有するよう，次式を満たすものとする．

$$F_u \geq F = 0.02 \cdot C \tag{5.2.2.a}$$

$$k \geq 5.0 \cdot \frac{C}{l_b} \tag{5.2.2.b}$$

$$C = \frac{\sigma_Y \cdot A}{2} \tag{5.2.3}$$

記号
F_u：横座屈補剛材の耐力
F：圧縮側フランジ位置に作用する集中横力

> C ：梁断面に生ずる曲げ応力による圧縮側合力
> k ：横座屈補剛材の軸剛性
> l_b ：材長または横座屈補剛間長さ
> σ_Y ：降伏応力度
> A ：梁の全断面積

　梁の横座屈による曲げモーメントの低下を防止するために設けられる横座屈補剛材は，適当な耐力と軸剛性を持つ必要がある．ここでは，圧縮側フランジに設ける横座屈補剛材の耐力と軸剛性の推奨値を与える．

　最相ら[5.17]は，梁の圧縮側の半分を取り出して，元たわみを持つ柱の座屈問題として取り扱っている．図C5.2.12に示すように，柱がばね定数 k を持つ補剛材で支持されている場合を考える．正弦半波形の元たわみを持った上記の柱に加わる荷重 P が，柱の座屈耐力 P_u に達するときのばね反力 F とばね定数 k との関係を求めた解析結果の例を図C5.2.13に示す．解析結果例は，中間ばね支点の元たわみ δ_0 が $\delta_0/l=1/500$，$1/1\,000$ の場合で，図C5.2.13（a），（b）は残留応力が存在しない場合，図C5.2.13（c），（d）は図C5.2.14のような残留応力 σ_r が存在し，$\sigma_r=0.4\sigma_Y$ の場合である．この解析結果より，$k/k_0\geqq0.7$ のばね定数に対する制限を加えると $F/P_u\leqq0.02$，すなわちばねに生ずる補剛力は P_u の 2 ％以下となることを示した．ここで k_0 は基準ばね定数で，$0.02\cdot P_u$ の力に対して $l/1\,000$ の変位を生ずるばね定数である．結論としては，補剛材の剛性が（C5.2.1）式を満足すれば，補剛力は柱の座屈耐力の 2 ％以下であるとしている．

$$k\geqq 0.7\cdot k_0=\frac{0.7\times(0.02\cdot P_u)}{l/1\,000}=14\times\frac{P_u}{l} \tag{C5.2.1}$$

ここに，P_u：柱の座屈耐力，k：ばね定数（補剛材の剛性）

　　　　k_0：ばねに P_u の 2 ％の荷重を加えたとき，$l/1\,000$ の縮みが発生するばね定数

　松井ら[5.18]は，両端ピン支持され，中央にばねを持つ偏心圧縮材に対する数値解析を行い〔図

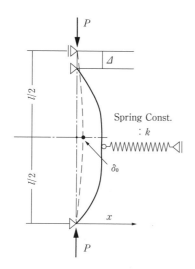

図C5.2.12　ばね（補剛材）を持つ柱の例題

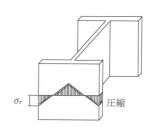

図C5.2.14　残留応力

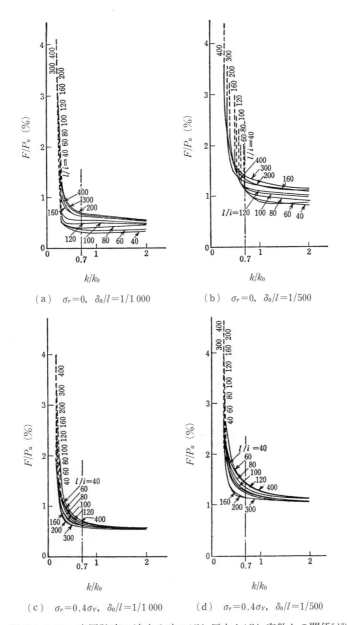

図C5.2.13 座屈強度に達する時のばね反力とばね定数との関係[5.17]

C5.2.15参照〕,偏心が $e=i/20+2\cdot l/500$ 程度までの材に対して,ばねに生ずる補剛力 F_{cr} が圧縮材の耐力の2％以下となるばね定数の制限として次式を与え,さらに実験的に確認している[5.19]〔図C5.2.16〕.ここで,i は弱軸まわりの断面二次半径を示す.

$$k \geqq (2 \sim 3) \cdot K_0 \tag{C5.2.2.a}$$

ただし 弾性座屈のとき

$$K_0 = \frac{2}{l} \cdot \left(\frac{\pi^2 \cdot E \cdot I}{l^2} \right) \tag{C5.2.2.b}$$

非弾性座屈のとき

$$K_0 = \frac{2}{l} \cdot \left(\frac{\pi^2 \cdot \tau \cdot E \cdot I}{l^2} \right) \tag{C5.2.2.c}$$

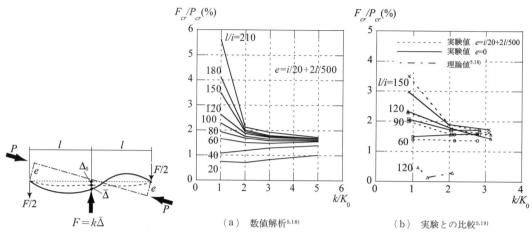

(a) 数値解析[5.18]　　(b) 実験との比較[5.19]

図C5.2.15　中央にばねを持つ両端ピン支持の偏心

図C5.2.16　柱耐力と補剛力の比

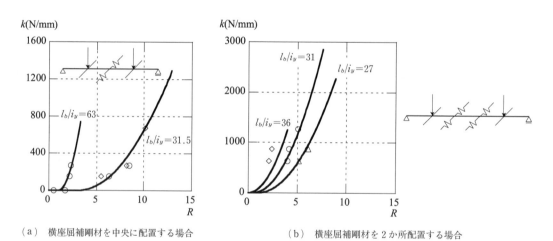

(a) 横座屈補剛材を中央に配置する場合　　(b) 横座屈補剛材を2か所配置する場合

図C5.2.17　塑性変形能力を確保するためのばね定数値[5.20]

ここに，K_0：座屈長さがlとなるための最小剛性

　　　τ：接線弾性係数比

　等曲げを受け，断面の全塑性モーメントに達した状態にあるH形断面梁にも上記の結果を適用すれば，断面内圧縮応力の合力Cの2％以下に補剛力が収まるためには，横座屈補剛材の剛性は(C5.2.1)式より(C5.2.3)式，(C5.2.2)式より(C5.2.4)式となる．

$$k \geq 7.0 \cdot \frac{C}{l_b} \qquad ただし \quad \frac{\delta_0}{l_b} < \frac{1}{250} \qquad (C5.2.3)$$

$$k \geq (4.0 \sim 6.0) \cdot \frac{C}{l_b} \qquad ただし \quad e < \frac{i}{20} + \frac{l_b}{250} \qquad (C5.2.4)$$

ここに，l_b：横座屈補剛間長さ

H形断面梁の横座屈補剛材の所要剛性と耐力を扱った実験的研究より，若林ら[5.20]は，小型 H 形断面材，H-40×20×2×2.5(SS400) および H-200×100×5.5×8(SS400) の実験結果を基に，梁の塑性変形能力に対する補剛材剛性の効果を表す実験式として次式を得ている．

$$k = \beta \cdot \frac{\sigma_Y \cdot A}{l_b} \cdot \left(\frac{\gamma \cdot l_b}{i_y}\right)^4 \cdot (\bar{R} - R_0)^2 \tag{C 5.2.5}$$

ここに，β ：13.0×10^{-8}（実験値から求めた係数）

γ ：補剛区間の両側区間の応力状態による係数

両側とも $M = M_P$ のとき　　　　0.80

片側 $M = M_P$，他方 $M < M_P$ のとき　0.75

両側とも $M < M_P$ のとき　　　　0.52

$\bar{R}$ ：補剛材の剛性が k であるときの塑性変形倍率

R_0 ：補剛材がないときの塑性変形倍率

A ：梁の断面積

k がほぼ剛のときの $\bar{R}$ の実験式を得ている．

$$\bar{R} = \frac{3\,500}{(\gamma \cdot l/i_y)^2} \tag{C 5.2.6}$$

この実験式（実線）と実験結果（プロット）を比較したものが図 C 5.2.17 である．この結果，圧縮側フランジに必要な横座屈補剛材の剛性として，次式を与えている．

$$k \geq 1.60 \cdot \frac{\sigma_Y \cdot A}{l_b} \quad \rightarrow \quad k \geq 3.20 \cdot \frac{C}{l_b} \tag{C 5.2.7}$$

鈴木ら[5.21]は H-200×100×5.5×8(SS400) を対象に，隣接スパンおよび補剛材の剛性の横座屈長さに対する影響を調べ，結果として H-200×100×5.5×8 (SS400)，$l_b/i_y = 32$ で塑性変形倍率 $R = 3$ を満足するための補剛材の所要剛性として，$k = 2 \times 10^3$ N/mm を得ている〔図 C 5.2.18〕．これを先に示した所要剛性を与える式（$k = x \cdot (C/l_b)$）で評価すると，次式になる．

$$k = 3.57 \cdot \frac{C}{l_b} \tag{C 5.2.8}$$

以上の研究結果を基に，梁の横座屈補剛材に必要な耐力と軸剛性を(5.2.2)式，(5.2.3)式で定めた．なお，梁に設ける横座屈補剛材は，図 C 5.2.19(a) に示すように，圧縮側フランジの横移動を止めるように配置すべきである．また，横座屈補剛材の取付け位置には，この位置におけるねじり角をなるべく小さくするように，鉛直スチフナなどを設けるのがよい．

横座屈補剛材は，圧縮側フランジ位置に取り付けることを原則とするが，やむを得ず引張側フランジ位置に配する場合には，圧縮側フランジの横移動に対して，横座屈補剛材が圧縮側に取り付けられた場合と同様の効果を持つようにしなければならない〔例えば図 C 5.2.19(b)〕．引張側フランジに配された横座屈補剛材には，軸耐力および軸剛性のほかに曲げ耐力および曲げ剛性を必要とする．すなわち，引張側フランジに配された補剛材は，圧縮側フランジ位置に $F = 0.02 \cdot C$ の集中横力を加えた際に生ずる曲げモーメントに耐えるに十分な曲げ耐力を有しなければならない．また，所

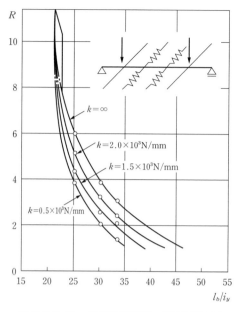

図 C 5.2.18　横座屈補剛材の所要剛性[5.21)]

（a）　上フランジが圧縮の場合

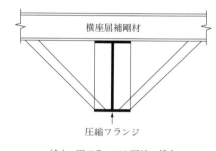

（b）　下フランジが圧縮の場合

図 C 5.2.19　梁に設ける横座屈補剛材

要曲げ剛性に対しては，圧縮側フランジに配された横座屈補剛材と同じ効果を持たなければならないとの考えから，補剛点での圧縮側フランジに許される横移動量は，圧縮側フランジに横座屈補剛材を取り付けた場合の所要剛性より算出される横移動量（$F=0.02 \cdot C$ が作用したとき $\delta \leq l_b/250$）と等しいとして，引張側フランジに配する横座屈補剛材の所要曲げ剛性を検討する方法を5.5節の例題2に示している．

また，近年の研究では，局部座屈との連成を考慮した横座屈補剛材に要求される性能についても検討され[5.22),5.23)]，梁耐力として全塑性モーメントを確保するための必要補剛剛性が提案され，等曲げ時の必要補剛力は $0.02 \cdot C$ 以上になることもあると指摘されている．さらに，偏心補剛された H 形鋼圧縮部材では，ウェブの変形によって補剛効果が低減すること[5.24)]，偏心量によっては平均で $0.03 \cdot C$，最大 $0.04 \cdot C$ の補剛力が発生することも指摘されており[5.25)]，補剛剛性および補剛力の算定には注意が必要である．

5.3　指針規定を満足する梁の塑性変形能力

1.4節に述べたように，塑性設計を行う上では，梁に横座屈補剛などを配置して横座屈を防止し，骨組が十分な塑性変形能力を有する必要がある．5.2節では，梁の塑性変形倍率がおおむね3程度あることが示されており，4章における幅厚比制限値を満足する場合にも梁の塑性変形倍率がおおむね3を確保できることが示されている．しかし，初版，2版において規準を満たす部材が確保しうる塑性変形能力が明確ではなかったこと，さらに繰返し荷重を受ける梁の塑性変形能力に関しては明らかではないことから，文献5.2)では，有限要素解析を実施し，本指針の規定を満足する繰返し荷重を受ける梁の塑性変形能力についてまとめている．なお，この文献では，梁全長にわたって

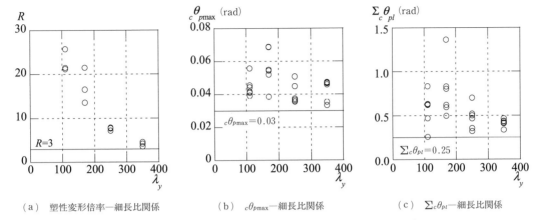

(a) 塑性変形倍率―細長比関係　　(b) $_c\theta_{pmax}$―細長比関係　　(c) $\Sigma_c\theta_{pl}$―細長比関係

図C5.3.1　数値解析による繰返し載荷を受ける梁の塑性変形能力

(5.2.1)式を適用している．

　繰返し逆対称曲げを受ける単純梁において，横座屈補剛材を配置した位置の断面中心に本指針に規定された軸剛性を有するばねを配置したモデルを対象とする．400N級鋼材，弱軸まわりの細長比 $\lambda_y=l/i_y=110\sim350$ に相当する材長 l を対象とし，載荷履歴は，変形角 0.015 rad, 0.030 rad, 0.045 rad, 0.06 rad, 0.075 rad を振幅として繰返し漸増載荷し，耐力が最大耐力以降，全塑性モーメントに低下するまで解析している．

　図C5.3.1に梁の塑性変形倍率 R, $_c\theta_{pmax}$, $\Sigma_c\theta_{pl}$ と λ_y の関係を示す．1.5節に示したように，R は梁の限界塑性変形を最大耐力以降全塑性モーメントまで低下した時点とし，その時の変形角を θ_u として骨格曲線から算出した塑性変形倍率 $R(=\theta_u/\theta_P-1)$，$_c\theta_{pmax}$ は最大塑性変形角，$\Sigma_c\theta_{pl}$ は累積塑性変形角である．

　解析モデルには幅厚比と細長比が本指針の制限値に近い条件のモデルもあり，横座屈と局部座屈が連成して耐力低下を起こしているものも含まれている．そのような場合も含め，梁の塑性変形倍率は材長が長い程低下する傾向にあるが，本指針の補剛規定に従った場合，繰返し載荷下においても $R=3$ 以上である．また，$_c\theta_{pmax}$, $\Sigma_c\theta_{pl}$ と細長比の関係は，塑性変形倍率ほど明瞭な傾向は見られないが，$_c\theta_{pmax}=0.03$ rad, $\Sigma_c\theta_{pl}=0.25$ rad 以上を示している．これらを保有塑性変形能力の目安とする．

5.4　スラブ付梁

5.4.1　スラブ付梁の耐力

完全合成梁として評価できるスラブ付梁の耐力は，次式を用いて算定する．
$$M_{cr}=M_P \tag{5.4.1}$$
記号
　M_{cr}：梁の横座屈耐力
　M_P：鉄骨梁の全塑性モーメント

前節までは，鉄骨梁に関してまとめている．しかし，実際の梁の多くは床スラブや柱が取り付いている．スラブ付梁の耐力やスラブの補剛効果については，実験的・解析的に検討され，スラブには補剛効果が期待できることが示されてきている．このことを受けて本指針では，スラブ付梁の耐力は，横座屈補剛材が取り付いていない場合でも，一般的な材長の完全合成梁であれば，鉄骨梁の全塑性モーメントまで確保できることとした．

　スラブ付梁の耐力は，スラブの合成効果により，正曲げ，負曲げで異なり，その耐力については，「鋼構造限界状態設計指針・同解説」[5.1)]や「各種合成構造設計指針・同解説」[5.26)]に示されている．文献5.1)，5.26)に示されるように，スラブ付梁の最大耐力は鉄骨梁耐力よりも上昇する．しかし，地震力のような繰返し載荷を受けると，負曲げ時にスラブが引張りを受けて亀裂が発生するため，正曲げ時の合成効果が減少し，亀裂が再接触するまでは合成効果が期待できない．この点を考慮して，本指針におけるスラブ付梁の耐力は鉄骨梁の全塑性モーメントとした．なお，柱梁耐力比を検討する場合には，10.3節で述べるように，スラブの合成効果によって梁耐力が上昇することに注意する必要がある．

　梁の材長に沿って連続的に取り付くスラブに高い横補剛効果があることは，近年の研究で明らかになってきている[5.5),5.27),5.28)]．文献5.27)では，梁の材長，ウェブの幅厚比，床スラブの有無をパラメータとした梁の繰返し載荷実験が報告され，スラブ付梁では完全合成梁を対象としている．図C5.4.1に文献5.27)の実験結果の一例を示す．横座屈補剛がなくても，スラブによって耐力および塑性変形能力が向上していることが明らかである．

　図C5.4.2は，文献5.5)にまとめられたデータベースより，スラブ付実験の最大耐力と横座屈細長比の関係を示す．ここでは，完全合成梁の1/2以上のスタッドを有するスラブ付梁を対象としており，負曲げを受ける等曲げ梁は対象としていない．ここで対象とした実験データでは，最大耐力は全塑性モーメントとして問題ないと考えられる．しかし，不完全合成梁の場合の検討については十分ではないため，今後，詳細な検討が必要である．

　以上より，床スラブが鉄筋コンクリート構造であり，梁の上フランジとシアコネクタなどによっ

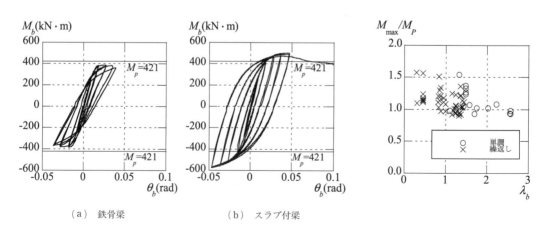

　　　　(a)　鉄骨梁　　　　　　　(b)　スラブ付梁
　　　　図C5.4.1　スラブ付梁の実験[5.27)]　　　　　　　図C5.4.2　スラブ付梁の最大耐力

て緊結された完全合成梁である場合，補剛効果は十分あると考えられるので，横座屈補剛がなくても鉄骨梁の全塑性モーメントを梁耐力とすることができる．しかし，焼抜き栓溶接の場合は，十分な合成効果を期待できないため対象外とする．また，梁せいとスラブ厚の比や細長比がきわめて大きい梁については，十分な塑性変形能力が確保できないおそれが指摘されており[5.28]，今後，検討が必要である．

近年では，折版屋根を横方向補剛として評価する研究なども積極的に行われ，スラブ以外の拘束効果についても明らかにされつつある[5.29]．

5.4.2 スラブ付梁の塑性変形能力

文献 5.5) より，図 C 5.4.3 に横座屈補剛がないスラブ付梁の繰返し載荷実験より得られた塑性変形能力についてまとめる．実験データの中には，不完全合成梁が含まれているが，いずれも，完全合成梁の1/2以上のスタッドを有している．塑性変形倍率 R は骨格曲線から求め，鉄骨梁の全塑性モーメント時の変形角を θ_P とし，鉄骨梁の全塑性モーメントまで耐力が低下した時の変形角を θ_u として求めている．本図より，繰返し載荷実験においてもおおむね $R=2$ 以上を有することがわかる．スラブ付梁は，下フランジの変形を拘束できないため，横座屈補剛付梁よりも塑性変形能力が小さくなる傾向がある．

実験結果との比較により，塑性変形倍率とスラブ補剛効果の評価方法について検討されている．層間変形角を決定すると，必要な塑性変形倍率とスパン，梁せいが(C 5.4.1)式で関係づけられる．また，横座屈を伴う梁の塑性変形倍率が(C 5.4.2)式で提案されている[5.30]．

両端柱のとき
$$R = \frac{3 \cdot \theta}{\varepsilon_Y \cdot f} \cdot \frac{D}{l} - 1 \tag{C 5.4.1.a}$$

一端柱，他端梁のとき
$$R = \frac{1.5 \cdot \theta}{\varepsilon_Y \cdot f} \cdot \frac{D}{l} - 1 \tag{C 5.4.1.b}$$

ここに，R：塑性変形倍率 $(=\theta_u/\theta_P - 1)$，D：梁せい，l：梁スパン，θ：ある層間変形角時の部材の変形角，f：形状係数（＝塑性断面係数/断面係数），ε_Y：降伏ひずみ

$$R = \frac{1}{\lambda_b^2} - 1 \tag{C 5.4.2}$$

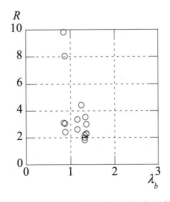

図 C 5.4.3　スラブ付梁の塑性変形能力

ここに，R：塑性変形倍率（$=\theta_u/\theta_P-1$），λ_b：横座屈細長比（$=\sqrt{M_P/{}_{slb}M_e}$），M_P：梁の全塑性モーメント，${}_{slb}M_e$：スラブの横座屈拘束効果を考慮した梁の弾性横座屈モーメント[5.30]

(C 5.4.1)式から必要塑性変形倍率を決定して(C 5.4.2)式より該当する横座屈細長比を算出し，その横座屈細長比を満足するようなスラブの水平剛性および回転剛性を有するスラブであれば，補剛は不要と考えられる．文献5.30)のように，スラブの補剛効果については現在研究が進められているが，これらの知見を指針に反映させるためには，今後，より詳細な検討が必要である．

5.5 例題

図 C 5.5.1 に示す H 形断面梁 H-300×150×6.5×9 (SN400) において，上端が圧縮状態の場合と下端が圧縮状態の場合について，C-100×50×20×2.3 を横座屈補剛材として配置する場合を検討する．梁の断面諸量は，$A=4\,678\,\text{mm}^2$，$A_f=1\,350\,\text{mm}^2$，$i_y=32.9\,\text{mm}$，$Z_{Px}=5.42\times10^5\,\text{mm}^3$，全塑性モーメントは 127 kN·m である．また，補剛材の断面諸量は，$A_b=517.2\,\text{mm}^2$，$Z_b=16\,100\,\text{mm}^3$，$I=807\,000\,\text{mm}^4$ である．なお，補剛材は十分耐力が発揮できるものとする．

【例題1】上端が圧縮状態の場合

図 C 5.5.2 に示すように，梁上端が圧縮状態であり，C-100×50×20×2.3 を梁の上フランジに配置する場合について検討する．

横座屈補剛間長さについて，(5.2.1)式より検討する．

$$\frac{\bar{M}}{M_P}=-\frac{1.00\times10^9}{1.27\times10^9}=-0.79<-0.5 \Rightarrow \frac{l_b\cdot D}{A_f}\leq\frac{0.29}{\sigma_Y/E} \quad \text{かつ} \quad \frac{l_b}{i_y}\leq\frac{2.0}{\sqrt{\sigma_Y/E}}$$

所要横座屈補剛間長さは　$l_{breq}=\min\,(1\,138\,\text{mm},\,1\,943\,\text{mm})$

よって　$l_{breq}=1\,138\,\text{mm}>1\,100\,\text{mm}$　　　　OK

補剛力および補剛剛性について，(5.2.2)式，(5.2.3)式より検討する．

支点に加えるべき横方向力 F は，$F=0.02\cdot C$，$C=\sigma_y\cdot A/2$ より以下となる．

$$F=0.02\times235\times4\,678/2=1.10\times10^4\,\text{N}$$

一方，補剛力によって発生する補剛材の応力は，以下となる．

$$\sigma_t=\frac{1.10\times10^4}{517.2}=21.3\,\text{N/mm}^2<235\,\text{N/mm}^2 \quad\quad \text{OK}$$

所要剛性は，$k\geq5.00\cdot C/l_b$ より以下となる．

$$k\geq5.00\cdot\frac{C}{l_b}=5.00\times\frac{235\times4\,678}{2\times1\,100}=2\,498\,\text{N/mm}$$

本例題の補剛材は，図 C 5.5.1 に示すように長さ 3.5 m のところで補剛材により移動が拘束されているとすると，この補剛材の軸方向剛性は，

$$k=\frac{2\cdot A_b\cdot E}{l}=\frac{2\times517.2\times2.05\times10^5}{3\,500}=60\,586\,\text{N/mm}>2\,498\,\text{N/mm} \quad\quad \text{OK}$$

横座屈補剛間長さ，補剛力，補剛剛性のいずれも満足していることを確認した．

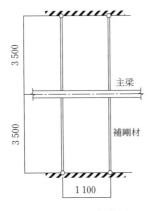

図C5.5.1 梁伏図

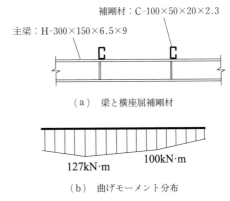

(a) 梁と横座屈補剛材

(b) 曲げモーメント分布

図C5.5.2 梁上端が圧縮状態の梁

【例題2】下端が圧縮状態の場合

図C5.5.3に示すように，梁下端が圧縮状態であり，C-100×50×20×2.3を梁の上フランジに配置する場合について検討する．

補剛材の間隔については，例題1と同様であり，所要横座屈補剛間長さは $l_{breq}=1\,138$ mm となる．

$$l_{breq}=1\,138\text{ mm} > 1\,100\text{ mm} \quad \text{OK}$$

補剛点に加わる力は例題1と同じく $F=1.0\times10^4$ N であり，梁の下側が圧縮であるから，下フランジに作用させる．図C5.5.4(a)に示すような構造を考えると，図C5.5.4(b)のような曲げモーメントが生じ，その大きさは以下である．

$$M=\frac{1}{2}\times1.10\times10^4\times\frac{3\,150\times350}{3\,500}=1.73\times10^6\text{ N·mm}$$

C-100×50×20×2.3には，軸力に加えて曲げモーメントが生じる．その影響を考慮した補剛材の応力は，以下となる．

$$\sigma=\frac{F/2}{A_b}+\frac{M}{Z_b}=\frac{1.10\times10^4}{2\times517.2}+\frac{1.73\times10^6}{16\,100}=118.1\text{ N/mm}^2<235\text{ N/mm}^2 \quad \text{OK}$$

次にたわみ制限値を用いて，曲げ剛性の検討を行う．上記の横力 F が作用したときの圧縮フランジ横方向変位は，補剛材の軸方向変位 δ_1 と図C5.5.4(c)に示すような曲げによる変位 δ_2 の和である．軸方向変位 δ_1 は，以下である．

$$\delta_1=\frac{1.10\times10^4\times3\,150}{2\times2.05\times10^5\times517.2}=0.17\text{ mm}$$

δ_2 は，単純梁のたわみの公式より以下となる．

$$\delta_2=\frac{1.10\times10^4\times1/2\times350^2\times3\,150^2}{3\times2.05\times10^5\times8.07\times10^5\times3\,500}=3.85\text{ mm}$$

よって，$\delta=\delta_1+\delta_2=4.02$ mm

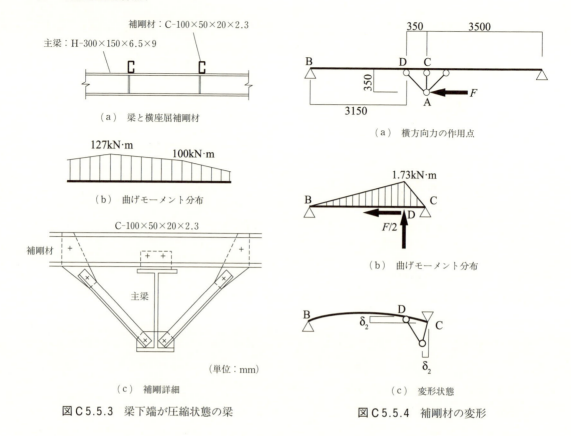

図C5.5.3 梁下端が圧縮状態の梁

図C5.5.4 補剛材の変形

$$\delta_{al} = \frac{l_{breq}}{250} = \frac{1\,100}{250} = 4.40\,\text{mm} > \delta = 4.02\,\text{mm} \quad \text{OK}$$

引張側に配置した方杖型の横補剛において,横座屈補剛間長さ,補剛力,補剛剛性のいずれも満足していることを確認した.

参考文献

5.1) 日本建築学会:鋼構造限界状態設計指針・同解説,2010
5.2) 金尾伊織,戸来孝徳,于　征:梁の横補剛に関する各種設計規定の比較,鋼構造論文集,Vol.22,No.86,pp.13-21,2015.6
5.3) 中村　武,若林　稔:H形断面梁の弾性横座屈モーメントの修正係数Cに対する近似解―設計式―,日本建築学会大会学術講演梗概集,pp.1319-1320,1978.9
5.4) 土木学会:座屈設計ガイドライン,1987
5.5) 伊賀はるな,聲高裕治,金尾伊織:横座屈によって終局状態を迎えるH形断面梁の実験データに基づく最大耐力と塑性変形能力の評価,構造工学論文集,Vol.61B,pp.185-198,2015.3
5.6) 若林　実,中村　武ほか:鉄骨充腹ばりの横座屈に関する研究(その1),京都大学防災研究所年報,Vol.13A,pp.95-111,1970.3

5.7) Udagawa K., Saisyo, M. et al. : Experiments on Lateral Buckling of H-shaped Beams Subjected to Monotonic Loadings, 日本建築学会論文報告集, No. 212, pp.23-36, 1973.10
5.8) 鈴木敏郎, 小野徹郎：塑性設計梁に関する実験的研究（1）（等モーメントを受ける梁）, 日本建築学会論文報告集, No. 168, pp.77-84, 1970.2
5.9) 鈴木敏郎, 小野徹郎：溶接組立梁の横座屈後の挙動, 日本建築学会大会学術講演梗概集, pp.991-992, 1973.10
5.10) 鈴木敏郎, 小野徹郎：高張力鋼梁の塑性設計に関する研究（5）, 日本建築学会論文報告集, No. 219, pp.39-45, 1974.5
5.11) 鈴木敏郎, 小野徹郎：塑性設計に関する実験的研究（2）, 日本建築学会論文報告集, No. 171, pp.31-36, 1970.5
5.12) 宇田川邦明, 高梨晃一, 田中　尚：繰り返し載荷を受けるH形鋼はりの復元力特性　その1・定変位振幅繰り返し載荷時の塑性ヒンジ回転能力, 日本建築学会論文報告集, No. 264, pp.51-59, 1978.2
5.13) 宇田川邦明, 高梨晃一, 田中　尚：繰り返し載荷を受けるH形鋼はりの復元力特性　その2・ランダム変位履歴における耐力の低下, 日本建築学会論文報告集, No. 265, pp.45-52, 1978.3
5.14) Liu, D., Nakashima, M,. Kanao, I., : Behavior to Complete Failure of Steel Beams Subjected to Cyclic Loading, Journal of Engineering Structures, ASCE, Vol. 25, pp.525-535, 2003.4
5.15) 金尾伊織, 中島正愛, 劉　大偉：繰り返し載荷を受けるH形鋼梁の横座屈挙動と横座屈補剛, 日本建築学会構造系論文集, No. 544, pp.147-154, 2001.6
5.16) 劉　大偉, 金尾伊織, 中島正愛：繰り返し載荷を受けるH形鋼梁の塑性変形能力に及ぼす局部座屈の影響, 鋼構造論文集, Vol. 10, No. 37, pp.61-70, 2003.3
5.17) 最相元雄, 田中　尚ほか：圧縮材の横方向補剛について, 日本建築学会論文報告集, No. 184, pp.73-79, 1971.6
5.18) 松井千秋, 松村弘道：圧縮材の支点の補剛に関する研究（その1）弾塑性解析, 日本建築学会論文報告集, No. 205, pp.23-29, 1973.3
5.19) 松井千秋, 松村弘道：圧縮材の支点の補剛に関する研究（その2）矩形断面材に関する実験的研究, 日本建築学会論文報告集, No. 208, pp.15-21, 1973.6
5.20) 若林　実, 中村　武：鉄骨充腹ばりの横座屈に関する研究（その4）塑性設計ばりの均等モーメント下での横補剛間隔と塑性変形能力の関係および補剛材の効果, 京都大学防災研究所年報, Vol. 16 B, pp.95-111, 1973.4
5.21) 鈴木敏郎, 小野徹郎：塑性設計梁の補剛材剛性について（その1）塑性設計梁に関する実験的研究（4）, 日本建築学会論文報告集, No. 202, pp.31-39, 1972.12
5.22) 小野徹郎, 石田交広, 土方和己：連成座屈を考慮した鋼構造梁部材の横座屈補剛に関する研究, 日本建築学会構造系論文集, No. 533, pp.159-166, 2000.7
5.23) 小野徹郎, 石田交広, 下野耕一：限界状態を考慮した鋼構造圧縮材および曲げ材の補剛に関する研究, 日本建築学会構造系論文集, No. 469, pp.117-125, 1995.3
5.24) 木村祥裕, 天本朱美：材長方向に連続偏心補剛されたH形鋼圧縮部材の曲げ座屈荷重に対する回転補剛剛性およびウェブ変形の影響, 日本建築学会構造系論文集, No. 614, pp.147-153, 2007.4
5.25) 木村祥裕, 小河利行ほか：偏心補剛されたH形鋼圧縮部材の必要補剛剛性と必要補剛耐力, 日本建築学会構造系論文集, No. 585, pp.207-213, 2004.11
5.26) 日本建築学会：各種合成構造設計指針・同解説, 2012
5.27) 伊賀はるな, 聲高裕治, 伊山　潤, 長谷川隆：コンクリート床スラブによるH形断面梁の横座屈補剛効果に関する検討　その1　床スラブを有するH形断面梁の横座屈性状確認実験の概要, 日本建築学会大会学術講演梗概集, pp.1119-1120, 2013.8
5.28) 聲高裕治, 伊賀はるな, 伊山　潤, 長谷川隆：コンクリート床スラブによるH形断面梁の横座屈補剛効果に関する検討　その2　実験結果および塑性変形能力の評価, 日本建築学会大会学術講演梗

概集，pp.899-900, 2015.9
5.29) 木村祥裕, 天本朱美, 松竹勲臣：屋根折板による補剛効果を考慮したH形鋼圧縮部材の弾性曲げ座屈，日本鋼構造協会，鋼構造年次論文集，Vol.14, pp.775-778, 2006.11
5.30) 日本建築学会：鋼構造物の座屈に関する諸問題 2013, 2013

6章　柱

6.1　圧縮柱の曲げ座屈耐力
6.1.1　曲げ座屈耐力

圧縮軸力を受ける柱の曲げ座屈耐力は，以下の式により算定する．

$\lambda_c \leq {}_p\lambda_c$ のとき　　　$N_{cr} = N_Y$　　　　　　　　　　　　　　　　(6.1.1.a)

${}_p\lambda_c < \lambda_c \leq {}_e\lambda_c$ のとき　　$N_{cr} = \left(1.0 - 0.5 \dfrac{\lambda_c - {}_p\lambda_c}{{}_e\lambda_c - {}_p\lambda_c}\right) \cdot N_Y$　　　(6.1.1.b)

${}_e\lambda_c < \lambda_c$ のとき　　　$N_{cr} = \dfrac{1}{1.2 \cdot \lambda_c^2} \cdot N_Y$　　　　　　　　　(6.1.1.c)

ただし，

$\lambda_c = \sqrt{N_Y/N_e}$ 　　　　　　　　　　　　　　　　　　　　(6.1.2)
$N_e = \pi^2 \cdot E \cdot I / {}_kl_c^2$ 　　　　　　　　　　　　　　　　　　(6.1.3)
${}_kl_c = k_c \cdot l_c$ 　　　　　　　　　　　　　　　　　　　　(6.1.4)

記号
　　　N_{cr}：曲げ座屈耐力
　　　λ_c：曲げ座屈細長比
　　　${}_p\lambda_c$：塑性限界細長比（＝0.15）
　　　${}_e\lambda_c$：弾性限界細長比（＝$1/\sqrt{0.6}$）
　　　N_Y：降伏耐力
　　　N_e：弾性曲げ座屈耐力
　　　E：ヤング係数
　　　I：座屈軸まわりの断面二次モーメント
　　　${}_kl_c$：圧縮柱の曲げ座屈長さ
　　　k_c：曲げ座屈長さ係数〔6.1.2項参照〕
　　　l_c：材長（柱梁節点間距離）

　圧縮軸力を受ける柱では，部材断面の幾何学的特性，製作法による残留応力，部材の初期たわみ，荷重の偏心などが曲げ座屈耐力低下の原因となることはよく知られている．
　圧縮柱の弾性曲げ座屈耐力は，オイラー座屈耐力式を基本として次式で表される．

$$N_e = \dfrac{\pi^2 \cdot E \cdot I}{{}_kl_c^2} \tag{C6.1.1}$$

ここに，E はヤング係数，I は座屈軸まわりの断面二次モーメント，${}_kl_c$ は曲げ座屈長さである．
　「鋼構造設計規準―許容応力度設計法―」[6.1]では，圧縮柱の曲げ座屈強度式として弾性域では（C6.1.1）式，非弾性域では放物線式が適用されている．これを基に許容圧縮応力度が定められており，長期許容応力度は細長比の関数として安全率 $\nu = 1.50 \sim 2.17$ の値が用いられている．短期許容

応力度としては,長期許容応力度を 1.5 倍した値が用いられている.

図 C 6.1.1 は国内における実験資料を集め整理したものである[6.2].図中のプロットは全て実測の降伏応力度に基づいた値である.ここで,圧縮柱の曲げ座屈耐力式として次式を設定する.式中の下添字 a は,実測の降伏応力度に基づいた値であることを意味している.

$$\lambda_{c,a} \leqq {}_p\lambda_{c,a} \qquad \frac{N_{cr}}{N_{Y,a}} = 1.0 \qquad (\text{C}6.1.2.\text{a})$$

$$_p\lambda_{c,a} < \lambda_{c,a} \leqq {}_e\lambda_{c,a} \qquad \frac{N_{cr}}{N_{Y,a}} = 1.0 - 0.5 \cdot \frac{\lambda_{c,a} - {}_p\lambda_{c,a}}{{}_e\lambda_{c,a} - {}_p\lambda_{c,a}} \qquad (\text{C}6.1.2.\text{b})$$

$$_e\lambda_{c,a} < \lambda_{c,a} \qquad \frac{N_{cr}}{N_{Y,a}} = \frac{1}{1.2 \cdot \lambda_{c,a}{}^2} \qquad (\text{C}6.1.2.\text{c})$$

ここに,N_{cr} は曲げ座屈耐力,$N_{Y,a}$ は実測値に基づく降伏耐力,$\lambda_{c,a}$ は実測値に基づく曲げ座屈細長比,${}_e\lambda_{c,a}$ は弾性限界細長比,${}_p\lambda_{c,a}$ は塑性限界細長比である.曲げ座屈細長比 $\lambda_{c,a} = \sqrt{N_{Y,a}/N_e}$ は,降伏耐力 $N_{Y,a}$ と弾性曲げ座屈耐力 N_e によって計算する.その際,弾性曲げ座屈耐力 N_e は,曲げ座屈長さ ${}_kl_c$ に基づいて計算する.

図 C 6.1.1 には上式を太実線で示し,「鋼構造設計規準―許容応力度設計法―」[6.1]の曲げ座屈強度曲線を一点鎖線で,それを安全率 ν で除した長期許容圧縮応力度による曲げ座屈強度曲線を破線で示している.なお,AISC 規準[6.3]の曲げ座屈耐力曲線を比較のために細実線で示している.(C 6.1.2)式の曲げ座屈耐力式は,柱として主に利用される圧延 H 形鋼および角形鋼管の実験耐力とおおむね対応することがわかる.(6.1.1)式は,(C 6.1.2)式で設定した耐力式に基づいている.

弾性座屈と非弾性座屈の限界を $N_{cr}/N_{Y,a} = 0.5$ とすると,それに対応する曲げ座屈細長比 ${}_e\lambda_{c,a}$ は,次式で定められる.

$$_e\lambda_{c,a} = \frac{1}{\sqrt{1.2 \cdot 0.5}} = \frac{1}{\sqrt{0.6}} \qquad (\text{C}6.1.3)$$

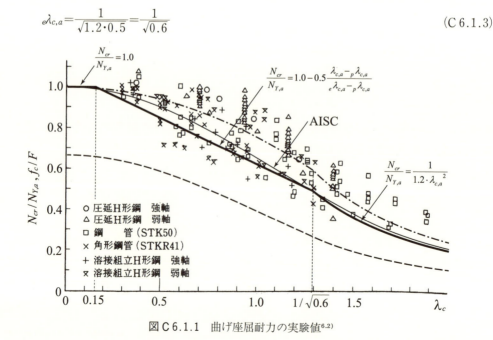

図 C 6.1.1　曲げ座屈耐力の実験値[6.2]

6.1.2 柱の座屈長さ

> 骨組の柱の座屈長さは，骨組座屈解析の精算によって求める．なお，当該柱に接合する部材の剛性に基づく算定法を用いて算定してもよい．

まず，鉛直下向きの荷重が作用する骨組について考える．図C6.1.2(a)に示すように，各柱の柱頭・柱脚の水平移動が拘束される骨組では，柱の座屈長さは材長よりも長くなることはないため，柱の曲げ座屈長さ $_kl_c$ を柱梁節点間距離（材長） l_c とすれば，安全側の評価となる．

一方で，図C6.1.2(b)に示すように，各柱の柱頭・柱脚の水平移動が拘束されない骨組では，柱の座屈長さは柱梁節点間距離 l_c より短くはならないため，柱の曲げ座屈長さ $_kl_c$ を求める必要がある．

骨組座屈解析の精算によらない場合には，柱の曲げ座屈長さ $_kl_c$ は，下記の算定法を用いてよい．

$$_kl_c = k_c \cdot l_c \tag{C6.1.4}$$

ここに，k_c は曲げ座屈長さ係数であり，近似的に(C6.1.5)式によって求められる[6.4]．

水平移動が拘束される場合

$$\frac{G_A \cdot G_B}{4} \cdot \left(\frac{\pi}{k_c}\right)^2 + \left(\frac{G_A + G_B}{2}\right)\left(1 - \frac{\pi/k_c}{\tan(\pi/k_c)}\right) + \frac{2 \cdot \tan(\pi/(2 \cdot k_c))}{\pi/k_c} = 1 \tag{C6.1.5.a}$$

水平移動が拘束されない場合

$$\frac{G_A \cdot G_B (\pi/k_c)^2 - 36}{6(G_A + G_B)} = \frac{\pi/k_c}{\tan(\pi/k_c)} \tag{C6.1.5.b}$$

(C6.1.5)式中の G_A，G_B は，次式による．

$$G_A = \frac{(I_c/l_c) + (_AI_c/_Al_c)}{(_AI_{g1}/_Al_{g1}) + (_AI_{g2}/_Al_{g2})} \tag{C6.1.6.a}$$

$$G_B = \frac{(I_c/l_c) + (_BI_c/_Bl_c)}{(_BI_{g1}/_Bl_{g1}) + (_BI_{g2}/_Bl_{g2})} \tag{C6.1.6.b}$$

(C6.1.6)式中の G の添字は柱材端の節点を表している．また，記号 I，l は部材の断面二次モーメントおよび材長であり，前添字 A，B は接合する節点，後添字 c，g はそれぞれ柱，梁を表している〔図C6.1.3参照〕．図C6.1.4は G_A，G_B を用いて曲げ座屈長さ係数 k_c を求める計算図表を示

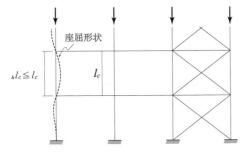
(a) 水平移動が拘束されている骨組

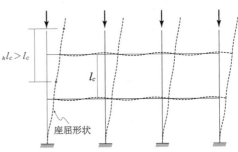
(b) 水平移動が拘束されていない骨組

図C6.1.2 鉛直下向きの荷重が作用する骨組の柱の曲げ座屈長さ

している．計算図表を用いる場合には，次のように値を設定する．

（1）　柱端がヒンジのときには，理論的には G は無限大であるが，$G=10$ とする．
（2）　柱端が固定のときには，理論的には G は 0 であるが，$G=1.0$ とする．
（3）　梁の剛度 I_g/l_g は，柱の水平移動の状態と梁の他端の支持状態に応じて表 C 6.1.1 の係数を乗じた値を用いる．

図 C 6.1.5 のような山形ラーメンの柱の曲げ座屈長さ係数の算定には，次の値を用いればよい．

$$G_A = \frac{I_c/l_c}{I_g/(2l_g)} \tag{C 6.1.7.a}$$

$$G_B = 10 \tag{C 6.1.7.b}$$

本指針では，柱上端を G_A，柱下端を G_B としている．

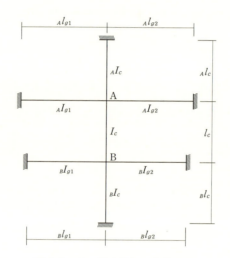

図 C 6.1.3　部分骨組の記号説明

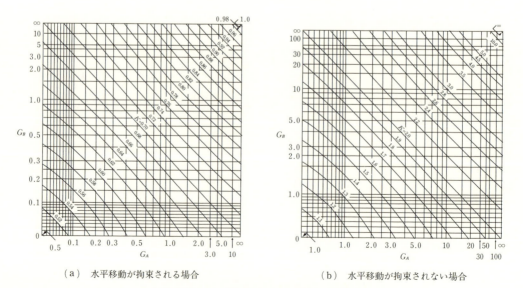

（a）　水平移動が拘束される場合　　　　　　（b）　水平移動が拘束されない場合

図 C 6.1.4　曲げ座屈長さ係数の計算図表

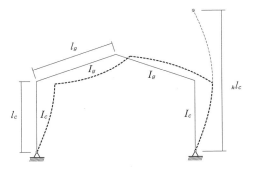

図C6.1.5 山形ラーメンの座屈長さ

表C6.1.1 他端の支持条件に応じて梁の剛度に乗じる係数

	水平移動拘束	水平移動自由
他端ピン	1.5	0.5
他端固定	2.0	0.67

　水平荷重が作用する骨組においても精算によらない場合の柱の曲げ座屈長さ $_kl_c$ は，上述の算定法によることを基本とする．近年の研究では，水平荷重によって層間変位を生じる骨組内の柱の場合であっても，平面骨組の柱の曲げ座屈長さ $_kl_c$ が柱梁節点間距離（材長）l_c をほとんどの場合において超えないことが報告されている[6.5)~6.7)]．一方で，立体骨組の弾性座屈性状において骨組全体がねじれる座屈モードでは，柱の曲げ座屈長さが平面骨組とは異なる結果になることが報告されている[6.8),6.9)]．立体骨組にねじれ座屈が生じるときの柱の曲げ座屈長さは，スパン数および柱脚形式に大きく依存し，平面骨組に水平荷重を作用させて個材座屈するときより長く，平面骨組に鉛直下向き荷重を作用させて節点が水平移動して座屈するときよりも短くなることが報告されている．今後のさらなる研究成果により，水平荷重作用時の柱の曲げ座屈長さは，図C6.1.4(b)に基づいて求まる長さよりも短くできる可能性がある．

6.2 柱の細長比と圧縮軸力の制限

　一般に，柱の細長比が大きいほど，また，圧縮軸力が大きいほど，柱自身の塑性変形能力が低下し，また，骨組全体の不安定現象も起こりやすく，骨組の耐力および塑性変形能力は低下する．本指針では，このような点を考慮して，柱の細長比と圧縮軸力に対する制限を設ける．

6.2.1 柱の細長比制限

柱の曲げ座屈細長比は，次の制限を満たすものとする．
$$\lambda_c \leq 2.0 \tag{6.2.1}$$
記号は6.1.1項を参照のこと

柱は細長比があまりに大きくなると建方時に支障をきたしたり，初期たわみも大きくなりやすいため，「鋼構造設計規準―許容応力度設計法―」[6.1]にならい，柱の曲げ座屈細長比 $_f\lambda_c$ は2.0以下とする．

6.2.2 骨組全体の安定性確保のための制限

骨組全体の安定性を確保するため，以下の制限を満たすものとする．

（1） 圧縮軸力比と構面内の曲げ座屈細長比の組合せ

$$\left(\frac{N}{N_Y}\right) \cdot {}_f\lambda_c{}^2 \leq 0.25 \tag{6.2.2}$$

（2） 最大軸力比

$$\frac{N}{N_Y} \leq 0.75 \tag{6.2.3}$$

ただし，

$$_f\lambda_c = \sqrt{N_Y/{}_fN_e} \tag{6.2.4}$$

$$_fN_e = \pi^2 \cdot E \cdot I/{}_kl_c{}^2 \tag{6.2.5}$$

記号
N ：柱の圧縮軸力
$_f\lambda_c$ ：構面内の柱の曲げ座屈細長比
$_fN_e$ ：構面内の柱の弾性曲げ座屈耐力

図C6.2.1は，骨組の弾塑性安定解析および実験結果の例[6.10]を示したものである．横軸は柱梁節点が水平方向に移動し骨組に座屈が生じるときの弾性座屈耐力に対応する柱軸力 $_fN_e$ と圧縮軸力 N との比，縦軸は塑性崩壊荷重 W_{Pc} と弾塑性安定限界荷重 W_{cr} との比を表している．図中の k_b は，柱の剛度に対する梁の剛度の比を表している．図C6.2.1から次の条件を満足すれば，骨組全体の不安定現象による著しい耐力低下は避けられると考えられる．

$$\frac{N}{{}_fN_e} \leq 0.25 \tag{C6.2.1}$$

構面内の柱の曲げ座屈細長比 $_f\lambda_c = \sqrt{N_Y/{}_fN_e}$ を利用すると，(C6.2.1)式は(6.2.2)式と表現できる．

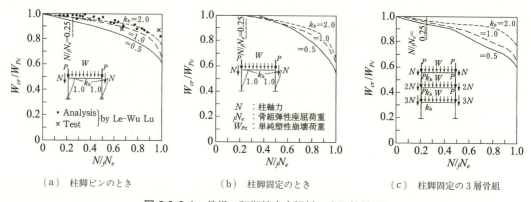

図C6.2.1 骨組の弾塑性安定解析・実験結果[6.10]

柱に作用する圧縮軸力がきわめて大きくなると，たわみに伴う付加曲げモーメントなどにより骨組および柱に不安定挙動が起こりやすくなる．したがって，柱の最大軸力比を制限する必要がある．本指針では「鋼構造限界状態設計指針・同解説」[6.2)]に準じて，最大軸力比 $N/N_Y \leq 0.75$ を設定する．

6.2.3 塑性ヒンジを形成する柱の制限

柱に塑性ヒンジを形成する場合は，6.2.2項の制限に加えて以下の制限を満たすものとする．

（1）圧縮軸力比と曲げ座屈細長比の組合せ

（a）$-0.5 < \kappa \leq 1.0$ のとき

$$\left(\frac{N}{N_Y}\right) \cdot \lambda_{c0}^2 \leq 0.1 \cdot (1+\kappa) \tag{6.2.6.a}$$

（b）$-1.0 \leq \kappa \leq -0.5$ のとき

$$\left(\frac{N}{N_Y}\right) \cdot \lambda_{c0}^2 \leq 0.05 \tag{6.2.6.b}$$

ただし，

$$\lambda_{c0} = \sqrt{N_Y/N_0} \tag{6.2.7}$$
$$N_0 = \pi^2 \cdot E \cdot I / l_c^2 \tag{6.2.8}$$

（2）強軸まわりに曲げモーメントを受ける H 形断面柱の最大細長比

$$\lambda_b \leq 0.75 \cdot {}_p\lambda_b \tag{6.2.9}$$

記号
- N ：柱の圧縮軸力
- κ ：柱の材端曲げモーメント比 $= M_2/M_1$，$|M_1| \geq |M_2|$ かつ M_2/M_1 は複曲率曲げのときを正とする．
- λ_{c0} ：柱の曲げ面内の曲げ座屈細長比
- N_0 ：柱の曲げ面内のオイラー座屈耐力
- λ_b ：軸力が作用しないときの柱の横座屈細長比〔5.1節参照〕
- ${}_p\lambda_b$ ：塑性限界細長比〔5.1節参照〕

図C6.2.2は，骨組に水平荷重が作用した際の柱の応力状態を例示している．図C6.2.2(b)は，柱に生じる部材端力と曲げモーメント分布を図示している．部材端力（$\bar{N}_z$，$\bar{Q}_y$）は，変形前の座標系での節点位置の鉛直方向の力と水平方向の力であり，部材端力（N_z，Q_y）は，変形後の節点を結ぶ方向を座標軸とする柱に作用する軸力とせん断力を表している．節点に水平移動が伴う場合では，部材端の曲げモーメント（M_1，M_2）には $P\Delta$ モーメント（$=\bar{N}_z \cdot \Delta$）が含まれることになる．一方で，部材中間には節点の水平移動の有無にかかわらず，柱の曲げ変形に伴う $P\delta$ モーメント（$=N_z \cdot \delta$）が含まれることになる．水平移動する骨組の柱に生じる圧縮軸力 N_z は柱端に作用する鉛直方向力 $\bar{N}_z$ の余弦成分と水平方向力 $\bar{Q}_z$ の正弦成分の和となるが，建物に想定する変形量では $\bar{N}_z \approx N_z$ としても誤差はほとんどないといえ，部材に生じる $P\delta$ モーメントも $\bar{N}_z \cdot \delta$ で近似できることになる．なお，本指針で示すフロアモーメント分配法などの計算法に従った場合，計算に必要となる部材の全塑性モーメントには $P\Delta$ モーメントが影響しないことから，柱の設計の際は，$P\Delta$ モーメントを考慮する必要はない．

圧縮軸力と曲げモーメントが作用する柱の耐力を把握するためには，最大曲げモーメントが生じ

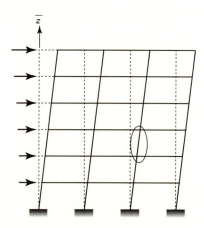

(a) 水平荷重が作用する骨組

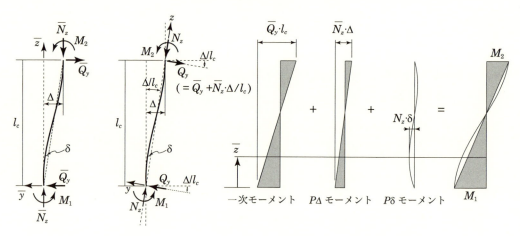

(b) 柱に生じる断面力

図 C 6.2.2　水平荷重が作用する骨組の柱の応力状態

る位置を把握する必要がある．また，柱に生じる最大曲げモーメントが部材中間に生じる場合，最大曲げモーメント位置での塑性化に伴い，圧縮軸力による $P\delta$ モーメントの影響により変形が塑性化位置に集中するため，部材としての塑性変形能力は確保できない．したがって，柱が軸力を保持した状態で十分な塑性変形能力を確保するためには，部材に生じる曲げモーメントの最大値を部材端とする必要がある．基本的な考え方を以下に説明する．

図 C 6.2.3 は，圧縮軸力 N と材端曲げモーメント M_1, M_2($|M_1| \geqq |M_2|$) が作用する柱を示している．材端を結ぶ軸を z 軸（材軸），たわみが生じる方向を y 軸と設定している．柱のたわみを u，曲げ面内の部材の曲げ剛性を $E \cdot I$ と表現すると，柱の弾性曲げ釣合方程式は，次式で表現できる．

$$E \cdot I \frac{d^2 u}{dz^2} + N \cdot u - \frac{M_1 + M_2}{l_c} \cdot z + M_1 = 0 \tag{C 6.2.2}$$

(C 6.2.2)式の解は，次式で与えられる．

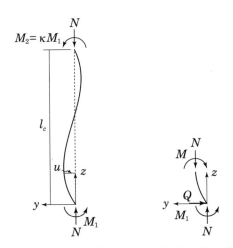

図 C 6.2.3 圧縮軸力 N と曲げモーメント M_1, M_2 が作用する柱

$$u = \frac{M_1}{E \cdot I \cdot (\pi/l_c)^2 (N/N_0)} \cdot \left\{ -\frac{\cos(\pi\sqrt{N/N_0}) + \kappa}{-\sin(\pi\sqrt{N/N_0})} \sin\left(\frac{\pi}{l_c}\sqrt{N/N_0} \cdot z\right) \right.$$
$$\left. + \cos\left(\frac{\pi}{l_c}\sqrt{N/N_0} \cdot z\right) + (1+\kappa)\frac{z}{l_c} - 1 \right\} \tag{C 6.2.3}$$

ここに, κ は材端曲げモーメント比($=M_2/M_1$, 複曲率曲げのときを正とする), N_0 は柱梁節点間距離 (材長) l_c を座屈長さとしたオイラー座屈耐力である.

$$N_0 = \frac{\pi^2 \cdot E \cdot I}{l_c^2} \tag{C 6.2.4}$$

部材に生じる曲げモーメント M は, (C 6.2.3) 式を用いて次式で与えられる.

$$M = -M_1 \left\{ \frac{\cos(\pi\sqrt{N/N_0}) + \kappa}{\sin(\pi\sqrt{N/N_0})} \sin\left(\frac{\pi}{l_c} \cdot \sqrt{N/N_0} \cdot z\right) - \cos\left(\frac{\pi}{l_c} \cdot \sqrt{N/N_0} \cdot z\right) \right\} \tag{C 6.2.5}$$

最大曲げモーメントが生じる位置 (z_m) は $dM/dz = 0$ から得られ, 次式の関係が得られる.

$$\tan\left(\frac{\pi}{l_c}\sqrt{N/N_0} \cdot z_m\right) = -\frac{\cos(\pi\sqrt{N/N_0}) + \kappa}{\sin(\pi\sqrt{N/N_0})} \tag{C 6.2.6}$$

部材中 ($0 < z_m < l_c$) で曲げモーメントが極大値を持たない場合, 部材端モーメント M_1 が最大曲げモーメント $M_{\max}$ となる. つまり, 以下の条件を満足する場合, $M_{\max} = M_1$ となる.

$$\kappa \geq -\cos(\pi\sqrt{N/N_0}) \tag{C 6.2.7}$$

テイラー展開と $\pi^2/8 \approx 1.0$ による近似を用いることで, (C 6.2.7) 式は次式で表現できる.

$$\kappa \geq -\cos(\pi\sqrt{N/N_0}) \approx -\left(1 - \frac{\pi^2}{2} \cdot \frac{N}{N_0}\right) = \left(4 \cdot \frac{N}{N_Y} \cdot \frac{N_Y}{N_0} - 1\right) = 4 \cdot \left(\frac{N}{N_Y}\right) \cdot \lambda_{c0}^2 - 1 \tag{C 6.2.8}$$

ここに, $\lambda_{c0} = \sqrt{N_Y/N_0}$ であり, (C 6.2.8) 式を整理することで, 次の条件式が得られる. なお, (6.2.2) 式とは柱の曲げ面内の曲げ座屈長さが異なることに注意が必要である.

$$\left(\frac{N}{N_Y}\right)\cdot\lambda_{c0}{}^2 \leq 0.25\cdot(1+\kappa) \tag{C6.2.9}$$

(C6.2.9)式を満たす柱は,材端曲げモーメントが最大曲げモーメントとなるため,材端で初期降伏が生じることになる.よって,図C6.2.2(b)で示した $P\delta$ モーメントを考慮する必要はない.

塑性ヒンジを形成する柱では材端が降伏後,全塑性耐力に到達し,圧縮軸力を保持した状態で十分に塑性変形する必要がある.図C6.2.4は,材端曲げモーメント比が $-0.5<\kappa\leq 1.0$ について最大曲げモーメント M_{max} が圧縮軸力を考慮した全塑性モーメント M_{Pc} に達した実験資料の圧縮軸力比と曲げ座屈細長比の組合せを図示したものである[6.11].図中の実線は,次式によるものである.

$$\left(\frac{N}{N_Y}\right)\cdot\lambda_{c0}{}^2 \leq 0.1\cdot(1+\kappa) \tag{6.2.6.a 再掲}$$

(6.2.6.a)式は,弾性域において材端曲げモーメントが最大曲げモーメントとなる条件(C6.2.9)式を厳しく設定した形となっており,材端に塑性ヒンジが生じる実験資料の圧縮軸力比と曲げ座屈細長比の組合せの上限値を示しているといえる.

矩形中空断面柱,円形中空断面柱,弱軸曲げを受けるH形断面柱は,柱にねじれ変形が生じにくいことから,曲げ面内の曲げ耐力により柱の耐力を規定してよいといえる.一方,強軸まわりに曲げモーメントを受けるH形断面柱は,曲げねじれ座屈による不安定挙動が起こりうることから,曲げ面内の曲げ耐力により柱の耐力を規定するためには,この不安定挙動を抑制する必要がある.ここでは,曲げねじれ座屈を抑制し,H形断面で強軸まわりに曲げモーメントを受ける柱が十分な塑性変形能力を発揮できるように,軸力が作用しないときの柱の横座屈細長比 λ_b を5章で示した塑性限界細長比 $_p\lambda_b$ の0.75倍以下と制限した.

図C6.2.5は,柱の塑性変形能力と曲げ面内の曲げ座屈細長比 λ_{c0} の関係を示したものである.図C6.2.5(a)は一端曲げモーメント($\kappa=0$)を受ける柱,図C6.2.5(b)は逆対称曲げモーメント($\kappa=1.0$)を受ける柱の実験資料である.小野らの研究[6.11]では,H形断面柱の塑性変形能力として,最大耐力の90%まで耐力が低下した時点,あるいは軸力を考慮した全塑性モーメントまで耐力が低

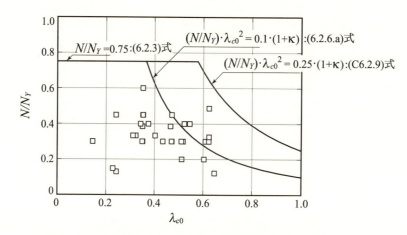

図C6.2.4 圧縮軸力比と曲げ面内の曲げ座屈細長比の組合せ[6.11]

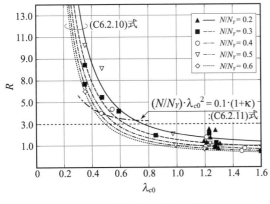
（a）節点移動のない柱（$\kappa=0$）[6.11]

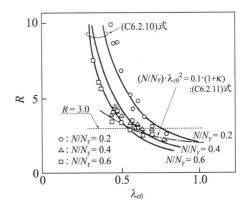
（b）節点移動のある柱（$\kappa=1.0$）[6.2]

図 C 6.2.5　柱の塑性変形能力

下した時点のいずれか小さい方の塑性変形倍率を採用し，次式で評価している．なお，図中のプロットは実験値であり，曲線は（C 6.2.10）式による．

$$R=\frac{0.15\cdot(3.7+\kappa)}{\sqrt{N/N_Y}}\cdot\left(\frac{1}{\lambda_{c0}^2}+1.5\right)-1 \tag{C 6.2.10}$$

（C 6.2.10）式に $(N/N_Y)\cdot\lambda_{c0}^2=0.1(1+\kappa)$ を代入すると，次式が得られる．図中の一点鎖線は，（C 6.2.11）式を示している．

$$R=\frac{0.15\cdot(3.7+\kappa)}{\sqrt{0.1\cdot(1+\kappa)}}\cdot\left(1.5\lambda_{c0}+\frac{1}{\lambda_{c0}}\right)-1 \tag{C 6.2.11}$$

この制限式は，図 C 6.2.5（a）の場合には塑性変形倍率 3 ～ 5（$=\theta_u/\theta_{Pc}-1$）程度を確保し，図 C 6.2.5（b）の場合には塑性変形倍率 3 程度を確保している．ここで，θ_u は最大曲げモーメント M_{max} 到達後に $0.9M_{max}$ または M_{Pc} に曲げモーメントが低下したときの変形量の小さいほうの値，θ_{Pc} は M_{Pc} に対応する弾性変形量である．

図 C 6.2.6 に示すように，近年の弾塑性数値解析による検討では，(6.2.6.a)式の圧縮軸力比と曲

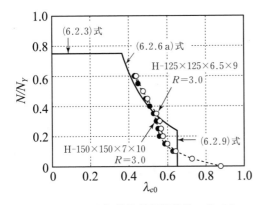

図 C 6.2.6　弾塑性数値解析結果に基づく塑性変形倍率（単調載荷）[6.12]

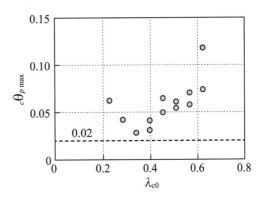

図 C 6.2.7　最大塑性変形角 $_c\theta_{p\,max}$ と λ_{c0} 関係（単調載荷）[6.12]

げ座屈細長比の組合せを満たすことで塑性変形倍率が3程度確保できることが確認されている．なお，図中のプロットは，数値解析で得た柱の塑性変形倍率が3.0となるときの圧縮軸力比と曲げ座屈細長比の組合せを示している．一方で，H形断面柱の曲げねじれ座屈制限式付近では，十分な塑性変形能力を確保できないことも指摘されている[6.12]．図C6.2.7は，(6.2.6.a)式を満たす柱の最大塑性変形角 $_c\theta_{P\max}(=\theta_{\max}-\theta_{Pc})$ と曲げ面内の曲げ座屈細長比 λ_{c0} の関係を示している．最大塑性変形角としては，0.02 rad 以上の値を示している[6.12]．

6.3　圧縮軸力と曲げモーメントを受ける柱の耐力

圧縮軸力と曲げモーメントを受ける柱の耐力は，以下の式により算定する．引張軸力を受ける場合には，3.3節の全塑性相関式による．

（1）H形断面柱
　（a）強軸まわりに曲げモーメントを受けるとき
　　ⅰ）6.2.3項を満たす柱は，(3.3.1.a)式，(3.3.1.b)式に示す全塑性相関式による．
　　ⅱ）横座屈細長比 λ_b が塑性限界細長比 $_p\lambda_b$ 以下の柱は，次式による．

$$\frac{N}{N_{cr}}+\varphi\cdot\frac{4\cdot A_f+A_w}{2\cdot A}\cdot\frac{M}{M_P}=1.0 \tag{6.3.1.a}$$

$$\frac{M}{M_{Pc}}\leq 1.0 \tag{6.3.1.b}$$

　　ⅲ）横座屈細長比 λ_b が塑性限界細長比 $_p\lambda_b$ より大きい柱はⅱ）によるほか，次式による．

$$\frac{N}{N_{cr,y}}+\frac{4\cdot A_f+A_w}{2\cdot A}\cdot\frac{M}{M_{cr}}=1.0 \tag{6.3.2.a}$$

$$\frac{M}{M_{cr}}\leq 1.0 \tag{6.3.2.b}$$

　（b）弱軸まわりに曲げモーメントを受けるとき
　　ⅰ）6.2.3項を満たす柱は，(3.3.3.a)式，(3.3.3.b)式に示す全塑性相関式による．
　　ⅱ）上記以外の柱は，次式による．

$$\left(\frac{N-N_{wY}}{N_Y-N_{wY}}\right)^2+\varphi\cdot\frac{M}{M_P}=1.0 \tag{6.3.3.a}$$

$$\frac{N}{N_{cr}}\leq 1.0 \tag{6.3.3.b}$$

（2）矩形中空断面柱
　　ⅰ）6.2.3項を満たす柱は，(3.3.2.a)式，(3.3.2.b)式に示す全塑性相関式による．
　　ⅱ）上記以外の柱は，次式による．

$$\frac{N}{N_{cr}}+\varphi\cdot\frac{4\cdot A_2+A_1}{2\cdot A}\cdot\frac{M}{M_P}=1.0 \tag{6.3.4.a}$$

$$\frac{M}{M_{Pc}}\leq 1.0 \tag{6.3.4.b}$$

（3）円形中空断面柱
　　ⅰ）6.2.3項を満たす柱は，(3.3.4.a)式，(3.3.4.b)式に示す全塑性相関式による．
　　ⅱ）上記以外の柱は，次式による．

$$\frac{N}{N_{cr}}+\varphi\cdot 0.80\cdot\frac{M}{M_P}=1.0 \tag{6.3.5.a}$$

$$\frac{M}{M_{Pc}} \leq 1.0 \tag{6.3.5.b}$$

ただし，

$(N/N_Y) \cdot \lambda_{co}^2 \leq 0.25(1+\kappa)$ のとき　　$\varphi = 1.0$ (6.3.6.a)

$(N/N_Y) \cdot \lambda_{co}^2 > 0.25(1+\kappa)$ のとき　　$\varphi = \dfrac{1-0.5(1+\kappa)\sqrt{N/N_0}}{1-N/N_0} \geq 1.0$ (6.3.6.b)

記号

- A_w ：ウェブの断面積
- A_f ：片側フランジの断面積
- A ：全断面積（矩形中空断面の場合 $A = A_1 + 2 \cdot A_2$，H形断面の場合 $A = A_w + 2 \cdot A_f$）
- A_1 ：板要素1の全断面積〔3.3節参照〕
- A_2 ：片側板要素2の断面積〔3.3節参照〕
- N_Y ：降伏耐力
- N_{wY} ：ウェブの降伏耐力
- N_{cr} ：曲げ面内の曲げ座屈耐力
- $N_{cr,y}$ ：曲げ面外の曲げ座屈耐力，座屈長さは柱梁節点間距離（材長）l_c を用いて算定する．
- M_{cr} ：柱の横座屈耐力〔5.1節参照〕
- M_P ：軸力が作用しないときの柱の全塑性モーメント
- M_{Pc} ：軸力を考慮したときの柱の全塑性モーメント
- N_0 ：曲げ面内のオイラー座屈耐力，座屈長さは柱梁節点間距離（材長）l_c を用いて算定する．
- κ ：柱の材端曲げモーメント比 $= M_2/M_1$，$|M_1| \geq |M_2|$ かつ M_2/M_1 は複曲率曲げのときを正とする．
- φ ：モーメント拡大係数（圧縮軸力による二次モーメントの影響を考慮した補正係数）

前節で示した(C 6.2.9)式を満たさないとき，柱のたわみと圧縮軸力による $P\delta$ モーメントによって最大曲げモーメント位置は部材中間となるため，適切に最大曲げモーメントを算定する必要がある．(C 6.2.9)式を満たさないときの弾性域での部材中間の最大曲げモーメントは，次式となる．

$$M_{\max} = {}_e\varphi \cdot M_1 \tag{C 6.3.1}$$

ここに，${}_e\varphi$ はモーメント拡大係数であり，次式で算定される．

$$_e\varphi = \frac{\sqrt{1+\kappa^2+2\cdot\kappa\cdot\cos(\pi\sqrt{N/N_0})}}{\sin(\pi\sqrt{N/N_0})} \tag{C 6.3.2}$$

等曲げモーメント（$\kappa = -1.0$）を受ける場合を想定すると，次式が得られる．

$$_e\varphi_{(\kappa=-1)} = \frac{\sqrt{2\cdot\{1-\cos(\pi\sqrt{N/N_0})\}}}{\sin(\pi\sqrt{N/N_0})} = \frac{1}{\cos(\pi/2\cdot\sqrt{N/N_0})} \approx \frac{1}{1-N/N_0} \tag{C 6.3.3}$$

任意曲げモーメントを受ける時のモーメント拡大係数の算定法については，等曲げモーメントを基準として，(C 6.3.3)式に等価曲げモーメント係数を乗じることでさまざまに提案されている．サルバトリ[6.13]，マソネ[6.14]は圧縮軸力の大きさに関係しない等価曲げモーメント係数の評価式を提案しており，モーメント拡大係数として表現すると(C 6.3.4)式，(C 6.3.5)式となる．(C 6.3.4)式に示す下限値は，5章で示す(5.1.6)式の制限値に対応する．また，計算の便宜を考えてオースティン[6.15]により提案された線形近似による等価曲げモーメント評価式をモーメント拡大係数として表

現すると，(C 6.3.6)式となる．(C 6.3.6)式に示す下限値は，本指針の 2 版において，強軸まわりに曲げモーメントを受ける H 形断面柱に適用した値に対応する．

$$\varphi = \frac{1}{(1.75+1.05\cdot\kappa+0.3\cdot\kappa^2)(1-N/N_0)} \geq \frac{1}{0.435(1-N/N_0)} \tag{C 6.3.4}$$

$$\varphi = \frac{\sqrt{0.3-0.4\cdot\kappa+0.3\cdot\kappa^2}}{1-N/N_0} \tag{C 6.3.5}$$

$$\varphi = \frac{0.6-0.4\cdot\kappa}{1-N/N_0} \geq \frac{0.4}{1-N/N_0} \tag{C 6.3.6}$$

坂本らは，弾塑性数値解析結果から等価曲げモーメント係数を逆算して求め，その結果に基づいて評価式を提案している[6.16]．その等価曲げモーメント係数に基づくモーメント拡大係数は，次式となる．

$$\varphi = \frac{1-0.5(1+\kappa)\sqrt{N/N_0}}{1-N/N_0} \tag{C 6.3.7}$$

「鋼構造限界状態設計指針・同解説」[6.2]では，材端初期降伏の条件である(C 6.2.9)式を用いてモーメント拡大係数(C 6.3.7)式の適用の有無を規定しており，材端初期降伏の条件を満足する場合には，モーメント拡大係数は 1.0 としている．一方で，本指針の 2 版では，矩形中空断面または H 形断面柱が弱軸まわりに曲げモーメントを受ける場合に，等価曲げモーメント係数の下限値として 0.25 を適用している．

図 C 6.3.1 は(C 6.3.2)式，(C 6.3.4)~(C 6.3.7)式に基づいて算定されるモーメント拡大係数と $N/N_0 (=(N/N_Y)\cdot\lambda_{c0}^2)$ の関係を示している．複曲率曲げを受ける柱では，モーメント拡大係数に大きな違いが表れる．さらに，材端曲げモーメント比 κ・圧縮軸力 N の大きさによって，モーメント拡大係数は 1.0 よりも小さい値が算定される場合があることがわかる．津田ら[6.17]が指摘するように，モーメント拡大係数は，部材中間に最大曲げモーメントが生じる場合の最大曲げモーメントを材端曲げモーメントから算定する係数であることから，1.0 以上の値となる必要がある．したがって，次式による条件を付ける必要がある[6.17]．

$$\varphi \geq 1.0 \tag{C 6.3.8}$$

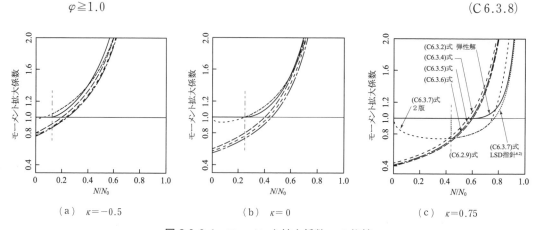

図 C 6.3.1 モーメント拡大係数 φ の比較

図C6.3.2は，弾性解である(C6.3.2)式に基づくモーメント拡大係数 $_e\varphi$，(C6.3.7)式に基づくモーメント拡大係数 φ と $N/N_0(=(N/N_Y)\cdot\lambda_{c0}^2)$ の関係を示している．図中のプロットは，弾塑性数値解析の結果を示している[6.17]．図に示すように，弾塑性数値解析の結果は(C6.3.2)式，(C6.3.7)式と比較的良く対応している．解析結果は(C6.3.2)式より必ず大きく，(C6.3.7)式よりほとんどのものが大きくなる結果が示されている．非弾性状態では柱の曲げ剛性が小さくなるため，(C6.3.7)式に基づくモーメント拡大係数は，弾性解である(C6.3.2)式の値よりも大きな値となるべきであるが，非弾性域まで考慮した(C6.3.7)式よりも弾性解である(C6.3.2)式の方が大きくなっている領域も存在する[6.17]．

現状では，材端初期降伏の条件である(C6.2.9)式に基づいて，(C6.3.7)式と(C6.3.8)式をモーメント拡大係数として適用することが適当といえる．なお，部材中間に荷重を受ける柱のモーメント拡大係数 φ は，表C6.3.1による．

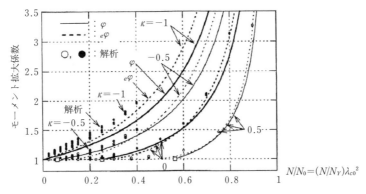

図C6.3.2 弾塑性数値解析結果とモーメント拡大係数の比較[6.17]

表6.3.1 材中間に荷重を受ける柱のモーメント拡大係数[6.2]

荷重状態	φ
$N \to \triangle\!\!\downarrow\downarrow\downarrow\downarrow\downarrow\!\!\triangle \leftarrow N$	$1/\left(1-\dfrac{N}{N_0}\right)$
$N \to \triangle\!\!\downarrow\downarrow\downarrow\downarrow\downarrow\!\!\not\models \leftarrow N$	$\left(1-0.3\cdot\dfrac{N}{N_0}\right)/\left(1-\dfrac{N}{N_0}\right)$
$N \to \not\models\!\!\downarrow\downarrow\downarrow\downarrow\downarrow\!\!\not\models \leftarrow N$	$\left(1-0.4\cdot\dfrac{N}{N_0}\right)/\left(1-\dfrac{N}{N_0}\right)$
$N \to \triangle\quad\downarrow\quad\triangle \leftarrow N$	$\left(1-0.2\cdot\dfrac{N}{N_0}\right)/\left(1-\dfrac{N}{N_0}\right)$
$N \to \triangle\quad\downarrow\quad\not\models \leftarrow N$	$\left(1-0.6\cdot\dfrac{N}{N_0}\right)/\left(1-\dfrac{N}{N_0}\right)$
$N \to \not\models\quad\downarrow\quad\not\models \leftarrow N$	$\left(1-0.8\cdot\dfrac{N}{N_0}\right)/\left(1-\dfrac{N}{N_0}\right)$

ここまで，部材中間に最大曲げモーメントが生じる場合の弾塑性域での最大曲げモーメントの近似算定法を示した．地震力などの水平力を受けるラーメン骨組の柱は複曲率曲げを受けている場合が大半であり，軸力による二次モーメントによって部材中間に最大曲げモーメントが生じることは稀と考えられる．そこで，以下に，最大曲げモーメント位置が材端となる条件について考察する[6.18]．

(C 6.2.9) 式の条件を満足することで，(6.3.6.a) 式に示すように，モーメント拡大係数 φ は 1.0 となり，最大曲げモーメントは材端曲げモーメントとなる．ここでは，一端曲げを受ける柱 ($\kappa=0$) について (C 6.2.9) 式を部材寸法と断面性能を用いて表現すると，次式となる．

$$\left(\frac{N}{N_Y}\right) \cdot \left(\frac{1}{\pi}\sqrt{\frac{\sigma_Y}{E}} \cdot \frac{l_c}{\sqrt{I/A}}\right)^2 \leq 0.25 \tag{C 6.3.9}$$

ここに，σ_Y は降伏応力度，E はヤング係数，I は曲げ面内の断面二次モーメント，A は断面積であり，次式のように表現することもできる．

$$\frac{1}{l_c}\sqrt{\frac{I}{A}} \geq \frac{2}{\pi} \cdot \sqrt{\frac{N}{N_Y} \cdot \frac{\sigma_Y}{E}} \tag{C 6.3.10}$$

部材断面の板厚は板要素中心に集中しているとする近似を用いれば，H 形断面，矩形中空断面（正方形），円形中空断面の断面性能は，それぞれ次式で表現できる．

＜H 形断面＞

$$A = 2 \cdot A_f + A_w, \quad I_x = \frac{d_f^2}{12}(6 \cdot A_f + A_w), \quad I_y = \frac{A_f \cdot B^2}{6} \tag{C 6.3.11.a〜c}$$

＜矩形中空断面（正方形）＞

$$A = 4 \cdot d_f \cdot t, \quad I_x = I_y = \frac{2}{3}d_f^3 \cdot t \tag{C 6.3.12.a, b}$$

＜円形中空断面＞

$$A = D \cdot \pi \cdot t, \quad I_x = I_y = \frac{D^3 \cdot \pi \cdot t}{8} \tag{C 6.3.13.a, b}$$

ここに，A_f は片側フランジの断面積，A_w はウェブの断面積，d_f はフランジ重心間距離，B はフランジ幅，D は直径，t は板厚を表している．近似値として求まる上記の断面性能を (C 6.3.10) 式に代入し，表現を整理すると次式となる．

＜H 形断面＞

$$\frac{d_f}{l_c} \geq \frac{4}{\pi} \cdot \sqrt{\frac{3 \cdot (2 + A_w/A_f)}{6 + A_w/A_f}} \cdot \sqrt{\frac{N}{N_Y} \cdot \frac{\sigma_Y}{E}} \quad (\text{強軸曲げ}) \tag{C 6.3.14.a}$$

$$\frac{B}{l_c} \geq \frac{2}{\pi} \cdot \sqrt{6 \cdot (2 + A_w/A_f)} \cdot \sqrt{\frac{N}{N_Y} \cdot \frac{\sigma_Y}{E}} \quad (\text{弱軸曲げ}) \tag{C 6.3.14.b}$$

＜矩形中空断面（正方形）＞

$$\frac{d_f}{l_c} \geq \frac{2\sqrt{6}}{\pi} \cdot \sqrt{\frac{N}{N_Y} \cdot \frac{\sigma_Y}{E}} \tag{C 6.3.15}$$

<円形中空断面>

$$\frac{D}{l_c} \geq \frac{4}{\pi} \cdot \sqrt{\frac{N}{N_Y} \cdot \frac{\sigma_Y}{E}} \tag{C 6.3.16}$$

図 C 6.3.3 は，上記の条件式を図示したものである．図は材端曲げモーメント比を $\kappa=0$ としているが，複曲率曲げとなる $0<\kappa\leq1$ のすべての場合に対して，安全側に適用することができる．最大軸力比の制限である $N/N_Y=0.75$ のときでも，断面せいの寸法が材長の 1/20 程度以上であれば，最大曲げモーメントが材端曲げモーメントになることを示している．例えば，階高 4 m の場合は，柱せいが 200 mm 程度以上であれば，材端で初期降伏が生じ，$P\delta$ モーメントによる補正を行う必要がないことを意味する．以上のことからも，地震力などの水平力に伴う曲げモーメントでは，部材中間が最大曲げモーメントになるケースは稀であることがわかる．

塑性ヒンジを形成する柱の制限である (6.2.6.a) 式を条件式とした場合，前述で導出した条件式の右辺に $\sqrt{0.25/0.1}=1.58$ を乗じることで塑性ヒンジを形成する柱のせいと材長の関係を得ることができる．つまり，$1/20 \times 1.58 = 1/12.7$ となり，断面せいの寸法が材長の 1/12.5 程度以上であれば，圧縮軸力と曲げモーメントを受ける柱の耐力は全塑性相関式によって決まり，柱が一定以上の

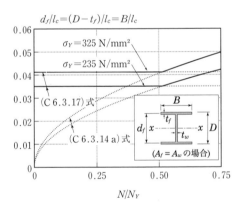

(a) 広幅 H 形断面柱（強軸曲げ）

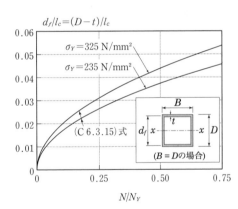

(b) 矩形中空断面柱（正方形）

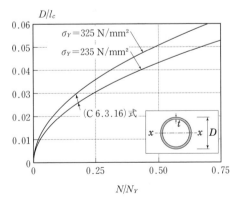

(c) 円形中空断面柱

図 C 6.3.3　最大曲げモーメントが材端曲げモーメントとなる条件 $(\kappa=0)$ [6.18]

塑性変形能力を保有することになる．階高を 4 m とした場合，柱せいが 320 mm 程度以上あれば，軸力比が制限値（$N/N_Y=0.75$）であっても，塑性ヒンジを形成する柱の制限を満足する．

なお，強軸まわりに曲げモーメントを受ける H 形鋼柱で塑性ヒンジを形成する場合には，曲げねじれ座屈に対する制限である(6.2.9)式を満たす必要がある．弾性横座屈モーメントは，比較的短い柱では，(5.1.5)式の根号内の第 1 項は第 2 項に比べて小さく無視できるとした近似が可能である．また，部材断面の板厚が板要素中心に集中しているとする近似を用いれば，次の近似式を導出できる[6.18]．

$$\frac{B}{l_c} \geqq \frac{1}{0.45 \cdot \pi} \cdot \sqrt{\frac{3}{C_b}} \cdot \sqrt{\left(1+\frac{A_w}{4 \cdot A_f}\right) \cdot \frac{\sigma_Y}{E}} \tag{C 6.3.17}$$

ここに，C_b はモーメント係数である．おおよそ $D-t_f \approx B$ と見なせる広幅 H 形断面柱を対象として，一端曲げ（$\kappa=0$）に対応する $C_b=1.75$ を代入算定して得た値を図 C 6.3.3（a）の水平線として示している．強軸まわりに曲げモーメントを受ける広幅 H 形断面柱では，図 C 6.3.3（a）に示す実線以上の材長に対する柱せいの比であれば，柱は曲げねじれ座屈することなく，最大曲げモーメントが材端に生じる．

6.4 繰返し曲げの影響

圧縮軸力と強軸まわりに曲げモーメントを受ける H 形断面柱では，繰返し載荷が塑性変形能力に及ぼす影響は大きく，塑性ヒンジを形式する柱の条件となる(6.2.6)式を満たす場合であっても，弱軸方向の曲げ座屈長さ（材端の支持条件）によっては，十分な累積塑性変形倍率を確保できない場合がある[6.19]．これは，繰返し曲げ載荷では，曲げねじれの塑性変形が圧縮軸力により顕著になるためと考えられる．図 C 6.4.1 が示すように，圧縮軸力と曲げ座屈細長比の制限を満足し，支持点での弱軸まわりの回転を拘束した実験結果では，弱軸まわりの回転をピンとした解析結果〔図 C 6.4.2〕とは異なり，早期の耐力劣化が観察されていない[6.20]．支持点の弱軸まわりの回転を拘束することは，

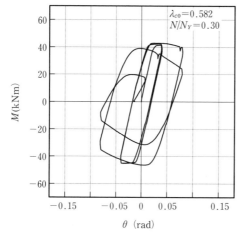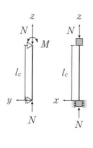

図 C 6.4.1　繰返し載荷実験結果（H-125×125×6.5×9 SS400）[6.20]

6章 柱 —105—

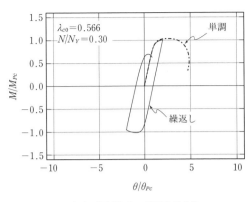
（a）履歴曲線と単調載荷曲線

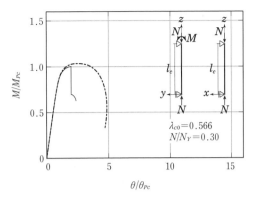
（b）骨格曲線と単調載荷曲線

図C6.4.2 繰返し載荷の影響（弾塑性数値解析）[6.19]

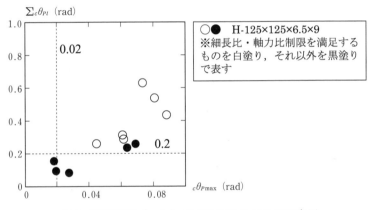
（a）H形断面柱（$\kappa=0.0$，H-125×125×6.5×9 SS400）[6.20]

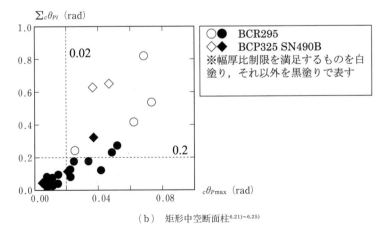
（b）矩形中空断面柱[6.21〜6.25]

図C6.4.3 累積塑性変形角と最大塑性変形角の関係

結果的に横座屈細長比を小さくすることになり，曲げねじり座屈の進行を抑制できると言える．繰返し曲げの影響に関するデータは不足しており，今後さらなる実験結果の蓄積が期待される．

図C6.4.3(a)は，圧縮軸力と強軸まわりに曲げモーメントを受けるH形断面柱実験の累積塑性変形角 $\sum_c\theta_{pl}$ と最大塑性変形角 $_c\theta_{pmax}$ との関係[6.20]，図C6.4.3(b)は矩形中空断面柱の実験結果[6.21]~[6.24]を示している．これらの図から取り扱った断面形状について，本指針の制限を満たす柱は，最大塑性変形角 $_c\theta_{pmax}$ が0.02 rad以上，累積塑性変形角 $\sum_c\theta_{pl}$ が0.2 rad以上の保有塑性変形能力を有していることがわかる．

6.5 圧縮軸力と2軸曲げモーメントを受ける柱の耐力

圧縮軸力と2軸曲げモーメントを受ける柱の耐力は，以下の式により算定する．
(1) 曲げねじれ座屈が生じない柱

$$\frac{N}{N_{cr}}+\varphi_x\cdot 0.85\cdot\frac{M_x}{M_{Px}}+\varphi_y\cdot 0.85\cdot\frac{M_y}{M_{Py}}=1.0 \tag{6.5.1.a}$$

$$\frac{M_x}{M_{Pcx}}\leq 1.0,\ \frac{M_y}{M_{Pcy}}\leq 1.0 \tag{6.5.1.b, c}$$

(2) 曲げねじれ座屈が生じる柱

$$\frac{N}{N_{cr}}+0.85\cdot\frac{M_x}{M_{crx}}+\varphi_y\cdot 0.85\cdot\frac{M_y}{M_{Py}}=1.0 \tag{6.5.2.a}$$

$$\frac{M_x}{M_{crx}}\leq 1.0,\ \frac{M_y}{M_{Pcy}}\leq 1.0 \tag{6.5.2.b, c}$$

記号
- N_{cr} ：曲げの座屈耐力〔6.1.1節参照〕
- M_x ：強軸まわりの曲げモーメント
- M_y ：弱軸まわりの曲げモーメント
- M_{Px} ：強軸まわりの全塑性モーメント
- M_{Py} ：弱軸まわりの全塑性モーメント
- M_{Pcx} ：軸力を考慮した強軸まわりの全塑性モーメント
- M_{Pcy} ：軸力を考慮した弱軸まわりの全塑性モーメント
- M_{crx} ：横座屈耐力〔5.1節参照〕
- φ_x, φ_y ：強軸まわりの曲げ面内と弱軸まわりの曲げ面内のモーメント拡大係数

圧縮軸力と2軸曲げモーメントを受けるH形断面柱の実験的研究として松井・森野・津田の研究があり，考察の中ではさまざまに提案されている設計式の検討結果を示している[6.26]．検討を行った設計式としては，(1)SSRC[6.27]，(2)チェンら[6.28]，(3)ESSC[6.29]，(4)本指針の初版であり，図C6.5.1はその対応結果を示している．図に示すように，本指針の初版による結果が最も安全側の値を与え，チェンらの提案する式が実験結果に最も近い値を与えている．チェンらの提案する設計式と他の設計式の相違点は，柱の耐力を規定する圧縮軸力と2軸曲げモーメントの相関関係が曲線で与えられていることであり，相関曲線が楕円形に近いことが実験結果との良い近似を与えるとしている．さらに，検討した設計式は，すべて最大曲げモーメントが部材中央付近になることを前提と

していることを指摘している．

　林・柴田は，曲げねじれや反りの影響が無視でき，$P\delta$ 効果による曲げ座屈が卓越する長柱部材を対象として2方向曲げを受けるH形鋼長柱の耐力予測法を提案している[6.30]．提案の耐力予測は，部材端が危険断面となる場合の曲げ耐力と部材中央が危険断面となる場合の曲げ耐力の最小値としてH形鋼長柱の曲げ耐力が決まるとしている．図C6.5.2は，予測式と実験結果の対応を示しており，耐力予測式と実験結果の良好な対応関係が報告されている．

　部材端が最大曲げモーメントとなる条件である(C6.2.9)式を満たすとき，松井・森野・津田が指摘したように，$P\delta$ 効果を耐力式に含める必要はなくなる．「鋼構造限界状態設計指針・同解説」[6.2]では，モーメント拡大係数 φ を用いて $P\delta$ 効果を考慮する必要性の有無を検討する方法が提案されている．現状では，「鋼構造限界状態設計指針・同解説」に準じた耐力式を用いることがより適切な評価を与えると考え，本指針においても，これを採用している．

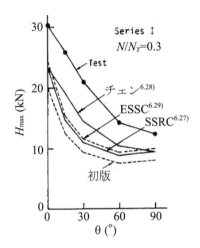

図C6.5.1　各種設計耐力式と実験結果の比較[6.26]

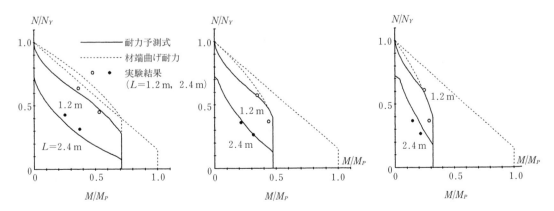

図C6.5.2　$P\delta$ 効果による曲げ座屈が卓越する長柱部材の耐力予測[6.30]

6.6 例　　題

6.6.1　ラーメンの柱の座屈長さ

【例　題】

図 C 6.6.1 に示すラーメンの柱の曲げ座屈長さを求める．各部材の断面二次モーメント，材長および剛度 I/l を表 C 6.6.1 に示す．

［解］

表 C 6.6.1 の値を用いて，柱の上端の G を G_A，下端の G を G_B として，各柱の G_A, G_B を求めると，それぞれ次の値となる．

$$C1 = \begin{cases} G_A = \dfrac{13.5}{10.2} = 1.32 \\ G_B = \dfrac{13.5 + 30.9}{15.3 \times 0.5 + 12.0} = 2.26 \end{cases}$$

$$C2 = \begin{cases} G_A = \dfrac{13.5}{10.2 + 10.2 \times 0.5} = 0.88 \\ G_B = \dfrac{13.5 + 30.9}{12.0 + 12.0 \times 0.67} = 2.22 \end{cases}$$

$$C3 = \begin{cases} G_A = 10.0 \\ G_B = 1.0 \end{cases}$$

$$C4 = \begin{cases} G_A = 10.0 \\ G_B = 1.0 \end{cases}$$

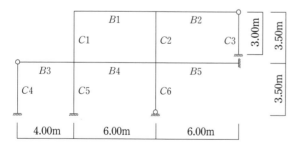

図 C 6.6.1　例題の骨組

表 C 6.6.1　部材の断面二次モーメントと材長

	I ($\times 10^4$ mm^4)	l (m)	I/l ($\times 10^3$ mm^3)
B1	6 120	6.0	10.2
B2	6 120	6.0	10.2
B3	6 120	4.0	15.3
B4	7 210	6.0	12.0
B5	7 210	6.0	12.0
C1	4 720	3.5	13.5
C2	4 720	3.5	13.5
C3	2 690	3.0	9.0
C4	4 720	3.5	13.5
C5	10 800	3.5	30.9
C6	10 800	3.5	30.9

表 C 6.6.2　曲げ座屈長さ

	C1	C2	C3	C4	C5	C6
k_c	1.53	1.44	1.88	0.86	0.79	0.87
$_k l_c$ (m)	5.36	5.04	5.64	3.01	2.77	3.05

$$C5 = \begin{cases} G_A = \dfrac{13.5+30.9}{15.3\times1.5+12} = 1.27 \\ G_B = 1.0 \end{cases}$$

$$C6 = \begin{cases} G_A = \dfrac{13.5+30.9}{12+12.0\times2.0} = 1.23 \\ G_B = 10 \end{cases}$$

以上の結果を用いて,C1,C2,C3については図C6.1.4(b),C4,C5,C6については図C6.1.4(a)を用いて曲げ座屈長さ係数 k_c を求める.求めた結果を表C6.6.2に示している.

6.6.2 強軸まわりに曲げモーメントを受けるH形断面柱

【例 題】

柱が図C6.6.2に示す複曲率の曲げモーメントを強軸まわりに受け塑性ヒンジを形成するとき,各制限式を満足しているかを確認する.なお,弱軸方向はブレース構造とし,柱の2軸曲げは考えない.ここで,材長は $l_c=3.0$ m,構面内の柱の曲げ座屈長さ係数 $k_c=1.44$,圧縮軸力は軸力比で $N/N_Y=0.3$,材端曲げモーメント比は $M_2/M_1=2/3$ である.柱は,H-250×250×9×14(SS400)の広幅H形鋼とする.

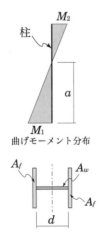

図C6.6.2 H形断面柱

[解]

各制限について,以下のように確認する.

＜柱の細長比制限＞(6.2.1)式

(強軸まわり) $\lambda_c = \dfrac{1}{\pi}\cdot\sqrt{\dfrac{\sigma_y}{E}}\cdot\left(\dfrac{k l_c}{i_x}\right) = \dfrac{1}{\pi}\cdot\sqrt{\dfrac{235}{205\,000}}\cdot\left(\dfrac{1.44\times3\,000}{108}\right) = 0.43 < 2.0$ OK

$\lambda_{c0} = \dfrac{1}{\pi}\cdot\sqrt{\dfrac{\sigma_y}{E}}\cdot\left(\dfrac{l_c}{i_X}\right) = \dfrac{1}{\pi}\cdot\sqrt{\dfrac{235}{205\,000}}\cdot\left(\dfrac{3\,000}{108}\right) = 0.30$

(弱軸まわり) $\lambda_c = \dfrac{1}{\pi} \cdot \sqrt{\dfrac{\sigma_y}{E}} \cdot \left(\dfrac{{}_k l_c}{i_Y}\right) = \dfrac{1}{\pi} \cdot \sqrt{\dfrac{235}{205\,000}} \cdot \left(\dfrac{1.0 \times 3\,000}{63.2}\right) = 0.51 < 2.0$ OK

<骨組全体の安定確保のための制限>

圧縮軸力比と構面内の曲げ座屈細長比の制限 (6.2.2) 式

$(N/N_Y) \cdot {}_f\lambda_c^2 = (0.3) \cdot (0.43)^2 = 0.055 < 0.25$ OK

最大軸力比 (6.2.3) 式

$N/N_Y = 0.3 < 0.75$ OK

<塑性ヒンジを形成する柱の制限>

圧縮軸力比と曲げ座屈細長比の制限 (6.2.6.a) 式

$(N/N_Y) \cdot \lambda_{c0}^2 = (0.3) \cdot (0.30)^2 = 0.027 < 0.10 \cdot \left(1 + \dfrac{2}{3}\right) = 0.167$ OK

曲げねじれ座屈に対する制限 [(C 6.3.17) 式による確認]

$\dfrac{1}{0.45 \cdot \pi} \cdot \sqrt{\dfrac{3}{2.3}} \cdot \sqrt{\left(1 + \dfrac{2\,124}{4 \cdot 3\,500}\right) \cdot \left(\dfrac{235}{205\,000}\right)} = 0.029 < \dfrac{250}{3\,000} = 0.083$ OK

以上より，H 形断面柱 H-250×250×9×14 (SS400) は，制限を満たしている．

6.6.3 矩形中空断面柱

【例 題】

6.6.2 項の柱が角形鋼管の場合について検討する．角形鋼管は□-200×200×9 (BCR295) とする．ただし，圧縮軸力は，軸力比で $N/N_Y = 0.45$ であるとする．

[解]

各制限について，以下のように確認する．

<柱の細長比制限> (6.2.1) 式

(構面内) $\lambda_c = \dfrac{1}{\pi} \cdot \sqrt{\dfrac{\sigma_y}{E}} \cdot \left(\dfrac{{}_k l_c}{i}\right) = \dfrac{1}{\pi} \cdot \sqrt{\dfrac{295}{205\,000}} \cdot \left(\dfrac{1.44 \times 3\,000}{77.1}\right) = 0.68 < 2.0$ OK

$\lambda_{c0} = \dfrac{1}{\pi} \cdot \sqrt{\dfrac{\sigma_y}{E}} \cdot \left(\dfrac{l_c}{i}\right) = \dfrac{1}{\pi} \cdot \sqrt{\dfrac{295}{205\,000}} \cdot \left(\dfrac{3\,000}{77.1}\right) = 0.47$

(構面直交方向) $\lambda_c = \dfrac{1}{\pi} \cdot \sqrt{\dfrac{\sigma_y}{E}} \cdot \left(\dfrac{{}_k l_c}{i}\right) = \dfrac{1}{\pi} \cdot \sqrt{\dfrac{295}{205\,000}} \cdot \left(\dfrac{1.0 \times 3\,000}{77.1}\right) = 0.47 < 2.0$ OK

<骨組全体の安定確保のための制限>

圧縮軸力比と構面内の曲げ座屈細長比の制限 (6.2.2) 式

$(N/N_Y) \cdot {}_f\lambda_c^2 = (0.45) \cdot (0.68)^2 = 0.21 < 0.25$ OK

最大軸力比 (6.2.3) 式

$N/N_Y = 0.45 < 0.75$ OK

<塑性ヒンジを形成する柱の制限>

圧縮軸力比と曲げ座屈細長比の制限 (6.2.6.a) 式

$$(N/N_Y)\cdot\lambda_{co}^2=(0.45)\cdot(0.47)^2=0.099<0.10\cdot\left(1+\frac{2}{3}\right)=0.167 \qquad \text{OK}$$

以上より，角形鋼管柱□-200×200×9（BCR295）は制限を満たしている．

参考文献

6.1) 日本建築学会：鋼構造設計基準―許容応力度設計法―，2005
6.2) 日本建築学会：鋼構造限界状態設計指針・同解説，2010
6.3) American Institute of Steel Construction: Specification for Structural Steel Buildings, ANSI/AISC 360-10, 2010
6.4) Column Research Council: Guide to Design Criteria for Metal Compression Members, 2nd Edition, John Wiley & Sons, 1966
6.5) 高田明伸，向出静司，多田元英，荒木恵一：水平荷重を受ける鋼構造ラーメン骨組の座屈性状の考察，日本建築学会大会学術講演梗概集，構造Ⅲ，pp.685-686，2009.7
6.6) 高田明伸，多田元英，向出静司：水平荷重による柱軸力を受ける鋼構造ラーメン骨組中の柱の座屈長さについての考察，日本建築学会構造系論文集，Vol.78, No.693, pp.1969-1978, 2013.11
6.7) 高田明伸，多田元英，向出静司：水平荷重による柱軸力を受ける鋼構造ラーメン骨組の弾性座屈，構造工学論文集，Vol. 60 B, pp.335-345，2014.3
6.8) 靖本夏紀，多田元英，向出静司，高田明伸：水平荷重による柱軸力を受ける1層1×1スパン立体ラーメン骨組の弾性座屈モード　その1．数値解析による検討，日本建築学会大会学術講演梗概集，構造Ⅲ，pp.1035-1036，2014.9
6.9) 宮林航希，高田明伸，多田元英，向出静司：水平荷重を受ける均等多層多スパン立体ラーメン骨組の弾性座屈　その1．数値解析による検討，日本建築学会学術講演梗概集，構造Ⅲ，pp.1247-1248，2015.9
6.10) Le-Wu Lu: Inelastic Buckling of Steel Frame, Journal of Structural Division, Vol. 91, No. ST6, ASCE, pp.185-214, 1965.12
6.11) 石田交広，小野徹郎，野本　覚：実験データに基づく鉄骨曲げ柱の設計規範に関する一考察，日本建築学会大会学術講演梗概集，構造系，pp.1287-1288，1989.10
6.12) 山田隼地，佐藤篤司，小野徹郎：軸力と片曲げおよび逆対称曲げモーメントを受ける鋼柱の塑性変形能力，日本建築学会大会学術講演梗概集，構造系Ⅲ，pp.949-950，2014.9
6.13) Salvadori, M.G.: Lateral Buckling of Eccentrically Loaded I-Column, ASCE, Vol. 121, pp.1163-1178, 1956
6.14) Massonnet, C.: Stability Considerations in the Design of Steel Columns, Journal of the Structural Division, ASCE, Vol. 85, No. ST7, pp.75-111, 1959.9
6.15) Austin, W.J.: Strength and Design of Metal Beam-Column, Journal of Structural Division, ASCE, Vol. 87, No. ST4, pp.1-29, 1961.4
6.16) 坂本　順，宮村篤典，渡辺稚生：鋼構造圧縮材の塑性耐力式に関する考察（その1），日本建築学会論文報告集，No.149, pp.9-15，1968.7
6.17) 津田惠吾，城戸將江：完全弾塑性型の応力―ひずみ関係よりなる角形鋼管柱の終局耐力評価について，日本建築学会構造系論文集，Vol.80, No.718, pp.1981-1990, 2015.12
6.18) 井上一朗，吹田啓一郎：建築鋼構造―その理論と設計―，鹿島出版会，2007
6.19) 日本建築学会：2014年度日本建築学会（近畿）パネルディスカッション資料，塑性設計法が魅せる

新たな世界―鋼構造塑性設計指針の改定に向けて―，2014.9

6.20) 熊谷真伍，山田隼地，佐藤篤司，小野徹郎：圧縮軸力と一端曲げモーメントを受けるH形鋼柱に関する実験的研究 その1～3，日本建築学会大会学術講演梗概集，構造Ⅲ，pp.1017-1022，2016.8

6.21) 稲岡真也，形山忠輝，岡本晴仁：建築構造用冷間成形角形鋼管の変形性能，鋼構造年次論文報告集，第4巻，pp.189-196，1996.11

6.22) 奥　伸之，向出静司，松尾克也，多田元英：鋼種や製造工程の異なる角形鋼管柱の大変形域載荷実験，日本建築学会近畿支部研究報告集，No.53・構造系，pp.465-468，2013.6

6.23) 松永達哉，石田考徳，島田侑子，山田　哲：載荷方向を変化させた角形鋼管柱の劣化域を含む履歴挙動の検討 その1 繰り返し載荷実験，No.81，日本建築学会関東支部研究報告集，pp.233-236，2011.3

6.24) 山田　哲，島田侑子：載荷方向を変化させた角形鋼管の繰り返し載荷実験，第13回日本地震工学シンポジウム，pp.2868-2873，2010

6.25) 桑田涼平，聲高裕治，吹田啓一郎：変動軸力と二軸曲げを受ける角形鋼管柱の繰返し載荷実験，日本建築学会近畿支部研究報告集，No.53・構造系，pp.477-480，2013.6

6.26) 松井千秋，森野捷輔，津田惠吾：軸力と任意方向水平力を受けるH形鋼柱材の弾塑性性状に関する実験的研究，日本建築学会構造系論文報告集，No.361，pp.113-122，1986.3

6.27) SSRC：Guide to Stability Design Criteria for Metal Structures, John Wiley & Sons, 1976

6.28) Chen W.F., Lui E.M.：Structural Stability―Theory and Implementation―, Prentice-Hall Inc., 1986

6.29) ECCS：European Recommendation for Steel Construction, THE CONSTEUCRION PRESS, 1978

6.30) 林　和宏，柴田道生：2方向曲げを受けるH形鋼長い柱の耐力予測，日本建築学会構造系論文集，Vol.75, No.653, pp.1385-1391, 2010.7

7章 ブレース

7.1 ブレースの特徴

ブレースは，骨組の剛性に大きく寄与するために，大地震による構造物の変形を小さく止めることに有効で，柱や梁が弾性にとどまる層間変形角でも地震入力エネルギーを吸収できるために，柱や梁の損傷を小さく抑えることに有効な部材である．ブレース付骨組の崩壊荷重は，柱と梁で構成されるラーメン部分の崩壊荷重と，ブレースの寄与（水平方向に対して評価した，ブレースの全塑性耐力の方向余弦の和）の和として算定できる[7.1)~7.3)]．

耐震設計におけるブレースの有益性は，古くから認識されてきた[7.1)~7.6)]．細長比が極端に小さく，座屈を考慮する必要がないブレースから，細長比が極端に大きく，引張耐力だけを期待されるブレースまで，断面形状はH形断面，矩形中空断面，円形中空断面，円形断面，山形断面など，さまざまなものが用いられる．ブレースの耐力は，引張側では降伏耐力により，圧縮側では曲げ座屈耐力により定まる．しかし，繰返し軸力を受けるブレースは，引張側で降伏すると弛緩し，曲げ座屈を経ると材中央に塑性ヒンジを生じる結果，徐々に剛性と耐力を失い，繰返し塑性ひずみを受けた部位でやがて破断するので，細長比によっては複雑な履歴挙動を示す．

構造物の水平抵抗能力に効率良く寄与するブレースの利点を生かしながら，履歴挙動が不安定という，座屈するブレースの欠点を克服した部材が，座屈拘束ブレースである[7.4),7.7)]．座屈拘束ブレースは，軸力を負担する芯鋼材と，芯鋼材の曲げ座屈を防止する拘束材で構成され，引張側と圧縮側がほぼ対称な安定した履歴挙動を示す．その部材構成，力学的性能ともに座屈するブレースと大きく異なるために，別称されるブレースである．さまざまな座屈拘束ブレースが実用化され，広く利用されている．

本章は，座屈するブレースと座屈拘束ブレースのそれぞれについて，塑性設計に適合した性能を確保するための設計要件とともに，その耐力の算定法と塑性変形能力を記述する．なお，ブレース接合部の設計は，8.4.3項で述べる．

7.2 座屈するブレース
7.2.1 ブレースの耐力

座屈するブレースの耐力は，引張側については降伏耐力 N_Y で，圧縮側については座屈後の安定耐力 N_u で規定する．それぞれ以下の式で算定する．
（1）降伏耐力
$$N_Y = \sigma_Y \cdot A \tag{7.2.1}$$
記号
　N_Y：降伏耐力

σ_Y ：降伏応力度
A ：全断面積

（2）座屈後の安定耐力：

$\lambda_B \leq 0.15$ のとき　　　　$N_u = N_Y$ 　　　　　　　　　　　　　　　　（7.2.2.a）

$0.15 < \lambda_B \leq 0.3$ のとき　　$N_u = \dfrac{1}{11\lambda_B - 0.65} \cdot N_Y$ 　　　　　　　　（7.2.2.b）

$0.3 < \lambda_B$ のとき　　　　　$N_u = \dfrac{1}{6\lambda_B + 0.85} \cdot N_Y$ 　　　　　　　　（7.2.2.c）

記号
N_u ：座屈後の安定耐力
λ_B ：ブレースの細長比 $= (k_B l_B / i_B) \cdot \sqrt{\sigma_Y / \pi^2 E}$
l_B ：ブレースの節点間長さ
i_B ：ブレースの座屈軸まわりの断面二次半径
k_B ：ブレースの座屈後の安定耐力に関する有効長さ係数

　座屈するブレースの損傷は，材中央と材端およびブレース接合部に集中する[7.5],[7.6]．すなわち，ブレースが座屈したのちも圧縮荷重を受けると，材中央に塑性ヒンジが形成され，材端の固定度が大きい場合は，材端にも塑性ヒンジが形成される．塑性設計では，ブレース接合部がブレースに先行して破壊しないように，8.4.3項の規定に従って，ブレース接合部に十分な耐力を付与する．

　座屈するブレースの挙動は，細長比に大きく影響される．細長比が20に満たないブレース〔図C 7.2.1(a)参照〕は，引張・圧縮の両側で降伏耐力を発揮するが，柱に大きな軸力を伝達し，柱脚に引抜力を作用させる懸念があるために，弾性にとどまるように設計されることが多い．ターンバックルを使用した軽量ブレースは，細長比が250を超える場合が多く，その場合は圧縮耐力を無視できる．こうしたブレース〔図C 7.2.1(c)参照〕は，引張ブレースとも称され，引張降伏と除荷後の弛緩を繰り返すことで，スリップ型の履歴挙動を示す．細長比がおよそ20から250までのブレース〔図C 7.2.1(b)参照〕は，ある程度の圧縮耐力を期待できるが，座屈を経たあと，塑性ヒンジを形成することで圧縮耐力が劣化し，引張負荷時と圧縮除荷時の剛性が低下し，複雑な履歴挙動を示す．座屈を経験するブレース（目安として，細長比が20を超えるブレース）は，圧縮側と引張側で非対称な履歴挙動を示すことを考慮して，荷重に対して引張で抵抗するブレースと圧縮で抵抗するブレースを等しく配置することが望ましい[7.2]．

　本指針では「鋼構造限界状態設計指針・同解説」[7.1]に従い，ブレースの耐力として，引張側で降伏耐力 N_Y を，圧縮側で座屈後の安定耐力 N_u を用いる．なお，圧縮側の最大耐力は，ブレースの座屈方向（面内・面外）とブレース材端の回転拘束を考慮して曲げ座屈長さ $_k l_e$ を適切に評価すれば，6章で柱に対して規定した曲げ座屈耐力 N_{cr} で算定することができる〔図C 7.2.1参照〕．しかし，7.2.2項で述べるように，骨組の崩壊荷重を算定する際には，一過性の曲げ座屈耐力でなく座屈後の安定耐力を用いる．座屈後の安定耐力は，ブレースの軸方向変位を材長で除した平均軸ひずみが，単調載荷で1.0％，正負交番載荷で0.5％に至ったときの圧縮耐力として整理されている．2本のブレースが材中央で接合されるX形配置では，ブレースの座屈方向にかかわらず，圧縮ブレースが

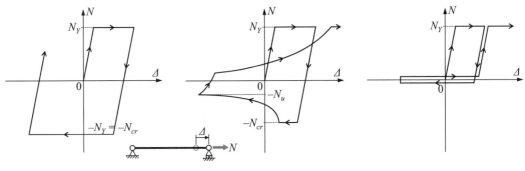

(a) 細長比が小さな場合　　(b) 細長比が中程度の場合　　(c) 細長比が大きな場合

図C7.2.1　ブレースの細長比と履歴特性

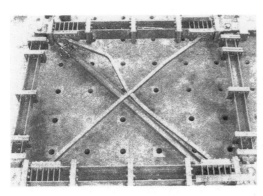

(a) 構面内に座屈する場合[7.8]　　　　　(b) 構面外に座屈する場合[7.9]

写真C7.2.1　X形配置されたブレースの節点間長さ

交差点において引張ブレースに座屈補剛されると考えて〔写真C7.2.1参照〕，ブレースの節点間長さ l_B を評価する[7.8],[7.9]．有効長さ係数 k_B の算定法は「鋼構造座屈設計指針」[7.4]が詳述しているので，参照されたい．

　ブレースの耐力だけでなく，塑性変形能力もその細長比に依存する．前述のとおり，細長比が小さなブレースは，弾性にとどまる範囲で設計する場合がほとんどである．また，細長比が250を超える部材は「鋼構造設計規準―許容応力度設計法―」[7.10]でも圧縮材と見なされない．このような引張ブレースは，圧縮耐力を期待できない代わりに，塑性ヒンジを形成しないまま，大きく縮み変形できる．スリップ型の履歴を示す〔図C7.2.1（c）参照〕ものの，鋼材の伸び変形能力がそのまま生かされるので，接合部が先行破断しない限り，非常に大きな塑性変形能力を発揮できる．細長比がおよそ20から250のブレースは，座屈後に塑性ヒンジを形成したあと，圧縮側の耐力が低下し，載荷・除荷の過程で剛性が複雑に変化する．塑性ヒンジには，軸力と曲げにより，局所的にきわめて大きな曲率が生じる．その部位に局部座屈を生じると，塑性ひずみが助長され，やがて亀裂を生じ，載荷方向が引張に転じたときにブレースが破断に至る．既往の実験的研究[7.11]～[7.14]により，ブレースの

幅厚比（円形中空断面の場合は径厚比）が大きいほど，局部座屈を生じやすく，早期に破断しやすいことが明らかになっている．また，矩形中空断面のブレースは，H形断面や円形中空断面のブレースと比較して局部座屈の進行が早く，破断寿命が短い傾向が明らかになっている[7.11),7.13)]．

したがって，細長比が20から250のブレースは，断面の幅厚比・径厚比にかかわらず，繰返し載荷の中で降伏耐力を維持できないために，板要素や柱，梁のように，一定の荷重支持能力を維持する限界としてその塑性変形能力を規定することが難しい．細長比，断面形状，幅厚比・径厚比の3つの影響因子と，破断に至るまでの変形能力の関係を整理することが，塑性設計に有益である．しかし，現状では，十分な研究情報が蓄積されておらず，今後の研究成果を待たざるを得ない．

7.2.2 ブレース付骨組の挙動

図C 7.2.2に，ブレース付骨組の復元力とブレースの耐力の関係を模式的に示す．層間変形角が小さい領域（図中の段階⓪からⒶ）では，ブレースは非常に高い剛性を発揮する．次第に層間変形角が増大すると，まず圧縮側ブレースが曲げ座屈耐力 N_{cr} で座屈する（段階Ⓐ）が，その時点で引張側ブレースは最大耐力に達していない．引張側ブレースが降伏耐力 N_Y に達すると（段階Ⓑ），ブレースが負担する水平荷重はほぼ一定になる．ラーメン部分が塑性化したとき（段階Ⓒ）には，圧縮側ブレースの軸力が座屈後の安定耐力 N_u まで低下している．段階Ⓐ，Ⓑ，Ⓒのいずれかで，骨組の最大耐力をとる．ブレースの全塑性耐力が層の保有水平耐力に占める割合，つまりブレースの水平耐力分担率が大きい骨組では，ラーメン部分が塑性化する段階Ⓒでなく，段階ⒶかⒷで最大耐力をとる可能性がある．しかし，塑性変形を経ながら維持できる耐力は，段階Ⓒに相当するものである．したがって，骨組の崩壊荷重の算定では，引張側・圧縮側ブレースの耐力を，それぞれ降伏耐力 N_Y

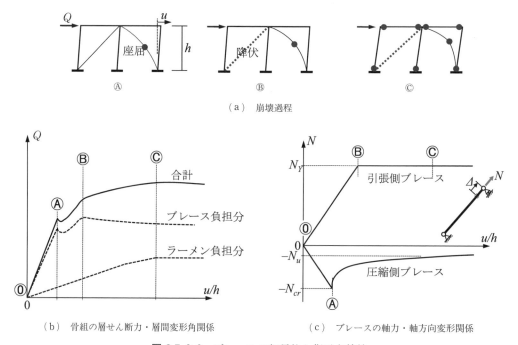

(a) 崩壊過程

(b) 骨組の層せん断力・層間変形角関係　　(c) ブレースの軸力・軸方向変形関係

図C 7.2.2　ブレースの細長比と復元力特性

図 C 7.2.3　K 形配置ブレースで避けるべき崩壊機構

と座屈後の安定耐力 N_u にとる．また，ブレースの水平耐力分担率が大きい建築構造物では，座屈したのちにブレースの耐力寄与が格段に低下することが，特定層への変形集中をきたす可能性に留意する必要がある[7.3),7.4)]．

　ブレース周囲の部材や接合部は，上述の段階Ⓐ，Ⓑ，Ⓒのうちで，最大荷重を与えるブレース耐力の組合せに対して設計する必要がある．例えば，一対のブレースが梁中央に接合する K 形配置では，特別な配慮が必要である[7.1),7.2),7.15)]．図 C 7.2.3 に示すとおり，圧縮側ブレースが座屈した（図中の段階Ⓐ）のち，材中央にブレースどうしの不釣合力に起因する集中力が作用する．引張側ブレースの軸力が上昇し，圧縮側ブレースの軸力が低下すると，やがて梁中央に塑性ヒンジを形成する（段階Ⓑ）可能性がある．その場合は，引張側ブレースが引張で降伏する前に，骨組が崩壊機構を形成する（段階Ⓒ）．そこで，K 形配置ブレースでは，「鋼構造限界状態設計指針・同解説」[7.1)]に準じて，引張側ブレースの耐力を N_Y，圧縮側ブレースの耐力を N_u として不釣合力を算定し，この不釣合力の鉛直成分が梁中央に作用するものとして，骨組の塑性耐力を算定する．

7.3　座屈拘束ブレース

座屈拘束ブレースの全塑性耐力は，次式で算定する．

$$N_Y = \sigma_Y \cdot A \tag{7.3.1}$$

記号
　　N_Y：座屈拘束ブレースの降伏耐力
　　σ_Y：芯鋼材の降伏応力度
　　A　：芯鋼材の断面積

　座屈拘束ブレースは，細長比が非常に小さなブレースと見なせ，全塑性耐力を引張側と圧縮側で同一と評価できることが特徴である．ただし，「鋼構造制振設計指針」[7.7)]や「鋼構造座屈設計指針」[7.4)]に従い，芯鋼材の曲げ座屈を拘束することが前提である．

　座屈拘束ブレースの使用方法として，耐震要素とする場合と，主架構の損傷制御を目的とした制振ダンパーとする場合の 2 種類がある．耐震要素とする場合は，芯鋼材に普通鋼や高強度鋼が用いられることが多く，制振ダンパーとする場合は，芯鋼材に低降伏点鋼が用いられることがある．また，耐震要素とする場合は，座屈拘束ブレースの耐力分担率に制限はないが，制振要素とする場合は，設計目標に応じた，エネルギー吸収能力と耐力分担率の調整が求められる[7.7),7.16)]．本指針は，耐震要素としての座屈拘束ブレースのみを対象とする．

座屈拘束ブレースは，座屈するブレースと比較して，安定した履歴挙動を示し，累積塑性変形性能に優れるだけでなく，芯鋼材の細長比の制限なく耐力を設定でき，引張・圧縮の対に配置する必要がなく，座屈変形により非構造部材を破壊する懸念が小さいなど，設計自由度に優れた耐震要素である．ただ，「鋼構造制振設計指針」[7.7]が述べるとおり，座屈拘束ブレースのエネルギー吸収能力が，拘束形式や芯鋼材の形状により異なり，端部の接合条件の影響を受け，載荷履歴に依存することに留意が必要である．

参 考 文 献

7.1) 日本建築学会：鋼構造限界状態設計指針・同解説，2010
7.2) American Institute of Steel Construction (AISC)：Seismic Provisions for Structural Steel Buildings, ANSI/AISC 341-05, 2010.6
7.3) Tremblay, R：Seismic behavior and design of steel concentrically braced frames, Engineering Journal, AISC, Vol. 38, No. 3, pp.148-166, 2001.7
7.4) 日本建築学会：鋼構造座屈設計指針，2009
7.5) 野中泰二郎：繰り返し軸方向載荷を受ける部材の履歴挙動に関する閉解（第1部・基礎式の誘導），日本建築学会論文報告集，No. 334, pp. 1 - 8，1983.12
7.6) Tremblay, R：Inelastic seismic response of steel bracing members, Journal of Constructional Steel Research, Vol. 58, pp.665-701, 2002.6
7.7) 日本建築学会：鋼構造制振設計指針，2014
7.8) Wakabayashi, M, Nakamura, T, Yoshida, N：Experimental studies on the elastic-plastic behavior of braced frames under repeated horizontal loading. Part 1 Experiments of braces with an H-shaped cross section in a Frame, Bulletin of the Disaster Prevention Research Institute, Vol. 27, No. 3, pp.121-154, 1977.9
7.9) Tremblay, R, Archambault, M-H, Filiatrault, A：Seismic response of concentrically braced steel frames made with rectangular hollow bracing members, Journal of Structural Engineering, ASCE, Vol. 129, No. 12, pp.1626-1636, 2003.12
7.10) 日本建築学会：鋼構造設計規準―許容応力度設計法―，2005
7.11) 竹内 徹，鈴木一弁，松井良太，小河利行：局部座屈を伴う鋼管ブレースの累積繰返し変形性能，日本建築学会構造系論文集，No. 608, pp.143-150, 2006.10
7.12) 竹内 徹，秦 康，松井良太：局部座屈を伴うH形断面ブレースの累積繰返し変形性能，日本建築学会構造系論文集，No. 632, pp.1875-1882, 2008.10
7.13) Fell, BV, Kanvinde, AM, Deierlein, GG, Myers, AT：Experimental investigation of inelastic cyclic buckling and fracture of steel braces, Journal of Structural Engineering, ASCE, Vol. 135, No. 1, pp.19-32, 2009.1
7.14) 竹内 徹，西牧 誠，松井良太，今村 晃：種々の繰返し載荷履歴を受けるブレースの累積変形性能，日本建築学会構造系論文集，No. 677, pp.1131-1140, 2012.7
7.15) 福田俊文，西山 功，山内泰之：K形筋かい付鋼構造骨組の弾塑性挙動（1/2縮尺2スパン3層骨組みの実験），日本建築学会構造系論文集，No. 392, pp.56-67, 1988.10
7.16) 井上一朗，清水直樹：ブレース架構の保有水平耐力に関する考察，日本建築学会構造系論文集，No. 388, pp.59-69, 1988.6

8章 接　合　部

8.1　接合部の設計

　鋼構造建築物は，H形断面や矩形中空断面などからなる部材をつなぎ合わせることによって構成されている．部材と部材がつなぎ合わされた部分を「接合部」と呼び，鋼構造建築物の接合部は，図C8.1.1に示すように，柱梁接合部（梁端接合部，柱端接合部，接合部パネルからなる），梁継手，柱継手，ブレース接合部，柱脚に分類される．

　これらの接合部は，部材から作用する応力（軸力，せん断力，曲げモーメント）を適切に伝達できるように設計しなければならない．一般に，接合部の設計では，稀に起こる荷重状態に対して接合部が弾性範囲にとどまることを，きわめて稀に起こる荷重状態に対して接合部が破断しないことを確認しなければならない．このような接合部の設計は，本会の「鋼構造接合部設計指針」[8.1]，「鋼構造設計規準―許容応力度設計法―」[8.2]，「鋼構造限界状態設計指針・同解説」[8.3]などに示されているが，上述した2種類の荷重状態に対して接合部が保有すべき耐力（降伏耐力と最大耐力）について言及されていること，ならびに既往の研究成果が最も多く盛り込まれていることを考慮して，本指針では接合部の設計に関しては「鋼構造接合部設計指針」に準じることとする．

　1975年に刊行された本指針の初版では，柱端，梁端に塑性ヒンジを形成させ，接合部パネルを塑性化させない（ただし，接合部パネルのせん断降伏後の耐力上昇や変形能力が高いことを考慮し，接合部パネルが一部塑性化することを許容している）設計を想定していた．その後の研究の蓄積によって，接合部パネルを塑性化させた場合，特定層への損傷の集中が生じにくい崩壊機構となること，接合部パネル近傍の柱部材および梁部材の塑性化が抑制されること，接合部パネルは非常に大きな塑性変形能力を有していることが明らかになり[8.4)～8.6)]，接合部パネルの塑性変形能力を取り入れた設計も行われるようになってきた．このような背景を受けて，本指針の2版では接合部パネルの塑性化を考慮した設計法を採用し，この3版でもその考え方を踏襲している．

　最下層の脚部については，鋼柱と柱脚のどちらかの塑性化を先行させる設計が採用される．鋼柱の塑性化を先行させる場合，鋼柱の幅厚比を小さくして柱自身に十分な塑性変形能力を確保するとともに，柱の繰返し塑性変形に対して柱脚が健全であるように，柱脚に十分な耐力を付与しなければならない．また，柱脚の塑性化を想定した設計では，柱脚が呈しうる崩壊機構を適切に評価し，塑性変形能力が高い崩壊機構の形成を先行させる必要がある．

　接合部パネルと柱脚を塑性化させる設計において，骨組の崩壊機構や保有水平耐力を求めるためには，柱や梁の全塑性モーメントに対応する指標である接合部パネルや柱脚の全塑性モーメントが必要となる．本章では，これらの耐力の算定法とそれを発揮させるための条件を「鋼構造接合部設計指針」から引用して紹介する．

　他方，接合部パネルと柱脚以外の接合部は，塑性解析において塑性化部位として考慮する必要が

ない．このような接合部のうち，きわめて稀に起こる荷重状態に対して骨組が終局限界状態に達して接合される部材が全塑性状態に至る場合，接合される部材の塑性変形能力を十分に確保するために，接合される部材のひずみ硬化による耐力の上昇や材料強度のばらつきを考慮して接合部が破断しないように設計しなければならない．これらの塑性化部位として考慮する必要がない接合部の設計の詳細は「鋼構造接合部設計指針」に記述されており，8.4節ではその概要を示す．

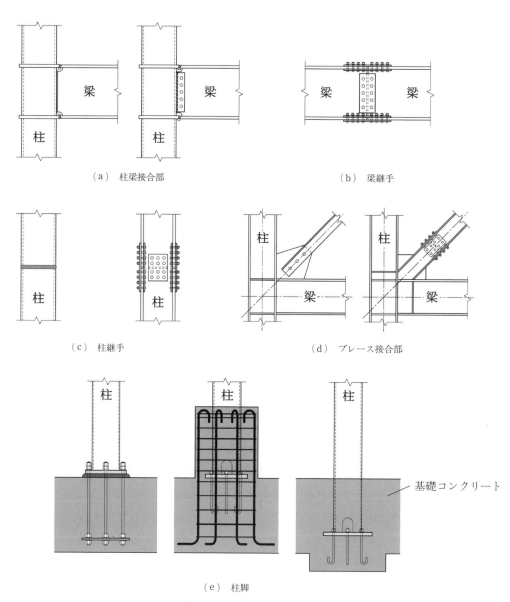

図 C 8.1.1 接合部の例

8.2 接合部パネル

8.2.1 接合部パネルの全塑性モーメント

接合部パネルモーメント $_pM$ と，接合部パネルが梁の上下フランジ位置で適切に補剛されている H 形断面柱(強軸曲げを受ける場合)，円形および矩形の中空断面柱を用いた接合部パネルの全塑性モーメント $_pM_P$ は，次式で算出する．

（1）接合部パネルモーメント

$$_pM = {_bM_R} + {_bM_L} - ({_cQ_T} + {_cQ_B}) \cdot \frac{d_b}{2} \tag{8.2.1}$$

記号

　　$_bM_R, {_bM_L}$：接合部パネルの右および左の梁端部に作用する曲げモーメント
　　$_cQ_T, {_cQ_B}$：接合部パネルの上および下の柱端部に作用するせん断力
　　d_b：梁フランジの板厚中心間距離

（2）全塑性モーメント

H 形断面柱（強軸曲げを受ける場合）：

$$\frac{N}{N_Y} \leq 1 - \frac{A_p}{A} \text{ のとき} \qquad _pM_P = V_e \cdot \frac{\sigma_Y}{\sqrt{3}} \tag{8.2.2}$$

$$\frac{N}{N_Y} > 1 - \frac{A_p}{A} \text{ のとき} \qquad _pM_P = V_e \cdot \frac{\sigma_Y}{\sqrt{3}} \sqrt{1 - \left\{\left(\frac{N}{N_Y} - 1\right) \cdot \frac{A}{A_p} + 1\right\}^2} \tag{8.2.3}$$

円形中空断面柱：

$$_pM_P = V_e \cdot \frac{\sigma_Y}{\sqrt{3}} \sqrt{1 - \left(\frac{N}{N_Y}\right)^2} \tag{8.2.4}$$

矩形中空断面柱（正方形等厚断面）：

$$\frac{N}{N_Y} \leq 0.5 \text{ のとき} \qquad _pM_P = V_e \cdot \frac{\sigma_Y}{\sqrt{3}} \tag{8.2.5}$$

$$\frac{N}{N_Y} > 0.5 \text{ のとき} \qquad _pM_P = 2V_e \cdot \frac{\sigma_Y}{\sqrt{3}} \cdot \sqrt{\frac{N}{N_Y} \cdot \left(1 - \frac{N}{N_Y}\right)} \tag{8.2.6}$$

記号

　　σ_Y：接合部パネル材の降伏応力度
　　N：接合部パネルの作用軸力（パネル上下の柱に作用する軸力の平均値）
　　N_Y：接合部パネルの降伏軸力
　　V_e：接合部パネルの有効体積
　　　　H 形断面柱（強軸曲げを受ける場合）：$V_e = d_c \cdot d_b \cdot t_p$ (8.2.7)
　　　　円形中空断面柱：$V_e = 2d_c \cdot d_b \cdot t_p$ (8.2.8)
　　　　矩形中空断面柱（正方形等厚断面）：$V_e = 2d_c \cdot d_b \cdot t_p$ (8.2.9)
　　d_c：柱フランジの板厚中心間距離または円形および矩形の中空断面の板厚中心における幅，直径
　　t_p：H 形断面のウェブ板厚または円形および矩形の中空断面の板厚
　　A：H 形断面の全断面積
　　A_p：H 形断面のパネル断面積で，$A_p = d_c \cdot t_p$

ラーメン構造の接合部パネルは，水平荷重作用時に部材の曲げモーメントが急変する位置にあたるので，大きいせん断力が生じることが知られている．接合部パネルの挙動に着目した先駆的な研究には，1960 年代の接合部パネルのせん断耐力に関する研究[8.7)]および接合部パネルのせん断変形を

考慮した骨組解析[8.7]~[8.9]が挙げられ，そのいずれもが骨組の実挙動を論じる上で接合部パネルを無視することができない，構造設計上重要な部分であることを示している．接合部パネルを考慮した骨組全体の塑性解析法については9章で後述することとし，本節では，接合部パネルの全塑性モーメントについて述べる．前述の接合部パネルモーメントおよび全塑性モーメントは「鋼構造接合部設計指針」[8.1]より引用している．なお，ここでは，梁フランジ位置でダイアフラムまたは水平スチフナなどにより，柱フランジの局部的な曲げ変形に対して適切な補剛がなされている接合部パネルを対象とする．

(1) 接合部パネルモーメント

水平荷重作用時に接合部パネルと柱・梁に作用する力を図C8.2.1に示す．図C8.2.1に示すパネル周辺の応力は，図C8.2.2に示す柱・梁のフランジ中心線上にあるO_{cT}，O_{cB}，O_{bL}，O_{bR}点における値を表すものである．以下では，図C8.2.2中の柱・梁の中心線の交点Oを節点と呼ぶ．

梁の曲げモーメントを上下フランジ位置に作用する集中力に置き換えると，パネルに作用するせ

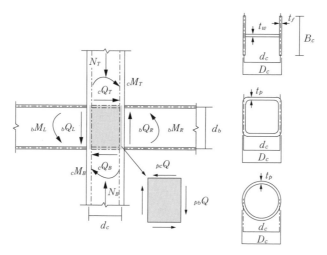

図C8.2.1 パネル・柱・梁の作用応力

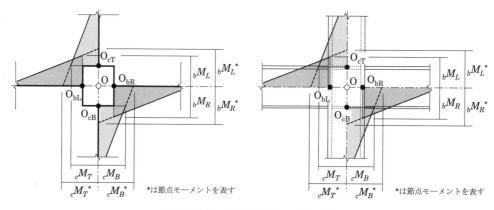

図C8.2.2 柱梁接合部のモデル化

ん断力 $_{pc}Q$, $_{pb}Q$ は次式で得られる．

$$_{pc}Q = \frac{_bM_L + _bM_R}{d_b} - \frac{_cQ_T + _cQ_B}{2} \tag{C 8.2.1}$$

$$_{pb}Q = \frac{_cM_T + _cM_B}{d_c} - \frac{_bQ_L + _bQ_R}{2} \tag{C 8.2.2}$$

接合部パネルモーメント $_pM$ は，次式で定義される．

$$_pM = {_{pc}Q} \cdot d_b = {_{pb}Q} \cdot d_c \tag{C 8.2.3}$$

(C 8.2.3) 式に (C 8.2.1) 式を代入することで，(8.2.1) 式が得られる．

(2) 全塑性モーメント

接合部パネルの全塑性モーメントとは，接合部パネルモーメントと比較される値であり，曲げモーメントを受ける柱・梁などの部材の全塑性モーメントに対応する指標である．

接合部パネルの耐力に影響を与える因子には，軸力比，パネルアスペクト比（パネルに作用する曲げの影響），パネル幅厚比，矩形中空断面の製法および載荷方向（構面方向平面載荷と 45°方向立体載荷における相違）などが考えられる．これらの因子の影響を既往の実験結果に基づき検討し，全塑性モーメントの算定式が提案されている[8.10]．このため，(8.2.2)～(8.2.6) 式は，検討された実験範囲内で有効である．適用範囲は，パネルアスペクト比 d_b/d_c が 1.8 以下，矩形および円形の中空断面のパネル幅厚比 D_c/t_p が，それぞれ 40 以下および 50 以下の場合である．

各因子の影響については，「鋼構造接合部設計指針」に詳述されている．(8.2.2)～(8.2.6) 式での取扱いについては，以下の要約のとおりである．

○パネルアスペクト比の影響　　パネルアスペクト比 d_b/d_c が 1.8 以下では，接合部に作用する曲げの影響を考慮せず，パネル全体が一様にせん断降伏ひずみに達する状態を想定している．これは，強軸曲げを受ける H 形断面柱，矩形中空断面柱では接合部フランジが曲げを負担する役割を果たすこと，円形中空断面柱では，梁が接合部パネルを拘束することによって曲げの影響が現れにくくなっているためである．ただし，弱軸曲げを受ける H 形断面柱については，梁が接合部パネルの曲げ変形を拘束することがないので，アスペクト比 1.0 程度でも曲げの影響が現れる．したがって，弱軸曲げを受ける H 形断面柱の接合部パネルの全塑性モーメント $_pM_P$ については，曲げを考慮した次式で算定する．ただし，軸力比は $N/N_Y \leq d_c \cdot t_p/A$ の範囲とする．

$$_pM_P = 2 \cdot \left(1 - \frac{\sqrt{3}\,d_b}{6B_c}\right) B_c \cdot d_b \cdot t_f \cdot \frac{\sigma_Y}{\sqrt{3}} \tag{C 8.2.4}$$

ここに，B_c, t_f, σ_Y は，それぞれ，H 形断面柱のフランジ幅，フランジ板厚，フランジの降伏応力度を表す．

○軸力比の影響　　強軸曲げを受ける H 形断面柱および矩形中空断面柱では，作用軸力が接合部フランジの降伏軸力以下であれば，接合部フランジが全軸力を負担するものとしている．軸力がフランジの降伏軸力を超えると，超えた分の軸力とパネルのせん断力の組合せ応力に対してミーゼスの降伏条件を適用する．円形中空断面柱では，軸力が断面に一様に作用するものとし，軸力とパネルのせん断力の組合せ応力に対してミーゼスの降伏条件を適用する．

○矩形中空断面の製法の影響　　全塑性モーメントについては，特に矩形中空断面柱の製法（溶接組立箱形断面や冷間成形角形鋼管の製法の相違）を考慮して評価を行う必要はない．

以上，標準的な接合部パネルについて記述したが，その他の異形接合部パネル（テーパー管形式接合部パネル，梁偏心形式接合部パネル，梁段違い形式接合部パネル）の全塑性モーメントについては，「鋼構造接合部設計指針」[8.1]を参照されたい．

なお，付3における必要パネル厚の算定式[8.11]からもパネルの全塑性モーメントに相当する値を算出することができる．この算定式は，パネルに作用するせん断力・曲げモーメント・軸力を考慮した塑性解析に基づいて提案されたものであり，ひずみ硬化の影響を考慮して $\tau_Y = \sigma_Y/1.5 (\fallingdotseq 1.15\sigma_Y/\sqrt{3})$ として導かれている．ただし，σ_Y，τ_Y は，それぞれ降伏応力度，降伏せん断応力度である．（C 8.2.4）式の適用範囲を超えるものに対しても解を与えることができるので，参考にされたい．

8.2.2　接合部パネルの補強

柱とパネルが同じ断面である場合，特に H 形断面柱では，柱よりもパネルが先行して降伏することが多い[8.12]．柱断面形が矩形および円形の中空断面で，通しダイアフラムを用いて柱梁接合部を構成する場合，パネルを柱断面よりも大きな板厚の断面を用いることで，パネルの塑性化を抑制することが可能である．一方で H 形断面柱の場合，スチフナを用いて柱の補剛を行う通し柱形式であるため，パネルの塑性化を抑制するには，以下に述べるダブラープレートや斜めスチフナを用いる．

（1）　ダブラープレート

接合部パネルをダブラープレートで補強する場合，ダブラープレートをパネルいっぱいの大きさにして，四周を溶接で埋め，完全溶込み溶接とする方法や，ダブラープレートを小さめにして四周を隅肉溶接する方法がある．図 C 8.2.3 は，これら詳細の相違によって剛性と耐力がどのように変化

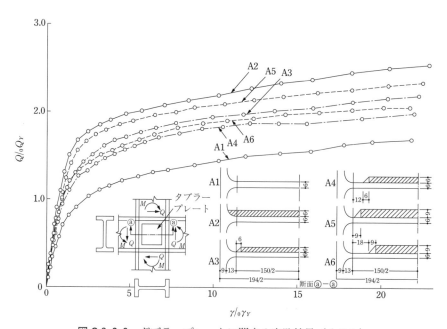

図 C 8.2.3　ダブラープレートに関する実験結果（その1）

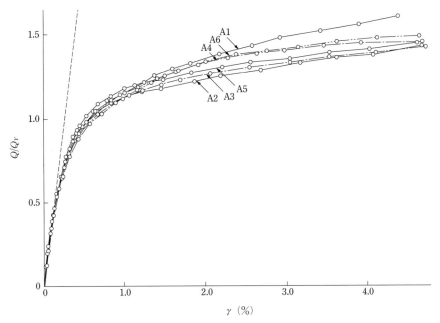

図C8.2.4 ダブラープレートに関する実験結果（その2）

するかを実験した結果である．縦軸は接合部パネルのせん断力 Q を無補強パネルの降伏耐力 $_0Q_Y$ で無次元化した値，横軸は接合部パネルのせん断変形角 γ を無補強パネルの降伏せん断変形角 $_0\gamma_Y$ で無次元化した値である．同図から各補強法によってA1の曲線よりどれだけ耐力が上がるかが求められるので，補強したパネルの有効厚さ t_{Pe} を求めると，次式が得られる．

$$t_{Pe} = t_{P0} + K \cdot t_{Pd} \tag{C 8.2.5}$$

ここに，t_{P0}：補強すべきパネルの厚さ

t_{Pd}：ダブラープレートの有効厚さで，ダブラープレートの体積を柱・梁フランジ板厚中心線で囲まれたパネルの面積で除した値

K：溶接部の有効率．完全溶込み溶接（A2）の場合：$K=1.0$，隅肉溶接（A3～A6）の場合：$K=0.8$

（C8.2.5)式によるパネルの有効厚さ t_{Pe} を用いて各試験体の降伏荷重 Q_Y を求め，実験値を Q_Y で無次元化したのが図C8.2.4である．図の横軸は，接合部パネルのせん断変形角 γ である．

（2） 斜めスチフナ

図C8.2.5に示すように強軸曲げを受けるH形断面柱に対しては，斜めスチフナで補強する場合がある．このような場合には，（8.2.1)式の代わりに次式を用いる．

$$_pM_P = {_bM_R} + {_bM_L} - ({_cQ_T} + {_cQ_B}) \cdot \frac{d_b}{2} - {_s\sigma_Y} \cdot A_s \cdot d_b \cos\theta \tag{C 8.2.6}$$

ここに，$_s\sigma_Y$：斜めスチフナの降伏応力度

A_s：斜めスチフナの全断面積

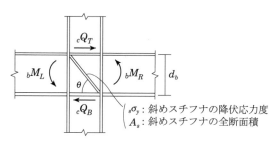

図 C 8.2.5 斜めスチフナ

8.2.3 接合部パネルの塑性変形能力

8.1節でも述べたように，接合部パネルは非常に大きな塑性変形能力を有している．図C 8.2.6 は，既往の部分架構の実験結果に基づいて矩形中空断面による接合部パネルの累積塑性せん断変形角 $\Sigma \gamma_p$ と幅厚比の関係を図示したものである．図中のプロットは載荷方向を表している．大きいプロットは最大耐力の90％まで耐力が低下した時点の結果を，小さいプロットは最大耐力到達後，最大耐力の90％まで耐力が低下せずに実験を終了した場合の結果を表しており，小さいプロットには上向きの矢印を併せて示している．

図 C 8.2.6 より，接合部パネル上下端の溶接部の破断が生じた場合を除き，幅厚比が1.2程度以下であれば，0.3 rad 以上の累積塑性せん断変形角を有していることが確認できる．これを層間変形角に換算するには9章の(C 9.3.21)式の係数の逆数を乗じればよく[8.13]，接合部パネルのせん断変形角の $(1-d_c/L-d_b/h)$ 倍となる．$(1-d_c/L-d_b/h)$ の値は，実骨組ではおおむね0.6～0.8となり，接合部パネルの塑性化による累積変形角は0.2 rad 程度を有しており，10.4.2項に示す梁の累積塑性変形角や文献8.1)に示されている梁端溶接接合部の累積塑性変形角と同等以上の値となっている．

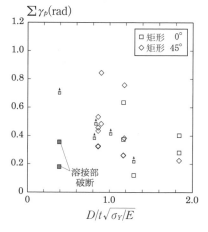

図 C 8.2.6 接合部パネルの塑性変形能力

8.3 柱　　脚

8.3.1　柱脚の設計

> 露出柱脚と根巻き柱脚で，最下層の鋼柱部材に先行して柱脚部を塑性化させる場合には，露出柱脚ではアンカーボルト軸部に降伏が生じるように，根巻き柱脚では根巻きコンクリート部の主筋の降伏が他の破壊モードに先行するように，それぞれ設計する．

　本節では「鋼構造接合部設計指針」[8.1]より抜粋した柱脚設計の基本的な内容のみを記述する．設計に関する詳細な解説・計算例は，同指針を参照されたい．

　8.1節でも述べたように，最下層の脚部では鋼柱下部の塑性変形能力に期待する設計，または鋼柱部材に先行して柱脚部を塑性化させる設計のいずれかが採用される．3つの柱脚形式のうち，露出および根巻き柱脚は，柱に対する相対的な耐力が埋込み柱脚に比べて低い傾向にある．これに対して埋込み柱脚は，柱脚の破壊に対して，鋼柱下部の塑性化を先行させる必要がある．柱脚の塑性化を先行させる場合においても，十分な塑性変形能力を確保することが重要となるため，それぞれの柱脚において想定される破壊モードを適切に評価し，その中でも塑性変形能力の高い破壊モードを先行させなければならない．

　露出柱脚の場合，図C8.3.1に示すような(a)アンカーボルトの降伏，(b)アンカーボルトの抜出し(コンクリートのコーン状破壊)，(c)ベースプレートの面外変形，(d)ベースプレート下面のコンクリート圧壊の4つの破壊モードが想定される．この中で高い塑性変形能力が期待できるものとして，(a)アンカーボルトの降伏が挙げられる．本指針の初版の執筆当時のアンカーボルトは伸び能力が乏しく，ねじ部の降伏以降，大きな塑性変形を伴わずに破断することが報告されていたため，アンカーボルトよりもベースプレートを先行して降伏させる設計が推奨されていた．その後，アンカーボルトセットの規格[8.14],[8.15]が制定され，軸部の降伏を保証しうるようになったため，アンカーボルトの塑性変形を期待した設計が可能となった．ただし，アンカーボルトの降伏を先行させる場合はスリップ型の復元力特性となるため，柱や梁が有する紡錘型の履歴特性に比べてエネルギー吸収能力が乏しいことに注意しなければならない．アンカーボルトの降伏が先行する露出柱脚の塑性変形能力や柱脚の復元力特性が建物全体挙動に及ぼす影響は，例えば文献8.16)~8.18)に示されている．このような設計をする場合に注意すべき点については，8.3.2項で記述する．

　根巻き柱脚で想定される破壊モードを図C8.3.2に示す．(a)根巻き部が健全で，根巻き部分直上の柱端部が降伏する場合，(b)主筋の降伏によって生じる曲げ引張破壊および曲げ圧縮破壊（根巻き部分の塑性変形能力が大きい場合の破壊）(c)根巻き部柱の上端部に生じる支圧力によるコンクリートの割裂破壊（頂部補強筋が少ない場合に生じる破壊）(d)根巻き鉄筋コンクリート側面に斜めひび割れを生じるせん断破壊，(e)曲げによる引張側主筋の付着破壊の5つに分類できる．(c)~(e)の破壊モードでは塑性変形能力が乏しいため，本指針では(a)，(b)の破壊モードの実現を設計目標とする．柱脚が塑性化する(b)の破壊モードについては，8.3.3項で記述する．

　なお，本指針で目標にする上述の露出柱脚，根巻き柱脚の破壊モードを想定した場合，各柱脚の

―128― 鋼構造塑性設計指針

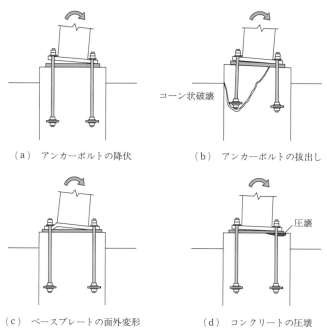

(a) アンカーボルトの降伏　　(b) アンカーボルトの抜出し

(c) ベースプレートの面外変形　　(d) コンクリートの圧壊

図C8.3.1　露出柱脚の破壊形式

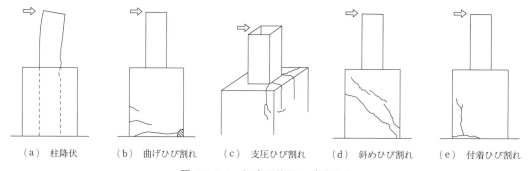

(a) 柱降伏　　(b) 曲げひび割れ　　(c) 支圧ひび割れ　　(d) 斜めひび割れ　　(e) 付着ひび割れ

図C8.3.2　根巻き柱脚の破壊形式

耐力の評価位置は，図C8.3.3(a)，(b)に示すようにベースプレート位置とする．また，埋込み柱脚では柱端部の塑性化を先行させるため，図C8.3.3(c)に示すように耐力の評価位置は基礎梁上端位置とし，6章で言及した柱の耐力を与える．保有水平耐力算定や塑性設計では，柱脚部分に生じる塑性ヒンジを上述の耐力評価位置に設けることとする．

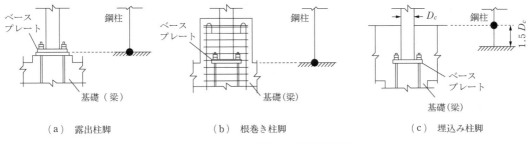

図 C 8.3.3　各柱脚の耐力評価位置

8.3.2　露出柱脚の全塑性モーメント

露出柱脚の全塑性モーメント M_P は，柱軸力 N（圧縮を正とする）の値に応じて，それぞれ(8.3.1)～(8.3.3)式による．

$N_u \geqq N > N_u - T_Y$ のとき

$$M_P = (N_u - N) \cdot d_t \tag{8.3.1}$$

$N_u - T_Y \geqq N > -T_Y$ のとき

$$M_P = T_Y \cdot d_t + \frac{(N+T_Y) \cdot D}{2} \cdot \left(1 - \frac{N+T_Y}{N_u}\right) \tag{8.3.2}$$

$-T_Y \geqq N > -2 \cdot T_Y$ のとき

$$M_P = (N + 2 \cdot T_Y) \cdot d_t \tag{8.3.3}$$

記号

- N_u ：基礎コンクリートの最大圧縮耐力　　$N_u = B \cdot D \cdot F_b$
- B ：構面直交方向のベースプレートの幅
- D ：構面方向のベースプレートの幅
- d_t ：柱断面図心より引張側アンカーボルト群図心までの距離
- F_b ：基礎コンクリートの支圧強度　　$F_b = 0.85 F_c$
- F_c ：基礎コンクリートの設計基準強度
- T_Y ：引張側アンカーボルトの降伏引張耐力　　$T_Y = n_t \cdot p_{bY}$
- n_t ：引張側アンカーボルトの本数
- p_{bY} ：アンカーボルト1本あたりの降伏引張耐力
  $p_{bY} = A_b \cdot \sigma_{bY}$　　$\{A_b \cdot \sigma_{bY} \leqq A_{be} \cdot \sigma_{bu}\}$
- A_b ：アンカーボルト軸部の断面積
- A_{be} ：アンカーボルトねじ部の有効断面積
- σ_{bY} ：アンカーボルトの降伏強さ
- σ_{bu} ：アンカーボルトの引張強さ

保有水平耐力の算定など塑性解析で用いる柱・梁の全塑性モーメントに相当する露出柱脚の指標として，上述の全塑性モーメントを用いる．ベースプレート直下の基礎コンクリート部分およびアンカーボルト部分の応力分布状態を図 C 8.3.4 のように仮定し，コンクリートの支圧耐力とアンカーボルトの降伏に基づく耐力を累加して全塑性曲げモーメントを算定する．算定式の誘導と実験結果との比較による妥当性の検証については，「鋼構造接合部設計指針」[8.1]を参照されたい．

なお，上述のように全塑性曲げモーメントを算定すると同時に，8.3.1項で想定した破壊モードと十分な塑性変形能力を確保し，「鋼構造接合部設計指針」[8.1]に記述される設計をするためには，以下に示す基本事項を満足する必要がある．

(1) アンカーボルトの塑性変形能力を十分確保する

アンカーボルトは，軸部の十分な塑性変形が生じるものを使用する．軸部が降伏し大きな塑性変形能力を発揮するためには，ねじ部の早期破断を防止しなければならない．そのためには，次式を満足する必要がある．

$$（降伏強さ）/（引張強さ） < （ねじ部有効断面積）/（軸部断面積）$$

また，軸部の降伏を保証したアンカーボルトセットのJIS規格として，構造用転造両ねじアンカーボルトセット JIS B 1220-2010 (ABR)[8.14]，構造用切削両ねじアンカーボルトセット JIS B 1221-2010(ABM)[8.15]が制定されているので，これらの規定に準拠したアンカーボルトセットを利用してもよい．

(2) アンカーボルトの抜出しを防止する

アンカーボルトに引張力が作用した場合には，アンカーボルトが降伏する前にコンクリート内のアンカーボルトの定着が不十分でアンカーボルトが抜け出す場合と，コンクリートがコーン状に破壊して抜け出す場合がある．「鋼構造接合部設計指針」[8.1]では，アンカーボルトの基礎コンクリートへの定着長さは，$20 \cdot d_b$（d_b：アンカーボルト径）以上としている．ただし，定着金物による場合，フック形式による場合を原則としている．また，コーン状破壊耐力がアンカーボルトの最大引張耐力を下回らないように設計する．コーン状破壊耐力については「鋼構造接合部設計指針」[8.1]に算定式が提示されている．

(3) 繰返し荷重によるナットのゆるみを防止し，ねじ部の応力集中を緩和する

アンカーボルトの締付けには座金を用い，かつ二重ナットその他の方法により，ゆるみが生じないようにする．

(4) ベースプレートの面外剛性・耐力を十分確保する

ベースプレートは，ベースプレート下面のコンクリートの支圧反力とアンカーボルトの引張反力による面外曲げモーメントを受ける鋼板として，弾性を維持するように設計する．

(5) ベースプレート下面と基礎上面を密着させる

所要の弾性剛性を得るために，ベースプレート下面と基礎上面との間に無収縮モルタルを充填する．その際，モルタルの圧縮強度は基礎コンクリートの設計基準強度以上とする．また，モルタルの硬化後，「鉄骨工事技術指針　工事現場施工編」[8.19]に提示されている値までアンカーボルトに張力を導入する．

(6) 基礎コンクリートの耐力を十分確保する

基礎コンクリートは，柱脚が全塑性モーメントに達するまで圧壊および割裂が生じないようにし，アンカーボルトの抜出しが生じないように設計する．

(7) その他

ベースプレートにおけるアンカーボルト孔のクリアランスは5mm以下とする．

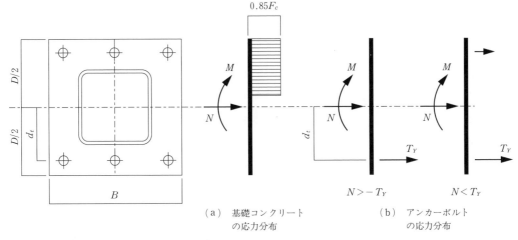

(a) 基礎コンクリートの応力分布
(b) アンカーボルトの応力分布

図C8.3.4 基礎コンクリートおよびアンカーボルトの応力分布状態

8.3.3 根巻き柱脚の全塑性モーメント

ベースプレート下面位置での根巻き柱脚の全塑性モーメント M_P は，(8.3.4)〜(8.3.6)式による．

$$M_P = \min\{M_{P1}, M_{P2}\} \tag{8.3.4}$$

$$M_{P1} = \frac{_cM_{Pc}}{1-\dfrac{_rl}{l}} \tag{8.3.5}$$

$$M_{P2} = 0.9 \cdot a_t \cdot {}_r\sigma_Y \cdot {}_rd + M_{P3} \tag{8.3.6}$$

記号
 M_{P1}：図C8.3.5のように最上部帯筋位置の曲げモーメント $_sM$ が柱の全塑性モーメント $_cM_{Pc}$（軸力考慮）に達する時の，根巻き部ベースプレート下面位置における曲げモーメント
 M_{P2}：根巻き鉄筋コンクリートの曲げ降伏により決まる耐力に露出柱脚としての耐力 M_{P3} を加算した全塑性モーメント
 M_{P3}：柱軸力に応じて，8.3.2項の露出柱脚の(8.3.1)〜(8.3.3)式による値
 $_rd$：圧縮縁から引張主筋重心までの距離
 l：ベースプレート下面から柱の反曲点位置までの距離
 $_rl$：ベースプレート下面から根巻き鉄筋コンクリートの最上部帯筋までの距離
 a_t：引張主筋の断面積
 $_r\sigma_Y$：主筋の降伏強さ

　根巻き柱脚部の塑性変形能力を確保するためには，図C8.3.2(a)の破壊モードにより，鋼柱に塑性ヒンジを発生させるのが好ましい．しかし，柱サイズが大きくなり根巻き高さが増すと，鋼柱の耐力に比べて柱脚の耐力が相対的に小さくなる．このとき想定すべき破壊モードは，図C8.3.2(b)に示す曲げひび割れであり，以下に示す点に注意しなければならない．

1) 剛性と耐力を確保するために，根巻き高さを柱せいの2.5倍以上として設計する．また，所要のかぶり厚さを確保する．
2) 立上り主筋頂部にはフックを設け，その延長長さは異形鉄筋で$25 \cdot d_a$以上（d_a：鉄筋の直径）を確保する．
3) 根巻き鉄筋コンクリート部には少なくとも通常の鉄筋コンクリート柱の場合と同程度の帯筋を配置しなければならない．特に主筋頂部の帯筋は密に配置する．
4) 柱の圧縮軸力はベースプレートと基礎コンクリートの支圧力により，柱の引張軸力はアンカーボルトの引張力により，それぞれ基礎に伝達する．
5) 柱の曲げモーメントとせん断力は，根巻き鉄筋コンクリートにより伝達するものとして設計する．
6) 柱脚が全塑性モーメントに達するまで，根巻き部分のせん断破壊が生じないように設計する．
7) 支圧による矩形中空断面の板要素の局部変形の影響で，支圧力が矩形中空断面隅角部に集中し，コンクリートの早期破壊を生じさせないように，矩形中空断面の幅厚比制限を設けたり，コンクリート充填などによる補剛を行う．

(8.3.4)〜(8.3.6)式は，「鋼構造接合部設計指針」[8.1]の全塑性曲げ耐力算定式であり，骨組の保有水平耐力算定や塑性設計にはこれを用いる．これらの式では，鋼柱とコンクリート間の付着，ならびに支圧による摩擦力の影響を無視して，図C8.3.5のような応力状態を基本として評価する．ただし，根巻き柱脚の全塑性モーメントには，アンカーボルトとベースプレートによって抵抗する柱脚部の耐力を加算することができる．実験による検証結果については，「鋼構造接合部設計指針」[8.1]を参照されたい．

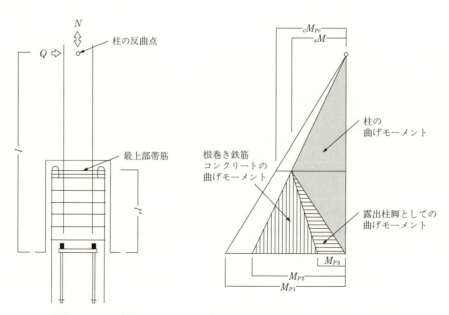

図C8.3.5 全塑性モーメント時の根巻きコンクリート部の応力状態

8.3.4 柱脚の塑性変形能力

アンカーボルトの降伏が先行するように設計された露出柱脚では，スリップ型の復元力特性となるため，柱脚の最大塑性変形角は累積塑性変形角と一致すると見なしてよい．また，露出柱脚の塑性変形角は，アンカーボルトの塑性伸びを回転中心から引張側アンカーボルト群の図心までの距離（回転半径）で除した値となる．したがって，露出柱脚の塑性変形能力は，アンカーボルトの伸び能力によって決定づけられる．

図 C 8.3.6 は，文献 8.14)に準拠する転造ねじアンカーボルト（ABR）と，文献 8.15)に準拠する切削ねじアンカーボルト（ABM）の引張試験結果の一例である．これらのアンカーボルトの伸び能力は，軸部の平均軸ひずみで 8％以上を有していることがわかる．アンカーボルトの長さと回転半径が等しい場合，露出柱脚の最大変形角はアンカーボルトの平均軸ひずみと等しく，この結果の例で言えば，露出柱脚の最大塑性変形角は 0.08 rad 以上を有していると見なせる．

根巻き柱脚の塑性変形能力については，既往の実験に基づく調査結果が文献 8.20)に示されている．図 C 8.3.7 の横軸は根巻き部の最大せん断耐力の計算値 Q_{su} を全塑性曲げ耐力計算値 Q_{bu} で除したもの（せん断余裕度），縦軸は $_c\theta_{pmax}$ は最大耐力時の塑性変形角である．図中には「鋼構造接合部設計指針」[8.1]の設計条件を満足する試験体を○，それ以外を●でプロットしている．本図より，せん断余裕度 Q_{su}/Q_{bu} と最大耐力時の塑性変形角 $_c\theta_{pmax}$ には正の相関があり，「鋼構造接合設計指

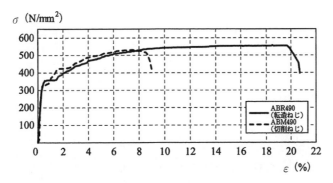

図 C 8.3.6 アンカーボルトの応力度―ひずみ度関係[8.14),8.15)]

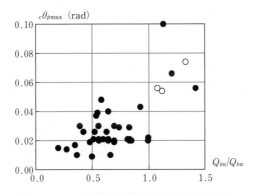

図 C 8.3.7 根巻き柱脚の塑性変形能力[8.20)]

針」[8.1)]の設計条件を満足する試験体の塑性変形能力は，事例が限られているものの他の試験体よりも高く，$_c\theta_{p\max}$ が 0.05 rad に達している．

8.4 その他の接合部

本節では，柱梁接合部および梁継手〔8.4.1項〕，柱継手〔8.4.2項〕，ブレース接合部〔8.4.3項〕について，接合部の設計の考え方について記述する．それぞれの接合部の降伏耐力や最大耐力の算定方法は，「鋼構造接合部設計指針」[8.1)]による．

8.4.1 梁端接合部および梁継手の設計

柱梁接合部は，柱端接合部，梁端接合部，接合部パネルの3つの接合要素で構成されるが，ここでは梁端接合部の設計を対象とする．梁端接合部および梁継手は，骨組が終局限界状態に達したときに破断することなく梁に作用する最大曲げモーメントを伝達し，かつ梁に要求される塑性変形能力を確保しなければならない．H形断面梁の接合部は，梁フランジ接合部と梁ウェブ接合部で構成され，梁に作用する応力を以下の原則に従って伝達する．

1) 曲げモーメントは，主に梁フランジ接合部で伝達される．ただし，梁端接合部で梁ウェブと接合される柱フランジの板厚が大きく面外剛性が高い場合，または柱フランジが面外変形に対して補剛されている場合，ならびに梁継手では，梁ウェブ接合部も曲げモーメントの一部を伝達する．
2) せん断力は，すべて梁ウェブ接合部で伝達する．
3) 一般に軸力は，設計応力としない．ただし，軸力が存在する場合には，存在軸力とそれ以外の応力の組合せ応力に対して設計する．

上述のうち1)の曲げモーメントに対する設計では，梁端接合部および梁継手の最大モーメントは(C 8.4.1)式を満たさなければならない．

$$_jM_u \geq \alpha \cdot {_bM_P} \tag{C 8.4.1}$$

ここに，$_jM_u$ は接合部の最大モーメント，$_bM_P$ は梁の全塑性モーメントであり，いずれも材料強度（降伏応力度）の公称値（規格下限値）に基づいて算出する．また，α は接合部係数で梁の目標性能に応じて決める1より大きい値である．接合部係数は，塑性化する梁の曲げモーメントが，ひずみ硬化の影響や材料強度の実勢値が公称値よりも大きいことによって，$_bM_P$ よりも大きな値となることを考慮した値である．「鋼構造接合部設計指針」[8.1)]では，図C 8.4.1に示す梁端接合部の最大耐力 $M_{\max}$ と梁の最大変形角 $\theta_{\max}$ の関係から，実測値の $_bM_P$ に対して1.2倍の梁端接合部の耐力を与えることで，梁の塑性変形能力として $\theta_{\max}/\theta_P$ で 4～5（塑性変形倍率 R で 3～4）を確保できることを示している．この $M_{\max}/{_bM_P}$ の値に，鋼種による材料強度のばらつきを考慮し，個別の検討を行わない場合の α の値は，柱梁接合部で1.25～1.45の範囲で規定されている[8.1)]．ただし，接合部パネルの塑性化に伴い，梁フランジに局所的な二次曲げが作用することで梁端接合部の塑性変形能力が低下することが報告されている[8.21)]が，接合部パネルと梁端接合部の塑性変形能力の総和は増大するため，梁と接合部パネルの耐力比について，特別な配慮は不要と考えられる．

他方，梁継手では，梁端接合部よりも塑性化が生じにくく，ひずみ硬化による耐力の上昇が小さ

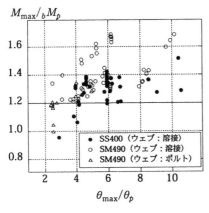
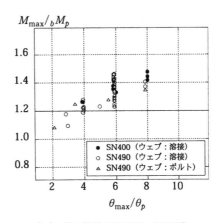

(a) 梁の鋼種：SS400, SM490　　　（b) 梁の鋼種：SN400B, SN490B

図C8.4.1　梁端接合部の最大耐力と梁の最大変形角[8.24]

いことから，αの値として，梁端接合部よりも0.15小さな値として1.10～1.30が規定されている[8.1]．

8.4.2　柱継手の設計

柱継手は，骨組の終局限界状態における作用応力の小さい位置に設け，その位置の組合せ応力に対して柱継手を弾性にとどめる必要がある．柱継手に作用する応力は，曲げモーメント，せん断力，および軸力であり，このうち曲げモーメントは，図C8.4.2に示すように骨組の終局限界状態の曲げモーメント分布に基づいて次式で求めることができる．

$$M_j = \alpha \cdot \left(1 - \frac{h_j}{y \cdot h}\right) \cdot {}_cM_B, \quad ただし\ M_j \geqq 0.5Z \cdot \sigma_Y \tag{C8.4.2}$$

ここに，αは柱継手の接合部係数で，個別の検討を行わない場合には梁継手と同じ値を採用する．また，hは柱部材の長さ，h_jは柱継手の位置，${}_cM_B$は骨組の終局限界状態で作用する柱下端部の曲げモーメント，yは骨組の終局限界状態における柱の曲げモーメント分布の反曲点高比，Zは柱の断面係数，σ_Yは柱材の降伏応力度である．ただし，σ_Yには1.7節で規定した降伏応力度の公称値（規格下限値）を用いる．

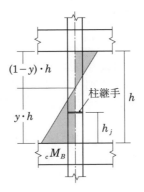

図C8.4.2　柱の曲げモーメント分布

8.4.3 ブレース接合部の設計

図C8.1.1(d)に示すように，ブレースをガセットプレートまたはブラケットに接合する部分では，高力ボルト接合または溶接接合により所要の応力を伝達する必要がある．また，ガセットプレートやブラケットは，柱や梁に溶接接合によって応力を伝達しなければならない．このようなブレース接合部のうち，終局限界状態においてブレース母材が引張降伏する場合には，(C8.4.3)式を満たさなければならない．

$$_jN_u \geq \alpha \cdot N_Y \tag{C8.4.3}$$

ここに，$_jN_u$ はブレース接合部の材軸方向の最大引張耐力，N_Y はブレース全断面の引張降伏軸力であり，いずれも材料強度（降伏応力度）の公称値（規格下限値）に基づいて算出する．また，α はブレース接合部の接合部係数である．α の値は，個別の検討を行わない場合に，接合部の破断形式や鋼種に応じて1.10～1.30の範囲で規定されている[8.1]．

一方で，圧縮力によってブレースの耐力が決まる場合には(C8.4.3)式による検討は不要となり，ブレースの圧縮耐力より接合部の耐力が大きいことを確認すればよい．また，骨組の終局限界状態においてブレースが弾性状態にとどまる場合には，必ずしも(C8.4.3)式を満足する必要はない．

以上は，通常のブレースを対象とした接合部の設計であるが，座屈拘束ブレースを耐震要素として用いる場合にも，(C8.4.3)式に従って接合部を設計する必要がある．このとき α の値には，上述したブレース接合部と同様，座屈拘束ブレース芯材の鋼種に応じて1.10～1.30を用いればよい．また，圧縮力を受ける場合には，$\alpha \cdot N_Y$ に対して接合部を含む座屈が生じないように配慮する必要がある[8.23]．これとは別に，座屈拘束ブレースを制振要素として用いる場合の接合部の設計については，「鋼構造接合部設計指針」[8.1]，「鋼構造座屈設計指針」[8.22]，「鋼構造制振設計指針」[8.23]を参照されたい．

参考文献

8.1) 日本建築学会：鋼構造接合部設計指針，2012
8.2) 日本建築学会：鋼構造設計規準―許容応力度設計法―，2005
8.3) 日本建築学会：鋼構造限界状態設計指針・同解説，2010
8.4) 河野昭雄，牧野 稔：中低層鋼構造骨組の耐震性に与える柱―はり接合部のせん断補強の効果について（その1 崩壊荷重係数と等価吸収エネルギー），日本建築学会論文報告集，No.319, pp.11-22, 1982.9
8.5) 長谷川隆，山内泰之：地震時に柱梁接合部パネルが他に先行して降伏する骨組の耐震性能に関する解析的研究，日本建築学会大会学術講演梗概集，C構造II, pp.1145-1146, 1991.9
8.6) 秋山将光，松尾 彰，中村雄治，椋代仁朗：弱パネル型中低層鋼構造骨組の地震応答解析，日本建築学会大会学術講演梗概集，C構造II, pp.1565-1566, 1993.9
8.7) 仲 威雄，加藤 勉，湯浅 丹，田中淳夫，佐々木哲也：水平荷重を受ける鋼構造柱はり，およびその接合部の挙動について（報告・その1），日本建築学会論文報告集，No.101, pp.31-38, 1964.8, （報告・その2），No.102, pp.37-43, 1964.9, （報告・その3），No.104, pp.13-20, 1964.10
8.8) 日置興一郎，中本嘉彦：接合部パネルの剪断変形を考慮した撓角法，日本建築学会論文報告集，No.101, pp.39-44, 1964.8

8.9) 武田寿一:梁柱接合部のせん断変形を考慮したラーメンの略算法(特にせん断力分布係数について),日本建築学会論文報告集,No.108, pp.26-30, 1965.2
8.10) 田渕基嗣,田中 剛,桑原 進,伊藤茂樹:鋼構造柱梁接合部パネルの耐力評価(その1,2),日本建築学会近畿支部研究報告集,第40号・構造系,pp.193-200, 2000.6
8.11) 田中 尚:柱・はり接合部必要パネル厚の計算式:日本建築学会論文報告集,No.207, pp.19-26, 1973.5
8.12) 桑原 進,小川厚治,井上一朗:柱梁接合部パネルを考慮した部材間耐力比と保有水平耐力略算法,鋼構造年次論文報告集,Vol.6, pp.357-362, 1998.11
8.13) 井上一朗,吹田啓一郎:建築鋼構造―その理論と設計―, 5.4.2項,鹿島出版会, 2007
8.14) 日本工業規格:構造用転造両ねじアンカーボルトセット,JIS B 1220, 2010
8.15) 日本工業規格:構造用切削両ねじアンカーボルトセット,JIS B 1221, 2010
8.16) 山田 哲,秋山 宏,貞許美和:スリップ形の復元力特性を有する柱脚の弾塑性挙動が鋼構造多層骨組の終局耐震性能に及ぼす影響,日本建築学会構造系論文集,No.502, pp.141-147, 1997.12
8.17) 長谷川隆:強震時における露出柱脚の最大塑性回転角,日本建築学会関東支部研究報告集,pp.45-48, 1999.3
8.18) 加藤 勉,佐藤邦明,鎌形修一,田上 淳:鋼構造露出柱脚の復元力特性が上部構造に与える影響について,日本建築学会大会学術講演梗概集,C構造II, pp.867-870, 1986.8
8.19) 日本建築学会:鉄骨工事技術指針・工事現場施工編, 2007
8.20) 向出静司,佐武莉沙,多田元英:鋼構造根巻き柱脚の大変形域載荷実験,日本建築学会近畿支部研究報告集,第55号・構造系,pp.361-364, 2015.6
8.21) 藤本盛久,橋本篤秀,中込忠男,金 鐘洛,松村弘道:柱はり溶接接合部の破壊特性の検討,厚板鋼板を用いた柱はり溶接接合部の破壊に関する実験的研究 その1,日本建築学会構造系論文報告集,No.349, pp.81-90, 1985.3
8.22) 日本建築学会:鋼構造座屈設計指針, 2009
8.23) 日本建築学会:鋼構造制振設計指針, 2014

9章　崩壊荷重の算定法

9.1　はじめに

　構造物の崩壊荷重と変形を精度良く求めるための解析法としては増分解析法があり，今日の構造設計においては最も一般的な手法である．しかし，増分解析法は膨大な量の計算を行う電子計算機の利用が必須であり，ブラックボックスとなりがちで，設計上の構造概要立案には不向きな面がある．そこで，電子計算機を用いた解析結果を検証する場合や，電子計算機を用いずに塑性設計を行う場合を想定すると，塑性解析の基本定理に基づく簡便な計算方法が望ましい．

　1章においては塑性設計の適用方法について，2章においては塑性解析の基本定理について説明した．2章で説明したように，多層多スパンラーメンにおける崩壊機構のパターン数は急激に増大する．ラーメンの真の崩壊荷重を仮想仕事法を用いて求めるためには，いかに崩壊機構を仮定・修正するかが要点となる．本章ではこの点を解決し，工夫した実用解法について説明する．なお，説明を容易とするため長方形ラーメンを対象としているが，異形ラーメンについても応用可能である．

9.2　算定法の種類

　水平力を受ける多層多スパンラーメンの崩壊荷重の算定法として多くの手法が考案されているが，ここでは「節点振り分け法」と「フロアモーメント分配法」について説明する．節点振り分け法は，節点モーメント分配法とも呼ばれる算定法である．

　節点振り分け法は，各々の節点において柱の全塑性モーメント和と梁の全塑性モーメント和のうちどちらか小さい方に塑性ヒンジを仮定し，その全塑性モーメント和を節点モーメント容量と定義して，剛比や一定の値（例えば1/2）の適切な比率で塑性ヒンジを仮定していない部材端曲げモーメントに分配する方法である．接合部パネルの扱いは9.3.2項に示し，9.2.1項では考慮しないものとする．

　フロアモーメント分配法は，各床の節点について節点モーメント容量を総和してフロアモーメント容量を求め，水平外力分布と釣り合うように崩壊機構形成時のフロアモーメント容量を上下層の層モーメントに分割することで，崩壊機構に対する崩壊ベースシア係数 $_cC_B$ の最小値を見出す方法である．

9.2.1　節点振り分け法

　節点振り分け法は，各節点における力の釣合いと塑性条件を用い，柱上下端の曲げモーメントを求めて水平力に対する崩壊荷重を求める方法である．この解法は（1）下界定理を用いる，（2）塑性ヒンジ位置を機械的に選定できるという特徴を持っている．以下の手順で計算を行う．

　①　柱，梁の全塑性モーメントを求める．

② 各節点について以下の計算を行う．
　1) 梁の全塑性モーメントの和：$\sum_b M_P$，柱の全塑性モーメントの和：$\sum_c M_P$ を求め，それらの最小値を節点モーメント容量：$_N M$ とする．
　2) 節点モーメント容量を 1/2 の比率で，塑性ヒンジを仮定していない端部に振り分ける．
　3) 塑性条件と節点のモーメントの釣合いを満足するように塑性ヒンジ位置を修正する．
③ 柱の両端の曲げモーメントから柱のせん断力を求め，層ごとの総和を求める．この値が機構形成時の保有水平耐力（層せん断力）である．

なお，節点モーメント容量の分割法としては，剛比で振り分ける方法等もあるが，ここでは 1/2 の比率で一律に振り分ける方法を用いる．

②の手順を表 C 9.2.1 にまとめて示す．上段が中間階の節点を示し，下段は最上階頂部の節点を示す．柱と梁の全塑性モーメントの大小関係により塑性ヒンジ位置を仮定し，柱と梁に分配されるモーメントの値を表中に示している．また，●印は節点モーメント容量を与える塑性ヒンジ位置に示し，◎印は節点モーメント容量を振り分けた後に塑性ヒンジを形成する部位を示す．

節点振り分け法は，多層多スパンラーメンの崩壊荷重を比較的容易に求めることができるが，一般的に水平外力分布に見合う崩壊荷重分布とはならないという欠点を有している．この方法を用いて塑性ヒンジ位置を仮定した後は，次項に示すフロアモーメント分配法のように仮想仕事法を用いると，水平外力分布を考慮した崩壊荷重が得られる．

表 C 9.2.1 節点振り分け法による曲げモーメント振り分け方法

条件	$\sum_b M_P \geqq \sum_c M_P$ $_N M = \sum_c M_P$	$\sum_b M_P < \sum_c M_P,\ _N M = \sum_b M_P$		
		$_c M_P^b > \frac{1}{2}{_N M}$ $_c M_P^t > \frac{1}{2}{_N M}$	$_c M_P^b \leqq \frac{1}{2}{_N M}$	$_c M_P^t \leqq \frac{1}{2}{_N M}$
機構 ●：塑性ヒンジ ◎：				
$_c M^b$	$_c M_P^b$	$\frac{1}{2}{_N M}$	$_c M_P^b$	$_N M - {_c M_P^t}$
$_c M^t$	$_c M_P^t$	$\frac{1}{2}{_N M}$	$_N M - {_c M_P^b}$	$_c M_P^t$

条件	$\sum_b M_P \geqq \sum_c M_P$ $_N M = \sum_c M_P$	$\sum_b M_P < \sum_c M_P$ $_N M = \sum_b M_P$
機構 ●：塑性ヒンジ		
$_c M^t$	$_c M_P^t$	$_N M$

$\sum_b M_P = {_b M_P^r} + {_b M_P^l}$
$\sum_c M_P = {_c M_P^t} + {_c M_P^b}$

モーメントの記号と正方向

【例　題】

図C9.2.1に示す3層2スパンラーメンの保有水平耐力（層せん断力）を求める．

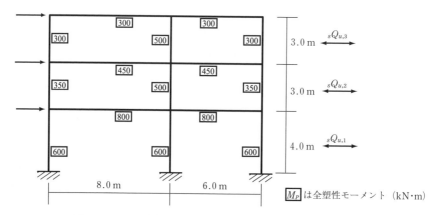

図C9.2.1　3層2スパンラーメンの例題（単位：kN·m）

[解]

表C9.2.1を基に求めると，各節点の節点モーメント容量と柱上下端の曲げモーメントは図C9.2.2(a)で求まり，水平力に対する柱の曲げモーメント分布は，図C9.2.2(b)のようになる．この柱の曲げモーメント分布から，崩壊機構形成時の保有水平耐力（層せん断力）は次式で得られる．

$$_sQ_{u,3} = 2 \cdot \left(\frac{300+225}{3.0}\right) + \frac{500+450}{3.0} = 666.7 \text{ (kN)}$$

$$_sQ_{u,2} = 2 \cdot \left(\frac{225+350}{3.0}\right) + \left(\frac{450+500}{3.0}\right) = 700 \text{ (kN)}$$

$$_sQ_{u,1} = 2 \cdot \left(\frac{450+600}{4.0}\right) + \left(\frac{600+600}{4.0}\right) = 825 \text{ (kN)}$$

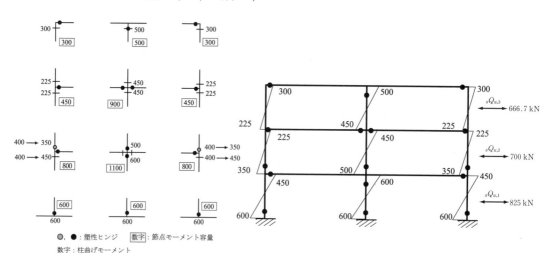

(a)　節点モーメント容量　　　　　　(b)　柱の曲げモーメント分布

図C9.2.2　崩壊時の塑性ヒンジ位置と柱の曲げモーメント分布（単位：kN·m）

9.2.2 フロアモーメント分配法

フロアモーメント分配法は機構法,仮想変形法に属する解法であり,一定鉛直荷重と漸増比例水平荷重を受ける多層骨組の真の崩壊機構に効率的に到達できるように,坂本によって工夫された[9.1),9.2)]方法である.

フロアモーメント分配法による崩壊荷重の算定は,以下の手順で計算を行う.なお,対象とする構造は,図C9.2.3に示すような梁が水平で柱が垂直な長方形ラーメン構造とする.漸増比例水平荷重として設計用地震荷重を対象とする.多層骨組(層数 n)の層番号,床番号は図C9.2.3に示す順序による.

① 柱,梁の全塑性モーメントを求める.
　1) 各梁部材の全塑性モーメントを算出する.
　2) 梁端部モーメントから梁の節点全塑性モーメント〔9.3.2項参照〕を算出する.
　3) 梁の節点全塑性モーメントから算定される地震時付加軸力と長期軸力を考慮して,各柱の節点全塑性モーメントを算出する.

② 第 i 床の各節点に接続する梁の節点全塑性モーメント和,柱の節点全塑性モーメント和,柱梁接合部パネルの節点全塑性モーメントの最小値(節点モーメント容量)を第 i 床の全節点について総和して,第 i 床のフロアモーメント容量 $_FM_i$ を算定する.

③ 設計用層モーメントの分布に合致するようにフロアモーメント容量を上層の柱脚側(M_{i+1}^B)と下層の柱頭側(M_i^T)に分配する.分配モーメントの計算は,最初に全層崩壊機構を仮定して仮想仕事法を用いて算定する.

④ 分配モーメントに対応する層の柱の全塑性モーメント和 $\sum_c M_{P,i}^T$ および $\sum_c M_{P,i}^B$ と対比して塑性条件を検討する.塑性条件が満足されない場合には,崩壊機構を修正して上記②の手順を繰り返す.

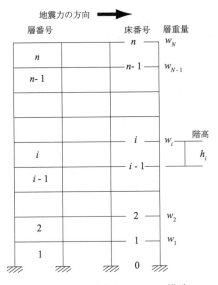

図C9.2.3　長方形ラーメン構造

n層骨組の真の崩壊荷重を求める機械的な方法は，$n \cdot (n+1)/2$個のすべての崩壊機構に対する崩壊ベースシア係数 $_cC_B$ を算定し，その最小値を見出すことである．内力のなす仕事は，崩壊層で形成される塑性ヒンジまたは塑性パネルの内力のなす仕事の総和として算定される．

接合部パネルの大きさと降伏を考慮した内力のなす仕事の算定は，厳密には複雑な繰返し計算が必要となる．ここでは，接合部パネルの降伏を考慮でき，内力のなす仕事の算定も容易な「節点全塑性モーメント」の考え方を用いる．これは，梁・柱・接合部パネルの降伏判定を同一の節点位置で行うことができる．「節点全塑性モーメント」の詳細については，後の9.3.2項に示す．

フロアモーメント容量を用いれば，内力のなす仕事を表すことができる．以下で用いる主な記号について，次のように定義する．

$_FM_i$ ：i階のフロアモーメント容量（$_FM_i = M_i^T + M_{i+1}^B$）

M_i^T ：第i番目の層の柱頭側分配モーメント

M_{i+1}^B ：第$i+1$番目の層の柱脚側分配モーメント

$\sum_c M_{P,i}^T$：第i番目の層の柱頭全塑性モーメントの総和

$\sum_c M_{P,i}^B$：第i番目の層の柱脚全塑性モーメントの総和

次に層単位で塑性ヒンジ発生位置を決め，仮想仕事式を用いて多層多スパンラーメンの崩壊荷重を求める．

多層ラーメンでの代表的な崩壊機構を図C9.2.4に示す．（a）の「全層崩壊機構」は，ある層に面する柱・梁に塑性ヒンジが生じる層が全層にわたる崩壊機構であり，（b）の「部分層崩壊機構」は，ある層に面する柱・梁に全く塑性ヒンジが生じない層のある崩壊機構であり，ある層（最上下層は除く）において，全ての柱頭または柱脚に塑性ヒンジを生じている層崩壊機構のことをいう．一般に部分層崩壊機構が生じると，その層に変形が集中して生じ，塑性ヒンジの耐力を保証しうる変形能力が担保しにくくなるため，耐震性を確保するためには全層崩壊機構が望ましい．

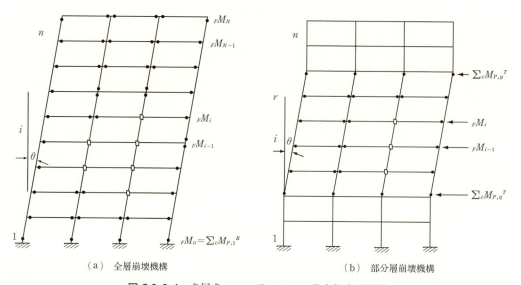

（a）全層崩壊機構　　　　（b）部分層崩壊機構

図C9.2.4　多層多スパンラーメンの代表的崩壊機構

真の崩壊荷重を見出す際には，この部分層崩壊機構の判定が重要となる．そこで本法では，節点振り分け法のように節点を個々に判定するのではなく，層にまとめて判定することにする．すなわち，(C9.2.1)式を満足すれば，全層崩壊機構となっており，満足しなければ，その階が部分崩壊機構となっていることを意味している．

$$M_i^T / \sum_c M_{P,i}^T < 1 \tag{C9.2.1.a}$$

$$M_i^B / \sum_c M_{P,i}^B < 1 \tag{C9.2.1.b}$$

第 i 番目の層の柱頭側分配モーメント M_i^T と第 $(i+1)$ 番目の層の柱脚側分配モーメント M_{i+1}^B は，フロアモーメント容量 $_F M_i$ と以下の釣合関係がある．

$$M_i^T + M_{i+1}^B = {_F M_i} \tag{C9.2.2}$$

また，外力分布と層せん断耐力の分布を一致させるには分配モーメントが次式を満足すればよい．

$$(M_i^T + M_i^B)/h_i = {_c C_B} \cdot {_s \bar{Q}_i}$$

ここに，$_s \bar{Q}_i$ はベースシア係数が1の時に第 i 番目の層に生じる層せん断力である．
上式を層せん断力と階高の積である層モーメント：$_s \bar{M}_i = h_i \cdot {_s \bar{Q}_i}$ で表示すると，

$$M_i^T + M_i^B = {_c C_B} \cdot {_s \bar{M}_i} \tag{C9.2.3}$$

(C9.2.2)，(C9.2.3)式から，分配モーメントの算定式は次式となる．

$$M_i^T = {_F M_i} - M_{i+1}^B \tag{C9.2.4.a}$$

$$M_i^B = {_c C_B} \cdot {_s \bar{M}_i} - M_i^T \tag{C9.2.4.b}$$

さて，次に層モーメントを用いて，外力のなす仮想仕事を算出することを考える．

図C9.2.5の3層2スパンラーメンを例に示す．

床位置に水平力 $\bar{H}_1$, $\bar{H}_2$, $\bar{H}_3$ が作用して，床位置で水平方向に変位 u_1, u_2, u_3 が生じている．層間変位は第1～3層で δ_1, δ_2, δ_3 となっており，全層崩壊機構で各塑性ヒンジの回転角，柱の回転角が θ となっている．各階高を h_1, h_2, h_3 とすると，変位，層間変位と回転角には，以下の関係が成り立つ．

$$u_i = \sum_{k=1}^{i} \delta_k \tag{C9.2.5.a}$$

$$\delta_i = h_i \cdot \theta \tag{C9.2.5.b}$$

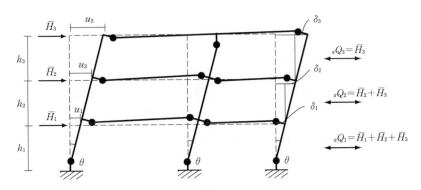

図C9.2.5 3層2スパンラーメン

$_s\bar{Q}_1$, $_s\bar{Q}_2$, $_s\bar{Q}_3$ は，ベースシア係数が1のときの水平力 $\bar{H}_1$, $\bar{H}_2$, $\bar{H}_3$ を用いて次式で表される．

$$_s\bar{Q}_i = \sum_{k=i}^{n} \bar{H}_k \tag{C 9.2.6}$$

図を参考に外力のなす仮想仕事 W_{ex} を求めると，

$$\begin{aligned} W_{ex} &= \bar{H}_1 \cdot u_1 + \bar{H}_2 \cdot u_2 + \bar{H}_3 \cdot u_3 \\ &= \bar{H}_1 \cdot \delta_1 + \bar{H}_2 \cdot (\delta_1 + \delta_2) + \bar{H}_3 \cdot (\delta_1 + \delta_2 + \delta_3) \\ &= \bar{H}_1 \cdot h_1 \cdot \theta + \bar{H}_2 \cdot (h_1 + h_2) \cdot \theta + \bar{H}_3 \cdot (h_1 + h_2 + h_3) \cdot \theta \\ &= (\bar{H}_1 + \bar{H}_2 + \bar{H}_3) \cdot h_1 \cdot \theta + (\bar{H}_2 + \bar{H}_3) \cdot h_2 \cdot \theta + \bar{H}_3 \cdot h_3 \cdot \theta \\ &= {}_s\bar{Q}_1 \cdot h_1 \cdot \theta + {}_s\bar{Q}_2 \cdot h_2 \cdot \theta + {}_s\bar{Q}_3 \cdot h_3 \cdot \theta \\ &= {}_s\bar{M}_1 \cdot \theta + {}_s\bar{M}_2 \cdot \theta + {}_s\bar{M}_3 \cdot \theta \\ &= \sum_{i=1}^{n} {}_s\bar{M}_i \cdot \theta \end{aligned} \tag{C 9.2.7}$$

と式変形できる．すなわち，層モーメントと柱の回転角の積で外力のなす仮想仕事を求めることができる．

一方，内力のなす仮想仕事は，梁で塑性ヒンジが生じても，その回転角は柱の回転角 θ と等しいので，次式で得られる．

$$W_{in} = \sum_{i=0}^{n} {}_FM_i \cdot \theta \tag{C 9.2.8}$$

ここで，層モーメント $_s\bar{M}_i$ はベースシア係数が1.0のときの値であるので，仮想仕事の原理から，$_cC_B \cdot W_{ex}$ と W_{in} を等値とすると，崩壊ベースシア係数 $_cC_B$ は，次式で得られる．

$$_cC_B = \frac{\sum_{i=0}^{n} {}_FM_i}{\sum_{i=1}^{n} {}_s\bar{M}_i} \tag{C 9.2.9}$$

得られた崩壊荷重係数から分配モーメントを(C 9.2.4)式で求め，柱の塑性条件を(C 9.2.1)式でチェックする．塑性条件を満足しない場合は，崩壊機構を変更して再計算する．これが，鉛直荷重を考慮しない場合のフロアモーメント分配法の算定方法である．

【例 題】

図C 9.2.1に示す3層2スパンラーメンの保有水平耐力（層せん断力）をフロアモーメント分配法で求める．ただし，外力の分布は，ベースシア係数を1として算出された層せん断力で $_s\bar{Q}_1 = 2\,500$ kN， $_s\bar{Q}_2 = 2\,000$ kN， $_s\bar{Q}_3 = 1\,500$ kN とする．

［解］

表C 9.2.2(a)の左欄から計算する．層せん断外力 $_s\bar{Q}_i$，階高 h_i を記入，層モーメント $_s\bar{M}_i$ を計算する．梁柱の全塑性モーメントから節点モーメント容量を求め，床ごとに総和してフロアモーメント容量 $_FM_i$ を計算する．崩壊ベースシア係数 $_cC_B$ を(C 9.2.9)式で求めると，0.361 が得られる．崩壊時の層モーメント $_cC_B \cdot {}_s\bar{M}_i$ を求め，これを用いて分配モーメント M_i^T, M_i^B を(C 9.2.4)式で計算する．層について柱頭側，柱脚側の全塑性モーメントの和，$\sum_c M_{P,i}^T$, $\sum_c M_{P,i}^B$ を求めて，これと分

配モーメントとの比 $M_i^T/\sum_c M_{P,i}^T$, $M_i^B/\sum_c M_{P,i}^B$ を求める．
この部分層崩壊を判定する比は第2層の柱頭では，

$$M_i^T/\sum_c M_{P,i}^T = 1\,276/1\,200 = 1.06$$

と1.0以上となっている．したがって，図C9.2.6(b)に示す部分層崩壊機構となっていることがわかる．そこで，その層より上の層の塑性ヒンジは内力による仮想仕事は行われないので $_FM_3$ を0に，また層間変位 δ_3 も生じないので $_s\bar{M}_3$ を0に修正する．これらの修正を行って同様の計算を行うと，

表C9.2.2(a)　3層2スパンラーメンの例題（全層崩壊機構）

層番号	層せん断力分布	階高	層モーメント	フロアモーメント容量	崩壊時層モーメント	分配モーメント	柱の全塑性モーメント容量	判定比
i	$_s\bar{Q}_i$	h_i	$_s\bar{M}_i$	$_FM_i$	$_cC_B \cdot {_s\bar{M}_i}$	M_i^T	$\sum_c M_{P,i}^T$	—
	kN	m	kN·m	kN·m	kN·m	M_i^B	$\sum_c M_{P,i}^B$	
3	1 500	3.0	4 500	1 100	1 624	1 100	1 100	1.00
						524	1 100	0.48
2	2 000	3.0	6 000	1 800	2 166	1 276	1 200	1.06
						890	1 200	0.74
1	2 500	4.0	10 000	2 700	3 610	1 810	1 800	1.01
						1 800	1 800	1.00
0				1 800	$_cC_B$			
	合計		20 500	7 400	0.361			

表C9.2.2(b)　3層2スパンラーメンの例題（部分層崩壊機構）

層番号	層せん断力分布	階高	層モーメント	フロアモーメント容量	崩壊時層モーメント	分配モーメント	柱の全塑性モーメント容量	判定比
i	$_s\bar{Q}_i$	h_i	$_s\bar{M}_i$	$_FM_i$	$_cC_B \cdot {_s\bar{M}_i}$	M_i^T	$\sum_c M_{P,i}^T$	—
	kN	m	kN·m	kN·m	kN·m	M_i^B	$\sum_c M_{P,i}^B$	
3	1 500	3.0	0	0	0	0	1 100	0.00
						0	1 100	0.00
2	2 000	3.0	6 000	1 200	2 138	1 200	1 200	1.00
						938	1 200	0.78
1	2 500	4.0	10 000	2 700	3 563	1 763	1 800	0.98
						1 800	1 800	1.00
0				1 800	$_cC_B$			
	合計		16 000	5 700	0.356			

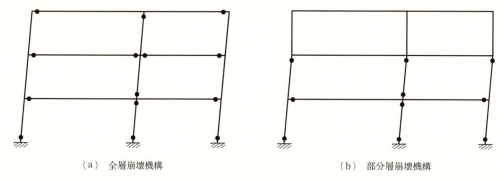

(a) 全層崩壊機構　　　　　　　(b) 部分層崩壊機構

図C9.2.6　崩壊機構

表C9.2.2(b)が得られる．部分層崩壊の判定比はいずれも1.0以下となり，崩壊ベースシア係数は0.356と0.361より小さくなっている．

9.3　実架構への適用法

9.2.2項では，フロアモーメント分配法による崩壊荷重の算定法を示したが，実架構ではスパン中間の鉛直荷重の影響や接合部パネル，ブレース等の耐力を考慮する必要がある．本節では，スパン中間の梁に鉛直荷重が作用する場合，接合部パネルの大きさや塑性化を考慮する場合，ブレースを有する場合について，崩壊荷重の算定法を説明する．

9.3.1　鉛直荷重の考慮（非比例載荷荷重の取扱い）

鉛直荷重を考慮する場合，複合機構を取り扱う必要がある．前述のフロアモーメント分配法の表計算に適用するための手法について，以下に示す．

図C9.3.1(a)に示す鉛直荷重と水平力を受ける門形ラーメンの崩壊荷重について，仮想仕事法で求めてみる．梁の塑性ヒンジ位置で，両端にヒンジが生じたとすると，梁中央部の曲げモーメント M_m は，(b)に示す鉛直力の釣合いから次式で得られる．

$$V = \frac{M_P + M_m}{l/2} + \frac{M_m - M_P}{l/2}, \quad M_m = \frac{V \cdot l}{4} \tag{C9.3.1}$$

$M_m = \frac{V \cdot l}{4} \geq M_P$ となると梁中央に塑性ヒンジが生じ，(c)に示すような曲げモーメント分布となり，左端の曲げモーメント M_L は，次式で得られる．

$$V = \frac{M_P + M_P}{l/2} + \frac{M_P - M_L}{l/2}, \quad M_L = 3M_P - \frac{V \cdot l}{2} \tag{C9.3.2}$$

$M_m \geq M_P$，すなわち，$V \geq \frac{4M_P}{l}$ の場合の崩壊荷重について，(d)を参考に仮想仕事法を適用して求めると，

$$P \cdot h \cdot \theta + V \cdot \frac{l}{2} \cdot \theta = 2M_P \cdot \theta + 2M_P \cdot 2\theta$$

上式を変形し，(C9.3.2)式を用いると，

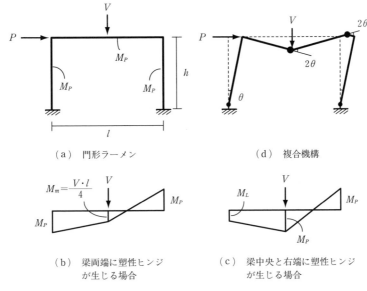

図 C 9.3.1　鉛直荷重を受ける門形ラーメン

$$P \cdot h \cdot \theta = 2M_P \cdot \theta + M_P \cdot \theta + \left(3M_P - V \cdot \frac{l}{2}\right) \cdot \theta$$

$$P \cdot h \cdot \theta = 2M_P \cdot \theta + M_P \cdot \theta + M_L \cdot \theta$$

上式より，内力の仮想仕事項において，複合機構となる場合（$V \geq 4M_P/l$ の時），左端の曲げモーメント M_L を全塑性モーメントのように取り扱え，鉛直力の影響や梁中央の塑性ヒンジ位置による機構を考慮せずに節点におけるフロアモーメント容量と回転角 θ の単純な掛け算で内力のなす仮想仕事が求められることがわかる．すなわち，鉛直力のある場合も，前例題と同様の表計算で保有水平耐力を求めることができる．外力 P は比例載荷の地震荷重，鉛直力 V は固定荷重，積載荷重の非比例載荷荷重である点が，これまでの例題と異なることに留意されたい．このような場合，本項の取扱い方法で崩壊荷重を計算できる．

表 C 9.3.1 には，代表的な梁の鉛直荷重に対する端部曲げモーメント M_L と荷重条件の相違による塑性ヒンジ位置を示している．図中の M_0 は，対応する荷重に対して単純支持とした時の最大曲げモーメントを示している．

表C9.3.1 代表的な梁の鉛直荷重状態に対する端部モーメントと塑性ヒンジ位置

荷重図	条件	荷重図	条件
M_L — P P — M_P	$M_P < \dfrac{3}{2} \cdot M_0$ $M_L = 2 \cdot M_P - \dfrac{3}{2} \cdot M_0$	M_L — P $_\gamma P$ P — M_P	$M_P < \dfrac{1+2\cdot\gamma}{2\cdot(1+\gamma)} \cdot M_0$ $M_L = 3 \cdot M_P - 2 \cdot M_0$
M_L — P P — M_P	$M_P \geqq \dfrac{3}{2} \cdot M_0$ $M_L = M_P$	M_L — P $_\gamma P$ P — M_P	$M_P \leqq \dfrac{1+2\cdot\gamma}{1+\gamma} \cdot M_0$ $M_L = \dfrac{5}{3} \cdot M_P - \dfrac{2}{3} \cdot \dfrac{1+2\cdot\gamma}{1+\gamma} \cdot M_0$
M_L ↓↓↓↓↓↓ M_P	$M_P < 2 \cdot M_0$ $M_L = 4 \cdot \sqrt{2 \cdot M_P \cdot M_0} - 4 \cdot M_0 - M_P$ $\dfrac{x_0}{L} = 1 - \sqrt{\dfrac{1}{2} \cdot \dfrac{M_P}{M_0}}$	M_L — P $_\gamma P$ P — M_P	$M_P \geqq \dfrac{1+2\cdot\gamma}{1+\gamma} \cdot M_0$ $M_L = M_P$
M_L ↓↓↓↓↓↓ M_P	$M_P \geqq 2 \cdot M_0$ $M_L = M_P$		M_P：全塑性モーメント M_0：単純梁最大曲げモーメント ● ：塑性ヒンジ

【例 題】

 図C9.3.2に示す鉛直力のある3層2スパンラーメンの保有水平耐力(層せん断力)をフロアモーメント分配法で求める．水平外力分布は，前述の例題と同様とする．

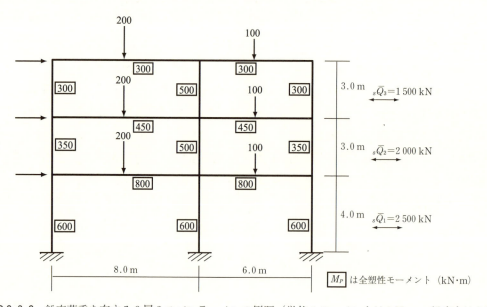

図C9.3.2 鉛直荷重を有する3層2スパンラーメンの例題(単位：モーメントはkN·m，鉛直力はkN)

[解]

3層左上の梁が，(C 9.3.1)式より $V \geq 4M_P/l$ の条件を満たすので，梁中央と梁右端に塑性ヒンジが生じる可能性がある．すなわち，

$$V = 200 \text{ (kN)} \geq 4M_P/l = 4 \times 300/8.0 = 150 \text{ (kN)}$$

崩壊機構としては，図C 9.3.2に示す第3層左側スパンが複合機構となる．

そこで，梁の左端の曲げモーメント M_L を求める．(C 9.3.2)式より，

$$M_L = 3M_P - \frac{V \cdot l}{2} = 3 \times 300 - 200 \times 8.0/2 = 100 \text{ (kN·m)}$$

全層崩壊機構を想定し，3層の床のフロアモーメント容量を求めると，

表C 9.3.2　鉛直力を考慮した3層2スパンラーメンの例題（全層崩壊機構）

層番号	層せん断力分布	階高	層モーメント	フロアーモーメント容量	崩壊時層モーメント	分配モーメント	柱の全塑性モーメント容量	判定比
i	$_s\bar{Q}_i$	h_i	$_s\bar{M}_i$	$_FM_i$	$_cC_B \cdot {_s\bar{M}_i}$	M_i^T	$\Sigma_cM_{P,i}^T$	—
	kN	m	kN·m	kN·m	kN·m	M_i^B	$\Sigma_cM_{P,i}^B$	
3	1 500	3.0	4 500	900	1 580	900	1 100	0.82
						680	1 100	0.62
2	2 000	3.0	6 000	1 800	2 107	1 120	1 200	0.93
						988	1 200	0.82
1	2 500	4.0	10 000	2 700	3 512	1 712	1 800	0.95
						1 800	1 800	1.00
0				1 800	$_cC_B$			
合計			20 500	7 200	0.351			

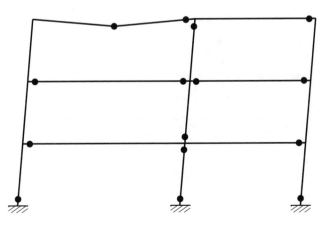

図C 9.3.3　鉛直力がある場合の崩壊機構

$$_FM_3 = 100 + 500 + 300 = 900 \text{ (kN·m)}$$

$_FM_3$ の変更を行なって，前述の例題のように表計算を行う．その結果を表C9.3.2に，崩壊機構を図C9.3.3に示す．

複合機構を第3層に有する場合の崩壊ベースシア係数は，0.351となる．第2層の柱頭の塑性条件を検定すると，0.93と1を下回るので，この場合は部分層崩壊していないことがわかる．鉛直力を考慮することで，前述の例題と比べて，崩壊ベースシア係数は0.356から0.351へと小さくなっていることがわかる．

9.3.2 接合部パネルの考慮

1.4節で説明したように，一般のラーメンでは，梁，柱のほかに接合部パネルも塑性化する．柱，梁，接合部パネルのうち，どの部位が先行して全塑性状態に達するのかを判定する必要がある．ここでは，柱，梁で構成される骨組の場合と同様に取り扱えるように，全塑性モーメントの大小を共通の節点位置で行う「節点全塑性モーメント」[9.3]という概念を導入する．以降では，節点モーメント，節点全塑性モーメントを説明した後に塑性化部位の決定法を示す．また，節点全塑性モーメントの実用解法も併せて示す．

(1) 節点モーメント

実際の柱梁接合部パネルを考えると，パネルの大きさを考慮する必要がある．柱や梁に塑性ヒンジが形成される場合は，柱梁とパネルの境界部分に塑性ヒンジが形成される．この柱梁とパネルの境界部を柱梁のフェースまたは材端と呼ぶ．図C9.3.5における O_{cT}, O_{cB} が柱のフェース位置，O_{bL}, O_{bR} が梁のフェース位置となる．

図C9.3.4，C9.3.5（図C8.2.1，C8.2.2を再掲）において，節点周辺の柱と梁のモーメントに関する釣合条件は，(C8.2.3)式に(C8.2.1)，(C8.2.2)式を代入して次式で表される．なお，以下における記号については，図C9.3.4，C9.3.5を参照されたい．

$$_bM_L + {_bM_R} + \frac{d_c}{2} \cdot ({_bQ_L} + {_bQ_R}) = {_cM_T} + {_cM_B} + \frac{d_b}{2} \cdot ({_cQ_T} + {_cQ_B}) \tag{C9.3.3}$$

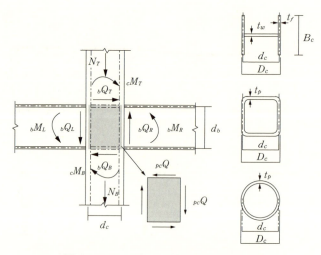

図C9.3.4　パネル・柱・梁の作用応力

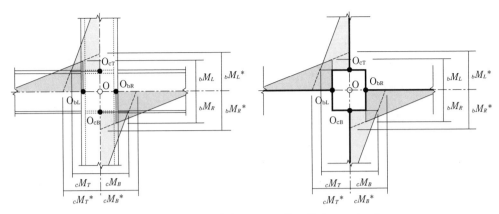

図C9.3.5 柱梁接合部のモデル化と節点モーメント

柱・梁・パネル相互の釣合条件は，(C8.2.3)，(C9.3.3)式を整理して次式で得られる．

$$_cM_T{}^* + {}_cM_B{}^* = {}_bM_L{}^* + {}_bM_R{}^* = {}_pM^* \tag{C9.3.4}$$

ただし， $_cM_T{}^* = {}_cM_T + \dfrac{{}_cQ_T d_b}{2}, \quad {}_cM_B{}^* = {}_cM_B + \dfrac{{}_cQ_B d_b}{2}$ (C9.3.5)(C9.3.6)

$$_bM_L{}^* = {}_bM_L + \dfrac{{}_bQ_L d_c}{2}, \quad {}_bM_R{}^* = {}_bM_R + \dfrac{{}_bQ_R d_c}{2} \tag{C9.3.7}(C9.3.8)$$

$$_pM^* = {}_pM + \dfrac{d_c}{2}({}_bQ_L + {}_bQ_R) + \dfrac{d_b}{2}({}_cQ_T + {}_cQ_B) \tag{C9.3.9}$$

ここでは $_cM_T{}^*$，$_cM_B{}^*$，$_bM_L{}^*$，$_bM_R{}^*$，$_pM^*$ をそれぞれ柱・梁・パネルの「節点モーメント」と呼ぶ．

(2) 節点全塑性モーメント

柱・梁の全塑性モーメント・パネルの全塑性モーメントの記号と骨組の寸法を図C9.3.6のように表す．柱・梁が塑性化するときは，それぞれの部材端部のモーメントが全塑性モーメント $_cM_P$, $_bM_P$ に達したときとし，パネルの場合は，パネルの節点モーメントが全塑性モーメント $_pM_P$ に達したときとする．

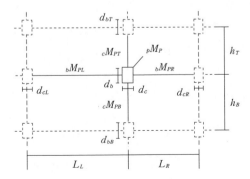

図C9.3.6 骨組寸法と各部材の全塑性モーメント

各部位が塑性化するときの節点モーメント $_cM_T^*$, $_cM_B^*$, $_bM_L^*$, $_bM_R^*$, $_pM^*$ をそれぞれ $_cM_{PT}^*$, $_cM_{PB}^*$, $_bM_{PL}^*$, $_bM_{PR}^*$, $_pM_P^*$ で表し, 各々を柱・梁・パネルの「節点全塑性モーメント」と呼ぶ. これらは柱・梁の全塑性モーメント $_cM_P$, $_bM_P$ およびパネルの全塑性モーメント $_pM_P$ を用いて次式で表される.

$$_cM_{PT}^* = {_cM_{PT}} + \frac{_cQ_T \cdot d_b}{2}, \quad _cM_{PB}^* = {_cM_{PB}} + \frac{_cQ_B \cdot d_b}{2} \qquad (C\,9.3.10)\,(C\,9.3.11)$$

$$_bM_{PL}^* = {_bM_{PL}} + \frac{_bQ_L \cdot d_c}{2}, \quad _bM_{PR}^* = {_bM_{PR}} + \frac{_bQ_R \cdot d_c}{2} \qquad (C\,9.3.12)\,(C\,9.3.13)$$

$$_pM_P^* = {_pM_P} + \frac{d_c}{2} \cdot ({_bQ_L} + {_bQ_R}) + \frac{d_b}{2} \cdot ({_cQ_T} + {_cQ_B}) \qquad (C\,9.3.14)$$

ただし, 柱とパネルの全塑性モーメント $_cM_P$, $_pM_P$ には, 崩壊機構形成時の軸力による低減を考慮した全塑性モーメントを用いる. また, 式中のせん断力 Q は崩壊機構形成時に作用しているせん断力である. これらの真の値は骨組全体の崩壊機構が決定しないと得られない値であり, 個々の節点から得られる塑性化部位から骨組全体の崩壊機構を得るためには, 近似的な処理や繰返し計算が必要となる. この実用解法については(4)で述べる.

(3) 塑性化部位の決定

骨組に作用する応力が増大すると, (C 9.3.4)式の釣合条件を保持して $_cM_T^* + {_cM_B^*}$, $_bM_L^* + {_bM_R^*}$, $_pM^*$ が増大する. これらの節点モーメントのうちで最初に $_cM_{PT}^* + {_cM_{PB}^*}$, $_bM_{PL}^* + {_bM_{PR}^*}$, $_pM_P^*$ のいずれかに達した部位が塑性化する. したがって, 各節点において(C 9.3.10)～(C 9.3.14)式より得られる3つの値

$$_cM_{PT}^* + {_cM_{PB}^*}, \quad _bM_{PL}^* + {_bM_{PR}^*}, \quad _pM_P^*$$

を比較して最小値を選択することによって, 節点毎に塑性化部位を決定することができる.

さらに上記の考え方に基づけば, 崩壊機構形成時の各節点における塑性化部位を決定する指標となる部材間耐力比(柱梁耐力比, パネル柱耐力比, パネル梁耐力比)は, 単なる部材の全塑性モーメントの比ではなく, 柱の節点全塑性モーメント和, 梁の節点全塑性モーメント和, パネルの節点全塑性モーメント相互の比として定義される必要がある.

(4) 節点全塑性モーメントの実用解法

(2)で述べたように, 崩壊機構形成時の節点全塑性モーメントについて真の解を得るためには, 繰返し計算が必要となる. そこで繰返し計算を省くため, 次の(a)～(c)では柱・梁・パネルそれぞれの節点全塑性モーメントの略算式を示す.

(a) 柱の節点全塑性モーメント

(C 9.3.10), (C 9.3.11)式のせん断力を含む右辺第2項は, 右辺第1項の全塑性モーメントと比較して一般に小さな値となる. したがって, 機構形成時のせん断力分布を与えるために以下の仮定を導入する.

「柱の節点全塑性モーメント算定時の柱のせん断力を, 柱の部材両端がそれぞれ全塑性モーメントに達した時の値で近似する.」

柱の上下端で全塑性モーメントが変わる場合を想定して，図C9.3.7のような場合について考える．図は柱の両端が全塑性モーメントに達した時の曲げモーメント分布を表している．このとき，上記の仮定より柱の節点全塑性モーメントは，次式で得られる．

$$_cM_{PT}{}^* = \frac{1 - \frac{1}{2 \cdot h} \cdot \left(d_{bB} - d_{bT} \cdot \frac{_cM_{PB}}{_cM_{PT}} \right)}{1 - \frac{d_{bB} + d_{bT}}{2 \cdot h}} \cdot {}_cM_{PT} \tag{C9.3.15}$$

上式の右辺の分子第2項は，第1項と比較してかなり小さい値であるから，以下の近似公式

$$1 - x \approx \frac{1}{1+x} \qquad (x \ll 1) \tag{C9.3.16}$$

を(C9.3.15)式の分子に適用し，h/d_bの2次項を無視すると次式が得られる．

$$_cM_{PT}{}^* = \frac{1}{1 - \frac{d_{bT}}{2 \cdot h} \cdot \left(1 + \frac{_cM_{PB}}{_cM_{PT}} \right)} \cdot {}_cM_{PT} \tag{C9.3.17}$$

同様に次式が得られる．

$$_cM_{PB}{}^* = \frac{1}{1 - \frac{d_{bB}}{2 \cdot h} \cdot \left(1 + \frac{_cM_{PT}}{_cM_{PB}} \right)} \cdot {}_cM_{PB} \tag{C9.3.18}$$

$_cM_P = {}_cM_{PT} = {}_cM_{PB}$の場合は，次式で表される．

$$_cM_{PT}{}^* = \frac{1}{1 - \frac{d_{bT}}{h}} \cdot {}_cM_{PT}, \quad _cM_{PB}{}^* = \frac{1}{1 - \frac{d_{bB}}{h}} \cdot {}_cM_{PB} \tag{C9.3.19}(C9.3.20)$$

上式の$_cM_{PT}{}^*$と$_cM_{PB}{}^*$の差は通常小さく，次式で近似することも可能である．

$$_cM_P{}^* = {}_cM_{PT}{}^* = {}_cM_{PB}{}^* = \frac{1}{1 - \frac{d_{bT} + d_{bB}}{2 \cdot h}} \cdot {}_cM_P \tag{C9.3.21}$$

なお，上式の柱の全塑性モーメントは，機構形成時に柱に作用する軸力を考慮して算定される．

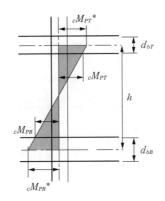

図C9.3.7　柱の節点全塑性モーメント

(b) 梁の節点全塑性モーメント

梁についても，柱と同様に以下の仮定を導入する．

「梁の節点全塑性モーメント算定時の梁のせん断力を，梁の部材両端がそれぞれ全塑性モーメントに達した時の値で近似する．」

ただし，柱の場合と異なり，梁中間に鉛直荷重が作用し，梁の両端に作用するせん断力が異なる場合がある．この梁中間の鉛直荷重によるせん断力を Q_0 とすると，図 C 9.3.8 を参照して梁の左右両端の節点全塑性モーメントが次式で表される．

$$_bM_{PL}{}^* = \frac{1}{1-\frac{d_{cL}}{L}} \cdot {}_bM_{PL} - \frac{d_{cL}}{2} \cdot Q_0 \tag{C 9.3.22}$$

$$_bM_{PR}{}^* = \frac{1}{1-\frac{d_{cR}}{L}} \cdot {}_bM_{PR} + \frac{d_{cR}}{2} \cdot Q_0 \tag{C 9.3.23}$$

第 2 項のせん断力の項は，応力仕事の算定過程で相殺される項であるから，これを無視して梁の節点全塑性モーメントを次式で近似する．

$$_bM_{PL}{}^* = \frac{1}{1-\frac{d_{cL}}{L}} \cdot {}_bM_{PL}, \quad {}_bM_{PR}{}^* = \frac{1}{1-\frac{d_{cR}}{L}} \cdot {}_bM_{PR} \tag{C 9.3.24}{(C 9.3.25)}$$

柱と同様に，両者の平均をとって次式で近似する．

$$_bM_P{}^* = {}_bM_{PL}{}^* = {}_bM_{PR}{}^* = \frac{1}{1-\frac{d_{cL}+d_{cR}}{2L}} \cdot {}_bM_P \tag{C 9.3.26}$$

(c) 接合部パネルの節点全塑性モーメント

接合部パネルの節点全塑性モーメントの近似式に下記の仮定を導入する．

「接合部パネルの節点全塑性モーメント算定時のせん断力を，接合部パネルの節点全塑性モーメントを上下の柱・左右の梁の節点モーメントとして，それぞれに等分配して得られるせん断力の値で近似する．」

「柱・梁の反曲点をそれぞれ柱・梁の中央とする．」

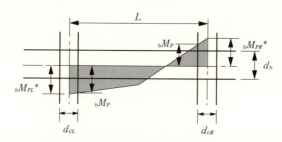

図 C 9.3.8　梁の節点全塑性モーメント

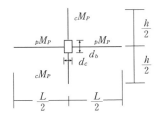
図 C 9.3.9　中間層外柱節点

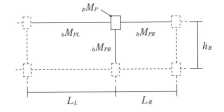
図 C 9.3.10　最上層中柱節点

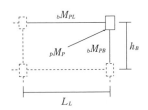
図 C 9.3.11　最上層外柱節点

　この仮定を導入すると，図 C 9.3.6 に示す骨組における接合部パネルの節点全塑性モーメント $_pM_P{}^*$ は，図中の記号を用いて次式で表せる．

$$_pM_P{}^* = \frac{2}{2 - \left(\dfrac{d_c}{L_L} + \dfrac{d_c}{L_R} + \dfrac{d_b}{h_T} + \dfrac{d_b}{h_B}\right)} \cdot {}_pM_P \tag{C 9.3.27}$$

　上記の接合部パネル節点全塑性モーメントの略算式は，中間層中柱節点の接合部パネルに対するものである．図 C 9.3.9，C 9.3.10，C 9.3.11 にそれぞれ示す中間層外柱節点，最上層中柱節点，最上層外柱節点での接合部パネルの節点全塑性モーメントの略算式は，以下のように表される．

$$_pM_P{}^* = \frac{2}{2 - \left(\dfrac{2d_c}{L_L} + \dfrac{d_b}{h_T} + \dfrac{d_b}{h_B}\right)} \cdot {}_pM_P \quad (\text{中間層外柱節点}) \tag{C 9.3.28}$$

$$_pM_P{}^* = \frac{2}{2 - \left(\dfrac{d_c}{L_L} + \dfrac{d_c}{L_R} + \dfrac{2d_b}{h_B}\right)} \cdot {}_pM_P \quad (\text{最上層中柱節点}) \tag{C 9.3.29}$$

$$_pM_P{}^* = \frac{1}{1 - \left(\dfrac{d_c}{L_L} + \dfrac{d_b}{h_B}\right)} \cdot {}_pM_P \quad (\text{最上層外柱節点}) \tag{C 9.3.30}$$

【例　題 1】

　図 C 9.3.12 に示す十字形骨組についてその塑性化部位を求める．$h = 2\,000$ mm，$L = 4\,000$ mm，柱およびパネルは □-200×200×12（BCR295），梁は H-300×150×6.5×9（SN400B）とする．柱および梁の全塑性モーメントは，次式で得られる．

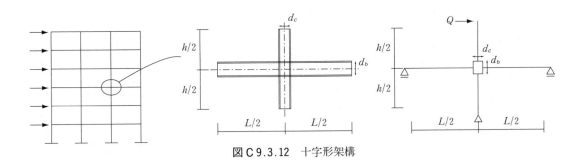
図 C 9.3.12　十字形架構

柱　　　：$_cM_P = 588 \times 10^3 \text{ mm}^3 \times 295 \text{ N/mm}^2 = 173 \text{ kN·m}$

梁　　　：$_bM_P = 542 \times 10^3 \text{ mm}^3 \times 235 \text{ N/mm}^2 = 127 \text{ kN·m}$

パネルの全塑性モーメントは次式で得られる．

パネル：$_pM_P = 2 \times (200-9) \times (300-9) \times 12 \times 295 \text{ N/mm}^2 \div \sqrt{3} = 227 \text{ kN·m}$

　柱・梁・パネルの節点全塑性モーメントは，(C 9.3.10)～(C 9.3.14)式より得られる．(C 9.3.10)～(C 9.3.13)式中のせん断力は，十字架構であり静定構造物なので Q が定まる．それぞれ柱端・梁端のモーメントが全塑性モーメントに達した時のせん断力であるから，十字形骨組の場合は次式で得られる．

$$_cQ_T = {_cQ_B} = \frac{2{_cM_P}}{h - d_b} \qquad \text{ただし} \quad _cM_{PT} = {_cM_{PB}} = {_cM_P} \tag{C 9.3.31}$$

$$_bQ_L = {_bQ_R} = \frac{2{_bM_P}}{L - d_c} \qquad \text{ただし} \quad _bM_{PL} = {_bM_{PR}} = {_bM_P} \tag{C 9.3.32}$$

(C 9.3.14)式中のせん断力はパネルの節点モーメントが節点全塑性モーメントになったときの柱・梁のせん断力であるから，十字形骨組の場合は，次式となる．

$$_cQ_T = {_cQ_B} = \frac{_pM_P{}^*}{h}, \quad _bQ_L = {_bQ_R} = \frac{_pM_P{}^*}{L} \tag{C 9.3.33) (C 9.3.34}$$

上式を(C 9.3.10)～(C 9.3.14)式に代入して整理すると，次式を得る．

$$_cM_{PT}{}^* = {_cM_{PB}}{}^* = \frac{1}{1 - \dfrac{d_b}{h}} \cdot {_cM_P}, \quad _bM_{PL}{}^* = {_bM_{PR}}{}^* = \frac{1}{1 - \dfrac{d_c}{L}} \cdot {_bM_P} \tag{C 9.3.35) (C 9.3.36}$$

$$_pM_P{}^* = \frac{1}{1 - \left(\dfrac{d_c}{L} + \dfrac{d_b}{h}\right)} \cdot {_pM_P} \tag{C 9.3.37}$$

上式を用いると，柱・梁・パネルの節点全塑性モーメントは，次式のようになる．

柱　　　：$_cM_{PT}{}^* = {_cM_{PB}}{}^* = 2\,000/\{2\,000 - (300-9)\} \times 173 = 202 \text{ kN·m}$

梁　　　：$_bM_{PL}{}^* = {_bM_{PR}}{}^* = 4\,000/\{4\,000 - (200-12)\} \times 127 = 133 \text{ kN·m}$

パネル：$_pM_P{}^* = 1/\{1 - (200-12)/4\,000 - (300-9)/2\,000\} \times 227 = 281 \text{ kN·m}$

柱，梁の節点全塑性モーメント和とパネルの節点全塑性モーメントを比較して塑性化部位を決定する．すなわち，

$$\min\{{_cM_{PT}}{}^* + {_cM_{PB}}{}^*,\ {_bM_{PL}}{}^* + {_bM_{PR}}{}^*,\ {_pM_P}{}^*\} = \min\{2 \times 202,\ 2 \times 133,\ 281\} = 266 \text{ kN·m}$$

したがって，この十字形骨組は，梁が塑性化する．

【例　題 2】

　例題 1 と同様，図 C 9.3.12 に示す十字形骨組について，その塑性化部位を求める．柱およびパネルを $\phi 267.4 \times 9.3$ (STKN400) に変更する．柱の全塑性モーメント，パネルの全塑性モーメントは次式で得られる．

柱　　　：$_cM_P = 620 \times 10^3 \text{ mm}^3 \times 235 \text{ N/mm}^2 = 146 \text{ kN·m}$

パネル：$_pM_P = 2 \times (267.4 - 9.3) \times (300 - 9) \times 9.3 \times 235 \text{ N/mm}^2 \div \sqrt{3} = 190 \text{ kN·m}$

柱・梁・パネルの節点全塑性モーメントは，(C 9.3.15)～(C 9.3.30)式より次式のようになる．

  柱 ：$_cM_{PT}{}^*=_cM_{PB}{}^*=2\,000/\{2\,000-(300-9)\}\times 146=171\text{ kN·m}$

  梁 ：$_bM_{PL}{}^*=_bM_{PR}{}^*=4\,000/\{4\,000-(267.4-9.3)\}\times 127=136\text{ kN·m}$

  パネル ：$_pM_P{}^*=1/\{1-(267.4-9.3)/4\,000-(300-9)/2\,000\}\times 190=241\text{ kN·m}$

柱，梁の節点全塑性モーメント和とパネルの節点全塑性モーメントを比較して塑性化部位を決定する．すなわち，

$$\min\{_cM_{PT}{}^*+_cM_{PB}{}^*,\ _bM_{PL}{}^*+_bM_{PR}{}^*,\ _pM_P{}^*\}=\min\{2\times 171,\ 2\times 136,\ 241\}=241\text{ kN·m}$$

したがって，この十字形骨組は，パネルが先行して塑性化する．

9.3.3 ブレースの考慮

次にブレース付ラーメンの崩壊荷重を求める．

図 C 9.3.13 に示す 1 層 1 スパンの K 形ブレース付ラーメンを考える．ブレースは，圧縮降伏耐力，引張降伏耐力ともに同じ大きさとなる座屈拘束ブレースとする．ブレースが降伏する場合は，内力がなす仮想仕事に次式の値を加えることになる．

$$_DW_{in}=2\cdot{}_DN_Y\cdot\cos\alpha_D\cdot h\cdot\theta=2\cdot{}_DQ_Y\cdot h\cdot\theta=2\cdot{}_DM\cdot\theta \tag{C 9.3.38}$$

ここに，

  $_DN_Y$：ブレースの降伏軸力

  $_DQ_Y$：ブレース降伏軸力の水平成分

  $_DM$ ：ブレースの層モーメント容量

フロアモーメント容量にこのブレースの層モーメント容量を加えて表計算すれば，ブレース付ラーメンの崩壊水平耐力が計算できる．

これを内力のなす仮想仕事に加え，次式で崩壊ベースシア係数 $_cC_B$ を求める．

$$_cC_B=\frac{\sum_{i=0}^{n}{}_FM_i+\sum_{i=1}^{n}{}_DM_i}{\sum_{i=1}^{n}{}_sM_i} \tag{C 9.3.39}$$

分配モーメントは，次式で算定する．

$$M_i{}^T={}_FM_i-M_{i+1}{}^B \tag{C 9.3.40.a}$$

$$M_i{}^B={}_cC_B\cdot{}_s\bar{M}_i-M_i{}^T-{}_DM_i \tag{C 9.3.40.b}$$

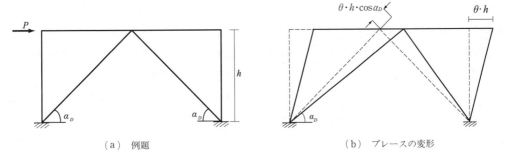

(a) 例題   (b) ブレースの変形

図 C 9.3.13 K 形ブレース付ラーメン

【例　題】

図C9.3.14に示す座屈拘束ブレースを有する3層2スパンのブレース付ラーメンの保有水平耐力（層せん断力）をフロアモーメント分配法で求める．水平外力分布は，前述の例題と同様とする．

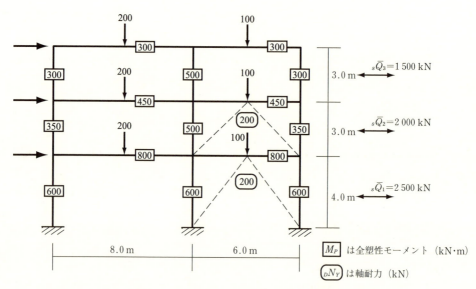

図C9.3.14　3層2スパンのブレース付ラーメンの例題
（単位：モーメントはkN·m，鉛直力，ブレース軸力はkN）

[解]

前述の例題に加えて，各層のブレースの層モーメント容量の総和 $_DM_i$ を求める．

この変更を行った結果を表C9.3.3に示す．

1，2層にブレースを有する場合の崩壊ベースシア係数は0.439となる．塑性条件を検定すると，判定の比はすべて1.0以下となることから，この崩壊ベースシア係数から保有水平耐力が得られる．崩壊機構を図C9.3.15に示す．

連層ブレースを採用すると，図C9.3.16に示すようにブレースの軸力が累加し，最下層柱の基礎が浮き上がる場合があり，この浮上りを考慮する必要がある．この場合の計算方法の詳細は，文献9.4)を参考にされたい．

また，ここでは座屈拘束ブレースを取り扱ったが，通常ブレースの場合は，7章で述べたように圧縮時の耐力は座屈後の安定耐力を採用すればよい．ただし，ここで取り扱ったK形ブレースの場合は，圧縮側と引張側の耐力に差があると梁中央に大きな鉛直力が作用することになるので，図C9.3.17に示すように，梁中央に塑性ヒンジが生じる可能性を検討する必要がある．

また，地震水平力以外に強風や津波に対する崩壊荷重も塑性解析で取り扱える[9.5),9.6)]．津波の場合，水平外力として津波荷重[9.7)]を，下向き鉛直力を浮力として考慮した上向きの鉛直荷重に変更して，この計算方法で取り扱えばよい．

表C9.3.3 3層2スパンブレース付ラーメンの例題(全層崩壊機構)

層番号	層せん断力分布	階高	層モーメント	フロアーモーメント容量	ブレースモーメント容量	崩壊時層モーメント	分配モーメント	柱の全塑性モーメント容量	判定比
i	$_sQ_i$	h_i	$_s\bar{M}_i$	$_FM_i$	$_DM_i$	$_cC_B \cdot {_s\bar{M}_i}$	M_i^T / M_i^B	$\sum_c M_{P,j}^T$ / $\sum_c M_{P,j}^B$	
	kN	m	kN·m	kN·m	kN·m	kN·m			
3	1 500	3.0	4 500	900	0	1 978	900	1 100	0.82
							1 078	1 100	0.98
2	2 000	3.0	6 000	1 800	849	2 637	722	1 200	0.60
							1 065	1 200	0.89
1	2 500	4.0	10 000	2 700	960	4 395	1 635	1 800	0.91
							1 800	1 800	1.00
0				1 800		$_cC_B$			
合計			20 500	7 200	1 809	0.439			

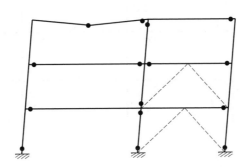

図C9.3.15 ブレースを有する場合の崩壊機構(全層崩壊機構)

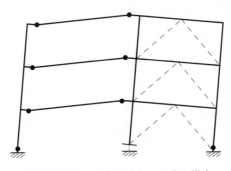

図C9.3.16 基礎の浮上りが出る場合

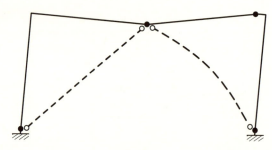

図C 9.3.17　K形ブレースで圧縮側ブレースに座屈が生じる場合

9.4　算定例

これまで説明したフロアモーメント分配法を図C 9.4.1に示す層骨組に適用する．図C 9.4.2に長期荷重と地震時荷重分布を示す．梁材のσ_Y値は235 N/mm²，柱材のσ_Y値は295 N/mm²とする．

	部材記号	部　材	塑性断面係数（×10³ mm³）
梁	$G_3^{(j)}$	H-400×200×8×13	1 310
	$G_2^{(j)}$	H-500×200×10×16	2 130
	$G_1^{(j)}$	H-500×200×10×16	2 130
柱	$C_3^{(j)}$	□-300×300×12	1 420
	$C_2^{(j)}$	□-300×300×12	1 420
	$C_1^{(j)}$	□-300×300×19	2 070

図C 9.4.1　例題骨組

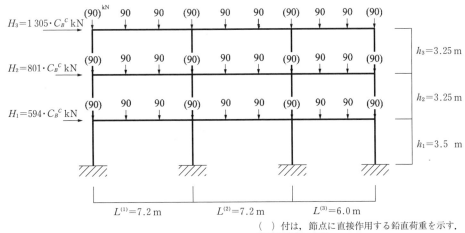

図 C 9.4.2 荷重条件

① 柱，梁の全塑性モーメントを求める．
1) 各梁の全塑性モーメントの算出

まず，梁の全塑性モーメントを計算する．例えば，図 C 9.4.3 (a) の 3 層梁材では以下となる．
H-400×200×8×13 の塑性断面係数 Z_{Px} は，$1\,310×10^3\,\mathrm{mm}^3$ である．

$$_bM_{P,3}{}^{(3)}=1\,310×10^3×235=308×10^6\,\mathrm{N\cdot mm}=308\,\mathrm{kN\cdot m}$$

2) 梁の節点全塑性モーメントの算出

梁に作用する長期荷重を考慮して，梁の塑性ヒンジ位置および端部モーメントを算定する．この場合，梁の塑性条件を満足するように注意しなければならない．

例えば，図 C 9.4.3 (a) の 3 層梁では，まず図 C 9.4.3 (b) のように塑性ヒンジ位置を想定すると，梁の全塑性モーメントより左端モーメント $_bM_{PL,3}{}^{(i)}$ は，次のように計算される．

$$_bM_{PL,3}{}^{(1)}=2\cdot{}_bM_{P,3}{}^{(1)}-\frac{3}{2}\cdot M_{0,3}{}^{(1)}=292\,\mathrm{kN\cdot m}$$

$$_bM_{PL,3}{}^{(2)}=292\,\mathrm{kN\cdot m}$$

$$_bM_{PL,3}{}^{(3)}=2\cdot{}_bM_{P,3}{}^{(3)}-\frac{3}{2}\cdot M_{0,3}{}^{(3)}=346\,\mathrm{kN\cdot m}$$

ここで，図 C 9.4.3 (a) の各数値から，下記としている．

$$M_{0,3}{}^{(1)}=M_{0,3}{}^{(2)}=\frac{P_3\cdot L^{(1)}}{3}=216\,\mathrm{kN\cdot m},\ M_{0,3}{}^{(3)}=\frac{PL}{3}=180\,\mathrm{kN\cdot m}$$

モーメント分布は図 C 9.4.3 (c) となり，3 スパン目の梁の左端モーメントは塑性条件 $|_bM_{PL,3}{}^{(3)}|\leqq{}_bM_{P,3}{}^{(3)}$ を満足しないことがわかる．そこで，塑性ヒンジ位置を図 C 9.4.3 (d) のように修正する．

この場合のモーメント図は図 C 9.4.3 (e) となり塑性条件を全て満足しているので，各梁の端

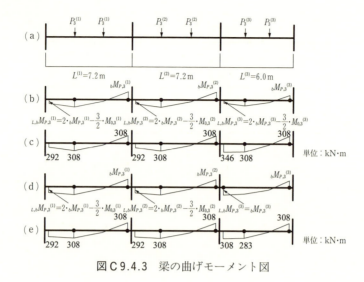

図 C 9.4.3 梁の曲げモーメント図

部モーメントと塑性ヒンジ位置が決定されたことになる．

同様にして他の層の梁についても算定を行い，その結果を図 C 9.4.4 に示す（なお，代表的な梁の荷重状態に対する端部モーメントと塑性ヒンジ位置の関係を前節の表 C 9.3.1 に示しているので参照されたい）．

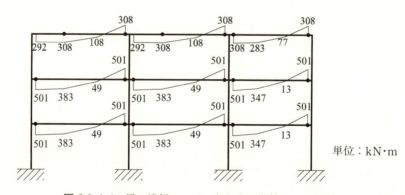

図 C 9.4.4 梁の端部モーメントおよび塑性ヒンジ位置

次に，梁端部モーメントから梁の節点全塑性モーメントの算出を行う．例えば，図 C 9.4.4 の 2 層右端の梁の節点全塑性モーメントは，(C 9.3.25)式より以下のように求められる．

$$_bM_{PR,2}^{(3)*} = \frac{_bM_{PR,2}^{(3)}}{1-\dfrac{d_{cR}}{l^{(3)}}} = \frac{501}{1-\dfrac{0.288}{6.0}} = 526 \text{ kN·m}$$

図 C 9.4.5 に，(C 9.3.24)，(C 9.3.25)式または(C 9.3.26)式を用いて求めた梁の節点全塑性モーメントを示す．

ここで，3 層の第 1 スパンと第 2 スパンでは，梁の中央部に塑性ヒンジが発生し，左端には塑性

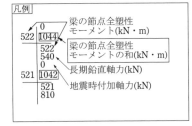

図C9.4.5 梁の節点全塑性モーメント

ヒンジは発生しないが,梁の左端モーメント(実際の作用モーメント)を全塑性モーメントとして,節点全塑性モーメントを求めている点に留意されたい.これは複合機構が形成されているためである.

3) 柱の節点全塑性モーメントの算出

梁の節点全塑性モーメントから算定される地震時付加軸力と長期軸力とを考慮して,各柱の節点全塑性モーメントを算出する.

柱に作用する軸力の正解を知るためには,真の崩壊機構を見つける必要があるが,ここでは,設計の手順と効率の観点から,柱に作用する軸力を柱の長期軸力と2)で求めた梁の曲げモーメント分布から求められる付加軸力の合計と仮定する.図C9.4.5には,柱の長期軸力と,2)で求めた梁の曲げモーメント分布から求められる付加軸力を示している.これらの軸力が作用するものとして,柱の全塑性モーメントを計算する.この場合,3章で述べた算定式を用いる.

例えば,2層右端の柱の全塑性モーメントは,以下のように求められる.

□-300×300×12 の断面積 A は 13 330 mm^2,ウェブの断面積 $A_w(=2d_{t1})$ は 6 624 mm^2,塑性断面係数 Z_{Px} は 1 420×10^3 mm^3 である.

柱の降伏軸力は,

$$N_{Y,2}^{(4)} = 13\,330 \times 295 = 3.932 \times 10^6 \text{ N} = 3\,932 \text{ kN}$$

柱に作用する軸力は,

$$N_{S,2}^{(4)} = N_{L,2}^{(4)} + N_{E,2}^{(4)} = 360 + 283 = 643 \text{ kN}$$

ここに,N_S は短期軸力,N_L は長期軸力,N_E は地震時軸力を示す.

よって,

$$\frac{N}{N_Y} = \frac{N_{S,2}^{(4)}}{N_{Y,2}^{(4)}} = \frac{643}{3\,932} = 0.16$$

一方,

$$\frac{A_w}{2 \cdot A} = \frac{6\,624}{2 \times 13\,330} = 0.25$$

よって,

$$\frac{N}{N_Y} < \frac{A_w}{2 \cdot A}$$

であるので，(C 3.3.8)式より，柱の全塑性モーメントは，

$$_cM_{P,2}^{(4)} = 1\,420 \times 10^3 \times 295 = 419 \times 10^6 \text{ N} \cdot \text{mm} = 419 \text{ kN} \cdot \text{m}$$

となる．

次に，(C 9.3.21)式より，柱の節点全塑性モーメントを求める．

$$_cM_{P,2}^{(4)*} = \frac{_cM_{P,2}^{(4)}}{1 - \dfrac{d_{bT} + d_{bB}}{2 \cdot h_2}} = \frac{419}{1 - \dfrac{0.484 + 0.484}{2 \times 3.25}} = 492 \text{ kN} \cdot \text{m}$$

となる．

図C 9.4.6に，同様にして求めた他の柱の節点全塑性モーメントを示す．1階柱頭については，(C 9.3.26)式を用いている．

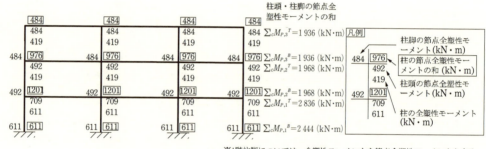

図C 9.4.6　柱の全塑性モーメントと節点全塑性モーメント

4）接合部パネルの節点全塑性モーメントの算出

算出した梁の節点全塑性モーメントから算定される地震時付加軸力と長期軸力を考慮して，柱梁接合部パネルの節点全塑性モーメントを算定する．

柱梁接合部パネルに作用する軸力の正解を知るためには，真の崩壊機構を見つける必要があるが，ここでは，柱と同様の観点から柱梁接合部パネルに作用する軸力は，対象とする柱梁接合部パネルの上下柱の軸力(図C 9.4.5)の平均軸力を用いることとする．

例えば，図C 9.4.7の3階床梁右端の柱梁接合部パネルの節点全塑性モーメントは，以下のように求められる．

梁は H-500×200×10×16，柱は□-300×300×12 である．

接合部パネルに作用する軸力は，

$$_pN_{S,2}^{(4)} = \frac{1}{2} \cdot (N_{L,2}^{(4)} + N_{E,2}^{(4)} + N_{L,3}^{(4)} + N_{E,3}^{(4)}) = \frac{1}{2} \cdot (360 + 283 + 180 + 108) = 466 \text{ kN}$$

接合部パネルの軸力比は，

$$\frac{N}{N_Y} = \frac{{}_pN_{S,2}{}^{(4)}}{N_{Y,2}{}^{(4)}} = \frac{466}{3\,932} = 0.12$$

よって,

$$\frac{N}{N_Y} \leq 0.5$$

したがって,(8.2.5)式より,柱梁接合部パネルの全塑性モーメントは,

$${}_pM_{P,2}{}^{(4)} = V_e \cdot \frac{\sigma_Y}{\sqrt{3}} = 2 \cdot t_p \cdot d_c \cdot d_b \cdot \frac{\sigma_Y}{\sqrt{3}} = 2 \times 12 \times 288 \times 484 \times \frac{295}{\sqrt{3}} = 5.70 \times 10^8 \text{ N} \cdot \text{mm} = 570 \text{ kN} \cdot \text{m}$$

次に,(C 9.3.28)式より,柱梁接合部パネルの節点全塑性モーメントを求める.

$${}_pM_{P,2}{}^{(4)*} = \frac{2 \cdot {}_pM_{P,2}{}^{(4)}}{2 - \left(\frac{2 \cdot d_c}{l^{(3)}} + \frac{d_b}{h_3} + \frac{d_b}{h_2}\right)} = \frac{2 \times 570}{2 - \left(\frac{2 \times 0.288}{6.0} + \frac{0.484}{3.25} + \frac{0.484}{3.25}\right)} = 710 \text{ kN} \cdot \text{m}$$

図C 9.4.7に,(C 9.3.27)~(C 9.3.30)式を用いて求めた他の柱梁接合部パネルの節点全塑性モーメントを示す.

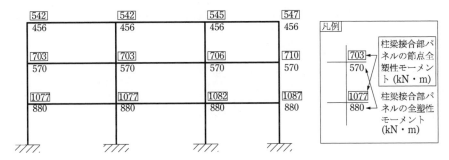

図C 9.4.7 柱梁接合部パネルの全塑性モーメントと節点全塑性モーメント

② 第i床のフロアモーメント容量の算出

　i階の各節点に接続する梁の節点全塑性モーメント和,柱の節点全塑性モーメント和,柱梁接合部パネルの節点全塑性モーメントの最小値(節点モーメント容量)を第i床の全節点について,総和して第i床のフロアモーメント容量を算定する.

　図C 9.4.5,C 9.4.6,C 9.4.7の□の中には,それぞれ,梁の節点全塑性モーメント和,柱の節点全塑性モーメント和,各柱梁接合部パネルの節点全塑性モーメントを示している.

　図C 9.4.8には,各節点の節点モーメント容量を□の中に示す.また,同図の右側に第i床の全節点について総和して第i床のフロアモーメント容量を示す.

③ フロアモーメント容量の分配

　設計用層モーメントの分布に合致するようにフロアモーメント容量を上層の柱脚側($M_{i+1}{}^B$)と下層の柱頭側($M_i{}^T$)に分配する.分配モーメントの計算は,最初に図C 9.4.8に示す全層崩壊機構を仮定して算定する.

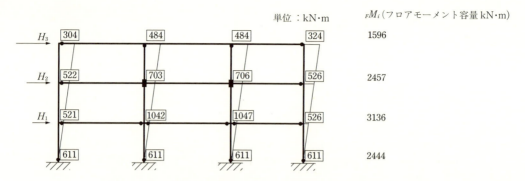

図C9.4.8 全層崩壊機構における各節点の節点モーメント容量

表C9.4.1 全層崩壊機構に対するフロアモーメント分配法の計算過程

(単位：力は[kN]，モーメントは[kN・m])

i	w_i	$\sum w_i$	α_i	A_i	$_s\bar{Q}_i$	$_s\bar{M}_i$	$\sum_s\bar{M}_i$	$_F M_i$	$\sum_F M_i$	$_cC_B \cdot _s\bar{M}_i$	M_i^T / M_i^B	$\sum_c M_{P,i}^T$ / $\sum_c M_{P,i}^B$	$M_i^T/\sum_c M_{P,i}^T$ / $M_i^B/\sum_c M_{P,i}^B$
3	900	900	0.33	1.45	1 305	4 241	4 241	1 596	1 596	1 989	1 596	1 936	0.82
											393	1 936	0.20
								2 457	4 053				
2	900	1 800	0.67	1.17	2 106	6 845	11 086			3 210	2 064	1 968	1.05
											1 146	1 968	0.58
								3 136	7 189				
1	900	2 700	1.00	1.00	2 700	9 450	20 536			4 432	1 990	2 836	0.70
								2 444	9 633		2 444	2 444	1.00

——(C9.2.4)式

各層の重量w_i，層せん断力分布$_s\bar{Q}_i$，層モーメント分布$_s\bar{M}_i$，分配モーメント$\{M_i^T, M_i^B\}$の算定過程は表C9.4.1にまとめている．建物の固有周期からA_i分布を算定し，各階の層せん断力分布を求めている．

(C9.2.9)式より　　　$_cC_B = \dfrac{9\,633}{20\,536} = 0.469$

$$A_i = 1 + \left(\dfrac{1}{\sqrt{\alpha_i}} - \alpha_i\right) \cdot \dfrac{2T}{1+3T}$$　　　固有周期 $T = 0.03 \times 10.0 = 0.30$ s

④ 塑性条件の検討

分配モーメントに対応する層の柱の全塑性モーメント和$\sum_c M_{P,i}^T$および$\sum_c M_{P,i}^B$と対比して塑性条件を検討する．塑性条件が満足されない場合には，崩壊機構を修正して，これまでの手順を繰返す．

表C9.4.1で，第2層の柱頭においてM_2^Tが柱の全塑性モーメント和を超えていて，ここで塑性条件が満足されていないことがわかる．この結果，真の崩壊機構は図C9.4.9に示されている崩壊機

構の可能性が高いことが判明する．

図C9.4.9の部分層崩壊機構に対する同様の算定過程を表C9.4.2にまとめている．この結果，図C9.4.8より小さい崩壊ベースシア係数 $_cC_B$ が得られ，また，塑性条件も満足する．

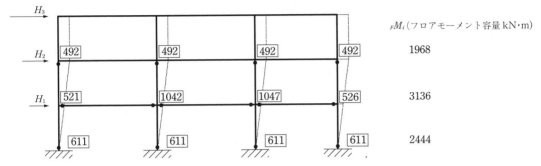

図C9.4.9 1，2層崩壊機構における各節点の節点モーメント容量

表C9.4.2 部分層崩壊機構に対するフロアモーメント分配法の計算過程

(単位：力は[kN]，モーメントは[kN・m])

i	w_i	Σw_i	α_i	A_i	$_s\bar{Q}_i$	$_s\bar{M}_i$	$\Sigma_s\bar{M}_i$	$_FM_i$	Σ_FM_i	$_cC_B \cdot _s\bar{M}_i$	M_i^T / M_i^B	$\Sigma_cM_{P,i}^T$ / $\Sigma_cM_{P,i}^B$	$M_i^T/\Sigma_cM_{P,i}^T$ / $M_i^B/\Sigma_cM_{P,i}^B$
3	900	900	0.33	1.45	1 305			$\Sigma_cM_{P,2}^T$ ↓ 1968	1968				
2	900	1 800	0.67	1.17	2 106	6 845	6 845	3 136	5 104	3 169	1 968 / 1 201	1 968 / 1 968	1.00 / 0.61
1	900	2 700	1.00	1.00	2 700	9 450	16 295	2 444	7 548	4 375	1 935 / 2 440	2 836 / 2 444	0.68 / 1.00

(C 9.2.9)式より　　$_cC_B = \dfrac{7\,548}{16\,295} = 0.463$

表C9.4.3 部分層崩壊機構に対するフロアモーメント分配法による崩壊層せん断耐力

i	階高 h_i (m)	$_s\bar{M}_i$ (kN・m)	$_cC_B \cdot _s\bar{M}_i$ (kN・m)	$_uQ_i$ (kN)
3	3.25	4 241	1 964	604
2	3.25	6 845	3 169	975
1	3.5	9 450	4 375	1 250

［注］　ここで，$_uQ_i = _cC_B \cdot _sM_i / h_i$

表 C 9.4.3 に，フロアモーメント分配法による層せん断力 $_uQ_i$ を示す．なお，図 C 9.4.9 の崩壊機構において，第 3 層については未崩壊層であるが，$_cC_B \cdot {_s\overline{M}_i}/h_i$ を崩壊層せん断耐力と見なす．

参 考 文 献

9.1)　若林　實：鉄骨構造学詳論，第 4 章，丸善出版，1985

9.2)　日本建築学会：建築耐震設計における保有耐力と変形性能（1990），1990

9.3)　桑原　進，小川厚治，井上一朗：柱梁接合部パネルを考慮した部材間耐力比と保有水平耐力略算法，鋼構造年次論文報告集，Vol. 6，pp.357-362，1998.11

9.4)　井上一朗，吹田啓一郎：建築鋼構造―その理論と設計，鹿島出版会，2007

9.5)　花井正実，三浦正幸，玉井宏章：台風 9119 号による宮島・厳島神社の被害について，日本建築学会構造系論文報告集，No. 447，pp.149-158，1993.5

9.6)　玉井宏章，前田憲利，島津　勝：東日本大震災における鋼構造建物の津波被害に関する一考察―津波荷重に対する安全性評価―，長崎大学大学院工学研究科研究報告，研究編，Vol. 43，No. 80，pp. 25-32，2013.1

9.7)　国土交通省：津波に対し構造耐力上安全な建築物の設計法等に係る追加的知見について，2011

10章　骨組と部材の変形

10.1　基本事項

　大地震時に部材の塑性化を許容し，骨組に入力されたエネルギーを消費することで耐震安全性を確保する考え方は，1935年に棚橋によって提唱された[10.1]．この考え方は塑性設計の基礎となるもので，鋼材のじん性によって骨組や部材が耐力を維持したまま塑性変形できることが前提となる．しかしながら，鋼部材の荷重－変形関係は図C10.1.1に示すように，ある限界を超えると破断や座屈を伴って劣化挙動を示す．したがって，塑性設計では，地震時に部材に生じる塑性変形が，耐力を維持することができる限界の変形（塑性変形能力）以下に収まっていることを確認する必要がある．

　部材および接合部が保有する塑性変形能力に関しては，これまでに数多くの実験や解析によって検討が行われている．このうち梁と柱については，本指針5，6章の規定を満足すれば，塑性変形倍率で3～4程度以上の塑性変形能力を保有しているものと見なせる．また，梁端溶接接合部については，8章で述べたように本会の「鋼構造接合部設計指針」[10.2]に準拠して設計すれば，上述した梁の塑性変形能力を発揮するまで接合部の破断を防止することができる．

　他方で，地震時に部材に生じる塑性変形は，一般に時刻歴応答解析などの動的な解法によって求められ，その値は構造物側と入力側のさまざまな因子の影響を受ける．構造物側の因子としては，骨組の耐力（崩壊ベースシア係数），層せん断剛性や保有水平耐力の高さ方向分布，部材間耐力比，部材間剛性比，偏心の有無などが該当し，入力側の因子としては，地震動の周期特性・地震動の強さ，地震動の入力方向などが該当する[10.3]．

　本指針では，地震時に部材に生じる塑性変形を必要塑性変形能力と定義し，必要塑性変形能力の算出方法，ならびに部材や接合部が保有する塑性変形能力と必要塑性変形能力との対比方法を本章にて説明する．まず10.2節では，骨組や部材の変形に及ぼす入力側の因子の影響について，最も簡単な力学モデルである1自由度系を用いて概説する．その上で，地震動によって入力されるエネルギーと構造物が消費するエネルギーの授受（エネルギーの釣合い）の基本的な考え方をまとめる．つぎに，骨組の変形に及ぼす構造物側の因子の影響について，1自由度系〔10.2節参照〕や多層骨組〔10.3節参照〕の地震応答解析結果に基づいて言及する．多層骨組の場合，図C10.1.2に示すよ

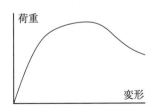

図C10.1.1　鋼部材の荷重－変形関係

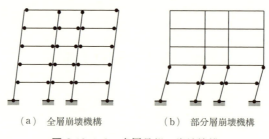

(a) 全層崩壊機構　　　(b) 部分層崩壊機構

図C 10.1.2　多層骨組の崩壊機構

うに崩壊機構によって骨組や部材の変形の大きさや高さ方向の分布形状が異なるため，10.3節では，このような崩壊機構の差異に影響を与える柱梁耐力比に重点を置いて解説する．

　10.4節では，本章の要点であるエネルギーの釣合いに基づく部材の必要塑性変形能力（累積塑性変形角と最大塑性変形角）の算定方法を紹介する．本指針では，骨組の崩壊機構として図C 10.1.2の全層崩壊機構と部分層崩壊機構をともに許容しており，いずれの崩壊機構であっても，部材の必要塑性変形能力は，構造物側の因子と入力側の因子を用いて定式化される．ただし，部分層崩壊機構では，塑性化する部材の必要塑性変形能力が大きくなることに注意しなければならない．このほかに10.4節では，必要塑性変形能力と実験等によって求められた部材の保有塑性変形能力とを比較する手法についても提案する．さらに10.5節では，8章で述べた接合部のうち，塑性化を許容している接合部パネルと最下層の柱脚の必要塑性変形能力の考え方について概説する．

10.2　1自由度系の変形

10.2.1　応答スペクトル

　減衰を有する線形1自由度系の最大応答と固有周期 T との関係を図示したものを「応答スペクトル」という．水平変位 x の最大値と固有周期 T の関係を変位応答スペクトル S_D といい，質点の速度の最大値 S_V および絶対加速度の最大値 S_A をそれぞれ次式で表す．

$$S_V = \omega \cdot S_D \tag{C 10.2.1}$$

$$S_A = \omega \cdot S_V = \omega^2 \cdot S_D \tag{C 10.2.2}$$

ここに，ω は固有円振動数（$\omega = 2\pi/T = \sqrt{k/m}$，$k$ は1自由度系の弾性剛性，m は1自由度系の質量）である．上式の S_V と S_A は厳密な意味での最大値ではないが，減衰定数 h が1に比べて十分に小さいと見なすことで近似的な最大値を表している[10.4]．このような観点から，S_V は擬似速度応答スペクトル，S_A は擬似加速度応答スペクトルとよばれる．

　図C 10.2.1は，観測地震動 El Centro NS, 1940 に対して変位応答スペクトル S_D，擬似速度応答スペクトル S_V，擬似加速度応答スペクトル S_A を，減衰定数 h を変化させて求めたものである．図C 10.2.1に示すような応答スペクトルは，固有周期 T（または固有円振動数 ω）と減衰定数 h に応じて地震動ごとに異なる形状を示し，地震動の周期特性や線形1自由度系の最大応答を把握することができる．

　また，線形応答の場合，ひずみエネルギーの最大値 $(E_e)_{max}$ は $k \cdot S_D^2/2$ で表され，(C 10.2.1)式の

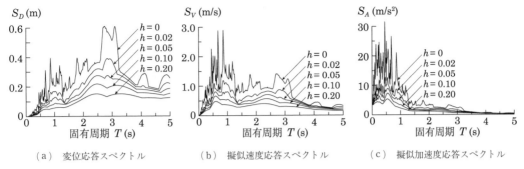

(a) 変位応答スペクトル　　(b) 擬似速度応答スペクトル　　(c) 擬似加速度応答スペクトル

図 C 10.2.1　応答スペクトル（El Centro NS, 1940）

関係より次式が成り立つ．

$$(E_e)_{\max} = \frac{1}{2} k \cdot S_D{}^2 = \frac{1}{2} m \cdot S_V{}^2 \tag{C 10.2.3}$$

10.2.2　非線形応答と応答予測

　図 C 10.2.2 に 1 自由度系の地震応答解析結果を例示する．（a）図は復元力 Q と水平変位 x の関係，（b）図は復元力 Q の時刻歴波形，（c）図は水平変位 x の時刻歴波形であり，いずれも図中の点線が線形応答（弾性応答）を示す場合，実線が非線形応答（弾塑性応答）を示す場合である．（a），（b）図より，実線の解析結果では，1 自由度系が塑性化して復元力が頭打ちになっていることが確認でき，これに伴って 1 自由度系に作用する最大絶対加速度が線形応答の場合よりも低減される．また，（c）図より，1 自由度系の塑性化が生じ始めた時刻 5 秒以降に水平変位が一方向に偏り，時刻 5～6 秒の付近で時刻歴応答の波長で表される振動の周期（応答周期）が若干増大していることがわかる．

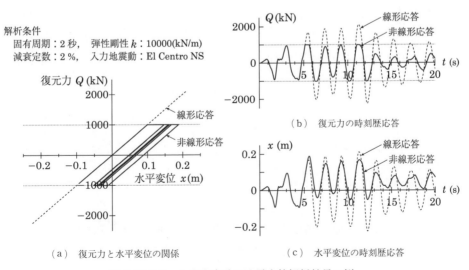

(a) 復元力と水平変位の関係　　(b) 復元力の時刻歴応答　　(c) 水平変位の時刻歴応答

図 C 10.2.2　1 自由度系の地震応答解析結果の例

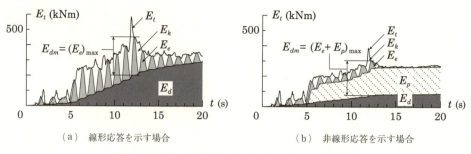

(a) 線形応答を示す場合　　　　　(b) 非線形応答を示す場合

図C 10.2.3　1自由度系のエネルギー応答の例

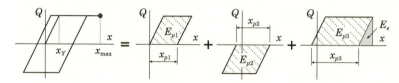

図C 10.2.4　塑性変形による消費エネルギー E_p $(=\sum E_{pi})$

　図C 10.2.3に，図C 10.2.2の地震応答解析結果から得られるエネルギー応答の時刻歴を示す．エネルギーの釣合式は，1自由度系の運動方程式に $\dot{x}(=\varDelta x)$ を乗じて時間積分することで，以下のように求めることができる．

$$E_k + E_d + E_e + E_p = E_t \tag{C 10.2.4}$$

ここに，E_k は運動エネルギー，E_d は粘性減衰によって消散されるエネルギー，E_e はひずみエネルギー，E_p は塑性変形によって消費されるエネルギー，E_t は地震動によって入力されるエネルギーであり，それぞれ次式で表される．

$$E_k = \int_0^t \dot{x}(m \cdot \ddot{x})dt = \frac{1}{2}m \cdot \dot{x}_t^2 \tag{C 10.2.5.a}$$

$$E_d = \int_0^t \dot{x}(c \cdot \dot{x})dt = \frac{1}{2}\sum \varDelta x(c \cdot \dot{x}_{t-\varDelta t} + c \cdot \dot{x}_t) \tag{C 10.2.5.b}$$

$$E_e + E_p = \int_0^t \dot{x} \cdot Q dt = \frac{1}{2}\sum \varDelta x(Q_{t-\varDelta t} + Q_t) \tag{C 10.2.5.c}$$

$$E_e = \frac{Q_t^2}{2k} \tag{C 10.2.5.d}$$

$$E_t = \int_0^t \dot{x}(-m \cdot \ddot{x}_G)dt = -\frac{1}{2}\sum \varDelta x \cdot m(\ddot{x}_{G,t-\varDelta t} + \ddot{x}_{G,t}) \tag{C 10.2.5.e}$$

ただし，c は減衰係数，$\ddot{x}_G$ は地動加速度，t は時刻である．なお，（C 10.2.4）式のエネルギーの釣合いは，1自由度系でなくても成立する．

　図C 10.2.3より，1自由度系の塑性化に伴って塑性変形による消費エネルギー E_p が発生し，線形応答を示す場合に比べて，粘性減衰による消散エネルギー E_d が減少していることがわかる．(C 10.2.5.c)式で表す $E_e + E_p$ は，図C 10.2.4に示すように復元力 Q と変位 x の関係で囲まれる

面積の総和（$=E_e+\sum E_{pi}$）であり，E_e+E_p の最大値は，「損傷に寄与する地震入力エネルギー」E_{dm} と呼ばれる[10.5]．図 C 10.2.3 より，(a) 図の線形応答を示す場合と (b) 図の非線形応答を示す場合とで，E_{dm} の値がほぼ同程度であることが確認できる．

損傷に寄与する地震入力エネルギー E_{dm} を次式に従って速度に換算し，V_{dm} と擬似速度応答スペクトル S_V を図 C 10.2.5 に比較して示す[10.5]．なお，V_{dm} は地震動の大きさを表す指標である．

$$V_{dm}=\sqrt{\frac{2E_{dm}}{m}} \tag{C 10.2.6}$$

図中の◆，●は，降伏耐力時のベースシア係数 C_B と第 2 分枝剛性比をパラメータとしたときの V_{dm} を表したもので，横軸には振動中の応答周期の平均値 T^{eq} をとっている．地震時の変位振幅は，図 C 10.2.2（c）に示すように各サイクルで異なる値を通り，それに対応する応答周期 T^{eq} は一定値とならないが，文献 10.5) では図 C 10.2.6 に示すように半サイクルごとの塑性変形倍率の最大値 η_{max} と最小値 0 の平均である $\eta_{max}/2$ に対応する塑性変形を生じた時点での割線剛性を用いて，応答周期 T^{eq} を算定している．なお，図 C 10.2.6 で示した応答周期 T^{eq} の算定法のほかにも，文献 10.6)～10.8) でさまざまな応答周期の算定法が提案されている．

図 C 10.2.5 の検討対象は，階高 4 m で各層の重量が一定の 10 層履歴型ダンパー付骨組を想定した等価せん断型であり，第 2 分枝剛性比（第 2 分枝剛性を弾性剛性で除した値）を 1/3 と 2/3 の 2 種類としている．この 10 層骨組をそのまま 10 自由度系の等価せん断型モデルに置換した場合（●の結果）と 10.3.2 項で概説する手法で等価 1 自由度系に置換した場合（◆の結果）とで比較してい

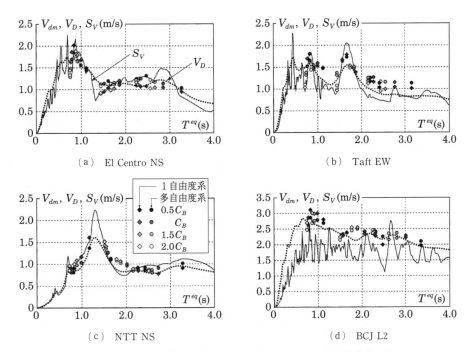

(a) El Centro NS　　(b) Taft EW
(c) NTT NS　　(d) BCJ L2

図 C 10.2.5　損傷に寄与する地震入力エネルギーの速度換算値 V_{dm} と擬似速度応答スペクトル S_V との比較[10.5]

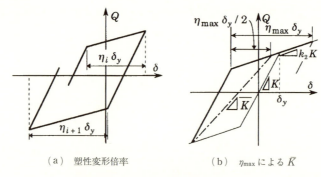

(a) 塑性変形倍率　　(b) η_{max} による $\bar{K}$

図 C 10.2.6　応答周期の算定法[10.5]

る．図 C 10.2.5 より，地震動の継続時間が長い BCJ L2 を除いて，V_{dm} の値は S_V スペクトルとおおむね良い対応を示しており，崩壊荷重や質点数の影響をほとんど受けないことがわかる．言い換えれば，応答周期 T^{eq} を適切に評価することで，E_{dm} を次式に従って推定することが可能になる．

$$E_{dm} = \frac{1}{2} m \cdot S_V^2 \tag{C 10.2.7}$$

(C 10.2.7)式は，(C 10.2.3)式を塑性域まで拡張したものであり，1自由度系が弾性を保つ場合には (C 10.2.7)式は (C 10.2.3)式と一致する．なお，図 C 10.2.5 に示す V_{dm} は S_V スペクトルほど山谷が明瞭ではなく，塑性化に伴う応答周期の変化に伴い，S_V スペクトルを応答周期の範囲内（弾性域での固有周期から塑性変形倍率の最大値 η_{max} に対応する応答周期までの範囲）で平均化した値を示す傾向を有している．文献 10.9) では，S_V の代わりに，次式で定義する V_D スペクトルによって損傷に寄与する地震入力エネルギーを算定する方法が提案されている．

$$V_D = \frac{V_{E,h=0.1}}{1 + 3h + 1.2\sqrt{h}} \tag{C 10.2.8}$$

ここに，$V_{E,h=0.1}$ は，減衰定数 h が 0.1 の地震入力エネルギー E_t の速度換算値である．図 C 10.2.5 より，V_{dm} の値は，入力地震動が BCJ L2 の場合や S_V スペクトルの山谷が明瞭な範囲を含め，V_D スペクトルと良く対応していることが確認できる．

上述した一連の方法に基づいて，地震動の S_V スペクトルまたは V_D スペクトルから損傷に寄与する地震入力エネルギー E_{dm} を算出することができれば，図 C 10.2.4 のような履歴を描く1自由度系に対して，復元力 Q と変位 x の関係で囲まれる面積の総和を E_{dm} と等置することで累積塑性変形（累積塑性変形倍率 η）を算定することができる．また，半サイクルの地震入力エネルギー ΔE_{dm} と E_{dm} の比である r_{cycle} を広範な数値解析結果からおおむね 0.25 と定め，半サイクルごとの入力エネルギーを大きい順に並べたときに初項が $r_{cycle} \cdot E_{dm}$，公比が $1 - r_{cycle}$ と仮定し，さらに半サイクルごとの塑性率の平均値を最大値 μ と最小値1の平均値 $(\mu+1)/2$ で近似することで，最大塑性率 μ を算定する方法も提案されている[10.10),10.11)]．図 C 10.2.7 は，上述の方法でバイリニア型の復元力特性を有する1自由度系の最大変位を算定した例である．図の縦軸は1自由度系の最大耐力 Q_{max} を弾性系の最大耐力 $_eQ_{max}$ で除した値，図の横軸は1自由度系の最大変位 δ_{max} を弾性系の最大変位

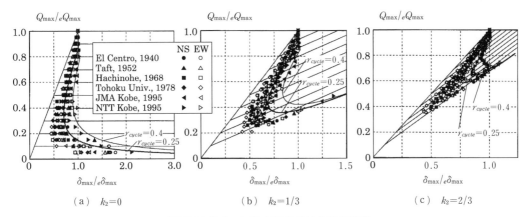

図 C 10.2.7　1 自由度系の最大変位[10.15]

$_e\delta_{max}(=S_D)$ で除した値である．このように損傷に寄与する地震入力エネルギー E_{dm} に基づいて，骨組や部材の塑性変形応答を算定する手法は「エネルギーの釣合いに基づく応答予測法」と呼ばれ，棚橋の仮説[10.1]以降，Housner[10.12),10.13)]や秋山[10.14)]によって検討が進められたものである．

弾塑性 1 自由度系の最大応答は，固有周期 T と減衰定数 h だけでなく，1 自由度系の降伏耐力や降伏耐力到達後の接線剛性の影響も受ける．図 C 10.2.7 に示す 1 自由度系の解析では，1 自由度系の降伏耐力と第 2 分枝剛性比 k_2 をパラメータとしている．図 C 10.2.7 より，降伏耐力を弾性応答時の最大水平力の 1/4～1/2 まで低下させると，最大変位は弾性応答時よりも低下するが，降伏耐力を極端に小さくしすぎるとかえって最大変位が増大する傾向が見られ，注意を要することがわかる．

長周期地震動など継続時間が長い場合には，上述した S_V スペクトルや V_D スペクトルをそのまま用いると入力エネルギーを過小評価する．継続時間が長い地震動の地震入力エネルギーについては，単位地震動が f 回反復されるという考え方が文献 10.15) に提案されている．図 C 10.2.8 は反復回数 f が 3 回の場合の例であり，点線で区切られる単位地震動の区間における 1 自由度系の変位 x

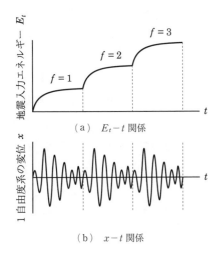

図 C 10.2.8　継続時間が長い地震動[10.15]

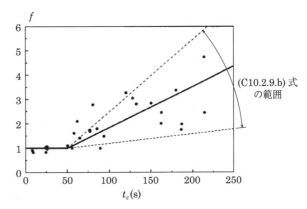

図 C 10.2.9　単位地震動の反復回数と継続時間の関係[10.15]

の時刻歴応答が，継続時間中に合計3回繰り返されている．文献10.15)では，図C10.2.9に示す単位地震動の反復回数 f と継続時間 t_c との関係から f の値を次式のように仮定しており，これを (C10.2.7)式に乗じることで地震入力エネルギーを算定することができる．

$t_c<50$ のとき　　　　$f=1$　　　　　　　　　　　　　　　　　　　　(C10.2.9.a)

$t_c≧50$ のとき　　　　$1+0.004(t_c-50)≦f≦1+0.030(t_c-50)$　　　(C10.2.9.b)

ただし，継続時間が長い地震動に対して，図C10.2.7のように最大塑性率 $μ$ を予測するための r_{cycle} を適用することの妥当性については，十分に検討がなされていない．

以上で概説したエネルギーの釣合いによる応答予測法とは別に，等価線形化法と呼ばれる応答予測法も提案されている．等価線形化法では，塑性変形によって消費されるエネルギー E_p を粘性減衰によって消費されるエネルギーと等価と見なし，これによる減衰効果を減衰(等価粘性減衰定数)として付与し，さらに最大変形点における割線剛性を有する等価な線形1自由度系を用いることで，変位応答スペクトルによって最大応答を予測するものである．文献10.7)では，塑性化に伴う応答周期の算定法，擬似速度応答スペクトルの平滑化，等価粘性減衰定数と最大塑性率 $μ$ との関係をそれぞれ定式化し，30波を超える地震動に対して最大変位の予測結果の妥当性を確認している．その結果，バイリニア型の復元力特性を有する1自由度系の最大変位について，図C10.2.7とほぼ同様の傾向が得られている．

10.3　多層骨組の変形
10.3.1　変形の高さ方向分布に影響を与える因子

損傷に寄与する地震入力エネルギー E_{dm} は，骨組全体の重量と固有周期が同じであれば，層数や地震動の入力方向などの緒因子にかかわらずほぼ同等の値をとり，(C10.2.7)式により算定できる[10.9]．したがって，多層骨組の応答に及ぼす入力側の因子の影響は，10.2節で述べた1自由度系と同様に考えることができる．

一方，多層骨組の層間変形角は，層・フロアレベル・節点における耐力や剛性の分布の影響により，必ずしも各層で一様にはならない．10.3節では変形の高さ方向分布に及ぼす構造物側の因子の影響に着目し，10.3.2項で剛性の分布による影響，10.3.3，10.3.4項で部材間の耐力比(主に柱梁耐力比)による影響，10.3.5項で偏心による影響についてそれぞれ概説する．

10.3.2　層せん断剛性と柱梁剛比の高さ方向分布

最大層間変形角の高さ方向分布に及ぼす層せん断剛性と柱梁剛比の高さ方向分布の影響を確認するために，図C10.3.1に10層骨組の時刻歴応答解析結果を例示する．対象は，一次設計用地震荷重時に全層の層間変形角が1/200 radとなる層せん断剛性を与えた標準的な骨組と，1～2層のみの層せん断剛性を標準骨組の1.5倍にした骨組の2種類とする．両骨組とも二次設計用地震荷重 (D_s =0.4)時にちょうど保有水平耐力に達する完全弾塑性型の復元力特性を与え，全層崩壊機構を形成するように柱を弾性に保つ．解析モデルには，柱梁剛比が考慮できる魚骨形モデル[10.16]と等価せん断型モデルの2通りを採用し，魚骨モデルを用いる場合は，柱梁剛比 k_b は1，3，10の3通りで変化させる．入力地震動はBCJ L2（原波）とし，粘性減衰は2％の初期剛性比例型を採用する．

まず，解析モデルごとの最大層間変形角 R_{max} の差異を比較する．図 C 10.3.1(a)より，標準骨組では，最大層間変形角の高さ方向分布の解析モデルごとの差異は小さく，柱梁剛比 k_b を変化させても最大層間変形角の高さ方向分布がほとんど変化しない．一方，図 C 10.3.1(b)より，剛性を増大させた 1～2 層の最大層間変形角が他の層より小さくなっているが，柱梁剛比 k_b を増大させると最大層間変形角の高さ方向分布が一様化され，図 C 10.3.1(a)の標準骨組の応答に近づいていることが確認できる．等価せん断型モデルでは柱梁剛比の影響を考慮することができず，魚骨モデルと比べると，層ごとの最大層間変形角の差異が大きくなっている．このように，多層骨組の変形の高さ方向分布に及ぼす柱梁剛比の影響を適切に反映するためには，魚骨モデルや線材置換した骨組モデルなど，適切な解析モデルを用いる必要があることに注意されたい．

なお，文献 10.17)の調査結果によると，実在鋼構造骨組の柱梁剛比 k_b はおおむね 2 を超えており，図 C 10.3.1 の結果から，柱梁剛比の実状を勘案すると，最大層間変形角の高さ方向分布に及ぼす層せん断剛性分布の影響は小さいものと考えることができる．

つぎに，多層骨組を文献 10.18),10.19)の手法に従って等価 1 自由度系に置換し，10.2 節で述べた最大層間変形角の予測結果[10.11]と時刻歴応答解析結果を比較する．等価 1 自由度系の置換には，以下の 4 つの仮定を用いる．

1) 多質点系の最大層せん断力応答の分布は，次式に示す設計用層せん断力分布 $\overline{Q}_i$ で近似できる．

$$\overline{Q}_i = A_i \sum_{j=i}^{N} w_j \qquad (C\ 10.3.1)$$

ここに，A_i は i 層の設計用層せん断力の高さ分布を表す係数，w_i は i 層の重量である．

2) 設計用地震荷重を比例載荷したときの多質点系の転倒モーメント M_{OVT} ─有効構造回転角 R^{eq} 関係を，等価 1 自由度系の層モーメント M ─層間変形角 R 関係と見なす．

3) 等価 1 自由度系の重量および固有周期は，多質点系の全重量および一次固有周期に等しい．

4) 多質点系の一次固有モードは，設計用地震荷重を比例載荷したときの弾性変形分布に等しい．

上記の仮定のうち 2)については，等価 1 自由度系に多質点系と同じエネルギー吸収能力を持たせる

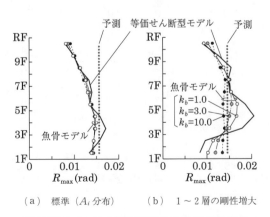

(a) 標準（A_i 分布） (b) 1～2 層の剛性増大

図 C 10.3.1 最大層間変形角の高さ方向分布

ためのもので，有効構造回転角 R^{eq} とは，(C 10.3.2)式にその増分 ΔR^{eq} を表すように，各層の層モーメント M_i を重みとする層間変形角増分 ΔR_i の平均値である[10.20]．

$$\Delta R^{eq} = \frac{\sum M_i \cdot \Delta R_i}{M_{OVT}} = \frac{\sum M_i \cdot \Delta R_i}{\sum M_i} \qquad (\text{C 10.3.2})$$

また，3)は 10.3.1 項で述べたように，等価1自由度系と多質点系で損傷に寄与する地震入力エネルギーを等しくするための仮定である．

以上の手法に基づいて置換した等価1自由度系の最大層間変形角の予測結果を，図 C 10.3.1 中に点線で併記する．図によると，等価1自由度系による予測結果は，時刻歴応答解析結果のおおむね最大値付近を捉えていることがわかる．ここで対象とした骨組のように最大層間変形角の高さ方向分布がおおむね一様になる場合には，等価1自由度系により最大層間変形角を評価でき，10.4 節では，このような考え方を応用して梁の必要塑性変形能力の算定法を構築している．

10.3.3　構面方向の柱梁耐力比

最大層間変形角の高さ方向分布は，10.3.2 項で例示した層せん断剛性と柱梁剛比 k_{cb} の高さ方向分布のほかに，保有水平耐力の高さ方向分布や柱梁耐力比の影響も受ける．ここで柱梁耐力比とは，柱の全塑性モーメント和 $\sum_c M_P$ を梁の全塑性モーメント和 $\sum_b M_P$ で除した値である．図 C 10.3.2 は，3，6，12 層の魚骨モデルによって，骨組の応答に及ぼす柱梁耐力比の影響を検討した例[10.21]である．(a)図の縦軸は最大層間変形角 R_{max}，(b)図の縦軸は柱の最大塑性変形角 θ_{max}，(c)図の縦軸は柱の累積塑性変形角 $\sum \theta_p$ である．

図 C 10.3.2(b)，(c)より，最大地動速度 $\dot{x}_{G max}$ が 0.5 m/s の場合には柱梁耐力比が 1.4 以上，

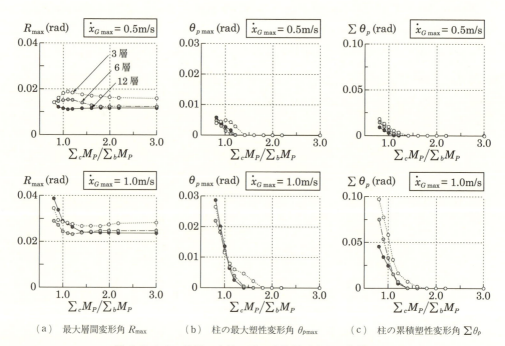

(a)　最大層間変形角 R_{max}　　(b)　柱の最大塑性変形角 $\theta_{p max}$　　(c)　柱の累積塑性変形角 $\sum \theta_p$

図 C 10.3.2　骨組の応答に及ぼす柱梁耐力比の影響[10.21]

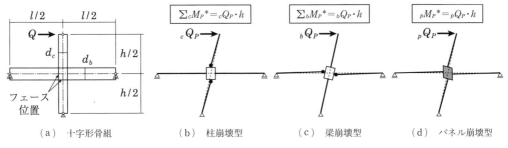

図 C 10.3.3 十字形骨組の崩壊型

最大地動速度 $\dot{x}_{Gmax}$ が 1.0 m/s の場合には柱梁耐力比が 1.8 以上で，それぞれ柱の塑性変形がおおむね 0 になっている．一方，図 C 10.3.2(a) は，各層の最大層間変形角のうちの最大値を柱梁耐力比ごとにプロットしたものであり，柱梁耐力比が 1.1～1.2 以上になると最大層間変形角の値は，おおむね一定値をとっている．

図 C 10.3.2 の検討例では，単に柱と梁の全塑性モーメントの比に着目しているが，実際には図 C 10.3.3(a) に示すように接合部パネルが存在するため，柱・梁・接合部パネルの 3 つの部材の耐力を比較する必要がある．また，柱と梁の塑性ヒンジ形成位置（危険断面）が，図 C 10.3.3(b)，(c) に示すようにフェース位置となることにも注意しなければならない．これらの点を考慮し，柱・梁・接合部パネルのうちのどの部材の塑性化が先行するかを判断するためには，柱と梁を反曲点位置で取り出した図 C 10.3.3 のような十字形骨組による節点全塑性モーメント[10.22]を用いるのが便利である．ただし，図 C 10.3.3(a) に示す十字形骨組の反曲点は，隣接する部材の曲げ剛性や曲げ耐力，地震応答中の高次モード成分などの影響で常に同じ位置に留まるわけではないが，文献 10.22) に提案されているように，崩壊機構形成時の曲げモーメント分布に従って反曲点位置を定める方法が合理的であると考えられる．節点全塑性モーメントの算定方法については，9.3.2 項に詳しく解説している．

ここで，柱梁耐力比等の算定に用いる各部材の全塑性モーメントについては，以下の点に配慮しなければならない．

1) 部材に作用する軸力による全塑性モーメントの低減

　柱には鉛直荷重による長期軸力のほか，梁のせん断力による付加軸力が作用する．隅柱等で付加軸力が過大になる場合を除き，一般には長期軸力のみを考慮すればよい．また，ブレース付骨組では梁にも軸力が作用するため，例えば骨組が崩壊機構を形成するときの軸力を用いるなどして，部材の全塑性モーメントを算出する必要がある．

2) 床スラブの合成効果による全塑性モーメントの増大

　床スラブが梁と一体として挙動する合成梁の全塑性モーメントは純鉄骨梁に比べて増大し，正曲げ時（コンクリートが圧縮される側の曲げを受けるとき）と負曲げ時（コンクリートが引張られる側の曲げを受けるとき）で異なる値をとる．合成梁の全塑性モーメントの算定方法は文献 10.23)，10.24) に詳しい．また，接合部パネルについても，床スラブによって全塑性モー

メントが増大することが文献10.25），10.26)で指摘されている．このような点を勘案して，各部の全塑性モーメントを適切に算定する必要がある．

なお，「冷間成形角形鋼管設計・施工マニュアル」[10.27)]では，合成梁の全塑性モーメントが，正曲げ時に純鉄骨梁の1.4倍に，負曲げ時に1.1倍にそれぞれ増大するものと考えて，柱梁耐力比の必要値を検討している．これとは別に，文献10.28)では，床スラブに一次元有限要素モデルを適用した静的増分解析結果に基づいて，フロアレベルにおける梁の耐力が純鉄骨梁に比べて1～2割程度増大することを示している．「冷間成形角形鋼管設計・施工マニュアル」の正曲げ時と負曲げ時の平均値は，文献10.28)の解析結果の上限値とおおむね対応している．

3）鋼材の強度の実勢値とそのばらつき

全塑性モーメントのばらつきを考慮した解析的検討[10.29)]によると，全塑性モーメントの変動係数を10％，柱と梁の相関係数を70％とすると，全層崩壊機構を形成するために必要な柱梁耐力比は2以上となるが，変動係数を5％に抑制することができれば，柱梁耐力比の要求値は1.4まで低減できることが示されている．しかしながら，実部材の全塑性モーメントの変動係数にどの程度の値が採用できるかについては，現時点で明らかではない．このほかにも，文献10.30)，10.31)でも強度のばらつきを考慮した検討が行われているが，柱梁耐力比の要求値を定めるには至っていない．今後，鋼材の強度の実勢値とそのばらつきに関する調査結果[10.32)]などを参照して，柱梁耐力比の要求値を定めるための検討が必要である．

10.3.4　2方向入力時の柱梁耐力比

10.3.2，10.3.3項では，地震動が構面と平行な1方向だけに入力される場合について言及したが，地震動が直交2方向から入力される場合，柱には2軸曲げが作用して構面方向に投影した柱の全塑性モーメント（見かけの全塑性モーメント）は，図C10.3.4に示すように1方向入力時と比べて小さくなる．したがって，2方向入力時には柱の塑性化が生じやすくなるため，全層崩壊機構を形成するための柱梁耐力比の要求値は，1方向入力時よりも増大する．

文献10.33)では，2方向入力を考慮した柱梁耐力比の要求値について，図C10.3.2(a)と同様，最大層間変形角の骨組内での最大値が柱梁耐力比によって変化しなくなる最小の柱梁耐力比と定めて，その値を次式の右辺によって算定することを提案している．

$$\frac{\sum_c M_P}{\sum_b M_P} > \sqrt{1+\frac{1}{\beta^2}} \cdot \max\left\{1, 0.5+0.6\cdot\frac{0.3 V_{dm}}{{}_c C_B \sqrt{1+\beta^2}} - 0.09\cdot\left(\frac{0.3 V_{dm}}{{}_c C_B \sqrt{1+\beta^2}}\right)^2\right\} \quad (C\,10.3.3)$$

ここに，βは検討方向の梁の耐力に対する直交方向の梁の耐力の比，${}_c C_B$は検討方向の崩壊ベースシア係数である．上式における損傷に寄与する地震入力エネルギーの速度換算値V_{dm}と柱梁耐力比の要求値との関係を崩壊ベースシア係数${}_c C_B$が0.3の場合について表すと，図C10.3.5のようになる．図より，二次設計用地震荷重を想定した$V_{dm}=1.5\,\mathrm{m/s}$で，直交2方向の梁の耐力が等しい場合（$\beta=1$の場合），柱梁耐力比の要求値は1.46となる．

文献10.34)でも2方向入力時の柱梁耐力比の要求値が提案されており，局部座屈によって決まる最大曲げ耐力まで柱の塑性変形を許容する場合，FAランク[10.35)]相当の角形鋼管柱で柱梁耐力比の要求値が1.5となることが示されている．

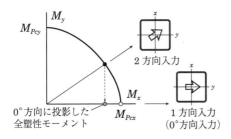
図 C 10.3.4　柱の見かけの全塑性モーメント

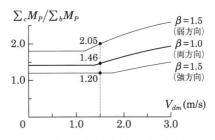
図 C 10.3.5　柱梁耐力比の要求値[10.33]

10.3.5　偏　　心

　骨組の重心が剛心や耐力中心と一致しない，すなわち偏心を有する場合には，ねじれ応答によって各構面の変形に差が生じ，耐力中心より重心に近い側の構面における消費エネルギーが増大する．図 C 10.3.6 に示す Y 方向だけに偏心を有する 1 層 1 × 1 スパン骨組で，X 方向と Y 方向の骨組の耐力が偏心の大きさによらずに一定の場合を例に，各構面の消費エネルギー $_fE_p$ と損傷に寄与する地震入力エネルギー E_{dm} の比率を図 C 10.3.7 に示す．図の横軸 e_s は，偏心距離を辺長 L_Y の半分で無次元化した値であり，いずれの場合も損傷に寄与する地震入力エネルギーの速度換算値を V_{dm} = 1.5 m/s としている．

　図 C 10.3.7 より，偏心距離が増大すると X 0 構面や Y 1 構面の消費エネルギーが増大し，偏心がほとんどない場合と比べて 1.5 ～ 2.0 倍程度に達しているものも存在する．また，0°方向入力で，辺長比 $\xi(=L_X/L_Y)$ が小さいほど，消費エネルギーが X 0 構面に集中する傾向が確認できる．なお，図 C 10.3.7 に示す各構面での消費エネルギーを偏心の大きさに応じて求めることができれば，後述する 10.4.1 項の手法により，部材の必要塑性変形能力の算定が可能となる．

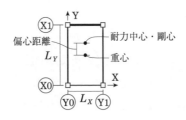
図 C 10.3.6　偏心を有する 1 層 1 × 1 スパン骨組

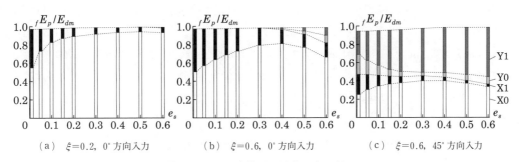
図 C 10.3.7　各構面の消費エネルギー

また，図 C 10.3.7 の解析例は柱が弾性を保つ場合に限定しているが，柱が塑性化する場合で柱の損傷をある制限値以下に留めるための柱梁耐力比や，多層骨組で特定層に変形を集中させないための柱梁耐力比については，いまだ有益な知見は得られていない．

10.4 部材の変形
10.4.1 部材の必要塑性変形能力

地震時に部材に生じる塑性変形を把握する方法の 1 つとして，時刻歴応答解析が挙げられる．時刻歴応答解析では，個々の部材を線材置換した弾塑性解析モデル（いわゆるフレームモデル）などを用いると，部材に生じる塑性変形を直接把握することができる．ただし，その計算結果は特定の地震動と構造物の組合せの下で得られる特解に過ぎず，わずかな前提条件の違いにより応答値は大きく変動することがある．これに対し，エネルギーの釣合いに基づいて部材の変形を定量化する手法は，時々刻々と変化する地震応答をエネルギーの授受に単純化することで，力学的な関係を定式化できるなどの利点があり，構造物側および入力側の因子が部材の塑性変形に及ぼす影響を検討する上で有効である．

「建築耐震設計における保有耐力と変形性能 (1990)」[10.36]では，鋼構造骨組を対象に，エネルギーの釣合いに基づいて，部材の保有塑性変形能力に応じた骨組の必要保有水平耐力（D_S 値）の算出方法が示されている．この方法では，ブレース付骨組を含めた各種構造形式を対象にしつつも，建物の高さ方向の耐力分布や想定される崩壊機構から特定層に塑性変形が集中する程度を定式化するなどして，複雑な挙動を簡易に考慮する方法が示されている．これを逆算することで，必要塑性変形能力を定量化する方法が考えられる．ただし，この方法は，本指針で想定する限界状態（塑性化した部材の耐力をおおむね保持する）を超えて耐力劣化し，骨組が水平方向の復元力を喪失する時点を限界状態と定めている．このため，耐力劣化後のエネルギー吸収を考慮して，累積塑性変形倍率が 2 に相当する分だけ塑性変形能力を割増ししている．必要塑性変形能力を定量化するにあたっては，この点を考慮しなければならない．

上述の方法とは別に，ラーメン構造の部材の必要塑性変形能力として累積塑性変形と最大塑性変形の両方をエネルギーの釣合いに基づいて定量化する方法が，小川らによって提案されている．文献 10.37)では，全層崩壊機構が形成されて全層の変形がおおむね一様化する多層骨組を対象に，梁に要求される塑性変形能力を定量的に算出する方法が示されている．この方法において，多層骨組は，図 C 10.4.1 の太破線に示すようなトリリニア型の層せん断力 Q—層間変位 δ 関係を持つ等価 1 自由度系に近似される（図 C 10.4.1 中の記号の定義は以下のとおり．$_cC_B{}^{eq}$：等価 1 自由度系の崩壊ベースシア係数，$R_y{}^{eq}$：等価 1 自由度系の弾性限有効構造回転角，H^{eq}：等価 1 自由度系の高さ，K：等価 1 自由度系の弾性剛性，μ_c：機構形成時の塑性率）．この等価 1 自由度系に生じる地震入力時の変形（塑性率 μ および累積塑性変形倍率 η）を算定するにあたり，以下の 1 ）〜 4 ）の仮定[10.5),10.10)]を導入している．

1 ）損傷に寄与する地震入力エネルギー E_{dm} の速度換算値 V_{dm} は，塑性化の影響を考慮した応答周期に応じて求められる擬似速度応答スペクトル $S_V(T^{eq})$ と一致する．

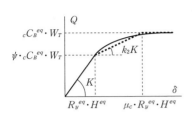
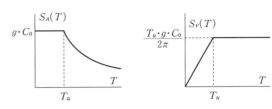

(a) 設計用加速度スペクトル　　(b) 設計用速度スペクトル

図 C 10.4.1　等価1自由度系の $Q-\delta$ 関係[10.37]　　図 C 10.4.2　設計用応答スペクトル[10.37]

2) 半サイクルの最大入力エネルギー増分 ΔE_{dm} は E_{dm} の r_{cycle} 倍とする．
3) ΔE_{dm} が入力して最大変位が生じる直前のサイクルで骨組に初期弾性限ひずみエネルギーが蓄えられている．
4) μ が機構形成時の塑性率 μ_c を超える応答はたかだか1回である．

これらの仮定より，図 C 10.4.2 に示す設計用応答スペクトルに対する等価1自由度系の変形量として，μ および η が次式により算出される．

$$\mu = \min(\mu_1, \mu_2) \qquad \text{ただし，} \mu \geqq 7/6 \tag{C 10.4.1}$$

$$\begin{cases} \{2+k_2(\mu_1-1)\}^2(\mu_1-1)(\psi_c \cdot {}_cC_B^{eq})^2 - r_{cycle}(\mu_1+1) \cdot C_0^2 = 0 & (\mu_1 \leqq \mu_c \text{ の場合}) \quad \text{(C 10.4.2.a)} \\ \mu_1 = \dfrac{2 \cdot (1+\psi)\left\{1+\dfrac{(1-\psi)^2}{2\psi \cdot k_2}\right\}({}_cC_B^{eq})^2 + r_{cycle} \cdot C_0^2}{2 \cdot (1+\psi)({}_cC_B^{eq})^2 - r_{cycle} \cdot C_0^2} & (\mu_1 > \mu_c \text{ の場合}) \quad \text{(C 10.4.2.b)} \end{cases}$$

$$\begin{cases} \mu_2 = 1 + \dfrac{1}{k_2}\left(\sqrt{1+k_2 \cdot r_{cycle}\left(\dfrac{C_0 \cdot T_u}{\psi \cdot {}_cC_B^{eq} T_1}\right)^2} - 1\right) & (\mu_2 \leqq \mu_c \text{ の場合}) \quad \text{(C 10.4.3.a)} \\ \mu_2 = 1 + \dfrac{(1-\psi)^2}{2\psi \cdot k_2} + \dfrac{r_{cycle}}{2\psi} \cdot \left(\dfrac{C_0 \cdot T_u}{{}_cC_B^{eq} \cdot T_1}\right)^2 & (\mu_2 > \mu_c \text{ の場合}) \quad \text{(C 10.4.3.b)} \end{cases}$$

$$\begin{cases} \eta = \dfrac{1}{2 \cdot (1-k_2)} \cdot \left[\dfrac{1}{r_{cycle}} \cdot \{2+k_2(\mu-1)\}(\mu-1) - 1\right] & (\mu \leqq \mu_c \text{ の場合}) \quad \text{(C 10.4.4.a)} \\ \eta = \dfrac{1}{1-k_2} \cdot \left[\dfrac{1}{\psi \cdot r_{cycle}} \cdot \left\{\mu - 1 - \dfrac{(1-\psi)^2}{2\psi \cdot k_2}\right\} - k_2 \cdot \mu_c \cdot (\mu-\mu_c) - \dfrac{1}{2}\right] & (\mu > \mu_c \text{ の場合}) \quad \text{(C 10.4.4.b)} \end{cases}$$

ここに，

$${}_cC_B^{eq} = \dfrac{\sum\limits_{i=1}^{n}(A_i \cdot \alpha_i \cdot h_i)}{\sqrt{\sum\limits_{i=1}^{n}\left\{\dfrac{W_i}{W_T}\left(\sum\limits_{j=1}^{i}h_j\right)^2\right\}}} \cdot {}_cC_B \tag{C 10.4.5}$$

$$\mu_c = 1 + \dfrac{1-\psi}{\psi \cdot k_2} \tag{C 10.4.6}$$

n ：多層骨組の層数
k_2 ：第2分枝剛性比（$=1/(1+3\gamma_b)$）
γ_b ：骨組全体の弾性変形に対する梁の変形成分の比（節点回転角と層間変位角のそれぞ

れの平均値の比により近似することができる．通常のラーメン構造では $\gamma_b \geq 0.5$)
ψ ：崩壊時に対する弾性限の層せん断力の比
$_cC_B$ ：多層骨組の崩壊ベースシア係数
T_1 ：基本固有周期（多層骨組の一次固有周期）
W_T ：総重量
W_i ：i 層の層重量
A_i ：層せん断力分布係数
α_i ：総重量に対して i 層が支持する重量の比
h_i ：i 層の階高
C_0 ：設計用層せん断力係数〔図 C 10.4.2 参照〕
T_u ：設計用スペクトルにおける加速度一定域と速度一定域の境界となる周期〔図 C 10.4.2 参照〕

設計用応答スペクトルが加速度一定域と速度一定域のどちらで V_{dm} が算出されるかによって算定式が異なり，前者の場合に μ_1，後者の場合に μ_2 として μ を算出している．なお，(C 10.4.2.a)式は，μ_1 に関する三次方程式となるため，ニュートン法などの数値計算やカルダノの公式などにより $\mu_1 \leq \mu_c$ の場合の μ_1 を算出する必要がある．近似的に算出する方法としては，$\mu_1 \leq \mu_c$ の場合にも (C 10.4.2.b)式を用いることで得られる μ_1 の値が，現実的な構造パラメータの範囲（$0.5 \leq \psi \leq 0.8$，$0.25 \leq k_2 \leq 0.4$，$_cC_B{}^{eq}/C_0 \leq 0.5$）では，(C 10.4.2.a)式による値と数パーセント程度の差になることから，(C 10.4.2.b)式により，代用する方法が有効と考えられる．

この算定された等価 1 自由度系の変形（η および μ）から，梁の変形（最大塑性変形角 $_d\theta_{pmax}$ および累積塑性変形角 $\sum_d\theta_{pl}$）を算定する．等価 1 自由度系の初期降伏時（骨組の中で最初に塑性ヒンジが形成された時）を第 1 折れ点，機構形成時を第 2 折れ点と仮定すると，最初に降伏する梁端の塑性変形角増分は，骨組の層間変形角に対して第 2 分枝上で 1.5 倍，第 3 分枝上で 1.0 倍になる〔図 C 10.4.3 参照〕．この点を考慮し，骨組内で最も塑性変形が大きくなる梁の $_d\theta_{pmax}$ および $\sum_d\theta_{pl}$ について，次式により算出している．

$$\begin{cases} _d\theta_{pmax} = 1.5(\mu-1)R_y{}^{eq} & (\mu \leq \mu_c \text{ の場合}) \quad (\text{C }10.4.7.\text{a}) \\ _d\theta_{pmax} = \{1.5(\mu_c-1) + (\mu-\mu_c)\}R_y{}^{eq} & (\mu > \mu_c \text{ の場合}) \quad (\text{C }10.4.7.\text{b}) \end{cases}$$

$$\begin{cases} \sum_d\theta_{pl} = 1.5\eta \cdot R_y{}^{eq} & (\mu \leq \mu_c \text{ の場合}) \quad (\text{C }10.4.8.\text{a}) \\ \sum_d\theta_{pl} = [1.5\{\eta-(\mu-\mu_c)\} + (\mu-\mu_c)]R_y{}^{eq} & (\mu > \mu_c \text{ の場合}) \quad (\text{C }10.4.8.\text{b}) \end{cases}$$

ここに，

$$R_y{}^{eq} = \frac{\sum_{i=1}^{n}(A_i \cdot \alpha_i \cdot h_i \cdot R_{yi})}{\sum_{i=1}^{n}(A_i \cdot \alpha_i \cdot h_i)} \quad (\text{C }10.4.9)$$

R_{yi}：弾性限における i 層の層間変形角

以上のように，構造物側のパラメータとして，$_cC_B{}^{eq}$，$R_y{}^{eq}$，ψ，k_2，地震入力側のパラメータとして，C_0，T_u，r_{cycle} を用いることで，弾塑性解析を行うことなく，必要塑性変形能力を定量化するこ

（a）梁の片側が塑性化時
（図C10.4.1の第2分枝上）

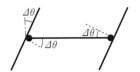
（b）梁の両端が塑性化時
（図C10.4.1の第3分枝上）

図C 10.4.3　梁の塑性変形[10.37]

とができる．なお，$_cC_B$ の算出には塑性解析が必要であり，ψ，γ_b，R_{yi} の算出には，さらに弾性解析が必要となる．

図C10.4.4には，魚骨形骨組を対象に，(C 10.4.7)式および(C 10.4.8)式から算出した $_d\theta_{pmax}$，$\Sigma_d\theta_{pl}$ と地震応答解析結果を比較した例を示している．この図から，$r_{cycle}=0.25$ とした時の値（太実線）は 3～12 層魚骨形骨組の地震応答解析結果のおおむね上限を示し，$r_{cycle}=0.4$ とした時の値（細実線）は直下地震を含めた上限を示すことが確認されており，同式が必要塑性変形能力として妥当であることが確認できる．

図C10.4.5には，6層骨組を対象として(C 10.4.7)式および(C 10.4.8)式による $_d\theta_{pmax}$ および $\Sigma_d\theta_{pl}$ の算定例を示す．ここでは詳述しないが，4層以上の骨組であれば，算定結果に及ぼす層数の

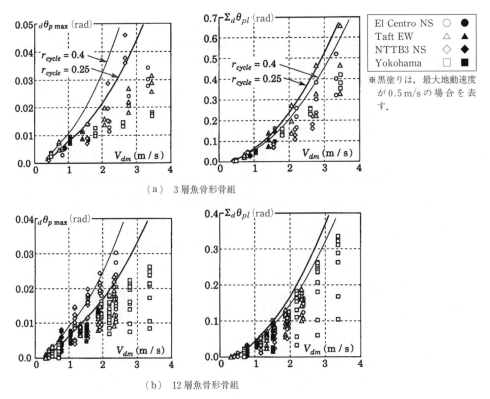

（a）3層魚骨形骨組

（b）12層魚骨形骨組

図C 10.4.4　予測値と応答値の比較[10.37]

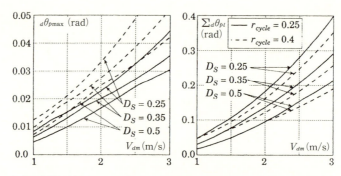

(a) 地震入力側パラメータに応じた必要塑性変形能力 ($\psi=1/1.5$, $k_2=0.25$)

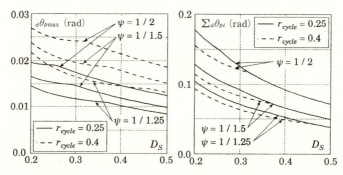

(b) 構造物側パラメータに応じた必要塑性変形能力 ($V_{dm}=1.5\,\mathrm{m/s}$, $k_2=0.25$)

図C 10.4.5　梁の必要塑性変形能力[10.37]

影響はほとんどないことが別途確認されている．これらの算定値に大きな影響を与える構造物側のパラメータは，ψ と保有水平耐力(図中では構造特性係数 D_S の換算値で表記)である．係数 ψ が小さいほど，$_d\theta_{pmax}$ および $\sum_d\theta_{pl}$ がともに大きくなる傾向がある．これは，最初に塑性ヒンジが形成される時期が早い（ψ が小さい）場合に，その塑性ヒンジに塑性変形が集中することを意味する．また，入力側のパラメータとしては，V_{dm} が $_d\theta_{pmax}$ と $\sum_d\theta_{pl}$ の両者に，r_{cycle} が $_d\theta_{pmax}$ に大きな影響を及ぼす．

　以上では全層崩壊機構を形成する多層骨組を対象としていたが，部分層崩壊機構が形成される多層骨組では，全層崩壊機構が形成される場合よりも塑性化部材が限定されるために，必要塑性変形能力が大きくなる．このため，全層崩壊機構とならない場合には，崩壊機構を判定する必要がある．なお，水平2方向の地震入力を考慮する場合には，その際の崩壊機構を正確に把握することは難しい．しかしながら，入力方向を限定する（任意一方向入力を想定する）ことで柱に作用する2軸曲げによる影響を考慮し，構面方向の柱の曲げ耐力を低減して取り扱う方法が便法として考えられる．

　9章においては，フロアモーメント分配法を用いる際，試行錯誤ではあるものの，効率良く真の崩壊機構および崩壊荷重に到達する方法が示されている．実際の地震では，当然のことながら，想定した外力分布とは異なる外力分布が作用する．それにより，想定とは異なる崩壊機構が形成された場合，崩壊荷重がほぼ同じであったとしても，必要塑性変形能力が大きく変化しうることを留意しなければならない．

文献 10.38)では，崩壊機構を予測するための別の方法として，地震時に形成される可能性が最も高い崩壊機構を予測する方法が示されており，その崩壊機構に基づいて，全層崩壊機構の場合の必要塑性変形能力を割増しする方法が提案されている．崩壊機構の予測に際しては，図 C 10.4.6 に示すように，p 層から q 層にわたる崩壊機構が形成される可能性を表す指標として，次式で定義される動的崩壊荷重係数 λ_{pq} を算出し，それが最も小さい崩壊機構を最も可能性が高い崩壊機構として予測している．

$$\lambda_{pq} = \frac{\sum_c M_{P,p}{}^B + \sum_c M_{P,q}{}^T + \sum_{i=p+1}^{q} {}_F M_i}{\sqrt{\sum_{i=p}^{q} \alpha_i \cdot h_i{}^2 + 2\sum_{i=p+1}^{q}\left(\alpha_i \cdot h_i \sum_{j=p}^{i-1} h_j\right)}} \qquad (\text{C } 10.4.10)$$

ここに，$\sum_c M_{P,i}{}^B$ ：i 層床レベルの柱下端の節点全塑性モーメント
　　　　$\sum_c M_{P,i}{}^T$ ：i 層床レベルの柱上端の節点全塑性モーメント
　　　　${}_F M_i$ ：i 層床レベルのフロアモーメント容量

予測された崩壊機構に基づいて，次式の補正係数 C_m を乗じることで，全層崩壊機構の場合の ${}_d\theta_{p\max}$ および $\sum_d \theta_{pl}$ を割り増す方法が提案されている．

$$C_m = \frac{\sum_{i=1}^{n} A_i \cdot \alpha_i}{\sum_{i=p}^{q} A_i \cdot \alpha_i} \qquad (\text{C } 10.4.11)$$

　さまざまな層数やスパン数を持つ平面骨組を対象に，以上の方法により評価された必要塑性変形能力と地震応答解析の応答値が比較された例を図 C 10.4.7 に示す．予測された部分崩壊機構に基づいて必要塑性変形能力として算出された値は，応答値を過大に評価する場合もあるものの，応答値の上限を与えている．ただし，地震荷重分布の変動などにより，予測された崩壊機構の λ_{pq} の値と近接する別の崩壊機構も形成されやすく，それ以外の崩壊機構による塑性変形が大きく進展する場合もある．このため，λ_{pq} が近接する場合には複数の崩壊機構を考慮することや，崩壊層を除く層においては，全層崩壊機構の場合と同等の必要塑性変形能力として評価するなどの配慮が必要である．

　以上に示した文献 10.37)の必要塑性変形能力の評価方法は，梁を対象として定式化されているものの，文献 10.38)においては同じ必要塑性変形能力に対して柱の応答値とも比較されている．柱の塑性変形応答は，最大塑性変形角 ${}_d\theta_{p\max}$ および累積塑性変形角 $\sum_d\theta_{pl}$ ともに，柱梁耐力比が 1.7 以上の骨組では最下層柱下端が梁より小さく，柱梁耐力比が 1.5 程度の骨組では最下層柱下端と梁が匹敵する値となり，柱梁耐力比が 1.3 程度の骨組では，最下層柱下端が梁を上回るとともに，最下層柱下端以外の柱端にも塑性変形が生じている．柱の塑性変形応答は，このように柱梁耐力比に応じて変化が見られるものの，いずれの場合も梁の必要塑性変形能力を上限としていることが示されている．このことから，梁の必要塑性変形能力をそのまま柱の必要塑性変形能力として用いることができる．

　以上により，ラーメン構造の崩壊機構を構成する塑性化部材に対して，必要塑性変形能力を定量化することができる．ここで想定される崩壊機構は，時々刻々と変化する塑性変形性状を代表するものに過ぎず，外力分布や塑性化部位などが変動することにより，塑性化が想定されていない部材

図C 10.4.6　部分層崩壊機構[10.38)]

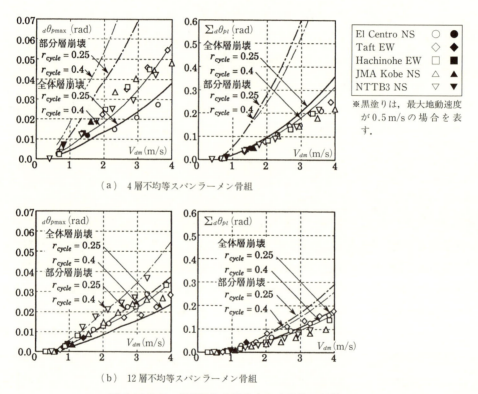

（a）4層不均等スパンラーメン骨組

（b）12層不均等スパンラーメン骨組

図C 10.4.7　必要塑性変形能力と応答値の比較[10.38)]

に塑性変形が生じることもある．その程度は塑性化が想定される部材よりも小さくなりやすいが，定量的に評価することは難しい．このため，塑性化が想定されていない部材についても，塑性化が想定される部材と同等の必要塑性変形能力と見なすと安全側の評価が可能となる．ただし，隣接する部材間の耐力比，塑性化後の耐力上昇，材料強度のばらつき，地震動の振動特性，入力レベルの上限，2方向入力の影響などを考慮しても塑性化しないと確認された場合は，本指針により，塑性変形能力を確保する必要はなく，「鋼構造設計規準―許容応力度設計法―」[10.39)]の諸規定を満足するよう設計することも可能である．

　なお，ここでの必要塑性変形能力は，1回の地震動に対する要求値を意味している．複数回の地震動に対する要求値を考える上では，最も大きい入力レベルに基づいて最大塑性変形を算出し，す

べての地震動に基づいて算出される累積塑性変形をさらに累加することで，必要塑性変形能力を設定する等の応用が考えられる．

ブレース付ラーメン構造やブレース構造については，上述の方法では対象外であり，現状では同様の方法でブレースや柱・梁の必要塑性変形能力を定量化することはできない．

10.4.2 保有塑性変形能力と必要塑性変形能力の比較

本指針における塑性変形能力は，最大耐力後，梁においては全塑性曲げ耐力まで低下した時点，柱においては最大耐力の90％程度または全塑性曲げ耐力まで低下した時点の早い方をそれぞれ限界として設定している．

繰返し塑性変形に対しては，塑性変形能力を表す変形指標について，さまざまな提案がある．その1つとして，履歴曲線から変換された骨格曲線が単調載荷時と同等であると見なして評価する考え方[10.40),10.41)]などがある．履歴曲線のうち骨格曲線以外はバウシンガー部分と呼ばれ，この部分では耐力劣化を伴わずに塑性変形が可能とされ，大きなエネルギー吸収が期待されている．「建築耐震設計における保有耐力と変形性能(1990)」[10.36)]では，この考えに基づき，バウシンガー部分を考慮して，骨格曲線から得られる塑性変形能力を割増ししている．割増を行うにあたっては，繰返し塑性変形する地震応答性状を単純化し，骨格曲線とバウシンガー部分のエネルギー吸収が一定の割合になることを前提としている．ただし，4章，5章，6章で指摘したように，繰返し塑性変形時の骨格曲線から得られた塑性変形倍率 R は，単調載荷時よりも低下する場合がある．また，塑性変形能力を表す指標として骨格曲線を用いると，繰返しによる影響を履歴則などでどのようにモデル化するかによって骨格曲線が大きく異なるため，10.4.1項で示したような方法により，必要塑性変形能力を算定することができない．

一方，繰返し塑性変形の保有塑性変形能力を評価するにあたっては，塑性変形の振幅と塑性化回数（または塑性変形の累積値）の関係がべき乗則で表されるとの考え方も提案されている．鋼材の低サイクル疲労破断ではマンソン-コフィン則[10.42),10.43)]が知られ，溶接接合部への適応も検討されている[10.44)~10.46)]など．また，局部座屈・横座屈により決定される鋼部材の塑性変形能力[10.47)]などにおいても，これと類似の方法で評価できることが報告されている．このような背景から，塑性変形振幅と累積塑性変形の関係から決定される限界曲線により，保有塑性変形能力が表現されることが多い．地震応答のような不規則な変形が生じる場合には変形振幅は一定にならないため，線形累積損傷則（マイナー則）[10.48)]，最大変形振幅則[10.49)]，き裂進展則[10.50)]などを用いることで限界曲線を用いた評価が試みられている．このように，限界曲線を用いて塑性変形能力を評価する方法についてさまざまな検討がなされているものの，塑性変形振幅を変化させて複数の実験を実施する労力が多大であることや，材料特性，断面形状，拘束条件，溶接条件，載荷履歴などさまざまな要因を考慮して，鋼材の破断または局部座屈・全体座屈といった現象がどの時点でどの程度生じるかの定量的な表現が難しいことから，汎用性が高い方法が確立されるには至っていない．そのため，任意の不規則な塑性変形振幅に対応する限界曲線を用いるのではなく，地震時に生じる塑性変形とおおよそ同等な載荷履歴に限定することにより保有塑性変形能力を評価する便法が，現時点での有効な手段となりうる．

地震時に生じる塑性変形を模擬する方法としては，振幅 $2\theta_P$，$4\theta_P$，$6\theta_P$，$8\theta_P$（θ_P：全塑性耐力時

の弾性変形角成分）を各2サイクルとする標準的な漸増交番繰返し載荷の載荷履歴[10.51)]が載荷実験や数値解析で採用されることが多い．10.4.1項の方法により必要塑性変形能力として算出した累積塑性変形角 $\sum_d\theta_{pl}$ と最大塑性変形角 $_d\theta_{pmax}$ の試算例および標準的な漸増交番繰返し載荷の載荷履歴の載荷経路について，図C10.4.8 に示す．必要塑性変形能力の算出条件は図中に示すとおりであり，標準的な漸増交番繰返し載荷の載荷経路は，鋼部材の θ_P が取りうる典型的な範囲 (0.004〜0.01 rad) に基づいて試算している．同図に示すように，必要塑性変形能力（×印）は，V_{dm} が 1.0〜2.0 m/s の範囲で増加すると，$\sum_d\theta_{pl}$ と $_d\theta_{pmax}$ の関係がおおむね線形関係のまま増加する傾向があり，パラメータに応じてばらつきが生じているものの，$\sum_d\theta_{pl}/_d\theta_{pmax}$ が 4〜12 程度の範囲に収まっている．一方，標準的な漸増交番繰返し載荷によって生じる塑性変形の経路（実線）は，必要塑性変形能力が示す $\sum_d\theta_{pl}/_d\theta_{pmax}$ とおおよそ同程度の範囲で推移している．以上より，標準的な漸増交番繰返し載荷は，地震時に生じる塑性変形とおおむね同等であると見なし，同載荷履歴の結果に基づいて保有塑性変形能力（累積塑性変形角 $\sum_c\theta_{pl}$ と最大塑性変形角 $_c\theta_{pmax}$) を評価する．この際，塑性変形能力の指標として累積塑性変形角と最大塑性変形角の両方を用いることで，より安全側の評価が可能になると考え，次の両式により塑性変形能力を検証する．

$$\sum_c\theta_{pl} \geq \sum_d\theta_{pl} \qquad (C\,10.4.12)$$

$$_c\theta_{pmax} \geq {}_d\theta_{pmax} \qquad (C\,10.4.13)$$

本指針の規定を満足する部材に標準的な漸増交番繰返し載荷が行われた場合の保有塑性変形能力の目安は，5章および6章より，H形断面梁が $\sum_c\theta_{pl}=0.25$ rad かつ $_c\theta_{pmax}=0.03$ rad, H形断面柱および矩形中空断面柱が $\sum_c\theta_{pl}=0.2$ rad かつ $_c\theta_{pmax}=0.02$ rad である．ただし，これらの値は，その根拠となるデータの条件や数が限られており，保有塑性変形能力を評価するには不十分であり，暫定的な目安に過ぎない．諸条件が異なる場合も含めて保有塑性変形能力を設定すべきであり，根拠となるデータの拡充は今後の検討課題である．それを踏まえた上で，この保有塑性変形能力と必要塑性変形能力を比較することによって塑性変形能力を検討した例を示す．

必要塑性変形能力を評価するにあたって，図C10.4.8 において試算した値の中から，二次設計用

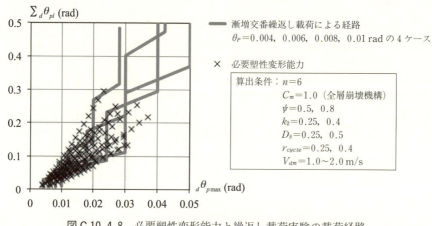

図C10.4.8　必要塑性変形能力と繰返し載荷実験の載荷経路

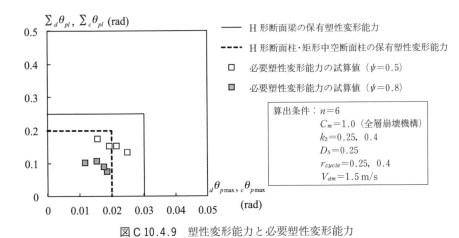

図 C 10.4.9 塑性変形能力と必要塑性変形能力

地震荷重($C_0=1.0$, $T_u=0.96$：2種地盤)に相当する $V_{dm}=1.5$ m/s に対して，保有水平耐力の D_S 換算値が 0.25 となる場合を図 C 10.4.9 に示す．その他の算出条件は，同図中に示すとおりである．同図中に示す条件であれば，H 形断面梁の保有塑性変形能力（$\sum_c\theta_{pl}=0.25$ rad かつ $_c\theta_{pmax}=0.03$ rad）は，いずれのケースでも必要塑性変形能力を上回っていることがわかる．H 形断面柱および矩形中空断面柱の保有塑性変形能力（$\sum_c\theta_{pl}=0.2$ rad かつ $_c\theta_{pmax}=0.02$ rad）は，$\psi=0.5$ の場合の必要塑性変形能力を一部で下回っているものの，$\psi=0.8$ の場合の必要塑性変形能力を上回っている．

10.5 接合部の変形

10.5.1 接合部パネル

接合部パネルの塑性化は，梁崩壊型と同様の崩壊機構を構成する上，接合部パネルそのものの塑性変形能力が高いことから，接合部パネルを塑性化部位として考慮して設計されることがある．ただし，接合部パネルの塑性化が骨組全体の塑性変形応答に及ぼす影響を把握しておく必要がある．

文献 10.52)には，接合部パネルを無視した場合と，その大きさ，耐力，変形を考慮した場合を比較した地震応答解析が例示されている．接合部パネルを考慮した場合に接合部パネルが塑性変形すると，その分だけ隣接する梁の塑性変形が緩和される傾向が示されている．このような傾向は，接合部パネルの塑性変形量に応じて変動するため，それを適切に評価するためには，柱梁節点ごとに塑性化部位を判定し，各部材の塑性変形を定量的に把握することが望ましい．

文献 10.53)では，多数の地震応答解析の結果に基づいて，いくつかのパラメータから各部材の塑性変形を評価する方法を提案している．表 C 10.5.1 は，崩壊ベースシア係数 $_cC_B$，高さ方向の損傷集中の影響，地震動の入力レベル，パネル耐力比(=パネル全塑性モーメント $_pM_P$/梁の全塑性モーメント $\sum_bM_P$)，柱梁耐力比(=柱の全塑性モーメント和 $\sum_cM_P$/梁の全塑性モーメント和 $\sum_bM_P$)といった条件から，累積塑性変形倍率（正側と負側の平均）を算定するための換算表である．なお，不均等スパン骨組に適用する際には，パネル耐力比および柱梁耐力比の算出にあたって，柱と接合部パネルの耐力を半分にして左右の梁を個別に評価する方法も提案している[10.54]．この評価方法は，

表 C 10.5.1 各部材間の耐力比と必要塑性変形能力（累積塑性変形倍率）の関係[10.53]

(a) $V_{dm}=1.5\,\mathrm{m/s}$, $_cC_B=0.25$

		\multicolumn{28}{c}{$_pM_P/\sum_bM_P$}
		\multicolumn{4}{c}{0.4}	\multicolumn{4}{c}{0.6}	\multicolumn{4}{c}{0.7}	\multicolumn{4}{c}{0.8}	\multicolumn{4}{c}{0.9}	\multicolumn{4}{c}{1.0}	\multicolumn{4}{c}{1.1〜}
		B	P	C	CB	B	P	C	CB	B	P	C	CB	B	P	C	CB	B	P	C	CB	B	P	C	CB	B	P	C	CB
$\dfrac{\sum_cM_P}{\sum_bM_P}$	〜0.91	0	82	2	2	0	37	3	5	0	26	5	6	0	15	7	8	0	7	9	10	0	1	11	11	0	0	11	11
	1.0	0	82	2	2	0	37	3	5	0	26	5	6	2	15	7	8	3	7	9	10	5	1	9	11	5	0	9	11
	1.1	0	86	1	2	0	38	2	5	2	26	3	7	4	15	4	9	8	8	6	10	11	1	9	11	12	0	7	11
	1.2	0	87	1	2	0	40	2	5	1	26	2	7	5	15	3	9	9	8	1	10	12	2	4	11	13	0	4	11
	1.4	0	90	1	2	0	41	1	5	2	26	1	7	5	15	1	9	9	8	1	10	12	2	1	10	13	0	2	11
	1.6	0	90	1	2	0	42	0	5	2	26	0	7	5	15	0	9	9	8	1	10	12	2	0	10	13	0	1	10
	1.8	0	90	0	2	0	41	0	5	2	27	0	7	5	15	0	9	9	8	0	10	12	2	0	10	13	0	0	10
	2.0〜	0	90	0	2	0	42	0	5	2	27	0	7	5	15	0	9	9	8	0	10	12	2	0	10	13	0	0	10

(b) $V_{dm}=1.5\,\mathrm{m/s}$, $_cC_B=0.40$

		\multicolumn{28}{c}{$_pM_P/\sum_bM_P$}
		\multicolumn{4}{c}{0.4}	\multicolumn{4}{c}{0.6}	\multicolumn{4}{c}{0.7}	\multicolumn{4}{c}{0.8}	\multicolumn{4}{c}{0.9}	\multicolumn{4}{c}{1.0}	\multicolumn{4}{c}{1.1〜}
		B	P	C	CB	B	P	C	CB	B	P	C	CB	B	P	C	CB	B	P	C	CB	B	P	C	CB	B	P	C	CB
$\dfrac{\sum_cM_P}{\sum_bM_P}$	〜0.91	0	41	0	0	0	23	1	1	0	16	2	1	0	12	3	2	0	6	4	4	0	1	5	7	0	0	5	7
	1.0	0	41	0	0	0	23	1	1	0	16	2	1	0	12	3	2	1	6	4	4	2	0	5	7	2	0	5	7
	1.1	0	41	0	0	0	24	1	1	0	17	1	1	0	12	1	2	2	6	2	4	4	1	3	6	4	0	3	6
	1.2	0	41	0	0	0	23	0	1	0	18	1	1	0	13	1	2	2	6	1	4	4	1	1	6	4	0	1	6
	1.4	0	41	0	0	0	23	0	1	0	18	0	1	0	14	0	2	3	6	0	4	5	1	0	6	6	0	0	6
	1.6〜	0	41	0	0	0	24	0	1	0	19	0	1	0	14	0	2	3	7	0	4	6	1	0	6	6	0	0	6

［注］梁・接合部パネル・柱・最下層柱下端の記号を，B・P・C・CB で示している．

部材間耐力比の算出の際に節点モーメントの釣合いが考慮されていないこと，換算表が用意されている範囲を超えて評価できないなど留意すべき点がある．これとは別に，エネルギーの釣合いに基づく手法により，梁と接合部パネルの必要塑性変形能力を定量化する方法も提案されている[10.55),10.56]．

接合部パネルの保有塑性変形能力については，8章に示したように累積塑性せん断変形角が梁端の累積塑性変形角と同等以上になる．一方，接合部パネルに塑性変形が生じることで，隣接する梁フランジに二次曲げと呼ばれる応力により梁端接合部に局所的な塑性ひずみが進展し，梁の保有塑性変形能力が低下するとの指摘もある[10.57]．ただし，梁単独で塑性変形する場合よりも骨組全体としての保有塑性変形能力は向上するとの実験例がある[10.58]．この二次曲げの影響を考慮して，梁端接合部の保有塑性変形能力を定量化する方法は確立されておらず，接合部パネルの塑性変形により梁の必要塑性変形能力が低下することを期待した設計を行うことは，現状では難しい．

以上より，接合部パネルの塑性変形によって骨組全体としての保有塑性変形能力が向上することを考慮せず，梁の必要塑性変形能力を保有塑性変形能力が上回ると判断された場合には，接合部パネルの塑性化を許容できるものとして設計すればよい．

10.5.2 柱　　脚

　埋込み柱脚については，柱脚が塑性化しないように設計される．この場合も，基礎梁上端位置より上側の柱だけではなく，下側の埋込み部分の柱にも変形が生じる．この影響については，8章に示されているように，基礎梁上端位置に設定された塑性ヒンジの下側の埋込み部分に一定の長さ（一般に柱せいの1.5倍）の柱の弾性変形を考慮することで，柱脚の変形を考慮して設計することが慣行となっている．根巻き柱脚については，根巻き部分で曲げ破壊するよう設計されている場合，柱が塑性化して紡錘型の復元力特性を示す場合とは異なり，鉄筋コンクリート部材と同様の除荷点指向型またはスリップ型の復元力特性となる．露出柱脚については，半固定柱脚であるため弾性変形が生じる上，保有耐力接合されずにアンカーボルトが先行して塑性化する場合，スリップ型（柱軸力による抵抗モーメントを考慮したものはフラッグ型とも呼ばれる）の復元力特性となる．このように，根巻き柱脚および露出柱脚においては，設計に応じて変動する柱脚の塑性変形や，その塑性変形が骨組全体の挙動に及ぼす影響について，把握しておく必要がある．

　露出柱脚については，塑性化しないよう設計された場合においても，弾性変形が生じることで骨組全体の地震応答に影響する．文献10.59)においては，全層崩壊機構が形成されるように設計された9層骨組を対象に，柱脚の固定度をパラメータにした地震応答解析が行われている．これによると，柱脚の固定度が低い場合には，第1層柱下端における損傷が緩和される一方で，梁・接合部パネルの損傷が全体的に増加する傾向があることが示されている．

　根巻き柱脚および露出柱脚が塑性化する場合，上述のとおり，柱が塑性化する場合とは異なり，除荷点指向型およびスリップ型の復元力特性を示す．この場合，紡錘形の復元力特性を示す場合と耐力が同等であったとしても，骨組全体の応答に影響を及ぼす．文献10.60)，10.61)では，露出柱脚および根巻き柱脚を用いた多層骨組の地震応答解析の結果から，柱脚の弾塑性変形を考慮することで，第1層柱上端および2階梁に損傷が集中し，第1層の最大層間変形角が増加する傾向が示されている．また，文献10.62)では，除荷点指向型とスリップ型の復元力特性の違いが地震応答性状に及ぼす影響について検討され，両者の違いは上部骨組の応答性状や柱脚自身の変形応答にほとんど影響しないことが示されている．

　柱脚の塑性変形を許容するためには，必要塑性変形能力が保有塑性変形能力を上回っていないことを確認する必要がある．文献10.63)においては，骨組層数，崩壊ベースシア係数 $_cC_B$，柱梁耐力比（＝柱の全塑性モーメント和 $\sum_cM_P$/梁の全塑性モーメント和 $\sum_bM_P$），柱脚耐力比（＝柱脚の全塑性モーメント $_{bc}M_P$/柱の全塑性モーメント $_cM_P$），入力地震動をパラメータとした地震応答解析結果に基づいて，損傷に寄与する地震入力エネルギー V_{dm} が1.5 m/sの地震入力に対する必要塑性変形角を表C10.5.2のように提案している．同表によると，露出柱脚の必要塑性変形角はたかだか0.03 radである．また，上述の文献10.62)の知見から，根巻き柱脚の必要塑性変形角についても，同様に表C10.5.2を利用できる．

　保有塑性変形能力については，8章で示されたように，「鋼構造接合部設計指針」[10.2]に基づいて，露出柱脚でアンカーボルトが先行降伏する場合や根巻き柱脚で曲げ破壊が先行するように設計された場合，0.03 rad以上の保有塑性変形能力を確保することが可能である．露出柱脚および根巻き柱

表 C 10.5.2　露出柱脚の必要塑性変形角[10.63)]

(a)　$V_{dm}=1.5\,\mathrm{m/s},\ 0.25\leq {}_cC_B/R_t<0.50$

		柱脚耐力比 ${}_{bc}M_P/{}_cM_P$				
		0.2〜0.4	0.4〜0.6	0.6〜0.8	0.8〜1.0	1.0〜
柱梁耐力比 $\sum_c M_P/\sum_b M_P$	1.2	A	A	A	B	C
	1.5	A	A	B	B	C
	2.0	A	A	B	B	C

(b)　$V_{dm}=1.5\,\mathrm{m/s},\ 0.50\leq {}_cC_B/R_t$

		柱脚耐力比 ${}_{bc}M_P/{}_cM_P$				
		0.2〜0.4	0.4〜0.6	0.6〜0.8	0.8〜1.0	1.0〜
柱梁耐力比 $\sum_c M_P/\sum_b M_P$	1.2	B	B	B	B	C
	1.5	B	B	B	B	C
	2.0	B	B	B	B	C

[注]　A：0.03 rad，B：0.015 rad，C：塑性変形能力不要

脚の必要塑性変形能力は，損傷に寄与する地震入力エネルギー V_{dm} が 1.5 m/s の地震動に対しては 0.03 rad となることから，「鋼構造接合部設計指針」に基づいて設計していれば，保有塑性変形能力は必要塑性変形能力を上回る．

参 考 文 献

10.1)　棚橋　諒：地震の破壊力と建築物の耐震力に関する私見，建築雑誌，pp.578-587，1935.5
10.2)　日本建築学会：鋼構造接合部設計指針，2012
10.3)　建設省建築研究所，鋼材倶楽部：建設省総合技術開発プロジェクト「次世代鋼材による構造物安全性向上技術の開発」，『崩壊型と破壊』分科会報告書，―崩壊型鋼構造ラーメン部材の必要塑性変形性能―，1999
10.4)　大崎順彦：新・地震動のスペクトル解析入門，鹿島出版会，1994
10.5)　小川厚治，井上一朗，中島正愛：損傷に寄与する地震入力エネルギーに関する考察，日本建築学会構造系論文集，No.530，pp.177-184，2000.4
10.6)　谷本憲郎，小川厚治：塑性化に伴う鋼構造骨組の地震入力エネルギーの変動に関する研究，日本鋼構造協会鋼構造論文集，第6巻，第23号，pp.71-79，1999.9
10.7)　笠井和彦，伊藤浩資，渡辺　厚：等価線形化手法による一質点弾塑性構造の最大応答予測法，日本建築学会構造系論文集，No.571，pp.53-62，2003.9
10.8)　秋山　宏：非線形性の強い構造物の有効周期，日本建築学会構造系論文集，No.621，pp.17-23，2007.11
10.9)　秋山　宏：建築物の耐震極限設計，東京大学出版会，1980
10.10)　小川厚治：半サイクルの地震入力エネルギーとバイリニア系の最大地震応答，日本建築学会構造系論文集，No.532，pp.185-192，2000.6
10.11)　小川厚治：地震入力エネルギーに基づくポリリニア系の最大地震応答の予測に関する研究，日本建築学会構造系論文集，No.557，pp.167-174，2002.7
10.12)　Housner, G.W.：Limit Design of Structures to Resist Earthquakes, Proc. of the First WCEE, pp.5-1-5-13, 1956.6
10.13)　Housner, G.W.：Behavior of Structures during Earthquakes, Journal of the Engineering Mechanics Division, ASCE, Vol. 85, No. EM4, pp.109-129, 1959.10
10.14)　加藤　勉，秋山　宏：強震による構造物へのエネルギ入力と構造物の損傷，日本建築学会論文報告集，No.235，pp.9-18，1975.9

10.15) 秋山　宏, 北村春幸：エネルギースペクトルと速度応答スペクトルの対応, 日本建築学会構造系論文集, No.608, pp.37-43, 2006.10

10.16) 小川厚治, 加村久哉, 井上一朗：鋼構造ラーメン骨組の魚骨形地震応答解析モデル, 日本建築学会構造系論文集, No.521, pp.119-126, 1999.7

10.17) 川島敏夫, 小川厚治：鋼構造骨組における柱梁耐力比及び柱梁剛性比の調査検討, 日本鋼構造協会鋼構造論文集, 第14巻, 第53号, pp.23-32, 2007.3

10.18) 井上一朗, 桑原　進, 多田元英, 中島正愛：履歴型ダンパーを用いた架構の地震応答と設計耐力, 日本鋼構造協会鋼構造論文集, 第3巻, 第11号, pp.65-77, 1996.9

10.19) 小川厚治, 井上一朗, 小野聡子：柱・梁を弾性域に留める履歴ダンパー付架構の設計耐力（多質点系のベースシャー係数）, 日本鋼構造協会鋼構造論文集, 第5巻, 第17号, pp.29-44, 1998.3

10.20) Tanabashi, R., Nakamura, T. and Ishida, S.: Overall Force-Deflection Characteristics of Multi-story Frames, Proc. of Symp. on Ultimate Strength of Structures and Structural Elements, pp.87-100, 1969.12

10.21) 中島正愛, 澤泉紳一：鉄骨骨組の地震応答に及ぼす柱梁耐力比の影響（その2：柱の塑性化を許す鉄骨骨組の地震応答）, 日本鋼構造協会鋼構造論文集, 第6巻, 第23号, pp.133-148, 1999.9

10.22) 桑原　進, 井上一朗：接合部パネルを考慮した長方形ラーメンの保有水平耐力, 構造工学論文集, Vol.42 B, pp.441-449, 1996.3

10.23) 日本建築学会：鋼構造限界状態設計指針・同解説, 2010

10.24) 日本建築学会：各種合成構造設計指針・同解説, 第1編　合成梁構造設計指針, 2010

10.25) 山田　哲, 薩川恵一, 吉敷祥一, 島田侑子, 松岡祐一, 吹田啓一郎：床スラブの付いたト型部分架構パネルゾーンの弾塑性挙動, 日本建築学会構造系論文集, Vol.74, No.644, pp.1841-1849, 2009.10

10.26) 吉敷祥一, 角野大介, 薩川恵一, 山田　哲：床スラブの影響を含めた柱梁接合部パネルの弾塑性挙動の考察, 日本建築学会構造系論文集, Vol.75, No.654, pp.1527-1536, 2010.8

10.27) 日本建築センター：2008年度版　冷間成形角形鋼管設計・施工マニュアル, 2008

10.28) 中原寛章, 小川厚治：鋼構造ラーメン骨組の最大層間変位角応答に及ぼす床スラブの合成効果の影響, 日本鋼構造協会鋼構造論文集, 第15巻, 第57号, pp.1-15, 2008.3

10.29) 桑村　仁, 佐々木道夫, 加藤　勉：降伏耐力のばらつきを考慮した全体崩壊メカニズム骨組の設計, 日本建築学会構造系論文報告集, No.401, pp.151-162, 1989.7

10.30) 趙　衍剛, 小野徹郎, 石井　清, 吉原和宏：鉄骨骨組の全体崩壊機構に要求される柱・梁耐力比に関する一考察, 日本建築学会構造系論文集, No.558, pp.61-67, 2002.8

10.31) 松尾真太朗, 岡田忠義, 半谷公司, 菅野良一：降伏応力のばらつきを考慮した鋼構造骨組のエネルギー吸収性能に関する考察, 日本建築学会構造系論文集, Vol.77, No.672, pp.273-281, 2012.2

10.32) 遠山広太朗, 松田宗久, 山田丈富：鋼材の素材引張試験結果による機械的性質の統計調査, 日本建築学会大会学術講演梗概集, 構造III, pp.701-702, 2013.8

10.33) 酒井快典, 小川厚治：水平2方向地動を受ける鋼構造骨組の適正な柱梁耐力比, 日本鋼構造協会鋼構造論文集, 第17巻, 第67号, pp.53-64, 2010.9

10.34) 陳　逸鴻, 聲高裕司, 吹田啓一郎：角形鋼管柱を有する鋼構造立体骨組の地震応答に及ぼす入力方向と柱梁耐力比の影響, 日本建築学会構造系論文集, Vol.80, No.717, pp.1773-1783, 2015.11

10.35) 建築物の構造関係技術基準解説書編集委員会：2015年版　建築物の構造関係技術基準解説書, 2015.6

10.36) 日本建築学会：建築耐震設計における保有耐力と変形性能 (1990), 1990

10.37) 小川厚治, 井上一朗, 中島正愛, 澤泉紳一：梁降伏型鋼構造ラーメン部材の必要塑性変形能力に関する研究, 日本建築学会構造系論文集, No.537, pp.121-128, 2000.11

10.38) 小川厚治, 横山則幸：鋼構造ラーメン骨組の梁の必要塑性変形能力に関する研究, 日本建築学会構造系論文集, No.547, pp.177-184, 2001.9

10.39) 日本建築学会：鋼構造設計規準—許容応力度設計法—，2005
10.40) Beedle, L.S., Topractsologlou, A.A., and Johnston B.G. : Connection for welded continuous portal frames (part III Discussion of test results and conclusions) Progress report NO. 4, The Welding Journal, pp.543-s-560-s, 1952.11
10.41) 加藤　勉，秋山　宏：鋼構造部材の耐力（その4），日本建築学会論文報告集，No. 151, pp.15-20, 1968.9
10.42) S.S. Manson and M.H. Hirschberg : Fatigue Behavior in Strain Cycling in the Low and Intermediate Cycle Range, Fatigue-An Interdiscriplinary Approach, Syracuse University Press, pp. 133-139, 1964.8
10.43) J.F. Tavernelli and L.F. Coffin, J.R. : Experimental Support for Generalized Equation Predicting Low Cycle Fatigue, Journal of Basic Engineering, pp.533-541, 1962.12
10.44) 金多　潔，甲津功夫：繰返し載荷による各種鋼材・溶接接合部の破壊挙動，日本地震工学シンポジウム，関東地震50周年記念シンポジウム，pp.1-8，1973
10.45) 成原弘之，泉　満：鋼構造柱梁仕口における梁端溶接部の疲労強度，日本建築学会構造系論文集，No. 508, pp.111-117, 1998.6
10.46) 小川秀雄，大熊武司，中込忠男：大型試験体を用いた両振り一定振幅載荷の疲労強度—鋼構造柱梁溶接部の累積疲労損傷評価　その1—，日本建築学会構造系論文集，No. 535, pp.149-156, 2000.9
10.47) 鈴木敏郎，玉松健一郎：低層鉄骨造骨組柱材のエネルギー吸収能力に関する実験的研究　その1．単調載荷および定変位振幅載荷を受けるH形鋼柱材のエネルギー吸収能力，日本建築学会論文報告集，No. 279, pp.65-75, 1979.5
10.48) Miner, M.A. : Cumulative Damage in Fatigue, Journal of Applied Mechanics, Vol. 12, 1945.9
10.49) 一戸康生，桑村　仁：鉄骨の脆性破断に及ぼす繰返し変位振幅の影響，鉄骨破断に関する研究　その3，日本建築学会構造系論文集，No. 534, pp.145-151, 2000.8
10.50) 吹田啓一郎，田中　剛，佐藤篤司，真鍋義貴，津嘉田敬章，蘇　鐘鈺：梁端接合部の最大曲げ耐力が変形能力に及ぼす影響—塑性歪履歴を受ける鋼構造柱梁溶接接合部の変形能力　その1—，日本建築学会構造系論文集，Vol. 76, No. 664, pp.1135-1142, 2011.6
10.51) 建築研究所，日本鉄鋼連盟：鋼構造建築物の構造性能評価試験法に関する研究　委員会報告書，2002.4
10.52) 長谷川隆，上遠野明夫，加村久哉，福田浩司，染谷友英，濱崎義弘：接合部パネルの変形を考慮した角形鋼管柱・H形鋼梁ラーメン構造の地震応答解析，日本建築学会技術報告集，No. 2, pp.43-48, 1996.3
10.53) 長谷川隆：地震時における鉄骨構造骨組の柱，梁，接合部パネルの損傷予測，日本建築学会技術報告集，No. 10, pp.105-110, 2000.6
10.54) 長谷川隆：地震時における鉄骨構造骨組の柱，梁，接合部パネルの損傷予測—スパン長が異なる骨組の損傷予測—，日本建築学会大会学術講梗概集，C-1分冊，pp.799-800, 2000.9
10.55) 向出静司，桑原　進：鋼構造ラーメン骨組の梁と接合部パネルに要求される変形能力，日本建築学会構造系論文集，No. 555, pp.163-170, 2002.5
10.56) 向出静司，濱田明俊，多田元英，甲津功夫：常時鉛直荷重の影響を考慮した鋼構造無限均等ラーメン骨組部材の地震時の損傷予測に関する研究，日本建築学会構造系論文集，Vol. 73, No. 623, pp. 127-134, 2008.1
10.57) 藤本盛久，橋本篤秀，中込忠男，金　鐘洛，松村弘道：柱はり溶接接合部の力学的性状および破壊に及ぼす影響について　厚板鋼板を用いた柱はり溶接接合部の破壊に関する実験的研究（その2），日本建築学会構造系論文報告集，No. 357, pp.81-88, 1985.11
10.58) RAHIMINIA Faramarz，堀　拓真，難波　尚，田渕基嗣：接合部パネルの設計法の相違が鉄骨造骨組の全体挙動に与える影響：その1　実験計画および実験結果，日本建築学会大会学術講梗概

集，C-1，構造Ⅲ，pp.727-728，2010.7/堀　拓真，RAHIMINIA Faramarz，難波　尚，田渕基嗣：接合部パネルの設計法の相違が鉄骨造骨組の全体挙動に与える影響：その2　耐力および塑性変形能力，日本建築学会大会学術講演梗概集，C-1，構造Ⅲ，pp.727-728，2010.7

10.59) 山田　哲，秋山　宏：柱脚の固定度が鋼構造多層骨組の終局耐震性能に与える影響，日本建築学会構造系論文集，No.496，pp.113-118，1997.6

10.60) 加藤　勉，佐藤邦昭，鎌形修一，田上　淳：鋼構造露出柱脚の復元力特性が上部架構に与える影響について（その1：スリップ型モデルの応答解析），日本建築学会大会学術講演梗概集，pp.867-868，1986.8

10.61) 加藤　勉，佐藤邦昭，鈴木周衛，西村　功：鋼構造露出柱脚の復元力特性が上部架構に与える影響について（その2：完全弾塑性モデルの応答解析），日本建築学会大会学術講演梗概集，pp.869-870，1986.8

10.62) 河野昭雄，松井千秋：柱脚の復元力特性の違いがはり降伏型鉄骨ラーメンの地震応答性状に与える影響について，日本建築学会構造系論文集，No.507，pp.139-146，1998.5

10.63) 長谷川隆：露出柱脚を有する鉄骨構造骨組の地震時応答性状，構造工学論文集，Vol.46B，pp.657-665，2000.3

11章 設計例

11.1 概　要

本章では事務所と工場の2つの設計例を紹介する．各設計例の目的を以下に示す．

事務所の設計例では，ラーメン構造に加えて，座屈拘束ブレース付ラーメン構造について崩壊荷重を算出する方法を示すことを目的とする．また，参考として，部材の保有塑性変形能力と必要塑性変形能力を比較する設計例を紹介する．

工場の設計例では，終局荷重を用いた塑性解析から求めた全塑性モーメントにより部材断面を決定する設計を示すことを目的とする．また，参考として，保有水平耐力計算の必要保有水平耐力と崩壊荷重の比較による耐震性能の検証も併せて示す．

11.2　設計例1—事務所
11.2.1　一般事項
（1）はじめに

ここでは，許容応力度設計（一次設計）で設定した部材および接合部で構成された建物に対して，4～6章に示す塑性ヒンジの変形能力を保証するための部材設計を行った後に，9章の崩壊荷重算定手順を用いて，ラーメン構造と座屈拘束ブレース付ラーメン構造のそれぞれの崩壊荷重を算出する方法を紹介する．また，参考として，10章に示す崩壊荷重を用いた骨組の応答予測手法を用いて，部材の必要塑性変形能力を予測し，部材の保有塑性変形能力と比較検証する方法も併せて示す．

（2）建物概要

　ⅰ）場所　　　大阪市内の市街地
　ⅱ）用途　　　貸事務所
　ⅲ）規模　　　建物の平面および断面〔図C 11.2.1, C 11.2.2参照〕

　　　　階数　　　　地上6階，塔屋1階
　　　　建築面積　　　　　　　742 m²
　　　　延床面積　　基準階　　742×6 m²
　　　　　　　　　　ペントハウス　90 m²
　　　　　　　　　　合計　　4 542 m²
　　　　最高高さ　　　　G.L.+26.600 m

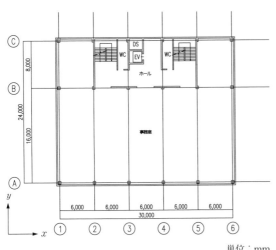

図 C 11.2.1　基準階平面図　　　　　　　　図 C 11.2.2　断面図

iv) 構造　　主要架構　　　鉄骨造

　　　　　　床　　　　　　デッキプレート合成床版

　　　　　　梁　　　　　　H 形鋼，耐火被覆

　　　　　　柱　　　　　　角形鋼管，耐火被覆

　　　　　　間仕切壁　　　不燃軽量壁

　　　　　　外壁　　　　　Ⓐ，①，⑥通りは金属カーテンウォール

　　　　　　　　　　　　　Ⓒ通りは ALC 板

　　　　　　階段　　　　　鉄骨階段

v) 諸設備　エレベーター　乗用 15 人乗り 1 台

　　　　　　屋上水槽　　　$8.0\,\mathrm{m}^3$

(3) 設計方針

　i) 架構の構成

　　　柱・梁には 1.6 節で規定する鋼材を使用する．

　　　x 方向（桁行方向）はラーメン構造，y 方向（梁間方向）は座屈拘束ブレース付ラーメン構造とする〔図 C 11.2.3，C 11.2.4 参照〕．

　ii) 剛床の仮定

　　　各階床は剛床と仮定する．

　iii) 柱脚の仮定

　　　埋込み柱脚とし，角形鋼管を基礎梁中に埋め込む．

　iv) 床スラブと梁との合成効果

　　　終局荷重時の梁の曲げ耐力の計算には，床スラブの補強効果は考慮しないが，作用荷重時の変形計算にあたっては，床スラブ補剛効果を考慮する．

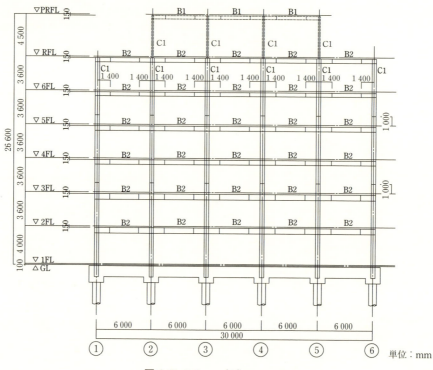

図 C 11.2.3 x 方向フレーム

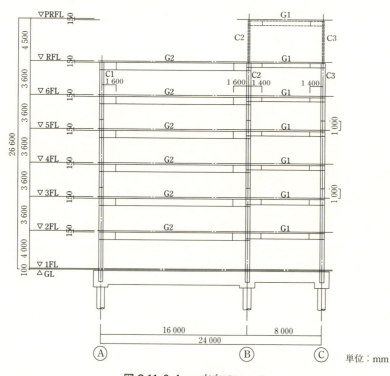

図 C 11.2.4 y 方向フレーム

（4） 鋼種および設計基準強度

　　大梁：SN400B（$F_Y=235$ N/mm²），SN490B（$F_Y=325$ N/mm²）

　　柱　：BCR295（$F_Y=295$ N/mm²）

　　小梁，塔屋ブレースなど：SS400（$F_Y=235$ N/mm²）

（5） 設計荷重

　許容応力度設計に用いた設計荷重を以下に示す．

ⅰ）固定荷重（G）および積載荷重（Q）

　　固定荷重および積載荷重は，表 C 11.2.1〜C 11.2.3 に示す値を用いる．

表 C 11.2.1　固定荷重（床）

階	名　称	材料 （γ：比重，t：厚さ mm）	厚さ （mm）	重量 （N/m²）	合計 （N/m²）
PR R	屋根 設備置場	押えコンクリート（$\gamma=23$） アスファルト防水（$t=12$） RC スラブ（$\gamma=24$） デッキプレート（$t=1.6$） 天井・設備配管	80 — 平均120 — —	1 840 180 2 880 200 200	5 300
R	EV 機械室	仕上げ RC スラブ（$\gamma=24$） デッキプレート（$t=1.2$） 天井・設備配管	10 平均120 — —	200 2 880 150 200	3 430
基準階		OA フロア RC スラブ（$\gamma=24$） デッキプレート（$t=1.2$） 天井・設備配管	100 平均120 — —	1 000 2 880 150 200	4 230

表 C 11.2.2　固定荷重（壁）

階	名　称	材料 （γ：比重）	厚さ （mm）	重量 （N/m²）	合計 （N/m²）
R	パラペット	RC 壁（$\gamma=24$） 仕上げ	平均220 —	5 280 350	5 630
各階	外装材	カーテンウォール	—	850	850
各階	外装材	ALC 仕上げ	100 —	650 350	1 000

表 C 11.2.3 積載荷重

名　称	床　用 (N/m²)	架構用 (N/m²)	地震用 (N/m²)
屋根（歩行）	1 800	1 300	600
設備置場	4 900	2 900	1 000
事務室	2 900	1 800	800

ii) 積雪荷重 (S)

建設地の予想最大積雪深さは 300 mm であり，屋根の積載荷重を下回るため，検討は省略する．

iii) 風荷重 (W)

本建物程度の規模の場合，地震荷重が支配的となるため，検討は省略する．

iv) 地震荷重 (E)

建築基準法施行令88条に基づき設定し，表 C 11.2.4 に算定結果を示す．

・地域係数　$Z=1.0$
・振動特性係数　$R_t=1.0$
・標準せん断力係数　$C_0=0.2$

表 C 11.2.4 地震荷重表

階	階高 h_i (m)	各階重量 w_i (kN)	合計重量 $\sum w_i$ (kN)	平均重量 (kN/m²)	α_i	A_i 分布	層せん断力 係数 C_i	層せん断力 Q_i (kN)
PR	—	1 209	—	8.10	—	—	—	—
R	4.5	5 223	1 209	7.13	—	—	—	0
6	3.6	4 386	6 432	6.02	0.225	1.833	0.366	2 353
5	3.6	4 416	10 817	6.06	0.379	1.552	0.310	3 350
4	3.6	4 427	15 233	6.08	0.534	1.370	0.273	4 165
3	3.6	4 427	19 660	6.08	0.689	1.228	0.245	4 821
2	3.6	4 449	24 087	6.11	0.844	1.108	0.221	5 328
1	4.0	10 309	28 537	13.80	1.000	1.000	0.200	5 696

11.2.2 検討用部材断面の設定

(1) 架構計画

設定した架構計画を図 C 11.2.5，C 11.2.6 に示す．

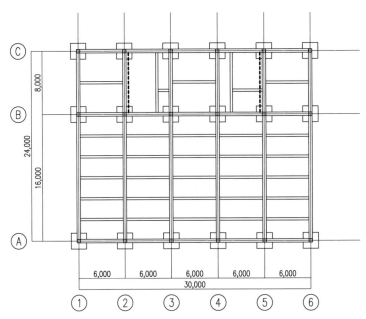

図 C 11.2.5　基礎・1 階床伏図

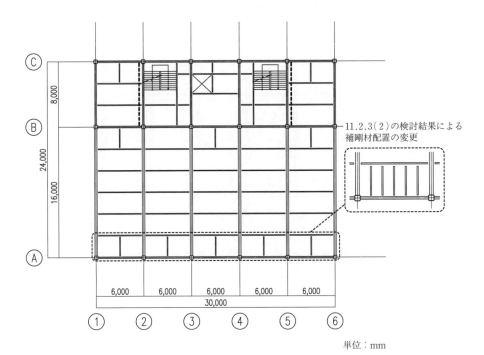

図 C 11.2.6　基準階床伏図

（2） 許容応力度設計による断面の設定

架構計画に基づき，許容応力度設計（一次設計）を実施し，断面設定を行った．層間変形角，剛性率，偏心率を表C11.2.5に示す．また，部材断面を図C11.2.9，C11.2.10に示す．

表 C 11.2.5　層間変形角，剛性率，偏心率

階	階高 (m)	層間変形角		剛性率		偏心率	
		x方向	y方向	x方向	y方向	x方向	y方向
6	3.6	1/486	1/993	1.353	1.367	0.029	0.000
5	3.6	1/360	1/751	1.003	1.034	0.053	0.000
4	3.6	1/341	1/673	0.952	0.926	0.063	0.000
3	3.6	1/302	1/616	0.841	0.849	0.068	0.000
2	3.6	1/282	1/591	0.788	0.814	0.072	0.000
1	3.6	1/382	1/733	1.064	1.010	0.078	0.000

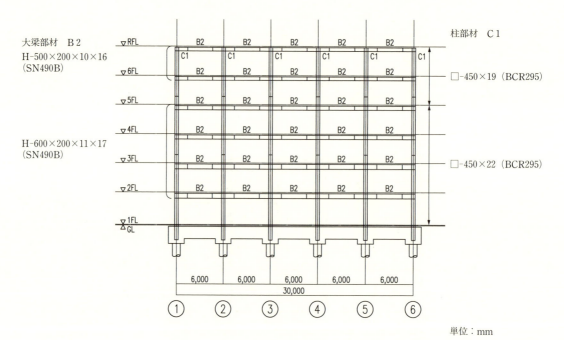

図 C 11.2.7　検討用架構の部材断面（A 通り）

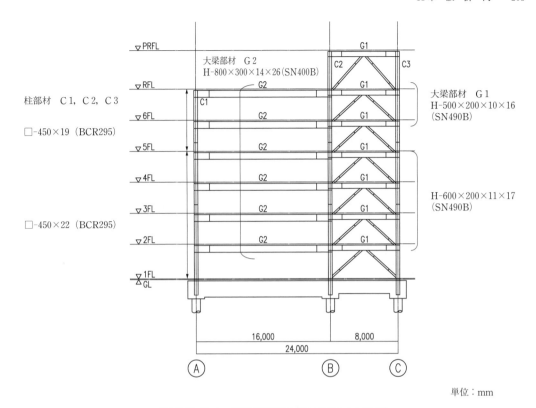

図 C 11.2.8　検討用架構の部材断面（5 通り）

11.2.3　塑性ヒンジの変形能力を保証するための部材設計

塑性ヒンジを想定する部材が，十分な塑性変形能力を有していることを確認する．

（1）　幅厚比の検討

H 形断面梁と矩形中空断面柱の幅厚比制限の検討を以下に示す．なお，H 形断面梁は繰返しの効果を考慮した部材として構成板要素の幅厚比を検定確認する．

ⅰ）H 形断面（梁）

検討位置は，5 階・A 通り・3―4 通り間とする．

部材断面	H-600×200×11×17（SN490B）
設計基準強度	$F_Y=325$ N/mm²
降伏応力度	$\sigma_Y=F_Y\times1.1=357.5$ N/mm²
ヤング係数	$E=205\,000$ N/mm²
フランジ断面積	$A_f=3\,400$ mm²
ウェブ断面積	$A_w=6\,226$ mm²
モーメント勾配	$M_2/M_1=0$
該当区間長さ	$l=3\,000$ mm
ウェブせい	$d=566$ mm

ウェブ幅厚比　　　　　　$d/t_w=51.5$
フランジ幅厚比　　　　　$b/t_f=5.9$
区間内ウェブ辺長比　　　$\lambda_w=l/d=5.30$

(4.2.6)式より　　$\alpha=\left(\dfrac{1}{6}+\dfrac{A_f}{A_w}\right)\cdot\dfrac{\kappa+1}{\lambda_w}=\left(\dfrac{1}{6}+\dfrac{3\,400}{6\,226}\right)\cdot\dfrac{1.0}{5.3}=0.13<\dfrac{1}{6}$

(4.2.5)式より　　$k=4.4$　$(\alpha<1/6)$

(4.2.4)式より　　$\dfrac{1.00}{k^2\cdot(0.7-0.6\cdot N/N_y)}\cdot\left(\dfrac{d/t_w}{\sqrt{E/\sigma_Y}}\right)^2+\dfrac{3.43-25.0/k^2}{(0.7-0.6\cdot N/N_y)^2}\cdot\left(\dfrac{b/t_f}{\sqrt{E/\sigma_Y}}\right)^2$

$=\dfrac{1.00}{4.4^2\cdot(0.7-0.6\times 0.0)}\cdot\left(\dfrac{51.5}{\sqrt{205\,000/357.5}}\right)^2$

$+\dfrac{3.43-25.0/4.4^2}{(0.7-0.6\times 0.0)^2}\cdot\left(\dfrac{5.9}{\sqrt{205\,000/357.5}}\right)^2$

$=0.341+0.185=0.526\leqq 1.0$　　　OK

ⅱ）矩形中空断面（柱）

□-450×22（BCR295　$\sigma_Y=F_Y\times 1.1=324.1\text{ N/mm}^2$　$E=205\,000\text{ N/mm}^2$）

(4.2.7)式より　　$\dfrac{B}{t_1}=\dfrac{450}{22}=20.5$

$1.0\sqrt{\dfrac{E}{\sigma_Y}}=1.0\sqrt{\dfrac{205\,000}{324.1}}=25.1$

$\dfrac{B}{t_1}\leqq\sqrt{\dfrac{E}{\sigma_Y}}$　　　　　　OK

（2）大梁の横座屈補剛材の配置と耐力・剛性の検討

梁の応力状態を考慮した横座屈補剛間長さの検討を以下に示す．検討位置は，5階・A通り・3－4通り間とする．

部材断面　　　　　　　　　H-600×200×11×17（SN490B）
降伏応力度　　　　　　　　$\sigma_Y=F_Y\times 1.1=357.5\text{ N/mm}^2$
ヤング係数　　　　　　　　$E=205\,000\text{ N/mm}^2$
圧縮フランジの断面積　　　$A_f=3\,400\text{ mm}^2$
全塑性モーメント　　　　　$M_p=1\,037\text{ kN}\cdot\text{m}$
梁断面の弱軸まわりの断面二次半径　$i_y=41.6\text{ mm}$
横座屈補剛間長さ　　　　　${}_kl_b=l_b=(6\,000-450)/2=2\,775\text{ mm}$
ヒンジ位置　　　　　　　　梁端部〔次項の表C 9.3.1（再掲）参照〕
梁端部モーメント　　　　　$M_1=M_L=1\,037\text{ kN}\cdot\text{m}$〔次項の表C 11.2.7参照〕

梁中央に横座屈補剛材を配置し，部材全長を2区間に分割すると，ヒンジを想定する第1区間と第2区間において，

$M_1=1\,037\text{ kN}\cdot\text{m}$　$M_2=0\text{ kN}\cdot\text{m}$　→　$\bar{M}/M_p=0/1\,037=0$

となる．そこで，第1区間について，横座屈補剛間長さの検討を行う．

(5.2.1.b)式より

$-0.5 \leq \bar{M}/M_p < 1.0$

$l_b \times D/A_f = 2\,775 \times 600/3\,400 = 490 > 0.43/(\sigma_Y/E) = 0.43/(357.5/205\,000) = 246$　　　NG

$l_b/i_y = 2\,775/41.6 = 67 \leq 3.0/\sqrt{(\sigma_Y/E)} = 3.0/\sqrt{(357.5/205\,000)} = 72$　　　OK

したがって，第1区間の中央部に別途補剛材を図C 11.2.6に示すように2本追加する．

$M_1 = 1\,037$ kN·m　　$M_2 = -2/3 \times M_1 = -691$ kN·m

→　$\bar{M}/M_p = -691/1\,037 = -0.67$

(5.2.1.a)式より

$-1.0 \leq \bar{M}/M_p < -0.5$

$l_b \times D/A_f = 925 \times 600/3\,400 = 163 \leq 0.29/(\sigma_Y/E) = 0.29/(357.5/205\,000) = 166$　　　OK

$l_b/i_y = 925/41.6 = 22 \leq 2.0/\sqrt{(\sigma_Y/E)} = 2.0/\sqrt{(357.5/205\,000)} = 48$　　　OK

次に，横座屈補剛材の耐力と剛性の検討を行う．ここでは，第1区間に設けた横座屈補剛材について検討する．なお，横座屈補剛材は，第1区間の中央部に配置する．

□-100×100×2.3（$A_b = 885$ mm², $i_y = 39.7$ mm, $l_k = 2\,667$ mm）

(5.2.3)式より，$C = \sigma_Y \times A/2 = 2\,354\,137$ N

(5.2.2.a)式より，集中横力　$F = 0.02C = 0.02 \times 2\,354\,137 = 47\,083$ N

横座屈補剛材の座屈長さ　$l_k = 2\,667$ mm より，$\lambda = 2\,667/39.7 = 67.2$

→　許容圧縮応力度　$f_c = 224$ N/mm²

横座屈補剛材の応力　$\sigma_c = 47\,083/885 = 53.2$ N/mm² $< f_c = 224$ N/mm²　　　OK

横座屈補剛材の剛性 k は(5.2.2.b)式より，

$5.0 \times C/l_b = 5.0 \times 2\,354\,137/1\,500 = 7\,847$ N/mm

$k = A_b \times E/l_k = = 885 \times 205\,000/2\,667 = 68\,026$ N/mm $> 7\,847$ N/mm　　　OK

（3）　柱の塑性変形能力の検討

矩形中空断面柱の塑性変形能力の検討を以下に示す．検討位置は，1階・2通り・C通りの柱とする．

部材断面	□-450×22（BCR295），$i = 172$ mm, $I = 1\,070\,000\,000$ mm⁴, $A = 36\,000$ mm²
材料定数	$F_Y = 295$ N/mm², $E = 205\,000$ N/mm²
節点間距離	$l_c = 4\,000 - 600/2 = 3\,700$ mm
座屈長さ	$_kl_c = k_c \times l_c = 2.0 \times 3\,700 = 7\,400$ mm
	（図C 6.1.4.(b)より，安全側の評価として $k_c = 2.0$ を採用）
降伏軸力	$N_Y = A \times F_Y = 10\,620$ kN
弾性曲げ座屈耐力	$N_e = \dfrac{\pi^2 \cdot E \cdot I}{_kl_c^2} = \dfrac{3.14^2 \times 205\,000 \times 1\,070\,000\,000}{7\,400^2} = 39\,494$ kN
圧縮軸力*1	$N = 7\,364$ kN
	［注］*1　柱の圧縮軸力には，次項以降に示す塑性解析結果を用いている．

骨組の安定性確保のための制限の確認を以下に示す．

(6.2.1)式より　曲げ座屈細長比　$\lambda_c=\sqrt{(N_Y/N_e)}=0.51<2.0$　　OK

(6.2.2)式より　　　　　　　　　$(N/N_Y)\times{}_f\lambda_c^2=0.18<0.25$　　OK

(6.2.3)式より　最大軸力比　　　$N/N_Y=0.69<0.75$　　OK

次に，塑性ヒンジを想定する柱の制限の確認を以下に示す．

柱の材端モーメント[*2]　$M_1=586\,\mathrm{kN\cdot m}$（柱脚），$M_2=459\,\mathrm{kN\cdot m}$（柱頭）

　　　［注］*2　柱の材端モーメントには，次項以降に示す塑性解析結果を用いている．

柱の材端モーメント比　$M_2/M_1=0.78$　→　$-0.5<M_2/M_1\leqq1.0$

弾性曲げ座屈耐力　$N_0=\pi^2\times E\times I/l_c^2=157\,976\,\mathrm{kN}$

曲げ座屈細長比　$\lambda_{c0}=\sqrt{(N_Y/N_E)}=0.26$

(6.2.6 a)式より　軸力と細長比の制限　$(N/N_Y)\times\lambda_{c0}^2=0.047<0.1\times(1+M_2/M_1)=0.178$

　　OK

11.2.4　崩壊荷重の算定（x 方向：ラーメン構造）

前節で設定した1通り架構を例に，9章で解説したフロアモーメント分配法を適用して崩壊機構を定め，崩壊荷重を算定する．また，崩壊機構の選定に際しては，節点全塑性モーメントを用い接合部パネルの降伏を考慮する．

（1）　梁の全塑性モーメントの算出

各階大梁の全塑性モーメントを表 C 11.2.6 に示す．

表 C 11.2.6　梁の全塑性モーメント

階	断面	鋼種	σ_Y (N/mm²)	Z_{Px} ($\times10^3$ mm³)	M_{Px} (kN·m)
6～R	H-500×200×10×16	SN490B	357.5	2 130	761
2～5	H-600×200×11×17	SN490B	357.5	2 900	1 037

圧延 H 形鋼を用いる場合はメーカーが選定する鋼材表によるとよいが，ここでは参考例として2階の H-600×200×11×17（フィレット $r=13\,\mathrm{mm}$）について，強軸の全塑性モーメントの計算過程を以下に示す．

・塑性断面係数の算出

(C 3.2.9.a)式より

$$Z_{Px}=B\cdot t_f\cdot(D-t_f)+1/4\cdot(D-2\cdot t_f)^2\cdot t_w+0.4292\cdot r^2\cdot(D-2\cdot t_f-0.4467\cdot r)$$
$$=200\times17\times583+1/4\times(600-2\times17)^2\times11+0.4292\times13^2\times(600-2\times17-0.4467\times13)$$
$$=2\,904\times10^3\fallingdotseq2\,900\times10^3\,\mathrm{mm}^3$$

・全塑性モーメントの算出

(C 3.1.5)式より

$$M_P=Z_{Px}\cdot\sigma_Y=2\,900\times10^3\times325\times1.1\times10^{-6}=1\,037\,\mathrm{kN\cdot m}$$

(2) 長期荷重を考慮した梁のヒンジ位置および端部モーメントの算出

梁の長期荷重は，図C11.2.9に示す等分布荷重に近似する．

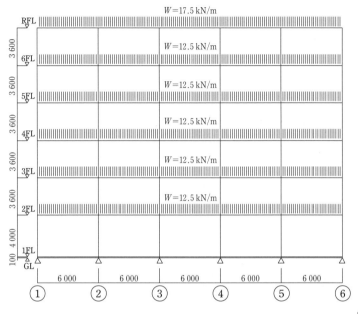

図C11.2.9 長期荷重図（1通り）

梁の全塑性モーメントと塑性ヒンジ位置の関係は，表C9.3.1の等分布荷重の場合を用いて梁の塑性条件を満足するように求める．

表C9.3.1 代表的な梁の鉛直荷重状態に対する端部モーメントと塑性ヒンジ位置（再掲）

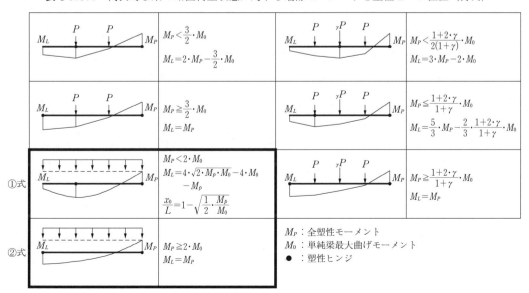

各梁の算定結果を表 C 11.2.7 に示す．さらに，梁の節点全塑性モーメントを算出し，せん断力を算出しておく．例として，R 階大梁の計算過程を以下に示す．

・R 階大梁の全塑性モーメントおよび M_0 の算出

（1）より $M_P = 761$ kN·m，またスパン $L = 6.0$ m, $W = 17.5$ kN/m より

$$M_0 = 1/8 \cdot w \cdot L^2 = 1/8 \times 17.5 \times 6.0^2 = 78.9 \text{ kN·m}$$

・塑性ヒンジ位置の判定および M_L の算出

$M_P = 761$ kN·m $\geq 2M_0 = 158$ kN·m となるため，表 C 9.3.1（再掲）の②式のヒンジ位置となる．よって

$$M_L = M_P = 761 \text{ kN·m}$$

・節点全塑性モーメントの算出

（C 9.3.22），（C 9.3.23）式より

$$_bM_{PL}{}^* = 1/(1-d_{cL}/L) \cdot {}_bM_{PL} = 1/(1-0.431/6.0) \times 761 = 820 \text{ kN·m}$$

$$_bM_{PR}{}^* = 1/(1-d_{cR}/L) \cdot {}_bM_{PR} = 1/(1-0.431/6.0) \times 761 = 820 \text{ kN·m}$$

・梁のせん断力

以上より，梁のせん断力は

$$Q = ({}_bM_{PL}{}^* + {}_bM_{PR}{}^*)/L = 2 \times 820/6.0 = 273 \text{ kN}$$

表 C 11.2.7 梁の塑性ヒンジ位置およびの端部モーメント

階	断　面	スパン (m)	荷重 (kN/m)	M_0 (kN·m)	ヒンジ位置	M_L (kN·m)	$_bM_P{}^*$ (kN·m)	Q (kN)
R	H-500×200×10×16	6.0	17.5	78.9	②式	761	820	273
6	H-500×200×10×16	6.0	12.5	56.2	②式	761	820	273
2〜5	H-600×200×11×17	6.0	12.5	56.2	②式	1 037	1 116	372

（3）軸力を考慮した各柱および接合部パネルの全塑性モーメントの算出

別途の弾性応力計算より求めた，長期柱軸力 N_L を図 C 11.2.10 に示す．これに前項で求めた梁せん断力による柱軸力の増減分 N_E を加算した軸力とせん断力とを用いて柱および接合部パネルの全塑性モーメントの計算を行なう．算定結果を表 C 11.2.8〜C 11.2.13 に示す．また，計算過程を示す例として，柱および接合部パネルの代表的な位置での計算を示す．

柱の全塑性モーメントの算定の例として，2 階の□-450×22（側柱—圧縮側）の計算過程を下記に示す．

・断面の諸元

$A = 36\,000 \text{ mm}^2$

$A_1 = 17\,864 \text{ mm}^2$

$Z_P = 5\,680\,000 \text{ mm}^3$

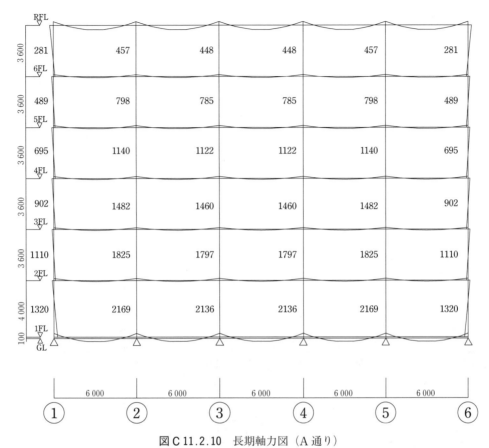

図 C 11.2.10　長期軸力図（A 通り）

表 C 11.2.8　柱の軸力を考慮した全塑性モーメント（中柱：2, 5 通り）

階	断面	σ_Y (N/mm²)	A (mm²)	A_1 (mm²)	Z_P (mm³)	N_Y (kN)	N_L (kN)	N_E (kN)	N_L+N_E (kN)	(1) $N/N_Y \leq A_W/2 \cdot A$ or (2) $N/N_Y \geq A_W/2 \cdot A$	M_{Pc} (kN・m)
6	□-450×19	324.5	31 520	15 656	5 020 000	10 228	457	0	457	(1)	1 629
5	□-450×19	324.5	31 520	15 656	5 020 000	10 228	798	0	798	(1)	1 629
4	□-450×22	324.5	36 000	17 864	5 680 000	11 682	1 140	0	1 140	(1)	1 843
3	□-450×22	324.5	36 000	17 864	5 680 000	11 682	1 482	0	1 482	(1)	1 843
2	□-450×22	324.5	36 000	17 864	5 680 000	11 682	1 825	0	1 825	(1)	1 843
1	□-450×22	324.5	36 000	17 864	5 680 000	11 682	2 169	0	2 169	(1)	1 843

表 C 11.2.9　柱の軸力を考慮した全塑性モーメント（側柱—圧縮側：1，6 通り）

階	断　面	σ_Y (N/mm²)	A (mm²)	A_1 (mm²)	Z_P (mm³)	N_Y (kN)	N_L (kN)	N_E (kN)	N_L+N_E (kN)	(1) $N/N_Y \leq A_w/2 \cdot A$ or (2) $N/N_Y \geq A_w/2 \cdot A$	M_{Pc} (kN·m)
6	□-450×19	324.5	31 520	15 656	5 020 000	10 228	281	273	554	(1)	1 629
5	□-450×19	324.5	31 520	15 656	5 020 000	10 228	489	547	1 036	(1)	1 629
4	□-450×22	324.5	36 000	17 864	5 680 000	11 682	695	919	1 614	(1)	1 843
3	□-450×22	324.5	36 000	17 864	5 680 000	11 682	902	1 291	2 193	(1)	1 843
2	□-450×22	324.5	36 000	17 864	5 680 000	11 682	1 110	1 663	2 773	(1)	1 843
1	□-450×22	324.5	36 000	17 864	5 680 000	11 682	1 320	2 035	3 355	(2)	1 498

表 C 11.2.10　柱の軸力を考慮した全塑性モーメント（側柱—引張側：1，6 通り）

階	断　面	σ_Y (N/mm²)	A (mm²)	A_1 (mm²)	Z_P (mm³)	N_Y (kN)	N_L (kN)	N_E (kN)	N_L+N_E (kN)	(1) $N/N_Y \leq A_w/2 \cdot A$ or (2) $N/N_Y \geq A_w/2 \cdot A$	M_{Pc} (kN·m)
6	□-450×19	324.5	31 520	15 656	5 020 000	10 228	281	−273	8.00	(1)	1 629
5	□-450×19	324.5	31 520	15 656	5 020 000	10 228	489	−547	−58.0	(1)	1 629
4	□-450×22	324.5	36 000	17 864	5 680 000	11 682	695	−919	−224	(1)	1 843
3	□-450×22	324.5	36 000	17 864	5 680 000	11 682	902	−1 291	−389	(1)	1 843
2	□-450×22	324.5	36 000	17 864	5 680 000	11 682	1 110	−1 663	−553	(1)	1 843
1	□-450×22	324.5	36 000	17 864	5 680 000	11 682	1 320	−2 035	−715	(1)	1 843

・軸力を考慮した全塑性モーメントの算出

　　柱の降伏軸力は

　　　　$N_Y = 36\,000 \times (295 \times 1.1) \times 10^{-3} = 11\,682$ kN

　　一方，作用軸力は

　　　　$N = N_L + N_E = 1\,110 + 1\,663 = 2\,773$ kN

　　よって

　　　　$N/N_Y = 0.24 \leq A_w/(2 \cdot A) = 17\,864/(2 \times 36\,000) = 0.25$

　　したがって，(C 3.3.8)式より M_{Pc} は，以下のように求められる．

　　　　$M_{Pc} = M_P = 5\,680\,000 \times 295 \times 1.1 \times 10^{-6} = 1\,843$ kN·m

接合パネルの全塑性モーメントの算定の例として，2 階床レベルの接合部パネル［柱　□-450×22 と梁 H-600×200×11×17 の接合部］（側柱—圧縮側）の計算過程を下記に示す．

　・断面の諸元

　　　　$d_c = 428$ mm，$d_b = 583$ mm，$t_p = 22$ mm，

　　よって(8.2.9)式より　$V_e = 2 d_c \cdot d_b \cdot t_p = 10\,979\,056$ mm³

表 C 11.2.11 接合部パネルの全塑性モーメント（中柱：2，5通り）

階	d_c (mm)	d_b (mm)	t_p (mm)	V_e (mm³)	$\bar{N}$ (kN)	$\dfrac{\bar{N}}{N_Y}$	(1) $n \leq 0.5$ or (2) $n > 0.5$	$_pM_{Pc}$ (kN·m)
6	431	484	19	7 926 952	457	0.04	(1)	1 485
5	431	484	19	7 926 952	628	0.06	(1)	1 485
4	428	583	22	10 979 056	969	0.08	(1)	2 057
3	428	583	22	10 979 056	1 311	0.11	(1)	2 057
2	428	583	22	10 979 056	1 654	0.14	(1)	2 057
1	428	583	22	10 979 056	1 997	0.17	(1)	2 057

表 C 11.2.12 接合部パネルの全塑性モーメント（側柱―圧縮側：1，6通り）

階	d_c (mm)	d_b (mm)	t_p (mm)	V_e (mm³)	$\bar{N}$ (kN)	$\dfrac{\bar{N}}{N_Y}$	(1) $n \leq 0.5$ or (2) $n > 0.5$	$_pM_{Pc}$ (kN·m)
6	431	484	19	7 926 952	554	0.05	(1)	1 485
5	431	484	19	7 926 952	795	0.08	(1)	1 485
4	428	583	22	10 979 056	1 325	0.11	(1)	2 057
3	428	583	22	10 979 056	1 904	0.16	(1)	2 057
2	428	583	22	10 979 056	2 483	0.21	(1)	2 057
1	428	583	22	10 979 056	3 064	0.26	(1)	2 057

表 C 11.2.13 接合部パネルの全塑性モーメント（側柱―引張側：1，6通り）

階	d_c (mm)	d_b (mm)	t_p (mm)	V_e (mm³)	$\bar{N}$ (kN)	$\dfrac{\bar{N}}{N_Y}$	(1) $n \leq 0.5$ or (2) $n > 0.5$	$_pM_{Pc}$ (kN·m)
6	431	484	19	7 926 952	8	0.00	(1)	1 485
5	431	484	19	7 926 952	−25	0.00	(1)	1 485
4	428	583	22	10 979 056	−141	−0.01	(1)	2 057
3	428	583	22	10 979 056	−307	−0.03	(1)	2 057
2	428	583	22	10 979 056	−471	−0.04	(1)	2 057
1	428	583	22	10 979 056	−634	−0.05	(1)	2 057

・接合部パネルの軸力比

　上下柱の軸力の平均は

　　　$\bar{N} = 1/2 \times (2\,773 + 3\,355) = 3\,064$ kN

よって

$$\bar{N}/N_Y = 3\,064/11\,682 = 0.26 \leq 0.5$$

・接合部パネルの全塑性モーメント

したがって，(8.2.5)式より $_pM_P$ は以下のように求められる．

$$_pM_P = V_e \cdot \sigma_Y/\sqrt{3} = 10\,979\,056 \times 295 \times 1.1/\sqrt{3} \times 10^{-6} = 2\,057 \text{ kN·m}$$

(4) フロアモーメントの算出

i 床の各節点に接続する梁の節点全塑性モーメント和，柱の節点全塑性モーメント和，接合部パネルの節点全塑性モーメントの最小値を i 床の全節点について総和し，i 床のフロアモーメントを算定する．また，計算過程を示す例として，代表的な位置における計算過程を示す．

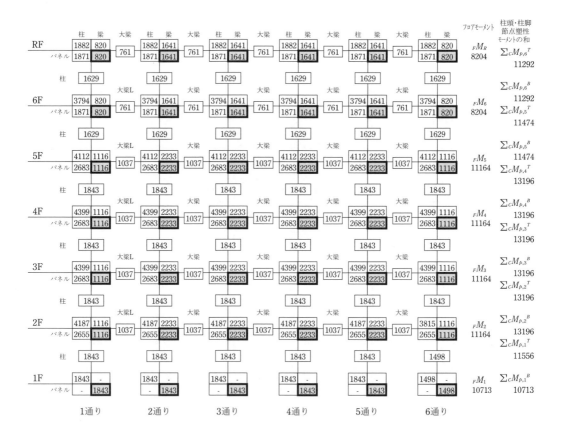

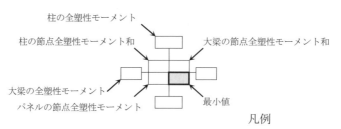

図 C 11.2.11 フロアモーメントの算出

例として6階床3通りの節点全塑性モーメントの算出過程を下記に示す．

・梁の節点全塑性モーメントは，表C 11.2.7より

$_bM_{PL}{}^* = 820 \text{ kN·m}$

$_bM_{PR}{}^* = 820 \text{ kN·m}$

したがって，梁の節点全塑性モーメントの和は下記のとおりである．

$_bM_{PL}{}^* + _bM_{PR}{}^* = 1\,640 \text{ kN·m}$

・柱の節点全塑性モーメントは，(C 9.3.21)式より

$_cM_{PT}{}^* = 1/(1-(d_{bT}+d_{bB})/2h)\cdot _cM_P = 1/(1-0.968/7.2)\times 1\,629 = 1\,882 \text{ kN·m}$

$_cM_{PB}{}^* = 1/(1-(d_{bT}+d_{bB})/2h)\cdot _cM_P = 1/(1-1.067/7.2)\times 1\,629 = 1\,912 \text{ kN·m}$

したがって，柱の節点全塑性モーメントの和は下記のとおりである．

$_cM_{PT}{}^* + _cM_{PB}{}^* = 3\,794 \text{ kN·m}$

・接合部パネルの節点全塑性モーメントは，(C 9.3.27)式より

$_pM_P{}^* = 2/(2-(d_c/L_L+d_c/L_R+d_b/h_T+d_b/h_B))\cdot _pM_P$

$\quad = 2/(2-(0.431/6.0+0.431/6.0+0.484/3.6+0.484/3.6))\times 1\,485 = 1\,871 \text{ kN·m}$

(5) 全層崩壊機構を仮定したフロアモーメントの分配および塑性条件の検討

全層崩壊機構に対するフロアモーメント分配法の計算過程を表C 11.2.14に示す．塑性条件を満足しているため，全層崩壊機構が真の崩壊機構であるといえる．また，計算過程を示す例として，代表的な階（6階）における計算過程を示す．

表C 11.2.14　全層崩壊機構に対するフロアモーメント分配法の計算過程

層	w_i (kN)	α_i	A_i	$_s\bar{Q}_i$ (kN)	h_i (m)	$_s\bar{M}_i$ (kN·m)	$\sum _s\bar{M}_i$ (kN·m)	$_FM_i$ (kN·m)	$\sum _FM_i$ (kN·m)	$_cC_B\cdot _s\bar{M}_i$ (kN·m)	M_i^T / M_i^B (kN·m)	$\sum _cM_{P,i}^T$ / $\sum _cM_{P,i}^B$	$M_i^T/\sum _cM_{P,i}^T$ / $M_i^B/\sum _cM_{P,i}^B$	塑性条件検討
6	2 372	0.211	1.873	4 442	3.6	15 990	15 990	8 204	8 204	6 181	8 204	11 292	0.73	OK
								8 204	16 408		−2 023	11 292	0.18	OK
5	1 772	0.368	1.568	6 496	3.6	23 385	39 376			9 039	10 228	11 474	0.89	OK
								11 164	27 572		−1 189	11 474	0.10	OK
4	1 770	0.526	1.379	8 153	3.6	29 352	68 728			11 345	12 353	13 196	0.94	OK
								11 164	38 736		−1 007	13 196	0.08	OK
3	1 774	0.683	1.233	9 483	3.6	34 139	102 866			13 195	12 171	13 196	0.92	OK
								11 164	49 900		1 024	13 196	0.08	OK
2	1 776	0.841	1.110	10 510	3.6	37 834	140 701			14 624	10 140	13 196	0.77	OK
								11 164	61 064		4 484	13 196	0.34	OK
1	1 786	1.000	1.000	11 250	4.0	45 000	185 701			17 393	6 680	11 556	0.58	OK
								10 713	71 777		10 713	10 713	1.00	OK

[注]　$T=0.03h=0.663s$，A_iの算出法は建築基準法に基づく

・6階における計算過程

w_i は，6階の柱に生じている長期軸力より求める．

$w_6 = (281 + 457 + 448) \times 2 = 2\,372$ kN

w_T は，1階の柱に生じている長期軸力より求める．

$w_T = (1\,320 + 2\,169 + 2\,136) \times 2 = 11\,250$ kN

したがって，a_i は次式となる．

$a_6 = w_6/w_T = 2\,372/11\,250 = 0.211$

A_i は，固有周期が $T = 0.663 s$ であることから，建築基準法より下記となる．

$A_6 = 1 + (1/\sqrt{a_6} - a_6) \cdot 2T/(1+3T) = 1.873$

${}_s\bar{Q}_i$ は，次式となる．

${}_s\bar{Q}_6 = A_6 \cdot a_6 \cdot W_T = 1.873 \times 0.211 \times 11\,250 = 4\,442$ kN

${}_s\bar{M}_i$ は，次式となる．

${}_s\bar{M}_6 = {}_s\bar{Q}_6 \cdot h_6 = 4\,442 \times 3.6 = 15\,990$ kN·m

${}_FM_i$ は，図 C 11.2.11 より R 階の各節点の最小値を集計し，求める．

${}_FM_R = 8\,204$ kN·m

${}_cC_B \cdot {}_sM_i$ は，下記となる．

${}_cC_B = \sum {}_FM_k / \sum {}_s\bar{M}_i = 71\,777/185\,701 = 0.387$ であることから

${}_cC_B \cdot {}_s\bar{M}_6 = 0.387 \times 15\,990 = 6\,181$ kN·m

$\sum {}_cM_{p,i}{}^T$ および $\sum {}_cM_{p,i}{}^B$ は，図 C 11.2.11 で 6 階柱頭・柱脚の柱の節点全塑性モーメントより，下記となる．

$\sum {}_cM_{p,6}{}^T = 11\,292$ kN·m

$\sum {}_cM_{p,6}{}^B = 11\,292$ kN·m

$M_i{}^T$ および $M_i{}^B$ は，下記となる．

$M_6{}^T$ は最上階であることから，(C 9.2.2)式より

$M_6{}^T = {}_FM_R = 8\,204$ kN·m

$M_6{}^B$ は(C 9.2.4.b)式より

$M_6{}^B = {}_cC_B \cdot {}_s\bar{M}_6 - M_6{}^T = 6\,184 - 8\,204 = -2\,023$ kN·m

したがって，$M_i{}^T/{}_cM_{p,i}{}^T$，および $M_i{}^B/{}_cM_{p,i}{}^B$ は下記のとおりとなる．

$M_6{}^T/{}_cM_{p,6}{}^T = 8\,204/11\,202 = 0.73$

$M_i{}^B/{}_cM_{p,6}{}^B = 2\,023/11\,292 = 0.18$

(6) 崩壊荷重の確認

(C 9.2.9)式より，全層崩壊機構に対応する崩壊ベースシア係数は，下記となる．

${}_cC_B = \sum {}_FM_k / \sum {}_s\bar{M}_i = 71\,777/185\,701 = 0.387$

11.2.5 崩壊荷重の算定（y 方向：ブレース付ラーメン構造）

11.2.2項で設定した5通り架構を例に，11.2.4項と同様に9章で解説したフロアモーメント分配法を適用して崩壊機構を求め，崩壊荷重を算定する．また，算定に際しては節点全塑性モーメント

を用い,接合部パネルの降伏を考慮する.

(1) 梁の全塑性モーメントの算出

各階大梁の全塑性モーメントを表C11.2.15,C11.2.16に示す.計算過程は11.2.3項と同様となるため,省略する.

表C11.2.15 梁の全塑性モーメント (Ⓐ～Ⓑ通り間)

階	断 面	鋼 種	σ_Y (N/mm²)	Z_{Px} (×10³ mm³)	M_P (kN·m)
2～R	H-800×300×14×26	SN400B	235×1.1	8 100	2 094

表C11.2.16 梁の全塑性モーメント (Ⓑ～Ⓒ通り間)

階	断 面	鋼 種	σ_Y (N/mm²)	Z_{Px} (×10³ mm³)	M_P (kN·m)
6～R	H-500×200×10×16	SN490B	325×1.1	2 130	761
2～5	H-600×200×11×17	SN490B	325×1.1	2 900	1 037

(2) 長期荷重を考慮した梁のヒンジ位置および端部モーメントの算出

梁の長期荷重は,図C11.2.12に示す等分布荷重および集中荷重に近似して考える.なお,Ⓐ～Ⓑ間については,小梁5本からの集中荷重の合計をスパン16mで除すことにより等分布に近似し,梁自重による等分布荷重と合計している.

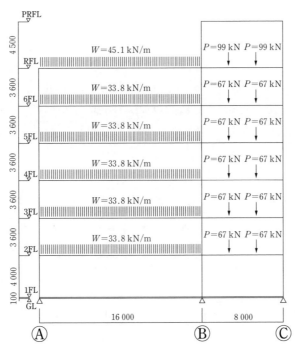

図C11.2.12 長期荷重図 (5通り)

表 C 9.3.1 代表的な梁の鉛直荷重状態に対する端部モーメントと塑性ヒンジ位置（再掲）

③式	(図: M_L, P, P, M_P)	$M_P < \frac{3}{2} \cdot M_0$ $M_L = 2 \cdot M_P - \frac{3}{2} \cdot M_0$		(図: M_L, P, γP, P, M_P)	$M_P < \frac{1+2\cdot\gamma}{2\cdot(1+\gamma)} \cdot M_0$ $M_L = 3 \cdot M_P - 2 \cdot M_0$
④式	(図)	$M_P \geq \frac{3}{2} \cdot M_0$ $M_L = M_P$		(図)	$M_P \leq \frac{1+2\cdot\gamma}{1+\gamma} \cdot M_0$ $M_L = \frac{5}{3} \cdot M_P - \frac{2}{3} \cdot \frac{1+2\cdot\gamma}{1+\gamma} \cdot M_0$
①式	(等分布荷重図)	$M_P < 2 \cdot M_0$ $M_L = 4\sqrt{2 \cdot M_P \cdot M_0} - 4 \cdot M_0 - M_P$ $\frac{x_0}{l} = 1 - \sqrt{\frac{1}{2} \cdot \frac{M_P}{M_0}}$		(図)	$M_P \geq \frac{1+2\cdot\gamma}{1+\gamma} \cdot M_0$ $M_L = M_P$
②式	(等分布荷重図)	$M_P \geq 2 \cdot M_0$ $M_L = M_P$			

M_P：全塑性モーメント
M_0：単純梁最大曲げモーメント
● ：塑性ヒンジ

梁の全塑性モーメントと塑性ヒンジ位置の関係は，表 C 9.3.1 の等分布荷重および 2 点集中荷重の場合を用いて，梁の塑性条件を満足するように求める．

各梁の算定結果を表 C 11.2.17，C 11.2.18 に示す．併せて梁のせん断力を算出しておく．計算過程は 11.2.4 項と同様となるため，省略する．

表 C 11.2.17 梁の塑性ヒンジ位置およびの端部モーメント（Ⓐ～Ⓑ間）

階	大梁断面	スパン (m)	荷重 (kN/m)	M_0 (kN·m)	ヒンジ 位置	M_L (kN·m)	${}_bM_{PL}{}^*$ (kN·m)	${}_bM_{PR}{}^*$ (kN·m)	Q (kN)
R	H-800×300×14×26	16.0	45.1	1 443	①式	1 701	1 968	2 022	261
6	H-800×300×14×26	16.0	33.8	1 082	①式	2 093	2 151	2 151	269
2～5	H-800×300×14×26	16.0	33.8	1 082	①式	2 093	2 150	1 957	269

表 C 11.2.18 梁の塑性ヒンジ位置およびの端部モーメント（Ⓑ～Ⓒ間）

階	大梁断面	スパン (m)	荷重 (kN/m)	M_0 (kN·m)	ヒンジ 位置	M_L (kN·m)	${}_bM_{PL}{}^*$ (kN·m)	${}_bM_{PR}{}^*$ (kN·m)	Q (kN)
R	H-500×200×10×16	8.0	99.0	264	④式	761	805	805	201
6	H-500×200×10×16	8.0	67.0	179	④式	761	805	805	201
2～5	H-600×200×11×17	8.0	67.0	179	④式	1 037	1 095	1 095	274

(3) 軸力を考慮した各柱および接合部パネルの全塑性モーメントの算出

長期柱軸力 N_L は，図 C 11.2.13 に示すとおりである．これに前項で求めた梁せん断力 N_E を加算して，柱および接合部パネルの計算を行う．算定結果を表 C 11.2.19〜C 11.2.30 に示す．柱の計算過程は 11.2.4 項と同様なため省略するが，接合部パネルについては，段違い形式接合部の代表的な位置での計算を示す．

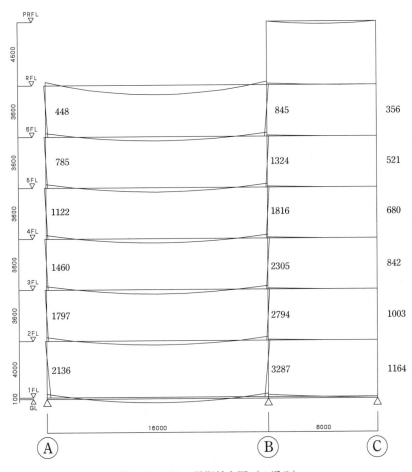

図 C 11.2.13　長期軸力図（4 通り）

表 C 11.2.19　柱の軸力を考慮した全塑性モーメント（4通り，中柱：B通り）

階	断面	σ_Y (N/mm²)	A (mm²)	A_1 (mm²)	Z_P (mm³)	N_Y (kN)	N_L (kN)	N_E (kN)	N_L+N_E (kN)	(1) $N/N_Y \leq A_W/2 \cdot A$ or (2) $N/N_Y \geq A_W/2 \cdot A$	M_{Pc} (kN·m)
6	□-450×19	324.5	31 520	15 656	5 020 000	10 228	845	60	905	(1)	1 629
5	□-450×19	324.5	31 520	15 656	5 020 000	10 228	1 324	127	1 451	(1)	1 629
4	□-450×22	324.5	36 000	17 864	5 680 000	11 682	1 816	122	1 938	(1)	1 843
3	□-450×22	324.5	36 000	17 864	5 680 000	11 682	2 305	117	2 422	(1)	1 843
2	□-450×22	324.5	36 000	17 864	5 680 000	11 682	2 794	112	2 906	(1)	1 843
1	□-450×22	324.5	36 000	17 864	5 680 000	11 682	3 287	107	3 394	(2)	1 491

表 C 11.2.20　柱の軸力を考慮した全塑性モーメント（4通り，側柱―圧縮側：C通り）

階	断面	σ_Y (N/mm²)	A (mm²)	A_1 (mm²)	Z_P (mm³)	N_Y (kN)	N_L (kN)	N_E (kN)	N_L+N_E (kN)	(1) $N/N_Y \leq A_W/2 \cdot A$ or (2) $N/N_Y \geq A_W/2 \cdot A$	M_{Pc} (kN·m)
6	□-450×19	324.5	31 520	15 656	5 020 000	10 228	356	201	557	(1)	1 629
5	□-450×19	324.5	31 520	15 656	5 020 000	10 228	521	402	923	(1)	1 629
4	□-450×22	324.5	36 000	17 864	5 680 000	11 682	680	676	1 356	(1)	1 843
3	□-450×22	324.5	36 000	17 864	5 680 000	11 682	842	950	1 792	(1)	1 843
2	□-450×22	324.5	36 000	17 864	5 680 000	11 682	1 003	1 224	2 227	(1)	1 843
1	□-450×22	324.5	36 000	17 864	5 680 000	11 682	1 164	1 498	2 662	(1)	1 843

表 C 11.2.21　柱の軸力を考慮した全塑性モーメント（4通り，側柱―引張側：A通り）

階	断面	σ_Y (N/mm²)	A (mm²)	A_1 (mm²)	Z_P (mm³)	N_Y (kN)	N_L (kN)	N_E (kN)	N_L+N_E (kN)	(1) $N/N_Y \leq A_W/2 \cdot A$ or (2) $N/N_Y \geq A_W/2 \cdot A$	M_{Pc} (kN·m)
6	□-450×19	324.5	31 520	15 656	5 020 000	10 228	448	−261	187	(1)	1 629
5	□-450×19	324.5	31 520	15 656	5 020 000	10 228	785	−530	255	(1)	1 629
4	□-450×22	324.5	36 000	17 864	5 680 000	11 682	1 122	−799	323	(1)	1 843
3	□-450×22	324.5	36 000	17 864	5 680 000	11 682	1 460	−1 067	393	(1)	1 843
2	□-450×22	324.5	36 000	17 864	5 680 000	11 682	1 797	−1 336	461	(1)	1 843
1	□-450×22	324.5	36 000	17 864	5 680 000	11 682	2 136	−1 605	531	(1)	1 843

表 C 11.2.22 柱の軸力を考慮した全塑性モーメント（5通り，中柱：B通り）

階	断面	σ_Y (N/mm²)	A (mm²)	A_1 (mm²)	Z_P (mm³)	N_Y (kN)	N_L (kN)	N_E (kN)	$N_{E(br)}$ (kN)	N_L+N_E $+N_{E(br)}$ (kN)	(1) $N/N_Y \leq A_w/2 \cdot A$ or (2) $N/N_Y \geq A_w/2 \cdot A$	M_{Pc} (kN·m)
6	□-450×19	324.5	31 520	15 656	5 020 000	10 228	765	60	0	825	(1)	1 629
5	□-450×19	324.5	31 520	15 656	5 020 000	10 228	1 244	127	−1 099	273	(1)	1 629
4	□-450×22	324.5	36 000	17 864	5 680 000	11 682	1 737	122	−2 197	−338	(1)	1 843
3	□-450×22	324.5	36 000	17 864	5 680 000	11 682	2 227	117	−3 296	−951	(1)	1 843
2	□-450×22	324.5	36 000	17 864	5 680 000	11 682	2 717	112	−4 394	−1 565	(1)	1 843
1	□-450×22	324.5	36 000	17 864	5 680 000	11 682	3 211	107	−5 493	−2 175	(1)	1 843

表 C 11.2.23 柱の軸力を考慮した全塑性モーメント（5通り，側柱―圧縮側：C通り）

階	断面	σ_Y (N/mm²)	A (mm²)	A_1 (mm²)	Z_P (mm³)	N_Y (kN)	N_L (kN)	N_E (kN)	$N_{E(br)}$ (kN)	N_L+N_E $+N_{E(br)}$ (kN)	(1) $N/N_Y \leq A_w/2 \cdot A$ or (2) $N/N_Y \geq A_w/2 \cdot A$	M_{Pc} (kN·m)
6	□-450×19	324.5	31 520	15 656	5 020 000	10 228	266	201	0	467	(1)	1 629
5	□-450×19	324.5	31 520	15 656	5 020 000	10 228	417	402	1 099	1 918	(1)	1 629
4	□-450×22	324.5	36 000	17 864	5 680 000	11 682	563	676	2 197	3 436	(2)	1 483
3	□-450×22	324.5	36 000	17 864	5 680 000	11 682	711	950	3 296	4 957	(2)	1 210
2	□-450×22	324.5	36 000	17 864	5 680 000	11 682	860	1 224	4 394	6 478	(2)	936
1	□-450×22	324.5	36 000	17 864	5 680 000	11 682	1 008	1 498	5 493	7 999	(2)	662

表 C 11.2.24 柱の軸力を考慮した全塑性モーメント（5通り，側柱―引張側：A通り）

階	断面	σ_Y (N/mm²)	A (mm²)	A_1 (mm²)	Z_P (mm³)	N_Y (kN)	N_L (kN)	N_E (kN)	$N_{E(br)}$ (kN)	N_L+N_E $+N_{E(br)}$ (kN)	(1) $N/N_Y \leq A_w/2 \cdot A$ or (2) $N/N_Y \geq A_w/2 \cdot A$	M_{Pc} (kN·m)
6	□-450×19	324.5	31 520	15 656	5 020 000	10 228	457	−261	0	196	(1)	1 629
5	□-450×19	324.5	31 520	15 656	5 020 000	10 228	798	−530	0	268	(1)	1 629
4	□-450×22	324.5	36 000	17 864	5 680 000	11 682	1 140	−799	0	341	(1)	1 843
3	□-450×22	324.5	36 000	17 864	5 680 000	11 682	1 482	−1 067	0	415	(1)	1 843
2	□-450×22	324.5	36 000	17 864	5 680 000	11 682	1 825	−1 336	0	489	(1)	1 843
1	□-450×22	324.5	36 000	17 864	5 680 000	11 682	2 169	−1 605	0	564	(1)	1 843

表 C 11.2.25 段違い形式接合部パネルの全塑性モーメント（4 通り，中柱：B 通り）

階	d_c (mm)	d_{bH} (mm)	t_p (mm)	V_{eH} (mm³)	$\bar{N}$ (kN)	n	(1) $n \leq 0.5$ or (2) $n > 0.5$	$_pM_{PA}$ (kN·m)	d_{bL} (mm)	$_{bf}N_Y$ (kN)	V_{eL} (mm³)	$_pM_{PB}$ (kN·m)	$_pM_P$ (kN·m)
R	431	774	19	12 676 572	905	0.09	(1)	2 375	484	2 016	7 926 952	2 070	2 070
6	431	774	19	12 676 572	1 178	0.12	(1)	2 375	484	2 016	7 926 952	2 070	2 070
5	428	774	22	14 575 968	1 695	0.15	(1)	2 731	583	2 016	10 979 056	2 442	2 442
4	428	774	22	14 575 968	2 180	0.19	(1)	2 731	583	2 016	10 979 056	2 442	2 442
3	428	774	22	14 575 968	2 664	0.23	(1)	2 731	583	2 016	10 979 056	2 442	2 442
2	428	774	22	14 575 968	3 150	0.27	(1)	2 731	583	2 016	10 979 056	2 442	2 442

表 C 11.2.26 接合部パネルの全塑性モーメント（4 通り，側柱—圧縮側：C 通り）

階	d_c (mm)	d_b (mm)	t_p (mm)	V_e (mm³)	$\bar{N}$ (kN)	n	(1) $n \leq 0.5$ or (2) $n > 0.5$	$_pM_{Pc}$ (kN·m)
R	431	484	19	7 926 952	557	0.05	(1)	1 485
6	431	484	19	7 926 952	740	0.07	(1)	1 485
5	428	583	22	10 979 056	1 140	0.10	(1)	2 057
4	428	583	22	10 979 056	1 574	0.13	(1)	2 057
3	428	583	22	10 979 056	2 010	0.17	(1)	2 057
2	428	583	22	10 979 056	2 444	0.21	(1)	2 057

表 C 11.2.27 接合部パネルの全塑性モーメント（4 通り，側柱—引張側：A 通り）

階	d_c (mm)	d_b (mm)	t_p (mm)	V_e (mm³)	$\bar{N}$ (kN)	n	(1) $n \leq 0.5$ or (2) $n > 0.5$	$_pM_{Pc}$ (kN·m)
R	431	774	19	12 676 572	187	0.02	(1)	2 375
6	431	774	19	12 676 572	221	0.02	(1)	2 375
5	428	774	22	14 575 968	289	0.02	(1)	2 731
4	428	774	22	14 575 968	358	0.03	(1)	2 731
3	428	774	22	14 575 968	427	0.04	(1)	2 731
2	428	774	22	14 575 968	496	0.04	(1)	2 731

表 C 11.2.28　段違い形式接合部パネルの全塑性モーメント（5通り，中柱：B通り）

階	d_c (mm)	d_{bH} (mm)	t_p (mm)	V_{eH} (mm³)	$\bar{N}$ (kN)	n	(1) $n\leq0.5$ or (2) $n>0.5$	$_pM_{PA}$ (kN·m)	d_{bL} (mm)	$_{bf}N_Y$ (kN)	V_{eL} (mm³)	$_pM_{PB}$ (kN·m)	$_pM_P$ (kN·m)
R	431	774	19	12 676 572	825	0.08	(1)	2 375	484	2 016	7 926 952	2 070	2 070
6	431	774	19	12 676 572	549	0.05	(1)	2 375	484	2 016	7 926 952	2 070	2 070
5	428	774	22	14 575 968	−33	0.00	(1)	2 731	583	2 016	10 979 056	2 442	2 442
4	428	774	22	14 575 968	−645	−0.06	(1)	2 731	583	2 016	10 979 056	2 442	2 442
3	428	774	22	14 575 968	−1 258	−0.11	(1)	2 731	583	2 016	10 979 056	2 442	2 442
2	428	774	22	14 575 968	−1 870	−0.16	(1)	2 731	583	2 016	10 979 056	2 442	2 442

表 C 11.2.29　接合部パネルの全塑性モーメント（5通り，側柱—圧縮側：C通り）

階	d_c (mm)	d_b (mm)	t_p (mm)	V_e (mm³)	$\bar{N}$ (kN)	n	(1) $n\leq0.5$ or (2) $n>0.5$	$_pM_{Pc}$ (kN·m)
R	431	484	19	7 926 952	467	0.05	(1)	1 485
6	431	484	19	7 926 952	1 193	0.12	(1)	1 485
5	428	583	22	10 979 056	2 677	0.23	(1)	2 057
4	428	583	22	10 979 056	4 197	0.36	(1)	2 057
3	428	583	22	10 979 056	5 718	0.49	(1)	2 057
2	428	583	22	10 979 056	7 239	0.62	(2)	1 997

表 C 11.2.30　接合部パネルの全塑性モーメント（5通り，側柱—引張側：A通り）

階	d_c (mm)	d_b (mm)	t_p (mm)	V_e (mm³)	$\bar{N}$ (kN)	n	(1) $n\leq0.5$ or (2) $n>0.5$	$_pM_{Pc}$ (kN·m)
R	431	774	19	12 676 572	196	0.02	(1)	2 375
6	431	774	19	12 676 572	232	0.02	(1)	2 375
5	428	774	22	14 575 968	305	0.03	(1)	2 731
4	428	774	22	14 575 968	378	0.03	(1)	2 731
3	428	774	22	14 575 968	452	0.04	(1)	2 731
2	428	774	22	14 575 968	526	0.05	(1)	2 731

例として，4階床レベルの接合部パネル［柱　□-450×22 と左側梁 H-800×300×14×26，右側梁 H-600×200×11×17 の接合部］（中柱：Ⓑ通り）について計算過程を下記に示す．なお，段違い形式パネルの全塑性モーメントは，「鋼構造接合部設計指針」[11.1]より

$$_pM_P = \min\{_pM_{PA}, _pM_{PB}\}$$

ここで，

$N/N_Y \leq 0.5$ の時

$$_pM_{PA} = V_{eH} \cdot \sigma_Y / \sqrt{3}$$

$$_pM_{PB} = V_{eL} \cdot \sigma_Y / \sqrt{3} + {_{bf}N_y} \cdot (d_{bH} - d_{bL})$$

$N/N_Y > 0.5$ の時

$$_pM_{PA} = V_{eH} \cdot \sigma_Y / \sqrt{3} \cdot \sqrt{[1-\{0.5(n-1)+1\}^2]}$$

$$_pM_{PB} = V_{eL} \cdot \sigma_Y / \sqrt{3} \cdot \sqrt{[1-\{0.5(n-1)+1\}^2]} + {_{bf}N_y} \cdot (d_{bH} - d_{bL})$$

ここに，

V_{eH} ：d_{bH} を用いて算定される接合部パネル有効断面積
d_{bH} ：梁せいの高い側の梁フランジの板厚中心間距離
V_{eL} ：d_{bL} を用いて算定される接合部パネル有効断面積
d_{bL} ：梁せいの低い側の梁フランジの板厚中心間距離
$_{bf}N_y$ ：梁せいの高い側の梁フランジ降伏軸力（$_{bf}N_y = B_H \cdot t_{fH} \cdot {_b\sigma_{YH}}$）
B_H ：梁せいの高い側の梁フランジ幅
t_{fH} ：梁せいの高い側の梁フランジ板厚
$_b\sigma_{YH}$ ：梁せいの高い側の梁フランジ降伏強さ

・断面の諸元

$A = 36\,000$ mm² （□-450×22），$d_c = 428$ mm，$\sigma_Y = 295 \times 1.1$ N/mm²（BCR295）
$d_{bH} = 774$ mm，$d_{bL} = 583$ mm，$t_p = 22$ mm，$B_H = 300$ mm，$t_{fH} = 26$ mm
$_b\sigma_{YH} = 235 \times 1.1$ N/mm²（SN400B）

よって

$N_Y = 36\,000 \times 295 \times 1.1 \times 10^{-3} = 11\,682$ kN

$V_{eH} = 2d_c \cdot d_{bH} \cdot t_p = 14\,575\,968$ mm³

$V_{eL} = 2d_c \cdot d_{bL} \cdot t_p = 10\,979\,056$ mm³

$_{bf}N_y = B_H \cdot t_{fH} \cdot {_b\sigma_{YH}} = 300 \times 26 \times 235 \times 1.1 \times 10^{-3} = 2\,016$ kN

・接合部パネルの軸力比

上下柱の軸力の平均は

$\bar{N} = 1/2 \times (1\,938 + 2\,422) = 2\,180$ kN

よって

$n = \bar{N}/N_Y = 2\,180/10\,682 = 0.19 \leq 0.5$

・接合部パネルの全塑性モーメント

$_pM_P$ は，以下のように求められる．

$$_pM_{PA}= V_{eH}\cdot \sigma_Y/\sqrt{3}=14\,575\,968\times 295\times 1.1/\sqrt{3}\times 10^{-6}=2\,731 \text{ kN·m}$$

$$_pM_{PB}= V_{eL}\cdot \sigma_Y/\sqrt{3}+_{bf}N_y\cdot (d_{bH}-d_{bL})$$
$$=10\,979\,056\times 295\times 1.1/\sqrt{3}\times 10^{-6}+2\,016\times (774-583)\times 10^{-3}=2\,442 \text{ kN·m}$$

よって

$$_pM_P=\min\{_pM_{PA},\,_pM_{PB}\}=2\,442 \text{ kN·m}$$

（4） 各層のブレースの層モーメント容量（$_DM_i$）計算

座屈拘束 K 形ブレースが取り付いているため，ブレースの層モーメント容量（$_DM_i$）を（C 9.3.38）式で計算する．なお，座屈拘束ブレースのため，ブレース頂部の梁中央部に圧縮ブレースと引張ブレースの軸力差による付加せん断力は，発生しない．

1 組あたりのブレースの層モーメント容量 $_DM_i$ は（C 9.3.38）式を用いて，

$$_DM_i=2\,_DN_Y\cdot \cos \alpha_D\cdot h_i$$

表 C 11.2.31　ブレースの層モーメント容量

階	断　面	σ_Y (N/mm^2)	A (mm^2)	α_D (°)	$_DN_Y$ (kN)	水平力 (kN)	h_i (m)	$_DM_i$ (kN·m)
6	H-200×200×8×12	259	6 353	42.0	1 642	2 441	3.6	8 789
5	H-200×200×8×12	259	6 353	42.0	1 642	2 441	3.6	8 789
4	H-200×200×8×12	259	6 353	42.0	1 642	2 441	3.6	8 789
3	H-200×200×8×12	259	6 353	42.0	1 642	2 441	3.6	8 789
2	H-200×200×8×12	259	6 353	42.0	1 642	2 441	3.6	8 789
1	H-200×200×8×12	259	6 353	45.0	1 642	2 322	4.0	9 290

（5） フロアモーメントの算出

i 床の各節点に接続する梁の節点全塑性モーメント和，柱の節点全塑性モーメント和，接合パネルの節点全塑性モーメントの最小値を i 床の全節点について総和し，i 床のフロアモーメントを算定する．段違い形式パネル部分の節点全塑性モーメントは，梁せいの大きい方のパネルとして，おのおのの節点全塑性モーメントを算出した．計算過程は 11.2.4 項と同様となるため，省略する．

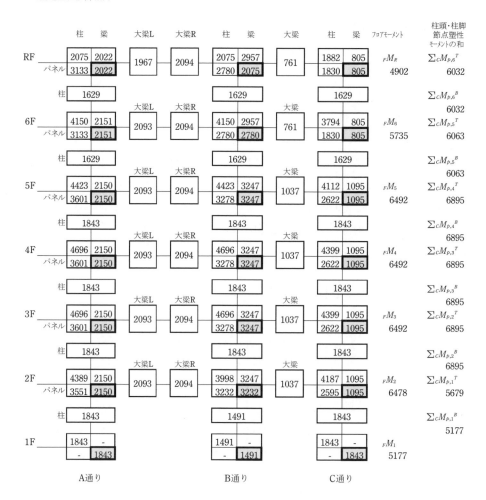

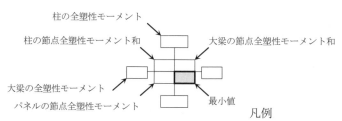

図 C 11.2.14 フロアモーメントの算出（1, 3, 4, 6 通り）

11章 設計例 —227—

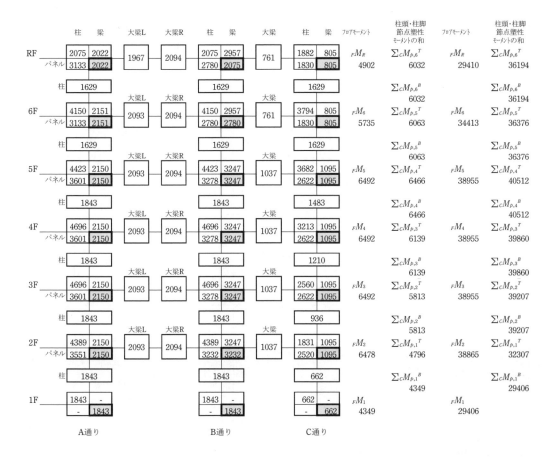

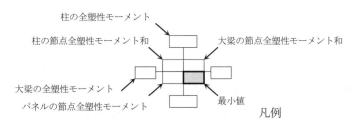

図 C 11.2.15 フロアモーメントの算出（2, 5 通り）

(6) 全層崩壊機構を仮定したフロアモーメントの分配および塑性条件の検討

全層崩壊機構に対するフロアモーメント分配法の計算過程を表 C 11.2.32 に示す．塑性条件を満足していないため，真の崩壊機構は別の機構であるといえる．

表 C 11.2.32 全層崩壊機構に対するフロアモーメント分配法の計算過程

層	w_i (kN)	a_i	A_i	$_sQ_i$ (kN)	h_i (m)	$_s\bar{M}_i$ (kN·m)	$\sum_s\bar{M}_i$ (kN·m)	$_FM_i$ (kN·m)	$\sum_F M_i$ (kN·m)	$_DM_i$ (kN·m)	$\sum_D M_i$ (kN·m)	$_cC_B \cdot {_s\bar{M}_i}$ (kN·m)	M_i^T / M_i^B	$\sum cM_{P,i}^T$ / $\sum cM_{P,i}^B$	$M_i^T/\sum cM_{P,i}^T$ / $M_i^B/\sum cM_{P,i}^B$	塑性条件検討
6	9 572	0.245	1.788	17 118	3.6	61 625	61 625	29 410	29 410	17 578	17 578	23 257	29 410	36 194	0.81	OK
													−6 153	36 194	0.17	OK
5	5 866	0.395	1.531	23 638	3.6	85 098	146 723	34 413	63 823	17 578	35 155	32 116	40 565	36 376	1.12	NG
													−8 449	36 376	0.23	OK
4	5 914	0.546	1.358	29 005	3.6	104 416	251 139	38 955	102 778	17 578	52 733	39 407	47 404	40 512	1.17	NG
													−7 997	40 512	0.20	OK
3	5 916	0.697	1.222	33 327	3.6	119 977	371 116	38 955	141 732	17 578	70 311	45 280	46 952	39 860	1.18	NG
													−1 672	39 860	0.04	OK
2	5 912	0.848	1.105	36 680	3.6	132 050	503 166	38 955	180 687	17 578	87 889	49 836	40 627	39 207	1.04	NG
													9 209	39 207	0.23	OK
1	5 944	1.000	1.000	39 124	4.0	156 496	659 662	38 865	219 553	18 580	106 469	59 062	29 656	32 307	0.92	OK
								29 406	248 958				29 406	29 406	1.00	OK

[注]　$T = 0.03h = 0.663$ s，A_i の算出法は建築基準法に基づく
[注]　$_cC_B = (\sum_F M_i + \sum_D M_i)/\sum_s\bar{M}_i$
　　　　$= (248\,958 + 106\,469)/659\,662 = 0.539$ （(C 9.3.39)式より）

(7) 崩壊機構を修正した検討および崩壊荷重の確認

全層崩壊機構が真の崩壊機構ではなかったため，崩壊機構の修正を行う．

表 C 11.2.32 より $\{M_i^T/{_cM_{p,i}^T}, M_i^B/{_cM_{p,i}^B}\}$ のおのおのの最大値が 5～2 階柱頭および 1 階柱脚となっているため，1 階柱脚および 5 階柱頭に塑性ヒンジが形成される部分層崩壊機構を仮定し，1 階から 5 階の範囲で分配モーメントを再計算した結果を表 C 11.2.33 に示す．この場合も塑性条件を満足していないため，真の崩壊機構は別の機構であるといえる．

表 C 11.2.33　部分層崩壊機構に対するフロアモーメント分配法の計算過程（１）

層	w_i (kN)	a_i	A_i	$_s\bar{Q}_i$ (kN)	h_i (m)	$_s\bar{M}_i$ (kN·m)	$\sum_s\bar{M}_i$ (kN·m)	$_F M_i$ (kN·m)	$\sum_F M_i$ (kN·m)	$_D M_i$ (kN·m)	$\sum_D M_i$ (kN·m)	$_c C_B \cdot _s\bar{M}_i$ (kN·m)	M_i^T / M_i^B	$\sum_c M_{P,i}^T$ / $\sum_c M_{P,i}^B$	$M_i^T/\sum_c M_{P,i}^T$ / $M_i^B/\sum_c M_{P,i}^B$	塑性条件検討
6	9 572	0.245	1.788	17 118	3.6	—	—			—	—	—	—	—	—	—
								36 376	36 376				—	—	—	—
5	5 866	0.395	1.531	23 638	3.6	85 098	85 098			17 578	17 578	31 520	36 376	36 376	1.00	OK
								38 955	75 331				−4 856	36 376	0.13	OK
4	5 914	0.546	1.358	29 005	3.6	104 416	189 514			17 578	35 155	38 676	43 811	40 512	1.08	NG
								38 955	114 286				−5 135	40 512	0.13	OK
3	5 916	0.697	1.222	33 327	3.6	119 977	309 491			17 578	52 733	44 439	44 090	39 860	1.11	NG
								38 955	153 241				349	39 860	0.01	OK
2	5 912	0.848	1.105	36 680	3.6	132 050	441 541			17 578	70 311	48 911	38 606	39 207	0.98	OK
								38 865	192 106				10 305	39 207	0.26	OK
1	5 944	1.000	1.000	39 124	4.0	156 496	598 037			18 580	88 891	57 966	28 560	32 307	0.88	OK
								29 406	221 511				29 406	29 406	1.00	OK

［注］　□ は $\sum_c M_{P,5}^T$ を示す

［注］　$_c C_B = (\sum_F M_i + \sum_D M_i)/\sum_s \bar{M}_i$
　　　　$= (221\,511 + 88\,891)/598\,037 = 0.519$　（(C 9.3.39)式より）

　さらに，崩壊機構の修正を行う．表 C 11.2.33 より $\{M_i^T/_c M_{P,i}^T,\ M_i^B/_c M_{P,i}^B\}$ のおのおのの最大値が 4〜3 階柱頭および 1 階柱脚となっているため，1 階柱脚および 4 階柱頭に塑性ヒンジが形成される部分層崩壊機構を仮定し，1 階から 4 階の範囲で分配モーメントを再計算した結果を表 C 11.2.34 に示す．

表 C 11.2.34 部分層崩壊機構に対するフロアモーメント分配法の計算過程（2）

層	w_i (kN)	α_i	A_i	$_s\bar{Q}_i$ (kN)	h_i (m)	$_s\bar{M}_i$ (kN·m)	$\Sigma_s\bar{M}_i$ (kN·m)	$_FM_i$ (kN·m)	Σ_FM_i (kN·m)	$_DM_i$ (kN·m)	Σ_DM_i (kN·m)	$_cC_B\cdot_s\bar{M}_i$ (kN·m)	M_i^T / M_i^B	$\Sigma cM_{P,i}^T$ / $\Sigma cM_{P,i}^B$	$M_i^T/\Sigma cM_{P,i}^T$ / $M_i^B/\Sigma cM_{P,i}^B$	塑性条件検討
6	9 572	0.245	1.788	17 118	3.6	—	—	—	—	—	—	—	—	—	—	—
5	5 866	0.395	1.531	23 638	3.6	—	—	40 512	40 512	—	—	—	—	—	—	—
4	5 914	0.546	1.358	29 005	3.6	104 416	104 416	38 955	79 467	17 578	17 578	38 004	40 512 / −2 508	40 512 / 40 512	1.00 / 0.06	OK / OK
3	5 916	0.697	1.222	33 327	3.6	119 977	224 393	38 955	118 422	17 578	35 155	43 668	41 463 / 2 204	39 860 / 39 860	1.04 / 0.06	NG / OK
2	5 912	0.848	1.105	36 680	3.6	132 050	356 443	38 865	157 287	17 578	52 733	48 062	36 750 / 11 311	39 207 / 39 207	0.94 / 0.29	OK / OK
1	5 944	1.000	1.000	39 124	4.0	156 496	512 939	29 406	186 693	18 580	71 313	56 959	27 554 / 29 406	32 307 / 29 406	0.85 / 1.00	OK / OK

［注］ □ は $\Sigma_cM_{P,4}^T$ を示す
［注］ $_cC_B=(\Sigma_FM_i+\Sigma_DM_i)/\Sigma_s\bar{M}_i$
  $=(186\,693+71\,313)/512\,939=0.503$ （(C 9.3.39)式より）

さらに，崩壊機構の修正を行う．表 C 11.2.34 より $\{M_i^T/_cM_{p,i}^T, M_i^B/_cM_{p,i}^B\}$ のおのおのの最大値が 3 階柱頭および 1 階柱脚となっているため，1 階柱脚および 3 階柱頭に塑性ヒンジが形成される部分層崩壊機構を仮定し，1 階から 3 階の範囲で分配モーメントを再計算した結果を表 C 11.2.35 に示す．前述した検討の中で最小の崩壊ベースシア係数が得られ，また塑性条件を満足しているため，真の崩壊機構であると見なせる．

表 C 11.2.35　部分層崩壊機構に対するフロアモーメント分配法の計算過程（3）

層	w_i (kN)	a_i	A_i	$_s\bar{Q}_i$ (kN)	h_i (m)	$_s\bar{M}_i$ (kN·m)	$\sum_s\bar{M}_i$ (kN·m)	$_F M_i$ (kN·m)	$\sum_F M_i$ (kN·m)	$_D M_i$ (kN·m)	$\sum_D M_i$ (kN·m)	$cC_B \cdot _s\bar{M}_i$ (kN·m)	M_i^T / M_i^B	$\sum cM_{P,i}^T$ / $\sum cM_{P,i}^B$	$M_i^T/\sum cM_{P,i}^T$ / $M_i^B/\sum cM_{P,i}^B$	塑性条件検討
6	9 572	0.245	1.788	17 118	3.6	—	—	—	—	—	—	—	—	—	—	—
5	5 866	0.395	1.531	23 638	3.6	—	—	—	—	—	—	—	—	—	—	—
4	5 914	0.546	1.358	29 005	3.6	—	—	—	—	—	—	—	—	—	—	—
3	5 916	0.697	1.222	33 327	3.6	119 977	119 977	39 860	39 860	17 578	17 578	43 197	39 860 / 3 337	39 860 / 39 860	1.00 / 0.08	OK / OK
2	5 912	0.848	1.105	36 680	3.6	132 050	252 026	38 955	78 815	17 578	35 155	47 543	35 618 / 11 926	39 207 / 39 207	0.91 / 0.30	OK / OK
1	5 944	1.000	1.000	39 124	4.0	156 496	408 522	38 865 / 29 406	117 680 / 147 085	18 580	53 735	56 345	26 940 / 29 406	32 307 / 29 406	0.83 / 1.00	OK / OK

［注］　□ は $\sum cM_{P,3}^T$ を示す
［注］　$cC_B = (\sum_F M_i + \sum_D M_i)/\sum_s\bar{M}_i$
　　　$=(147\,085+53\,735)/408\,522=0.492$　（(C 9.3.39)式より）

（8）　ブレース分担率の確認

前項より，ブレース付架構の崩壊ベースシア係数 cC_B は，(C 9.3.39)式より次式となる．

$$cC_B = (\sum_F M_i + \sum_D M_i)/\sum_s\bar{M}_i = (147\,085+53\,735)/408\,522$$
$$=0.360+0.132=0.492$$

このうちブレースが負担する崩壊ベースシア係数は 0.132 となっているので，ブレース分担率は，0.132/0.492＝0.268，約 27% となっていることがわかる．

11.2.6　塑性変形能力の確認

ここでは，塑性設計された骨組に対して，エネルギーの釣合いに基づいて部材の必要塑性変形能力（累積と最大）を予測し，部材の保有塑性変形能力が上回っていることを確認する．

準備計算として，許容応力度設計時の弾性解析結果より，多層骨組を等価 1 自由度系（図 C 11.2.16）に近似するための諸元として，崩壊荷重に対する弾性限荷重の比（ψ），弾性限の有効層間変形角 R_y^{eq} を求める．また，フロアモーメント分配法により算出した崩壊ベースシア係数 cC_B（＝0.387）を用いて崩壊機構時の塑性率 μ_c を求める．なお，崩壊荷重に対する弾性限荷重の比 ψ は，許容応力度設計時の部材検定比 α（＝0.92）とベースシア係数 C_0（＝0.2），断面係数 Z と塑性断面係数 Z_p の比を用いて，以下のように設定した．

$$\psi=(C_0/\alpha)\times(1.1\times Z_p/Z)/cC_B$$
$$=(0.2/0.92)\times(1.1\times 1.15)/0.351=0.783$$

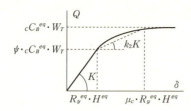

図 C 11.2.16　等価 1 自由度系の Q–δ 関係

R_y^{eq} は，表 C 11.2.4 地震荷重表の h_i, a_i, A_i および表 C 11.2.5 弾性解析結果の x 方向層間変形角 R_i を用いて，(C 10.4.9) 式より次式となる．

$$R_y^{eq} = \frac{\sum_{i=1}^{6}(A_i \cdot a_i \cdot h_i \cdot R_{yi})}{\sum_{i=1}^{6}(A_i \cdot a_i \cdot h_i)} = \frac{\sum_{i=1}^{6}(A_i \cdot a_i \cdot h_i)\left(\psi \cdot \frac{C_0}{{}_cC_B} \cdot R_i\right)}{\sum_{i=1}^{6}(A_i \cdot a_i \cdot h_i)}$$

$$= \frac{1.000 \times 1.000 \times 4.0 \times 1/382 + 1.108 \times 0.844 \times 3.6 \times 1/282 + \cdots + 1.833 \times 0.225 \times 3.6 \times 1/486}{1.000 \times 1.000 \times 4.0 + 1.108 \times 0.844 \times 3.6 + \cdots + 1.833 \times 0.225 \times 3.6}$$

$$\times 1.375 = \frac{0.0676}{16.65} = 1/246$$

一方，フレームの弾性変形に占める梁の変形の比率 γ_b は，柱梁剛比を k_{cb} として $\gamma_b = k_{cb}/(1+k_{cb})$ と表せることから 0.75 と仮定し（通常のラーメン構造は $\gamma_b \geq 0.5$，柱が剛であれば $\gamma_b = 1.0$），多層骨組の梁の片側が全て降伏して梁の剛性が 1/4 に低下した状態が平均的な二次剛性比 k_2 を与えると考えると，

$$k_2 = \frac{1}{1+3\gamma_b} = \frac{1}{1+3\times 0.75} = 0.308$$

よって，崩壊機構時の塑性率 μ_c は (C 10.4.6) 式より，

$$\mu_c = 1 + \frac{1-\psi}{\psi \cdot k_2} = 1 + \frac{1-0.784}{0.784 \times 0.308} = 1.895$$

以上の建物諸元用いて，地震入力エネルギーの速度換算値 $V_{dm} = 1.5$ m/s に対する等価 1 自由度系の累積塑性変形倍率 η と塑性率 μ を算定する．なお，半サイクルの最大入力エネルギー増分の全入力エネルギーの比 r_{cycle} は，標準的な値として 0.25 を用いる．

等価 1 自由度系の崩壊ベースシア係数 ${}_cC_B^{eq}$ は，表 C 11.2.14 および (C 10.4.5) 式より，

$${}_cC_B^{eq} = \frac{\sum_{i=1}^{6}(A_i \cdot a_i \cdot h_i)}{\sqrt{\sum_{i=1}^{6}\left\{\frac{W_i}{W_T}\left(\sum_{j=1}^{i}h_j\right)^2\right\}}} \times {}_cC_B = 1.110 \times 0.387 = 0.430$$

等価 1 自由度系の塑性率 μ は，

・$\mu_1 \leq \mu_c$ と仮定すると，(C 10.4.2 a) 式より，

$$\{2 + k_2(\mu_1 - 1)\}^2(\mu_1 - 1)(\psi \cdot {}_cC_B^{eq})^2 - r_{cycle}(\mu_1 + 1) \cdot C_0^2 = 0$$

$$\{2 + 0.308 \times (\mu_1 - 1)\}^2(\mu_1 - 1)(0.784 \times 0.389)^2 - 0.25 \times (\mu_1 + 1) \cdot 1.0^2 = 0$$

上式の三次方程式をニュートン法を用いて数値的に解くと，

$$\mu_1=2.551>\mu_c=1.895 \qquad \text{NG}$$

・$\mu_1>\mu_c$ と仮定すると，(C 10.4.2 b)式より，

$$\mu_1=\frac{2\cdot(1+\psi)\left\{1+\frac{(1-\psi)^2}{2\psi\cdot k_2}\right\}({}_cC_B{}^{eq})^2+r_{cycle}\cdot C_0{}^2}{2\cdot(1+\psi)({}_cC_B{}^{eq})^2-r_{cycle}\cdot C_0{}^2}$$

$$=\frac{2\times(1+0.784)\left\{1+\frac{(1-0.784)^2}{2\times0.784\times0.308}\right\}(0.389)^2+0.25\times1.0^2}{2\times(1+0.784)(0.389)^2-0.25\times1.0^2}$$

$$=2.896>\mu_c=1.895 \qquad \text{OK}$$

・$\mu_2\leqq\mu_c$ と仮定すると，(C 10.4.3.a)式より，

$$\mu_2=1+\frac{1}{k_2}\left(\sqrt{1+k_2\cdot r_{cycle}\left(\frac{C_0\cdot T_u}{\psi\cdot{}_cC_B{}^{eq}\cdot T_1}\right)^2}-1\right)$$

$$=1+\frac{1}{0.308}\times\left(\sqrt{1+0.308\times0.25\times\left(\frac{1.0\times1.6\times0.6}{0.784\times0.389\times0.898}\right)^2}-1\right)$$

$$=2.279>\mu_c=1.895 \qquad \text{NG}$$

・$\mu_2>\mu_c$ と仮定すると，(C 10.4.3.b)式より，

$$\mu_2=1+\frac{(1-\psi)^2}{2\psi\cdot k_2}+\frac{r_{cycle}}{2\psi}\cdot\left(\frac{C_0\cdot T_u}{{}_cC_B{}^{eq}\cdot T_1}\right)^2$$

$$=1+\frac{(1-0.784)^2}{2\times0.784\times0.308}+\frac{0.25}{2\times0.784}\times\left(\frac{1.0\times1.6\times0.6}{0.389\times0.898}\right)^2$$

$$=2.297>\mu_c=1.895 \qquad \text{OK}$$

(C 10.4.1)式より，

$$\mu=\min(\mu_1,\mu_2)=\min(2.896,2.297)=2.297\geqq 7/6=1.167 \qquad \text{OK}$$

また，等価1自由度系の累積塑性変形倍率 η は，$\mu=2.297>\mu_c=1.895$ となり，(C 10.4.4.b)式より，

$$\eta=\frac{1}{1-k_2}\cdot\left[\frac{1}{\psi\cdot r_{cycle}}\cdot\left\{\mu-1-\frac{(1-\psi)^2}{2\psi\cdot k_2}\right\}-k_2\cdot\mu_c\cdot(\mu-\mu_c)-\frac{1}{2}\right]$$

$$=\frac{1}{1-0.308}\times\left[\frac{1}{0.784\times0.25}\times\left\{2.297-1-\frac{(1-0.784)^2}{2\times0.784\times0.308}\right\}\right.$$

$$\left.-0.308\times1.895\times(2.297-1.895)-\frac{1}{2}\right]$$

$$=7.783$$

次に，算定された等価1自由度系の変形（η および μ）から，梁の変形（最大塑性変形角 $\theta_{p\,max}$ および累積塑性変形角 $\sum\theta_{pl}$）を算定する．

$\mu=2.297>\mu_c=1.895$ となり，(C 10.4.7.b)式および(C 10.4.8.b)式より，

$${}_c\theta_{p\,max}=\{1.5(\mu_c-1)+(\mu-\mu_c)\}\cdot R_y{}^{eq}$$

$$=\{1.5\times(1.895-1)+(2.297-1.895)\}\times\frac{1}{246}=\frac{1}{141}=0.007$$

$$\sum_c \theta_{pl} = [1.5\{\eta-(\mu-\mu_c)\}+(\mu-\mu_c)]R_y^{eq}$$

$$= [1.5\times\{7.783-(2.297-1.895)\}+(2.297-1.895)]\times\frac{1}{246}$$

$$= \frac{1}{21} = 0.047 < 0.25$$

以上より，本設計例の大梁は，H形鋼梁の保有塑性変形能力として塑性設計指針で設定する累積塑性変形角 $\sum_c \theta_p = 0.25$ rad を十分に下回っており，応答予測値に対して十分な塑性変形能力を有していると判断される〔図C 5.3.1(C)参照〕．

11.3 設計例2－工場

11.3.1 一般事項

（1） はじめに

ここでは，終局荷重を付1に示す「作用荷重と荷重係数」により設定し，塑性解析から求めた全塑性モーメントにより部材断面を設計する．また，参考のために，保有水平耐力計算における構造特性係数 Ds 値を想定して必要保有水平耐力を算定し，崩壊荷重と比較することにより耐震性能の検証を行った結果も併せて示す．

（2） 建物概要

　ⅰ） 種別　　　工場建屋，平屋建
　ⅱ） 構造　　　鉄骨山形ラーメン構造（ピン柱脚，屋根勾配3/10）
　ⅲ） 場所　　　東京都近郊の積雪300 mm の地域
　ⅳ） 屋根　　　折版
　ⅴ） 壁　　　　ALC（厚さ　100 mm）横張り
　ⅵ） 建物の梁伏図・軸組図を図C 11.3.1 に示す．

（3） 設計方針

　ⅰ） 梁間方向はピン柱脚の山形ラーメン構造とする．
　ⅱ） 桁行方向はブレース付ラーメン構造とする．
　ⅲ） 主架構は柱・梁同一断面とする．
　ⅳ） 主架構の設計は，本指針に沿って行うほか，必要に応じ，「鋼構造設計規準―許容応力度設計法―」[11.2]による．
　ⅴ） 使用材料

　　　柱，大梁　　　：SN400B
　　　小梁，ブレース：SN400A
　　　ベースプレート：SN400C

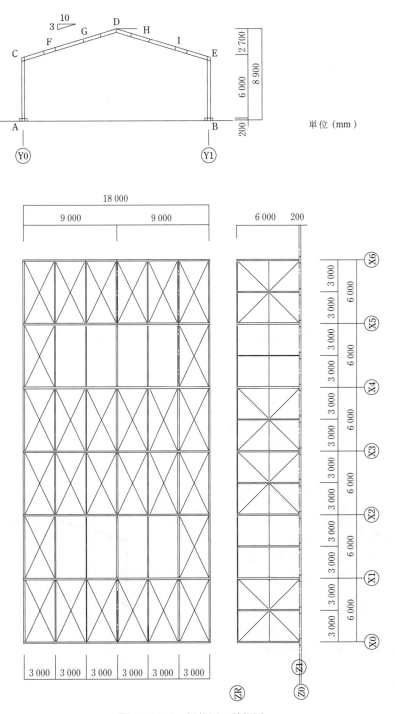

図 C 11.3.1　梁伏図・軸組図

11.3.2 荷　　重

(1) 単位荷重

　ⅰ) 固定荷重 (G)

　　・屋根（水平面につき）

ダブル折版	300 N/m²
小梁・水平ブレース等	100 N/m²
主フレーム	250 N/m²
設備	100 N/m²
計	750 N/m²

　　・壁（鉛直面につき）

ALC（厚さ　100 mm）	650 N/m²
間柱・ブレース	200 N/m²
計	850 N/m²

　ⅱ) 積載荷重 (Q)

（単位：N/m²）

	床・小梁用	架構用	地震用
屋根	100	100	0

　ⅲ) 雪荷重 (S)

　　・雪の平均単位重量　　$\rho = 2$ N/m²/mm

　　・垂直積雪量　　　　　$d = 300$ mm

　　・形状係数　　　　　　$R = 0.90$ （$\tan 16.7° = 0.3$）

　　　∴ $S_s = \rho \times d \times R = 2 \times 300 \times 0.90 = 540$ N/m²

　ⅳ) 風荷重 (W)

　　・地表粗度区分　　　　Ⅲ

　　・基準風速　　　　　　$V_0 = 34$ m/s

　　・上空風高度　　　　　$Z_G = 450$

　　・ガスト係数　　　　　$G_f = 2.5$

　　・建物高さ　　　　　　$h = 7.55$ m

図 C 11.3.2　風力係数

　　・地表付近での風速の変化の度合い　　$\alpha = 0.20$

　　・平均風速の鉛直方向分布係数　　$E_r = 1.7 \cdot \left(\dfrac{H}{Z_G}\right)^\alpha = 1.7 \times \left(\dfrac{7.55}{450}\right)^{0.20} = 0.75$

　　・環境係数　　　　　　$E = E_r^2 \cdot G_f = 0.75^2 \times 2.5 = 1.41$

　　・速度圧　　　　　　　$q = 0.6 \cdot E \cdot V_0^2 = 0.6 \times 1.41 \times 34^2 = 978$ N/m²

　　・風力係数　　　　　　図 C 11.3.2 による．

ⅴ）地震荷重（E）

・地域係数　　　　　　　　　$Z=1.0$
・振動の特性係数　　　　　　$R_t=1.0$
・地震層せん断力分布係数　　$A_i=1.0$
・標準せん断力係数　　　　　$C_0=0.2$

以上より，地震層せん断力係数　$C=Z \cdot R_t \cdot A_i \cdot C_0=0.2$

・屋根重量による水平力　　　$750 \times 0.2 = 150 \text{ N/m}^2$
・壁重量による水平力　　　　$850 \times 0.2 = 170 \text{ N/m}^2$

（2）作用荷重（荷重は全て小梁の取り付く位置の集中荷重として作用するものとする．）

ⅰ）固定荷重（G）

$$P = 750 \times 6.0 \times 3.0 = 13\,500 \text{ N} = 13.5 \text{ kN}$$

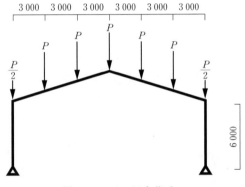

図 C 11.3.3　固定荷重

ⅱ）積載荷重（Q）

床・小梁用　　$P_1 = 100 \times 6.0 \times 3.0 = 1\,800 \text{ N}$
　　　　　　　　　$= 1.8 \text{ kN}$

架構用　　　　$P_2 = 100 \times 6.0 \times 3.0 = 1\,800 \text{ N}$
　　　　　　　　　$= 1.8 \text{ kN}$

地震用　　　　$P_3 = 0 \times 6.0 \times 3.0 = 0 \text{ N} = 0 \text{ kN}$

ⅲ）積雪荷重（S）

$$P = 540 \times 6.0 \times 3.0 = 9\,720 \text{ N} = 9.7 \text{ kN}$$

ⅳ）風荷重（W）

$$P_1 = 1.0 \times 978 \times 6 \times \frac{6}{2} = 17\,604 \text{ N} = 17.6 \text{ kN}$$

$$P_2 = 0.9 \times 978 \times 6 \times \frac{3}{2} = 7\,922 \text{ N} = 7.9 \text{ kN}$$

$$P_3 = 0.9 \times 978 \times 6 \times 3 = 15\,844 \text{ N} = 15.8 \text{ kN}$$

$$P_4 = 0.7 \times 978 \times 6 \times \frac{3}{2} = 6\,161 \text{ N} = 6.2 \text{ kN}$$

$$P_5 = 0.7 \times 978 \times 6 \times 3 = 12\,323 \text{ N} = 12.3 \text{ kN}$$

$$P_6 = 0.6 \times 978 \times 6 \times \frac{6}{2} = 10\,562 \text{ N} = 10.6 \text{ kN}$$

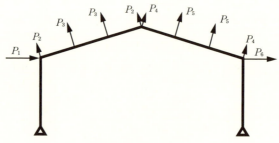

図C 11.3.4　風荷重

v) 地震荷重（E）

　　屋根　　　$150 \times 6 \times 9.0 = 8\,100$ N $= 8.1$ kN
　　壁　　　　$170 \times 6 \times 6.0/2 = 3\,060$ N $= 3.1$ kN
　　　　　　　　　　　$P = 11.2$ kN

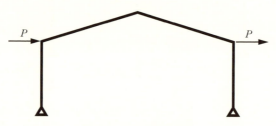

図C 11.3.5　地震荷重

(3) 終局荷重

　i) 豪雪時　　$G + Q + 1.5 \cdot S$
　　　$P = 13.5 + 1.8 + 1.5 \times 9.7 = 29.9$ kN

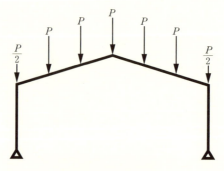

図C 11.3.6　豪雪時

ii) 暴風時　$G+Q+1.5W$

$P_1=1.5\times17.6=26.4$ kN

$P_2=1.5\times7.9\times\sin16.7°=3.4$ kN

$P_3=-\dfrac{13.5}{2}-\dfrac{1.8}{2}+1.5\times7.9\times\cos16.7°$
　　$=3.7$ kN

$P_4=-13.5-1.8+1.5\times15.8\times\cos16.7°$
　　$=7.4$ kN

$P_5=-13.5-1.8+1.5\times(7.9+6.2)\times\cos16.7°$
　　$=5.0$ kN

$P_6=-13.5-1.8+1.5\times12.3\times\cos16.7°$
　　$=2.4$ kN

$P_7=-\dfrac{13.5}{2}-\dfrac{1.8}{2}+1.5\times6.2\times\cos16.7°$
　　$=1.3$ kN

$P_8=1.5\times6.2\times\sin16.7°=2.7$ kN

$P_9=1.5\times10.6=15.9$ kN

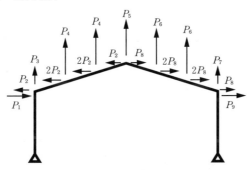

図 C 11.3.7　暴風時

iii) 大地震時　$G+Q+1.5E$

$P_1=1.5\times11.2=16.8$ kN

$P_2=13.5$ kN

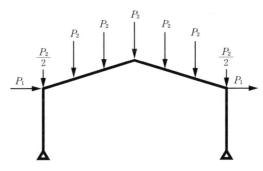

図 C 11.3.8　大地震時

11.3.3 塑性解析

（1） 豪雪時

軒部および棟部に近い集中荷重点に塑性ヒンジが発生するとして，図 C 11.3.9 の崩壊機構を想定する．

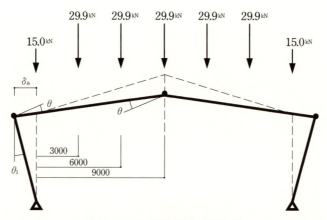

図 C 11.3.9　崩壊機構（豪雪時）

荷重のなす仕事 W_0

$$W_0 = 29.9 \times \theta \times (3.0 + 6.0 + 9.0 + 6.0 + 3.0) = 807.3\theta \text{ kN·m}$$

塑性ヒンジのなす仕事 W_i

$$W_i = M_P \times (2 \cdot \theta_1 + 4 \cdot \theta)$$

フレームの変形前後の幾何学的関係から

　柱の回転による柱頭の水平変位　　$\delta_{hC} = 6.0 \cdot \theta_1$

　梁の回転による柱頭の水平変位　　δ_{hB}

$$\delta_{hC} = \delta_{hB} = \delta_h$$

この場合，崩壊機構の対称性から屋根部の回転中心がわかるので，

$$6\theta_1 = \left(9 \times \frac{3}{10}\right) \cdot \theta$$

$$\therefore \theta_1 = 0.45 \cdot \theta$$

$$\therefore W_i = (2 \times 0.45 + 4) \cdot M_P \cdot \theta = 4.9 \cdot M_P \cdot \theta$$

仮想仕事法により

$$W_0 = W_i$$

$$\therefore M_P = \frac{807.3}{4.9} = 164.8 \text{ kN·m}$$

曲げモーメント図は，図 C 11.3.10 のようになる．

曲げモーメント図からわかるように，塑性ヒンジ点以外は全て M_P より小さく，塑性条件を満足しており，仮定した崩壊機構は正しい．

水平反力　　$H \times 6.0 = M_P \rightarrow H = \dfrac{1}{6} \times 164.8 = 27.5$ kN

鉛直反力　　$V = \dfrac{(2 \times 15.0 + 5 \times 29.9)}{2} = 89.8$ kN

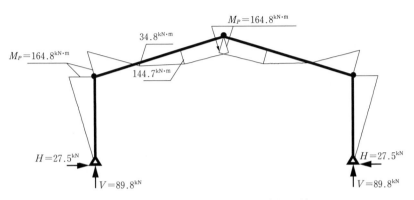

図 C 11.3.10　曲げモーメント図（豪雪時）

（2）　暴風時

風上側と風下側軒部に塑性ヒンジが発生するとして，図 C 11.3.11 の崩壊機構を仮定する．

荷重のなす仕事 W_0

$$W_0 = 26.4 \times \theta \times 6.0 + 15.9 \times \theta_1 \times 6.0 - 3.4 \times 6 \times 6 \times \theta + 2.7 \times 6 \times 6 \times \theta_1$$
$$= 36.0 \cdot \theta + 192.6 \cdot \theta_1$$

塑性ヒンジのなす仕事

$$W_i = M_P \cdot (\theta + \theta_1)$$

図 C 11.3.11 の幾何学的関係から

　　左右柱の回転によるヒンジ点の上下変位　　$= 0$
　　左柱の回転によるヒンジ点の水平変位　　$\delta_L = 6 \cdot \theta$
　　右柱の回転によるヒンジ点の水平変位　　$\delta_R = 6 \cdot \theta_1$
　　　$\delta_R = \delta_L$ より，$6 \cdot \theta_1 = 6 \cdot \theta$　　$\therefore \theta_1 = \theta$

仮想仕事法により

$$W_0 = W_i \quad 36.0 \cdot \theta + 192.6 \cdot \theta_1 = M_P \cdot (\theta + \theta_1)$$

$$M_P = \dfrac{36.0 + 192.6}{2} = 114.3 \text{ kN} \cdot \text{m}$$

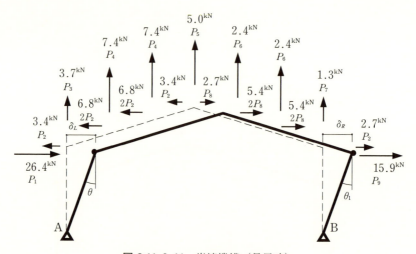

図 C 11.3.11 崩壊機構（暴風時）

　曲げモーメントは，図 C 11.3.12 のようになる．図において，塑性ヒンジ点以外の点はすべて M_P 以下となり，塑性条件を満足している．

　水平反力

$$H_A \times 6.0 = M_P \qquad H_A = \frac{114.3}{6.0} = 19.1 \text{ kN}$$

$$H_B \times 6.0 = M_P \qquad H_B = \frac{114.3}{6.0} = 19.1 \text{ kN}$$

　鉛直反力

$$V_A - V_B = 3.7 + 7.4 \times 2 + 5.0 + 2.4 \times 2 + 1.3 = 29.6 \text{ kN} \tag{C 11.3.1}$$

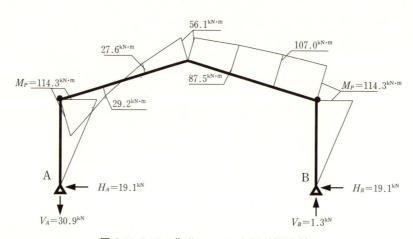

図 C 11.3.12 曲げモーメント図（暴風時）

棟部でのモーメントの釣合い

$(H_A+H_B)\times 8.7-(26.4+15.9)\times 2.7+(3.4-2.7)\times 2.7+(6.8-5.4)\times(1.8+0.9)$

$+3.7\times 9+7.4\times(6+3)-2.4\times(3+6)-1.3\times 9-(V_A+V_B)\times 9=0$

$9\times(V_A+V_B)=289.5\,\text{kN}$

$(V_A+V_B)=32.2\,\text{kN}$ (C 11.3.2)

(C 11.3.1)式と(C 11.3.2)式より,

$V_A=30.9\,\text{kN}$

$V_B=1.3\,\text{kN}$

(3) 地震時

図C 11.3.13 のように,E 点と G 点に塑性ヒンジを仮定する.

荷重のなす仕事 W_0

$W_0=16.8\times 6.0\times(\theta+\theta_2)+13.5\times(3.0+6.0)\times\theta+13.5\times(3.0+6.0+9.0)\times\theta_1$

$=222.3\cdot\theta+243.0\cdot\theta_1+100.8\cdot\theta_2$

塑性ヒンジのなす仕事

$W_i=M_P\times(\theta+2\theta_1+\theta_2)$

図C 11.3.13 の幾何学的関係から,θ,θ_1,θ_2 の相互の関係は

$\dfrac{\theta}{\theta_1}=\dfrac{12.0}{6.0}$,$\dfrac{\theta_2}{\theta_1}=\dfrac{17.4}{6.0}$

$\therefore \theta_1=0.5\theta$,$\theta_2=1.45\theta$,

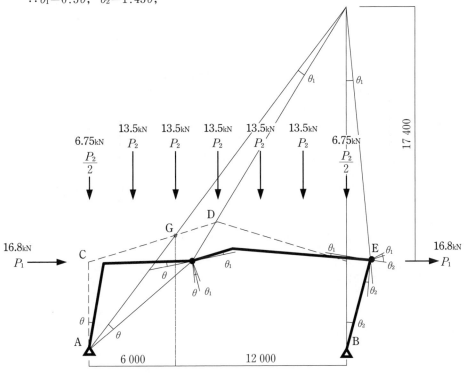

図C 11.3.13 崩壊機構(大地震時)

仮想仕事法により

$$W_0 = W_i$$

$$222.3 \cdot \theta + 243.0 \times 0.5 \cdot \theta + 100.8 \times 1.45 \cdot \theta = M_P \cdot (\theta + 2 \times 0.5 \cdot \theta + 1.45 \cdot \theta)$$

$$\therefore M_P = \frac{1}{3.45} \times 490.0 = 142.0 \text{ kN·m}$$

曲げモーメントは，図 C 11.3.14 のようになる．塑性ヒンジ点以外の点はすべて M_P 以下となり，塑性条件を満足している．

水平反力

$$H_B \times 6.0 = M_P \qquad H_B = \frac{1}{6.0} \times 142.0 = 23.7 \text{ kN}$$

$$H_A = 2 \times 16.8 - H_B \qquad H_A = 33.6 - 23.7 = 9.9 \text{ kN}$$

鉛直反力

$$V_A + V_B = 6 \times 13.5 = 81.0 \text{ kN} \tag{C 11.3.3}$$

棟部でのモーメントの釣合いから

$$(9.9 + 23.7) \times 8.7 - 2 \times 16.8 \times 2.7 + (V_A - V_B) \times 9 = 0 \tag{C 11.3.4}$$

(C 11.3.3)式，(C 11.3.4)式より

$$V_A - V_B = -22.4$$

$$V_A = 29.3 \text{ kN}$$

$$V_B = 51.7 \text{ kN}$$

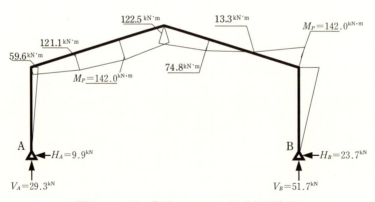

図 C 11.3.14　曲げモーメント図（大地震時）

11.3.4 断面算定

(1) 柱・梁断面の算定

ⅰ) 使用断面

各荷重に対する崩壊機構形成時の全塑性モーメントのうち，最大となる豪雪時全塑性モーメントに対して断面を設計する．

設計全塑性モーメント　　$M_P = 164.8 \text{ kN·m}$

設計用塑性断面係数　　$Z_P = \dfrac{164.8 \times 10^6}{235} = 701.3 \times 10^3 \text{ mm}^3$

使用断面　　H-500×300×12×22　($Z = 3\,430 \times 10^3 \text{ mm}^3$)

$A = 188.2 \times 10^2 \text{ mm}^2$,　$i_x = 213 \text{ mm}$,　$i_y = 72.6 \text{ mm}$

$Z_{Px} = 3\,810 \times 10^3 \text{ mm}^3$,　$Z_{Py} = 1\,010 \times 10^3 \text{ mm}^3$

$I_x = 85\,700 \times 10^4 \text{ mm}^4$,　$I_y = 9\,910 \times 10^4 \text{ mm}^4$

$M_{Px} = \sigma_Y \cdot Z_{Px} = 895.4 \text{ kN·m}$

$N_Y = \sigma_Y \cdot A = 4\,423 \text{ kN}$

$A_w = 12 \times (500 - 2 \times 22) = 5\,472 \text{ mm}^2$

$A_f = 22 \times 300 = 6\,600 \text{ mm}^2$

$\sigma_Y = 235 \text{ N/mm}^2$

図 C 11.3.15　部材断面（単位：mm）

ⅱ) 板要素の幅厚比の検討

フランジ　(4.2.1)式から

$$\dfrac{b}{t_f} = \dfrac{150}{22} = 6.8 \leqq 0.33 \cdot \sqrt{\dfrac{E}{\sigma_Y}} = 9.7 \qquad \text{OK}$$

ウェブ　(4.2.2)式から

$$\dfrac{N}{N_Y} = \dfrac{89.8}{4\,423} = 0.020 < \dfrac{A_w}{A} = \dfrac{5\,472}{18\,828} = 0.29$$

$$\therefore \frac{d}{t_w}=\frac{500}{12}=41.7<2.4\cdot\sqrt{\frac{E}{\sigma_Y}}-0.9\cdot\sqrt{\frac{E}{\sigma_Y}}\cdot\frac{A_w}{A}\cdot\frac{N}{N_Y}=68.3 \quad\quad \text{OK}$$

iii) 軸力を考慮した全塑性モーメント

$$\frac{N}{N_Y}=\frac{89.8}{4\,423}=0.020\leqq\frac{A_w}{A}=\frac{5\,472}{18\,828}=0.029$$

したがって，(3.3.1.a)式から

$$M_{Pc}=\left\{1-\frac{A_2}{(4\cdot A_f+A_w)\cdot A_w}\cdot\left(\frac{N}{N_Y}\right)^2\right\}\times M_P=0.999\times 895.4=894.5\,\text{kN}\cdot\text{m}$$

iv) せん断力を考慮した全塑性モーメント

最大せん断力は，豪雪時の軒部に生じる．

$$Q_{mzx}=89.8\cdot\cos\alpha-27.5\cdot\sin\alpha=78.1\,\text{kN}$$

$$\tau_Y\cdot A_w=135\times 5\,472\times 10^{-3}=739\,\text{kN}>Q_{\max} \quad\quad \text{OK}$$

(3.5.1)式より，せん断力の全塑性モーメントに対する影響は無視することができる．

念のため，シアスパン比を検討すると

$$\frac{a}{d}=\frac{M_P}{Q\cdot d}=\frac{894.5}{78.1\times 0.456}=25.1$$

$$\frac{A_f}{A_w}=\frac{6\,600}{5\,472}=1.21$$

図 C 3.5.5 から

$$\frac{M_{Ps}}{M_P}\fallingdotseq 1.0$$

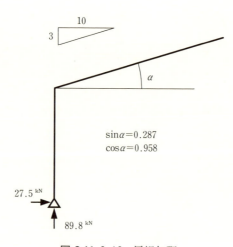

図 C 11.3.16　屋根勾配

(2) 横方向補剛材の設計

　ⅰ) 横方向補剛材の配置

　　柱・梁各部の横座屈を検討する．図 C 11.3.17 に崩壊時曲げモーメント分布図を示す．

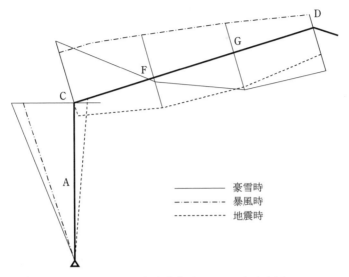

図 C 11.3.17　崩壊時曲げモーメント分布図

　横座屈補剛材は，最大曲げモーメントを示す豪雪時の C, D 点における塑性変形能力が確保されていることを確認する．他の部分は，図 C 11.3.17 に示される各部の曲げモーメントまで横座屈が生じないことを確認する．

　塑性変形能力が要求される塑性ヒンジ部の横座屈補剛間長さは $-1.0<\bar{M}/M_P\leqq -0.5$ として (5.2.1.a) 式から

$$l_b \leqq \frac{0.29}{\sigma_Y/E}\times\frac{A_f}{D} = \frac{0.29}{235/205\,000}\times\frac{6\,600}{500} = 3\,339 \text{ mm}$$

　かつ

$$l_b \leqq \frac{2.0}{\sqrt{\sigma_Y/E}}\times i_y = \frac{2.0}{\sqrt{235/2\,050\,000}}\times 72.6 = 4\,288 \text{ mm}$$

$$\therefore l_b = 3\,132 \text{ mm} < 3\,339 \text{ mm} \qquad \text{OK}$$

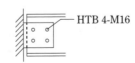

図 C 11.3.18　補剛材の端部詳細

　ⅱ) 横座屈補剛材の断面として，H-250×125×6×9 を使用する．

$$A = 36.97\times 10^2 \text{ mm}^2$$

$A_e = 3\,697 - 2 \times 6 \times 18 = 3\,481\,\text{mm}^2$ （図 C 11.3.18 を参照して，ボルト孔欠損を考慮）

$I_x = 3\,960 \times 10^4\,\text{mm}^4$

$Z_P = 358 \times 10^3\,\text{mm}^3$

横座屈補剛材は小梁と兼用とし，軸力および曲げによる座屈は，屋根材で有効に拘束されているとして考慮しない．したがって，許容耐力として

$N_Y = A_e \cdot \sigma_Y = 3\,481 \times 235 \times 10^{-3} = 818\,\text{kN}$

$M_P = Z_P \cdot \sigma_Y = 358 \times 10^3 \times 235 \times 10^{-6} = 84.1\,\text{kN}\cdot\text{m}$

一方，横座屈補剛材に加わる 1 フレームあたりの軸力は，(5.2.2.a)式および(5.2.3)式より，

$F = 0.02 \cdot C = 0.02 \times \dfrac{\sigma_Y \cdot A}{2} = 0.02 \times 235 \times \dfrac{18\,820}{2} \times 10^{-3} = 44.2\,\text{kN}$

となる．

横座屈補剛材は，図 C 11.3.19 のように 7 フレーム分を 4 列のブレースで分担すると，最大 $1.75F$ の集中横力を受ける．

また，ガセットプレートによりフレームの下フランジを止める．横座屈補剛材には，軸力の他に小梁として曲げが発生する．この応力度に対して，横座屈補剛材の耐力と剛性の検討を行う．

耐力の検討

$N = 1.75F = 1.75 \times 44.2 = 77.4\,\text{kN}$

小梁としての応力 M_0

$M_0 = \dfrac{1}{8} \times (500 + 100 + 1.5 \times 540) \times 3.0 \times 6.0^2 \times 10^{-3} = 19.0\,\text{kN}\cdot\text{m}$

$\dfrac{N}{N_Y} = \dfrac{77.4}{818} = 0.09 < \dfrac{A_w}{A} = \dfrac{1\,392}{3\,697} = 0.38$

(3.3.1 a)式より

$M_0 = 19.0 < M_{Pc} = \left\{ 1 - \dfrac{A_2}{(4 \cdot A_f + A_w) \cdot A_w} \cdot \left(\dfrac{N}{N_Y} \right)^2 \right\} \times M_P = 1.111 \times 84.1 = 93.4\,\text{kN}\cdot\text{m}$

OK

剛性の検討

δ の限界値　$l_b/250$ 以内とする．

軸方向変位

$\delta_1 = \dfrac{1.75F}{EA} \times 6\,000 = \dfrac{1.75 \times 44.2 \times 10^4}{2.05 \times 10^5 \times 3\,697} \times 6\,000 = 0.61\,\text{mm}$

$\delta_1 < \dfrac{l_b}{250} = \dfrac{3\,132}{250} = 12.5\,\text{mm}$　　　OK

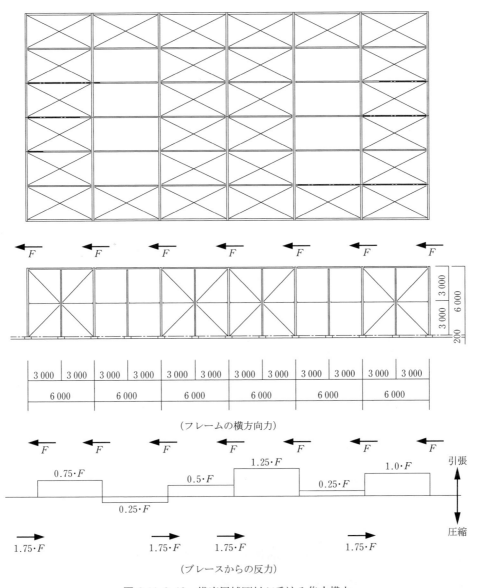

図 C 11.3.19 横座屈補剛材が受ける集中横力

(3) 柱の設計
　i) 骨組全体の安定性の確保のための制限
　　a. 豪雪時

　　　　豪雪時の柱軸力　　　　　　$N=89.8\,\text{kN}$
　　　　壁の固定荷重による柱軸力　$N=0.85\times6\times6=30.6\,\text{kN}$
　　　　したがって，柱に作用する軸力は，次の大きさとなる．
$$N=89.8+30.6=120.4\,\text{kN}$$
　　　　構面内の柱の曲げ座屈長さ係数 k_c を次式より算定する．

$G_A = 10$

$$G_B = \frac{85\,700 \times 10^4 / 6\,000}{85\,700 \times 10^4 / (2 \times 9\,396)} = 3.13$$

図C6.1.4(a)から，$k_c = 0.93$ が算定できる．

したがって，構面内の柱の弾性曲げ座屈耐力 $_fN_e$ は，次式で算定される．

$$_fN_e = \frac{\pi^2 \cdot E \cdot I_x}{_kl_c^2} = \frac{\pi^2 \cdot 205\,000 \cdot 85\,700 \times 10^4}{(0.93 \cdot 6\,000)^2} = 5.57 \times 10^4 \text{ kN}$$

構面内の柱の曲げ座屈細長比 $_f\lambda_c$ は次の値となる．

$$_f\lambda_c = \sqrt{\frac{N_Y}{_fN_e}} = \sqrt{\frac{4\,423}{5.57 \times 10^4}} = 0.28$$

(6.2.2)式より，

$$\left(\frac{N}{N_Y}\right) \cdot {_f\lambda_c}^2 = 0.027 \cdot (0.28)^2 = 0.0022 \leq 0.25 \qquad \text{OK}$$

(6.2.3)式より，

$$\frac{N}{N_Y} = \frac{120.4}{4\,423} = 0.027 \leq 0.75 \qquad \text{OK}$$

b．大地震時

  大地震時の柱軸力 $N = 51.7 \text{ kN}$

  壁の固定荷重による柱軸力 $N = 0.85 \times 6 \times 6 = 30.6 \text{ kN}$

したがって，柱に作用する軸力は，次の大きさとなる．

$$N = 51.7 + 30.6 = 82.3 \text{ kN}$$

構面内の柱の曲げ座屈長さ係数 k_c は，図C6.1.4(b)から，$k_c = 2.3$ が算定できる．

したがって，構面内の柱の弾性曲げ座屈耐力 $_fN_e$ は，次式で算定される．

$$_fN_e = \frac{\pi^2 \cdot E \cdot I_x}{_kl_c^2} = \frac{\pi^2 \cdot 205\,000 \cdot 85\,700 \times 10^4}{(2.3 \cdot 6\,000)^2} = 9.10 \times 10^3 \text{ kN}$$

構面内の柱の曲げ座屈細長比 $_f\lambda_c$ は，次の値となる．

$$_f\lambda_c = \sqrt{\frac{N_Y}{_fN_e}} = \sqrt{\frac{4\,423}{9.10 \times 10^3}} = 0.70$$

(6.2.2)式より，

$$\left(\frac{N}{N_Y}\right) \cdot {_f\lambda_c}^2 = 0.019 \cdot (0.70)^2 = 0.0093 \leq 0.25 \qquad \text{OK}$$

(6.2.3)式より，

$$\frac{N}{N_Y} = \frac{82.3}{4\,423} = 0.019 \leq 0.75 \qquad \text{OK}$$

ⅱ）骨組全体の安定性の確保のための制限

曲げ面内の柱の曲げ座屈細長比 $\lambda_{c,E}$ は，次の値となる．

$$\lambda_{c,E}=\sqrt{\frac{N_Y}{N_E}}=\sqrt{\frac{4\,423}{4.82\times10^4}}=0.30$$

ここに，柱の曲げ面内の弾性曲げ座屈耐力は，次式による．

$$N_E=\frac{\pi^2\cdot E\cdot I_x}{l_c^2}=\frac{\pi^2\cdot205\,000\cdot85\,700\times10^4}{(6\,000)^2}=4.82\times10^4$$

対象区間の材端曲げモーメント比は $M_2/M_1=-0.5$ であるため，モーメント係数 C_b は，(5.1.6)式より求まる．

$$C_b=1.75+1.05\cdot\left(\frac{M_2}{M_1}\right)+0.3\cdot\left(\frac{M_2}{M_1}\right)^2=1.75+1.05\cdot(-0.5)+0.3\cdot(-0.5)^2=1.3$$

柱の横座屈細長比 λ_b は，(5.1.2)式より算定される．

$$\lambda_b=\sqrt{\frac{M_P}{M_e}}=\sqrt{\frac{895.4}{2.18\times10^4}}=0.20$$

(6.2.6.b)式より，

$$\left(\frac{N}{N_Y}\right)\cdot\lambda_{c,E}{}^2=0.027\cdot(0.30)^2=0.0024\leq0.05\qquad\text{OK}$$

(6.2.9)式より，

$\lambda_b=0.20$

$0.75\cdot{}_p\lambda_b=0.75\cdot(0.6+0.3\cdot(-0.5))=0.34$

$\lambda_b\leq0.75\cdot{}_p\lambda_b\qquad$ OK

(4) 作用荷重による梁のたわみ

計算は省略し，結果のみを示す．

固定荷重＋積載荷重による棟部の鉛直方向のたわみ δ_v〔図 C 11.3.20 参照〕を求めると，

$$\delta_v=10.0\text{ mm}\quad\left(=\frac{1}{1\,800}\text{スパン}\right)$$

また，雪荷重によるたわみの増加 $\Delta\delta_v$ は

$\Delta\delta_v=6.3\text{ mm}$

したがって，総たわみ量は

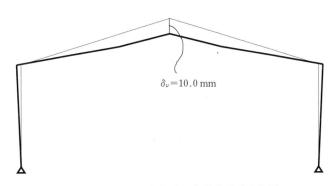

図 C 11.3.20　固定荷重＋積載荷重時変位図

$$\delta_v + \Delta\delta_v = 10.0 + 6.3 = 16.3 \text{ mm} \quad \left(= \frac{1}{1\,104} \text{スパン}\right)$$

11.3.5　その他の部分の設計

（1）　柱梁接合部パネルの設計

パネルゾーン両面にダブラープレートを完全溶込み溶接で付設する〔図 C 11.3.21 参照〕．

柱・梁：H-500×300×12×22（SN400B）

$\sigma_Y = 235 \text{ N/mm}^2 \quad d_b = 478 \text{ mm} \quad A = 18\,820 \text{ mm}^2$

${}_bM_l = 0 \text{ kN·m} \quad {}_bM_r = 164.8 \text{ kN·m}$

$d_c = 478 \text{ mm} \quad {}_cQ_u = 0 \text{ kN}, \; {}_cQ_l = 27.5 \text{ kN}$

$t_P = 12 \text{ mm} \quad N_u = 0 \text{ kN}, \; N_l = 89.8 \text{ kN}$

$B_c = 300 \text{ mm} \quad t_f = 22 \text{ mm}$

ダブラープレート：$t_d = 9 \text{ mm} \times 2 = 18 \text{ mm}$

ⅰ）接合部パネルモーメント

(8.2.1)式より

$${}_pM = {}_bM_l + {}_bM_r - \frac{({}_cQ_u + {}_cQ_l) \cdot d_b}{2} = 158.2 \text{ kN·m}$$

ⅱ）全塑性モーメント

接合部パネル軸力比　$\dfrac{89\,800}{235 \times (18\,820 + 18 \times 478)} = 0.014 < 1 - \dfrac{A_p}{A} = 0.238$

接合部パネルの全塑性モーメント

(8.2.2)式より

$${}_pM_P = V_e \cdot \frac{\sigma_Y}{\sqrt{3}} = 478 \times 478 \times (12 + 18) \times \frac{235 \times 1.1}{\sqrt{3}} = 1\,023 \text{ kN·m}$$

${}_pM_P > {}_pM \quad$ OK

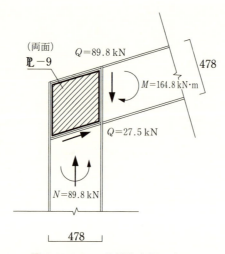

図 C 11.3.21　柱梁接合部パネル

iii) 耐力比

柱および梁の全塑性モーメント

$$_cM_P = {}_bM_P = 895.4 \text{ kN·m}$$

節点全塑性モーメント

$$\text{柱：}{}_cM_P{}^* = \frac{1}{1-\dfrac{0.478}{6}} \times 895.4 = 972.9 \text{ kN·m}$$

$$\text{梁：}{}_bM_P{}^* = \frac{1}{1-\dfrac{0.478}{18}} \times 895.4 = 919.8 \text{ kN·m}$$

$$\text{接合部パネル：}{}_pM_P{}^* = \frac{1}{1-\left(\dfrac{0.478}{18}+\dfrac{0.478}{6}\right)} \times 930.0 = 1\,040.5 \text{ kN·m}$$

パネル耐力比

$$\frac{{}_pM_P{}^*}{{}_bM_P{}^*} = 1.13$$

パネル耐力比が 1.0 より大きいため，この節点では，梁の塑性化が先行する．

(2) 柱脚の設計（「鋼構造接合部設計指針」[11.1]を引用）

応力の大きい豪雪時について検討する．ただし，柱脚をピンとして応力を算定しているが，図 C 11.3.22 に基づいて柱脚の固定度を考慮し，柱頭曲げ応力の 30％程度の曲げ応力度が柱脚に作用するものとして，下記の応力にて検討する．

アンカーボルトは，軸部の降伏が保証されているものを用いることとする．

$\quad N=89.8 \text{ kN}, \quad M=50.0 \text{ kN·m}, \quad Q=27.5 \text{ kN}$

コンクリート　　$F_c = 24 \text{ N/mm}^2$

アンカーボルト　　4—M 27（SNR400B），$A_b = 485.0 \text{ mm}^2$

・最大曲げ耐力の検討

$$N_u = 0.85 \times B \cdot D \cdot F_c$$
$$= 0.85 \times 350 \times 580 \times 24 \times 10^{-3} = 4.14 \times 10^3 \text{ kN}$$

$$T_Y = n_t \cdot p_{by} = n_t \cdot A_b \cdot \sigma_{by} = 2 \times 485.0 \times 235 \times 10^{-3} = 2.28 \times 10^2 \text{ kN}$$

$N_u - T_Y \geq N > -T_Y$ であるから，(8.3.2)式より

$$M_P = T_Y \cdot d_t + \frac{(N+T_Y) \cdot D}{2} \cdot \left(1 - \frac{N+T_Y}{N_u}\right)$$
$$= 2.28 \times 10^2 \times 150 \times 10^{-3} + \frac{(89.8 + 2.28 \times 10^2) \cdot 580}{2} \cdot \left(1 - \frac{89.8 + 2.28 \times 10^2}{4.14 \times 10^3}\right) \times 10^{-3}$$
$$= 34.2 + 85.0 = 119 \text{ kN·m}$$

$M_P > M = 50.0 \text{ kN·m} \qquad \text{OK}$

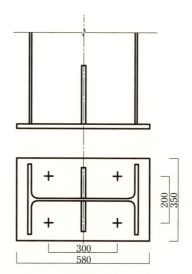

図 C 11.3.22 柱脚の形状（単位：mm）

11.3.6 崩壊荷重の算定

（1）建物重量

屋根　　$0.75 \times 18.0 \times 36.0 \times 1.044 = 507.4$ kN

壁　　$0.85 \times \left\{ (18.0 \times 2 + 36.0 \times 2) \times 6.0 + 18.0 \times 2.7 \times \dfrac{1}{2} \times 2 \right\} = 592.1$ kN

建物重量　$507.4 + 592.1 \times \dfrac{1}{2} = 803.5$ kN

（2）必要保有水平耐力の想定

$$F_e = 1.0,\ F_s = 1.0\ \text{より},\ F_{es} = 1.0,\ D_s = 0.25 \sim 0.3$$

を想定すると，必要保有水平耐力は

$$Q_{un} = 803.5 \times 1.0 \times (0.25 \sim 0.3) = 200.9 \sim 241.1\ \text{kN}$$

（3）塑性解析より求めた崩壊荷重

本例題では，部材断面は，塑性解析により応力度が最も大きかった豪雪時応力結果を基に決定している．豪雪時塑性解析結果（図 C 11.3.10）および大地震時塑性解析結果（図 C 11.3.14）より，崩壊荷重 Q_u を求めると

$$Q_u = (P_{1(大地震時)} \times 2) \times \dfrac{M_{P(暴風時)}}{M_{P(大地震時)}} \times \text{フレーム数} = (16.8 \times 2) \times \dfrac{164.8}{142.0} \times 7 = 273.0\ \text{kN}$$

$Q_u > Q_{un}$　　　OK

参 考 文 献

11.1)　日本建築学会：鋼構造接合部設計指針，2012

11.2)　日本建築学会：鋼構造設計規準―許容応力度設計法―，2005

11.3)　日本建築学会：鉄筋コンクリート構造計算規準・同解説，2010

付　　録

付1　作用荷重と荷重係数

　本指針の2版では，終局荷重を作用荷重に荷重係数を乗じて求めている．作用荷重は，許容応力度設計において採用されている長期および短期設計荷重をそのまま塑性設計における作用荷重として採用している．すなわち，終局荷重を用いて塑性設計を行えば，一次設計（許容応力度設計）を行うことになる．

　荷重係数の大きさを決める目安を得るために，図A1.1のようにスパン L で集中荷重 P を受ける単純梁の設計を例にとる．

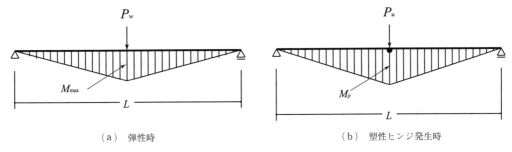

(a)　弾性時　　　　　　　　　　(b)　塑性ヒンジ発生時

図A1.1　単純梁における曲げモーメント分布

　許容応力度設計法では，図A1.1(a)のように設計荷重として作用荷重 P_w をとり，最大モーメント

$$M_{\max} = \frac{1}{4} P_w \cdot L \tag{A1.1}$$

を計算し，さらに断面係数 Z を用いて最大応力度

$$\sigma_{\max} = \frac{M_{\max}}{Z} \tag{A1.2}$$

を求め，許容応力度を σ_a とすると

$$\sigma_{\max} = \sigma_a \tag{A1.3}$$

となっていれば，余裕のない設計になっており，(A1.1)〜(A1.3)式より

$$P_w = \frac{4 \cdot \sigma_a \cdot Z}{L} \tag{A1.4}$$

の関係がある．これに対して塑性設計における余裕のない設計では，設計荷重として終局荷重 P_u をとった場合に，図A1.1(b)に示すように，梁の中央に塑性ヒンジが発生して機構を作り，中央の曲げモーメントは全塑性モーメント M_P に等しくなっていることから

$$M_P = \frac{P_u \cdot L}{4} \tag{A1.5}$$

である．全塑性モーメント M_P と降伏応力度 σ_Y の関係は，(A1.2)式と同様な形式で

$$\sigma_Y = \frac{M_P}{Z_P} \tag{A1.6}$$

で表現され，Z_P を塑性断面係数と呼んでいる（塑性断面係数については3章で詳述している）．
(A1.5)，(A1.6)式より

$$P_u = \frac{4 \cdot \sigma_Y \cdot Z_P}{L} \tag{A1.7}$$

の関係がある．
作用荷重と終局荷重 P_u とは荷重係数 F によって

$$P_u = F \cdot P_w \tag{A1.8}$$

の関係にあるから，(A1.8)式と(A1.4)式，(A1.7)式から

$$F = \frac{P_u}{P_w} = \frac{\sigma_Y \cdot Z_P}{\sigma_a \cdot Z} = \frac{\sigma_Y}{\sigma_a} \cdot f \tag{A1.9}$$

となる．(A1.9)式中の f は $f = Z_P/Z$ で，形状係数と呼ばれる．

形状係数 f は，圧延H形鋼では $1.09 \sim 1.21$ の範囲にあるから，一応，f をH形および矩形中空断面材に対して $1.09 \sim 1.21$ と考え，$\sigma_Y = 235 \text{ N/mm}^2$，$\sigma_a$ を長期応力・短期応力に対してそれぞれ $\sigma_a = 156 \text{ N/mm}^2$，$\sigma_a = 235 \text{ N/mm}^2$ とすると，許容応力度設計による単純梁は，(A1.9)式より

$$\text{長期応力に対して} \quad F = 1.64 \sim 1.82 \tag{A1.10}$$

$$\text{短期応力に対して} \quad F = 1.09 \sim 1.21 \tag{A1.11}$$

として得られる塑性設計による梁に相当していることがわかる．

構造物に作用する鉛直荷重には，固定荷重（G）・載積荷重（Q）・積雪荷重（S）が挙げられるが，荷重係数 F の値としては，(A1.10)式の値および「鋼構造塑性設計規準案」[1]で採用された荷重係数 1.4 の平均的な値を考え，$F = 1.65$ とする．

暴風時・地震時に対する荷重係数は，(A1.11)式の値をそのままとっても許容応力度設計による静定構造物と同じ安全性は確保されるが，不静定構造物の持つ終局荷重と作用荷重の比は，静定構造物のそれより一般に大きくなるから，荷重係数は，(A1.11)式の値の20％程度割増した値 $F = 1.35 \sim 1.45$ が考えられる．暴風時・地震時に対する荷重係数として，一様に $F = 1.50$ を採用している．

以上より，構造設計に用いる終局荷重として，表A1.1の組合せを採用している．

表A1.1に示す終局荷重の組合せは，一次設計（許容応力度設計）に相当する荷重の組合せである．したがって，この付1では，現行法令における「極めて稀な荷重」に相当する荷重に対する荷重の組合せは示していないことに留意されたい．

表 A 1.1 終局荷重の組合せ

荷重および外力について想定する状態	荷重の組合せ
過荷重時[1]	$1.65 \cdot (G+Q+S)$
豪雪時	$G+Q+1.5S$
暴風時	$G+Q+1.5W$ または $G+Q+S+1.5W$ のうち,不利なもの
地震時	$G+Q+1.5E$ または $G+Q+S+1.5E$ のうち,不利なもの

[注] G:固定荷重,Q:積載荷重,S:積雪荷重,W:風圧力,E:地震力

参 考 文 献

1) 日本建築学会:鋼構造塑性設計規準案・同解説,1970

付2　真の崩壊荷重

付2では，2章で示した梁，ラーメンについて，さまざまな境界条件，荷重時の真の崩壊荷重を紹介する．なお，全塑性モーメントが梁と柱とで等しい仕口の場合には，梁に塑性ヒンジを設定している．

表A2.1　梁の崩壊荷重①

荷重および支持条件	曲げモーメント図	崩壊荷重
単純支持梁，中央集中荷重 P，$l/2 + l/2$	塑性ヒンジ，M_P	$P_u = 4 \cdot \dfrac{M_P}{l}$
一端固定他端単純，中央集中荷重 P，$l/2 + l/2$	M_P，M_P	$P_u = 6 \cdot \dfrac{M_P}{l}$
両端固定，中央集中荷重 P，$l/2 + l/2$	M_P，M_P，M_P	$P_u = 8 \cdot \dfrac{M_P}{l}$

荷重および支持条件	曲げモーメント図	崩壊荷重
単純支持梁，P at $l/3$，$l/3 + 2l/3$	M_P	$P_u = \dfrac{9}{2} \cdot \dfrac{M_P}{l}$
単純-固定，P at $l/3$，$l/3 + 2l/3$	M_P，M_P	$P_u = 6 \cdot \dfrac{M_P}{l}$
固定-単純，P at $l/3$，$l/3 + 2l/3$	M_P，M_P	$P_u = \dfrac{15}{2} \cdot \dfrac{M_P}{l}$
両端固定，P at $l/3$，$l/3 + 2l/3$	M_P，M_P，M_P	$P_u = 9 \cdot \dfrac{M_P}{l}$

［注］　●は崩壊機構設定のための塑性ヒンジを表す．

表 A 2.1　梁の崩壊荷重②

荷重および支持条件	曲げモーメント図	崩壊荷重
単純梁、P,P 各$l/3$位置、M_P：一定	中央塑性ヒンジ、M_P	$P_u = 3 \cdot \dfrac{M_P}{l}$
固定-単純、P,P 各$l/3$位置、M_P：一定	固定端M_P、$\dfrac{2}{3}\cdot M_P$、M_P	$P_u = 4 \cdot \dfrac{M_P}{l}$
両端固定、P,P 各$l/3$位置、M_P：一定	両端M_P、中央M_P	$P_u = 6 \cdot \dfrac{M_P}{l}$

荷重および支持条件	曲げモーメント図	崩壊荷重
単純梁、$2P$,P 各$l/3$位置、M_P：一定	M_P, $\dfrac{4}{5}\cdot M_P$	$P_u = \dfrac{9}{5} \cdot \dfrac{M_P}{l}$
単純-固定、$2P$,P 各$l/3$位置、M_P：一定	M_P, $\dfrac{2}{5}\cdot M_P$, M_P	$P_u = \dfrac{12}{5} \cdot \dfrac{M_P}{l}$
固定-単純、$2P$,P 各$l/3$位置、M_P：一定	M_P, M_P	$P_u = 3 \cdot \dfrac{M_P}{l}$
両端固定、$2P$,P 各$l/3$位置、M_P：一定	M_P, M_P, $\dfrac{3}{5}\cdot M_P$	$P_u = \dfrac{18}{5} \cdot \dfrac{M_P}{l}$

［注］　●は崩壊機構設定のための塑性ヒンジを表す．

表 A 2.1　梁の崩壊荷重③

荷重および支持条件	曲げモーメント図	崩壊荷重
単純支持梁, 等分布荷重 w, M_p:一定, スパン l	$M(x) = -4\cdot\dfrac{M_P}{l^2}x^2 + 4\cdot\dfrac{M_P}{l}x$	$w_u = 8\cdot\dfrac{M_P}{l^2}$
固定-ピン支持梁, 等分布荷重 w, M_p:一定, スパン l	$M(x) = -(3+2\sqrt{2})\cdot\dfrac{M_P}{l^2}x^2 + (4+2\sqrt{2})\cdot\dfrac{M_P}{l}x - M_P$, ヒンジ位置 $(2-\sqrt{2})\cdot l$	$w_u = (6+4\sqrt{2})\cdot\dfrac{M_P}{l^2}$
両端固定梁, 等分布荷重 w, M_p:一定, スパン l	$M(x) = -8\cdot\dfrac{M_P}{l^2}x^2 + 8\cdot\dfrac{M_P}{l}x - M_P$	$w_u = 16\cdot\dfrac{M_P}{l^2}$

［注］　●は崩壊機構設定のための塑性ヒンジを表す.

表A2.2　1層1スパンラーメンの崩壊荷重①

荷重および支持条件	曲げモーメント図	崩壊荷重
		$P_u = \dfrac{M_P}{l}$
		$P_u = 2 \cdot \dfrac{M_P}{l}$
		$P_u = 3 \cdot \dfrac{M_P}{l}$
		$P_u = 4 \cdot \dfrac{M_P}{l}$

［注］　●は崩壊機構設定のための塑性ヒンジを表す．

表A2.2　1層1スパンラーメンの崩壊荷重②

荷重および支持条件	曲げモーメント図	崩壊荷重
		$P_u = \dfrac{M_P}{l}$
		$P_u = 2 \cdot \dfrac{M_P}{l}$
		$P_u = \dfrac{8}{3} \cdot \dfrac{M_P}{l}$
		$P_u = \dfrac{M_P}{l}$
		$P_u = \dfrac{9}{5} \cdot \dfrac{M_P}{l}$
		$P_u = \dfrac{13}{5} \cdot \dfrac{M_P}{l}$

[注]　●は崩壊機構設定のための塑性ヒンジを表す．

表A2.2　1層1スパンラーメンの崩壊荷重③

荷重および支持条件	曲げモーメント図	崩壊荷重
		$P_u = \dfrac{M_P}{l}$
		$P_u = 2 \cdot \dfrac{M_P}{l}$
		$P_u = 3 \cdot \dfrac{M_P}{l}$

［注］　●は崩壊機構設定のための塑性ヒンジを表す．

表 A 2.3　1層1スパン　異形ラーメンの崩壊荷重

荷重および支持条件	曲げモーメント図	崩壊荷重
		$P_u = \dfrac{M_P}{l}$
		$P_u = \dfrac{3}{2} \cdot \dfrac{M_P}{l}$
		$P_u = 3 \cdot \dfrac{M_P}{l}$
		$P_u = \dfrac{M_P}{l}$
		$P_u = \dfrac{3}{2} \cdot \dfrac{M_P}{l}$
		$P_u = \dfrac{5}{2} \cdot \dfrac{M_P}{l}$

［注］　●は崩壊機構設定のための塑性ヒンジを表す．

表 A2.4 山形ラーメンの崩壊荷重

荷重および支持条件	曲げモーメント図	崩壊荷重
		$P_u = \dfrac{4}{7} \cdot \dfrac{M_P}{l}$
		$P_u = \dfrac{10}{7} \cdot \dfrac{M_P}{l}$
		$P_u = \dfrac{18}{7} \cdot \dfrac{M_P}{l}$

［注］　●は崩壊機構設定のための塑性ヒンジを表す．

表A2.5　1層2スパンラーメンの崩壊荷重

荷重および支持条件	曲げモーメント図	崩壊荷重
		$P_u = \dfrac{11}{2} \cdot \dfrac{M_P}{l}$
		$P_u = \dfrac{17}{5} \cdot \dfrac{M_P}{l}$
		$P_u = \dfrac{7}{3} \cdot \dfrac{M_P}{l}$

［注］　●は崩壊機構設定のための塑性ヒンジを表す．

表 A 2.6 2層1スパンラーメンの崩壊荷重

荷重および支持条件	曲げモーメント図	崩壊荷重
		$P_u = 2 \cdot \dfrac{M_P}{l}$
		$P_u = 2 \cdot \dfrac{M_P}{l}$
		$P_u = \dfrac{8}{5} \cdot \dfrac{M_P}{l}$

[注] ●は崩壊機構設定のための塑性ヒンジを表す．

表A2.7　2層3スパンラーメンの崩壊荷重（鉛直荷重なし）

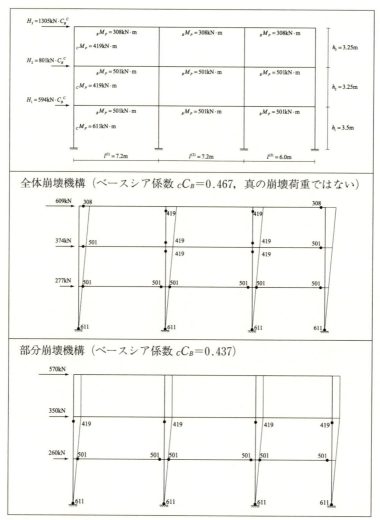

［注］　●は崩壊機構設定のための塑性ヒンジを表す．

表 A 2.8　2 層 3 スパンラーメンの崩壊荷重（鉛直荷重あり）

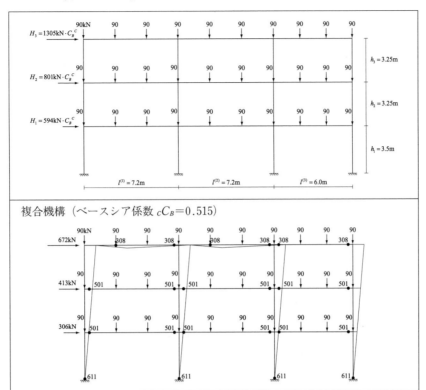

[注]　●は崩壊機構設定のための塑性ヒンジを表す．

付3　接合部パネルの必要厚さの算定式

本指針の初版に記述された接合部パネルの必要厚さ t_p を求める計算式について説明する．図 A3.1〜A3.4に示すように柱の曲げモーメント M，軸力 N，フランジ断面積 A_f，ウェブ断面積 A_w，板厚 t 等には，上柱に属するものに添字1，下柱に属するものに添字2をつけ，右左の梁のせん断力をそれぞれ Q_3, Q_4 とする．また，力の作用方向は図に示す方向を正とする．強軸曲げを受ける H 形断面柱（図 A3.1），矩形中空断面柱（図 A3.3），円形中空断面柱（図 A3.4）の場合，接合部パネルモーメント $_pM$ は次式で求められる．

$$_pM = \left| M_1 + M_2 - \frac{1}{2}(Q_3 + Q_4)_cd_f \right| \qquad (A3.1)$$

（A3.1）式中の M, Q は，図 A3.1，A3.3，A3.4 の●で示す柱端（梁フェース位置）および梁端（柱フェース位置）における値をとり，$_cd_f$ は柱フランジの中心線間距離（中空断面柱は外径から板厚を減じた値）で，上下柱のうち，小さい値の方を採用する．

また，弱軸曲げを受ける H 形断面柱（図 A3.2）の場合，左右の梁のせん断力は接合部パネルには伝達されないので，$_pM$ は次式で求められる．

$$_pM = |M_1 + M_2| \qquad (A3.2)$$

以上，説明した $_pM$ を用いると，接合部パネルの必要厚さ t_p は，表 A3.1〜A3.4 中の式によって求められる．これらの式は原則として1つの接合部パネルの上部と下部に対して適用し，得られた2つの t_p のうち，大きい方の値を採用する．表 A3.1 を例にとって説明すると，接合部上部に対しての必要厚さ t_{p1} を求めるには，柱脚における曲げモーメント $|M_1|$，軸方向力 $|N_1|$，柱フランジの中心間距離 $_cd_{f1}$，柱フランジ断面積 A_{f1} をそれぞれ式中の M, N, $_cd_f$, A_f に代入すればよい．同様に接合部下部に対しての必要厚さ t_{p2} は，柱頭における値 $|M_2|$, $|N_2|$, $_cd_f$, A_f にそれぞれ代入すれば得られる．このようにして得られた t_{p1}, t_{p2} のうち，大きい方の値を設計に採用すればよい．弱軸曲げを受ける H 形断面柱，矩形および円形の中空断面柱に対しても同様で，表 A3.2〜A3.4 中の B はフランジ幅，A_w はウェブ断面積，$_cd_f$ は中空断面の外径から板厚を減じた値，t は中空断面の板厚である〔図 A3.1〜A3.4 参照〕．

付3　接合部パネルの必要厚さの算定式　—271—

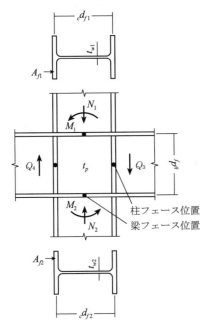

図A3.1　H形断面柱（強軸曲げの場合）

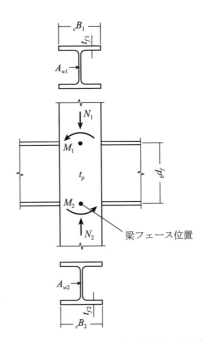

図A3.2　H形断面柱（弱軸曲げの場合）

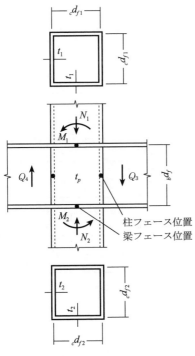

図A3.3　矩形中空断面柱

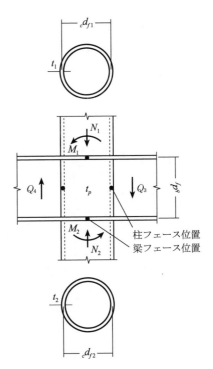

図A3.4　円形中空断面柱

表A3.1 H形断面柱（強軸曲げの場合）

区分	設計式
$0 \leq \dfrac{N \cdot {}_c d_f}{2} + M \leq {}_c A_f \cdot {}_c d_f \cdot \sigma_Y$	$t_p \geq \dfrac{1.5 {}_p M}{{}_c d_f \cdot {}_b d_f \cdot \sigma_Y}$
$M \leq {}_c A_f \cdot {}_c d_f \cdot \sigma_Y < \dfrac{N \cdot {}_c d_f}{2} + M$	$t_p \geq \sqrt{\left(\dfrac{1.5 {}_p M}{{}_c d_f \cdot {}_b d_f \cdot \sigma_Y}\right)^2 + \left\{\dfrac{2}{{}_c d_f{}^2 \cdot \sigma_Y}\left(\dfrac{N \cdot {}_c d_f}{2} + M - {}_c A_f \cdot {}_c d_f \cdot \sigma_Y\right)\right\}^2}$
${}_c A_f \cdot {}_c d_f \cdot \sigma_Y < M$	$t_p \geq \sqrt{\left(\dfrac{1.5 {}_p M}{{}_c d_f \cdot {}_b d_f \cdot \sigma_Y}\right)^2 + \left\{\dfrac{4}{{}_c d_f{}^2 \cdot \sigma_Y}(M - {}_c A_f \cdot {}_c d_f \cdot \sigma_Y)\right\}^2 + \left(\dfrac{N}{{}_c d_f \cdot \sigma_Y}\right)^2}$

表A3.2 H形断面柱（弱軸曲げの場合）

区分	設計式
$N \leq A_w \cdot \sigma_Y$	$t_p \geq \sqrt{\left(\dfrac{1.5 {}_p M}{2 {}_c B \cdot {}_b d_f \cdot \sigma_Y}\right)^2 + \left(\dfrac{2M}{{}_c B^2 \cdot \sigma_Y}\right)^2}$
$N > A_w \cdot \sigma_Y$	$t_p \geq \sqrt{\left(\dfrac{1.5 {}_p M}{2 {}_c B \cdot {}_b d_f \cdot \sigma_Y}\right)^2 + \left(\dfrac{2M}{{}_c B^2 \cdot \sigma_Y}\right)^2 + \left\{\dfrac{1}{2 {}_c B}\left(\dfrac{N}{\sigma_Y} - A_w\right)\right\}^2}$

表A3.3 矩形中空断面柱

区分	設計式
$0 \leq \dfrac{N \cdot {}_c d_f}{2} + M \leq {}_c d_f{}^2 \cdot t \cdot \sigma_Y$	$t_p \geq \dfrac{1.5 {}_p M}{2 {}_c d_f \cdot {}_b d_f \cdot \sigma_Y}$
$M \leq {}_c d_f{}^2 \cdot t \cdot \sigma_Y < \dfrac{N \cdot {}_c d_f}{2} + M$	$t_p \geq \sqrt{\left(\dfrac{1.5 {}_p M}{2 {}_c d_f \cdot {}_b d_f \cdot \sigma_Y}\right)^2 + \left\{\dfrac{1}{{}_c d_f{}^2 \cdot \sigma_Y}\left(\dfrac{N \cdot {}_c d_f}{2} + M - {}_c d_f{}^2 \cdot t \cdot \sigma_Y\right)\right\}^2}$
${}_c d_f{}^2 \cdot t \cdot \sigma_Y < M$	$t_p \geq \sqrt{\left(\dfrac{1.5 {}_p M}{2 {}_c d_f \cdot {}_b d_f \cdot \sigma_Y}\right)^2 + \left\{\dfrac{2}{{}_c d_f{}^2 \cdot \sigma_Y}(M - {}_c d_f{}^2 \cdot t \cdot \sigma_Y)\right\}^2 + \left(\dfrac{N}{2 {}_c d_f \cdot \sigma_Y}\right)^2}$

表A3.4 円形中空断面柱

区分	設計式
$0 \leq \dfrac{3N \cdot {}_c d_f}{2\pi} + M \leq \dfrac{1}{2} {}_c d_f{}^2 \cdot t \cdot \sigma_Y$	$t_p \geq \dfrac{1.5 {}_p M}{\sqrt{3} \cdot {}_c d_f \cdot {}_b d_f \cdot \sigma_Y}$
$M \leq \dfrac{1}{2} {}_c d_f{}^2 \cdot t \cdot \sigma_Y < \dfrac{3N \cdot {}_c d_f}{2\pi} + M$	$t_p \geq \sqrt{\left(\dfrac{1.5 {}_p M}{\sqrt{3} \cdot {}_c d_f \cdot {}_b d_f \cdot \sigma_Y}\right)^2 + \left\{\dfrac{1}{{}_c d_f{}^2 \cdot \sigma_Y}\left(\dfrac{3N \cdot {}_c d_f}{2\pi} + M - \dfrac{1}{2} {}_c d_f{}^2 \cdot t \cdot \sigma_Y\right)\right\}^2}$
$\dfrac{1}{2} {}_c d_f{}^2 \cdot t \cdot \sigma_Y < M$	$t_p \geq \sqrt{\left(\dfrac{1.5 {}_p M}{\sqrt{3} \cdot {}_c d_f \cdot {}_b d_f \cdot \sigma_Y}\right)^2 + \left\{\dfrac{2}{{}_c d_f{}^2 \cdot \sigma_Y}\left(M - \dfrac{1}{2} {}_c d_f{}^2 \cdot t \cdot \sigma_Y\right)\right\}^2 + \left(\dfrac{3N}{2\pi {}_c d_f \cdot \sigma_Y}\right)^2}$

索　引

あ行

アンカーボルト	127, 130, 133
板要素	31, 55, 57, 58
H形断面	32, 58, 60, 67, 69, 73, 93, 98, 104, 106, 116, 121
円形中空断面	31, 58, 63, 98, 103, 116, 121
オイラー座屈耐力	93, 99
応答周期	173
応答スペクトル	170, 182

か行

下界定理	16, 138
荷重係数	255
仮想仕事法	16, 138, 244
機構条件	15
局部座屈	6, 55, 78, 79, 115
矩形中空断面	31, 58, 62, 98, 106, 116, 121
繰返し	9, 58, 59, 61, 73, 78, 80, 81, 104, 116, 189
径厚比	14, 63

さ行

最大塑性変形角	79, 98, 105, 133, 184, 190, 233
座屈係数	55
座屈拘束ブレース	8, 113, 117, 136, 198
座屈後の安定耐力	8, 114, 116, 158
座屈するブレース	113
シアスパン比	14, 59, 60, 246
上界定理	16
除荷点指向型	193
芯鋼材	113, 117
スチフナ	59, 64, 77, 125
スラブ付梁	79, 81
スリップ	8, 127, 193
接合部	9, 119, 191
接合部係数	134
接合部パネル	121, 150, 154, 191, 252
接合部パネルモーメント	121, 270
節点全塑性モーメント	13, 150, 179, 215
節点振り分け法	138
節点モーメント	13, 150
節点モーメント容量	13, 138, 139, 141
全層崩壊機構	13, 142, 170, 182
全塑性モーメント	12, 29, 33, 55, 67, 69, 76, 79, 82, 96, 99, 106, 121, 129, 131, 138
全体崩壊機構	13, 26
層せん断剛性	176
層モーメント容量	157, 225
塑性限界細長比	67, 87, 93, 98
塑性条件	15, 141
塑性断面係数	29
塑性変形能力	8, 13, 58, 60, 63, 64, 69, 78, 81, 96, 104, 115, 118, 126, 133, 169, 182, 189, 231
塑性変形倍率	9, 13, 59, 61, 63, 70, 77, 78, 81, 97, 189
塑性率	9, 13
損傷に寄与する地震入力エネルギー	173, 182

た行

ダブラープレート	124, 252
弾性限界細長比	67, 87
弾性横座屈モーメント	67, 82, 104
柱脚	127, 193, 254
長方形断面	31
釣合条件	15

な行

根巻き柱脚	127, 131, 193

は行

柱梁剛比	176
柱梁耐力比	178, 180
パネルアスペクト比	123
幅厚比	5, 14, 55, 57, 58, 60, 62, 63, 79, 116, 126
ひずみ硬化	60, 63, 134
引張ブレース	114
必要塑性変形能力	169, 182, 189, 231
複合機構	146
部分層崩壊機構	13, 142, 170, 186
部分崩壊機構	13, 26
ブレース	113, 117, 136, 157
ブレース付骨組	113, 116
フロアモーメント分配法	141
フロアモーメント容量	13, 138, 141, 208
崩壊	4, 12, 138
崩壊荷重	4, 12, 16, 21, 114, 138
崩壊機構	3, 12, 16, 21, 55, 69,

117,138,141,170,186
崩壊ベースシア係数
138,169,182
細長比　　　　　70,79,81,114
保有水平耐力　　　　139,169
保有塑性変形能力
10,79,106,189

ま行

曲げ座屈長さ係数　　　87,89
曲げ座屈細長比　14,87,91,92,93

曲げモーメント比
59,67,73,93,100
モーメント拡大係数　　98,106
モーメント係数　　　　　67

や行

唯一性の定理　　　　　　16
横座屈耐力　　　6,14,67,79,99
横座屈補剛間長さ
14,67,69,71,72,73,74,206
横座屈補剛材　69,73,79,80,206

横座屈細長比
14,67,80,93,98,251

ら行

累積塑性変形　　　13,182,189
累積塑性変形角　　79,105,190
累積塑性変形倍率　　　13,182
連成　　　　14,55,58,78,79
露出柱脚　　　　127,129,193

鋼構造塑性設計指針

1975年11月 1 日	第 1 版第 1 刷
2010年 2 月10日	第 2 版第 1 刷
2017年 2 月25日	第 3 版第 1 刷
2023年 2 月 1 日	第 3 刷

編　集
著作人　　一般社団法人　日本建築学会

印刷所　　昭和情報プロセス株式会社

発行所　　一般社団法人　日本建築学会
108-8414 東京都港区芝 5 － 26 － 20
電　話・(03) 3 4 5 6 － 2 0 5 1
Ｆ Ａ Ｘ・(03) 3 4 5 6 － 2 0 5 8
http://www.aij.or.jp/

発売所　　丸善出版株式会社
101-0051 東京都千代田区神田神保町 2 － 17
神田神保町ビル
電　話・(03) 3 5 1 2 － 3 2 5 6

©日本建築学会 2017

ISBN978-4-8189-0637-2 C3052